CONTABILIDADE BÁSICA

www.editorasaraiva.com.br

4ª EDIÇÃO

OSNI MOURA RIBEIRO

CONTABILIDADE BÁSICA

Atualizada conforme as Leis n. 11.638/2007 e n. 11.941/2009 e NBCS TGS convergentes com as Normas Internacionais de Contabilidade IFRS

saraiva uni

Av. das Nações Unidas, 7221, 1º Andar
Pinheiros – São Paulo – SP – CEP: 05425-902

SAC | Dúvidas referente a conteúdo editorial, material de apoio e reclamações:
sac.sets@somoseducacao.com.br

Direção executiva Flávia Alves Bravin
Direção editorial Renata Pascual Müller
Gerência editorial Rita de Cássia S. Puoço
Coordenação editorial Fernando Alves
Edição Ana Laura Valerio
Neto Bach
Thiago Fraga
Produção editorial Alline Garcia Bullara
Amanda Mota Loyola
Daniela Nogueira Secondo
Estela Janiski Zumbano
Serviços editoriais Juliana Bojczuk Fermino

Preparação Lepique Artes Gráficas Ltdal
Revisão Lourdes Eugênia Pessotti
Diagramação Aero Comunicação
Capa Aero Comunicação
Adaptação da 4ª tiragem Daniela Nogueira Secondo
Impressão e acabamento EGB Editora Gráfica Bernardi Ltda.

ERP 361.257.004.004

ISBN 978-85-472-2478-3

DADOS INTERNACIONAIS DE CATALOGAÇÃO NA PUBLICAÇÃO (CIP)
ALINE GRAZIELE BENITEZ CRB-1/3129

R37c Ribeiro, Osni Moura
4. ed. Contabilidade básica / Osni Moura Ribeiro. – 4.ed. – São Paulo: Saraiva Educação, 2018.

Inclui bibliografia.
ISBN 978-85-472-2478-3

1. Contabilidade. I. Título.

CDD-657
CDU-657

Índices para catálogo sistemático:
1. Contabilidade 657

4ª edição
1ª tiragem: 2018
2ª tiragem: 2018
3ª tiragem: 2019
4ª tiragem: 2020

COD. OBRA 5888 CL 651630 CAE 623761

Para minha esposa Vera Lucia.

Sobre o autor

Osni Moura Ribeiro é bacharel em Ciências Contábeis e professor de Contabilidade Geral, Comercial, Intermediária, Avançada, Gerencial, Pública, Tributária, de Custos, Auditoria e Análise das Demonstrações Contábeis.

Já ocupou cargos de contador, analista contábil, inspetor contábil, auditor e agente fiscal de rendas da Secretaria da Fazenda do Estado de São Paulo. Atua como auditor e consultor de vários órgãos públicos e empresas particulares.

É também palestrante e autor das seguintes obras publicadas pela Editora Saraiva: *Auditoria* (Série em Foco) – 3ª edição (coautor), *Contabilidade Básica* (Série em Foco) – 30ª edição, *Contabilidade Comercial* (Série em Foco) – 19ª edição, *Contabilidade de Custos* (Série em Foco) – 10ª edição, *Contabilidade Geral* (Série em Foco) – 10ª edição, *Estrutura e Análise de Balanços* (Série em Foco) – 12ª edição, *Contabilidade Avançada* – 6ª edição, *Contabilidade Básica*, versão universitária – 4ª edição, *Contabilidade de Custos*, versão universitária – 4ª edição, *Contabilidade Fundamental* – 4ª edição, *Contabilidade Intermediária* – 5ª edição, *Contabilidade para Concursos e Exame de Suficiência* – 2ª edição (coautor), *Demonstrações Financeiras* – 4ª edição, *Introdução à Contabilidade Gerencial* – 3ª edição (coautor), *Introdução à Contabilidade Tributária* – 2ª edição (coautor), *Introdução à Contabilidade Tributária* – 2ª edição (coautor), *Princípios de Contabilidade Comentados* – 1ª edição, (coautor) e *Gestão Organizacional com Ênfase nas Organizações Hospitalares* – 1ª edição, (coautor) e *Ética na Contabilidade* – 1ª edição (coautor).

Apresentação

Depois do sucesso de mais de vinte anos com os livros da Série Fácil (atual Série em Foco), decidimos elaborar obras especialmente dirigidas aos estudantes do curso superior de Ciências Contábeis.

A experiência acumulada lecionando Contabilidade por mais de 35 anos, revela que o estudo da Contabilidade fica muito fácil, quando os assuntos são apresentados de forma progressiva, obedecendo à sequência lógica que a disciplina exige, partindo sempre do mais fácil para o menos fácil, permitindo que o estudante fique constantemente em sintonia com a matéria. Assim, passo a passo, o estudante vai se inteirando gradativamente de todo o universo que envolve a ciência contábil e aprende de fato.

Fundamentados nessa metodologia, apresentamos neste segundo volume, denominado **Contabilidade básica**, uma introdução ao estudo da Contabilidade. Nos nove primeiros capítulos você estuda e aprende as noções básicas da Contabilidade, adquirindo o pleno domínio do mecanismo do débito e do crédito, conhecimentos indispensáveis para introduzi-lo ao estudo da ciência contábil. Nos demais capítulos abordamos outros temas contábeis, os quais serão tratados com mais detalhes na obra Contabilidade intermediária.

Utilizamos linguagem simples, clara e objetiva, com poucos termos técnicos – apenas os essenciais –, para que você possa captar com facilidade as várias etapas da contabilização.

A metodologia fácil, aplicada uniformemente ao longo da obra, faz do **Contabilidade básica** um livro didático e prático, diferenciando-o dos demais livros introdutórios dirigidos aos principiantes no estudo da Contabilidade.

A forma com que os assuntos foram cuidadosamente organizados torna o estudo da Contabilidade agradável e de fácil entendimento, estando esses assuntos estruturados em cada capítulo como segue:

- Texto: claro e objetivo. Estritamente necessário para a fácil compreensão da matéria;
- Leitura complementar: detalhes importantes que, por razões didáticas, não foram abordados no texto;
- Observações: esclarecem melhor o que acabou de ser explicado no texto;
- Notas: dicas para melhor compreensão do tema em estudo;
- Notas de rodapé: breves esclarecimentos acerca de termos, expressões, conceitos ou outras questões abordadas no texto;

- **Atividades teóricas:** questões variadas, versando acerca do assunto estudado na seção ou capítulo onde elas se encontram. Visam a fixação do assunto que você acabou de estudar;
- **Atividades práticas:** avaliam os conhecimentos que você acumulou desde o início do livro, até onde elas se encontram. Visam levá-lo a um melhor desempenho e compreensão de toda a matéria estudada.
- **Testes de exames de suficiência:** questões que caíram nas provas dos exames de suficiência, necessários para o registro do Contabilista na entidade de classe (CRC). Visam familiarizá-lo com a maneira pela qual os organizadores das provas irão exigir de você os conhecimentos estudados no respectivo capítulo;
- **Testes de concursos:** questões que caíram em provas de concursos públicos, em que são exigidos conhecimentos de Contabilidade para o exercício da função. Visam familiarizá-lo com a maneira pela qual os organizadores das provas irão exigir de você os conhecimentos estudados no respectivo capítulo.

Desta forma, logo nos primeiros capítulos você perceberá que a Contabilidade é fácil e que sua principal finalidade consiste em controlar a movimentação do patrimônio das entidades em geral (empresas e instituições). Perceberá, também, que esse controle, ao qual denominamos de processo contábil, inicia-se a partir dos documentos idôneos que comprovam a ocorrência dos Fatos Administrativos. Perceberá, ainda, que os fatos administrativos são todos os acontecimentos que ocorrem no dia a dia das entidades e que provocam modificações no patrimônio como as compras, as vendas, os pagamentos, os recebimentos etc.

Exemplo:

— Fato administrativo: "venda de um computador".

— Documento idôneo: "Nota Fiscal".

A partir desse documento comprobatório – Nota Fiscal –, inicia-se o processo contábil, mediante a escrituração do fato no livro Diário. Após várias etapas, esse processo é concluído com a elaboração das demonstrações contábeis, entre as quais encontra-se o Balanço Patrimonial, uma das metas desse volume.

Em 2008, procedemos a importante atualização nesta obra que resultou na 2ª edição, especialmente para ajustá-la às mudanças trazidas pela Lei n. 11.638/2007 e pela Medida Provisória n. 449/2008, convertida na Lei n. 11.941/2009 que promoveram importantes alterações na Lei das Sociedades por Ações, especialmente na parte que trata de matéria contábil, para adequar os procedimentos contábeis praticados no Brasil aos padrões internacionais de contabilidade adotados nos principais mercados de valores mobiliários do mundo.

Em 2013, procedemos a novas atualizações nesta obra, que resultaram na 3ª edição, para adequá-la às normas brasileiras de contabilidade técnicas do tipo NBC TG, aprovadas pelo CFC (Conselho Federal de Contabilidade), com fundamento nos Pronunciamentos Técnicos CPCs do CPC (Comitê de Pronunciamentos Contábeis), convergentes com as normas internacionais de contabilidade IFRS (International Financial Reporting Standards), emitidas pelo IASB (International Accounting Standards Board) com sede em Londres na Inglaterra.

Em 2017, procedemos outras importantes atualizações que resultaram na 4ª edição desta obra, as quais contemplaram as revisões em várias NBCS TGS processadas pelo Conselho

Federal de Contabilidade até o início de 2017, bem como a revogação da Resolução CFC n. 750/1993 efetuada por meio da NBC TSP Estrutura Conceitual – Estrutura Conceitual para elaboração e divulgação de informação contábil de Propósito Geral pelas Entidades do Setor Público.

Essas atualizações abrangeram, também, as mudanças introduzidas na legislação brasileira em geral, desde o ano de 2005 (data da 1ª edição), até o ano de 2017.

Portanto, é para você, estudante, que dedicamos mais este livro, trabalhado cuidadosamente com o objetivo de colaborar para que o ensino e a aprendizagem da Contabilidade fiquem cada vez mais fáceis.

O autor

Sumário

1 A contabilidade e sua aplicação

1.1 O desafio da terminologia

A terminologia é um dos desafios enfrentados pelos que iniciam o estudo da contabilidade, pois pode, num primeiro momento, dificultar o entendimento da matéria. Entre as palavras que mais inquietam o estudante, sobretudo o principiante no estudo da contabilidade, estão débito e crédito.

Débito, na nossa linguagem comum, significa situação negativa, desfavorável; ou saldo negativo na conta-corrente bancária; ou estar em falta com alguém etc. Na terminologia contábil, essa palavra poderá ter esses mesmos significados ou até mesmo assumir uma acepção positiva.

Crédito, no nosso cotidiano, pode representar situação positiva, favorável; ou saldo positivo na conta-corrente bancária; ou ter crédito no mercado (possibilidade de poder comprar a prazo, ter nome limpo na praça) etc. Na terminologia contábil, essa palavra poderá adquirir esses mesmos significados ou até mesmo corresponder à situação negativa.

Não é fácil para o iniciante no estudo da contabilidade concordar que, em determinado momento, a palavra débito seja usada com significado positivo, favorável, uma vez que, em sua vida diária, essa palavra raramente assume esse sentido. Portanto, para entender com facilidade não só o mecanismo do débito e do crédito, o qual representa a essência da contabilidade, bem como todo o processo contábil, é preciso ter consciência de que algumas palavras, termos ou expressões do seu dia a dia podem ter significados diferentes quando utilizados pela ciência contábil.

Veja outros exemplos de termos, palavras e expressões que fazem parte da terminologia contábil e serão presença constante em nossos estudos: empresa, capital, imóveis, legalização da empresa, personalidade jurídica, pessoa física, pessoa jurídica, livros fiscais, móveis e utensílios, mercadorias, compras à vista, compras a prazo, vendas à vista, vendas a prazo, obrigações, direitos, saldos, estoque, lucro, prejuízo, patrimônio, fornecedores, clientes, terceiros, fatos administrativos, atos administrativos, diário, razão, caixa etc.

Se, no decorrer dos seus estudos, você encontrar alguma dificuldade para entender alguma explicação, procure verificar se o problema está no significado de palavras, termos ou expressões técnicas que fazem parte da terminologia contábil. Procure analisar o significado das palavras considerando o contexto do tema em estudo.

1.2 O conceito de contabilidade

Várias são as formas utilizadas pelos doutrinadores, escritores e professores para conceituar ou explicar a importância da contabilidade, como instrumento de controle à disposição de seus usuários, ressaltando seu objeto, objetivo e a sua finalidade.

Todas as formas utilizadas para classificar a contabilidade como método, conjunto de procedimentos, técnica, sistema, arte etc., referem-se às simples facetas ou aos aspectos dessa disciplina, usualmente concernentes à sua aplicação prática, na solução de questões concretas.

Não restam dúvidas de que a contabilidade, como conjunto de conhecimentos historicamente acumulados, dotados de universalidade e objetividade, estruturados com métodos, teorias e linguagens próprios, revela-se como a ciência do patrimônio.

A **contabilidade**, portanto, é uma ciência social que tem por objeto o patrimônio das entidades econômico-administrativas. Seu objetivo principal é controlar o patrimônio das entidades em decorrência de suas variações. Para compreender o conceito de contabilidade, é preciso saber o que é patrimônio e o que é entidade.

Patrimônio é o conjunto de elementos necessários à existência da entidade, compreendendo os objetos de uso (computadores, mesas, armários, cadeiras etc.), de troca (mercadorias) e de consumo (material de escritório); os valores que a entidade tem para receber bem como para pagar. No Capítulo 2, estudaremos o patrimônio com mais detalhes, enquanto o conceito de entidade será desenvolvido na Seção 1.8.

Vejamos outros conceitos de contabilidade:

a. "a ciência que estuda e pratica as funções de orientação, de controle e de registro relativas à administração econômica" (Conceito oficial, formulado no Primeiro Congresso Brasileiro de Contabilistas, realizado no Rio de Janeiro, de 17 a 27 de agosto de 1924).

b. "sistema de informação e avaliação, destinado a prover seus usuários com demonstrações e análises de natureza econômica, financeira, física e de produtividade, com relação à entidade objeto de contabilização" (Estudo sobre a Estrutura Conceitual Básica da Contabilidade, elaborado pelo Instituto Brasileiro de Pesquisas Contábeis, Atuariais e Financeiras (Ipecafi), e aprovado pelo Instituto Brasileiro de Contadores (Ibracon).

c. "ciência (ou técnica, segundo alguns) que estuda, controla e interpreta os fatos ocorridos no patrimônio das entidades, mediante o registro, a demonstração expositiva e a revelação desses fatos, com o fim de oferecer informações sobre a composição do patrimônio, suas variações e o resultado econômico decorrente da gestão da riqueza patrimonial" (Hilário Franco, Contabilidade geral, 18ª ed., Editora Atlas, 1973).

d. "é a arte de registrar todas as transações de uma companhia, que possam ser expressas em termos monetários. E é também a arte de informar os reflexos dessas transações na situação econômico-financeira dessa companhia" (Nelson Gouveia, Contabilidade, Editora McGraw-Hill do Brasil).

Finalmente, de acordo com o ramo de atividade desenvolvido pela entidade, haverá também um ramo da contabilidade específico, que a ela se aplica como: Contabilidade bancária, Contabilidade comercial, Contabilidade de condomínio, Contabilidade industrial, Contabilidade imobiliária, Contabilidade macroeconômica, Contabilidade hospitalar, Contabilidade agrícola, Contabilidade pastoril, Contabilidade das entidades de fins ideais, Contabilidade de transportes, e outras.

1.3 Um pouco da história

A origem dos procedimentos contábeis, como mecanismo de controle das operações econômicas relativas às compras, às vendas e aos investimentos realizados pelo homem se perde no tempo.

Entretanto, a contabilidade se firmou como ciência, com o advento do método das partidas dobradas, no final do século XV.

O método das partidas dobradas fundamenta-se na relação débito/crédito, tendo sido divulgado pela primeira vez pelo frade franciscano Luca Pacioli, em seu livro sobre geometria e aritmética, lançado em 1494 na cidade de Veneza na Itália.

Esse fantástico mecanismo contábil passou a ser utilizado universalmente, chegando até nossos dias como eficiente instrumento de controle, que pode ser aplicado tanto aos patrimônios de pessoas físicas como aos patrimônios de pessoas jurídicas, tenham elas finalidade lucrativa ou não.

1.4 O objeto, o objetivo e a finalidade da contabilidade

O objeto da contabilidade é o Patrimônio das entidades econômico-administrativas. Seu objetivo é permitir o estudo, o controle e a apuração de Resultados diante dos fatos decorrentes da gestão do Patrimônio das entidades econômico-administrativas.

A principal finalidade da contabilidade é fornecer informações de ordem econômica e financeira sobre o patrimônio, para facilitar as tomadas de decisão por parte dos seus usuários.

As informações de ordem econômica dizem respeito à movimentação das compras e vendas, das despesas e receitas, evidenciando os lucros ou os prejuízos apurados nas transações realizadas pela empresa. Já as informações de ordem financeira referem-se ao fluxo de caixa (entradas e saídas de dinheiro).

1.5 As técnicas contábeis

Para atingir o fim a que se propõe, a contabilidade usa várias técnicas. Veja em que consistem algumas delas:

- **escrituração:** o registro de todos os acontecimentos que ocorrem no dia a dia das empresas e que provocam modificações no patrimônio. Esses acontecimentos classificados em atos ou fatos administrativos são registrados em livros próprios por meio do mecanismo do débito e do crédito. Os principais livros de escrituração utilizados pela contabilidade são o diário e o razão.
- **demonstrações contábeis:** quadros técnicos que apresentam dados extraídos dos registros contábeis da empresa. As demonstrações contábeis mais conhecidas são o Balanço Patrimonial e a Demonstração do Resultado do Exercício.
- **auditoria:** verificação da exatidão dos dados contidos nas demonstrações contábeis, por meio do exame minucioso dos registros contábeis e dos documentos que deram origem a eles.
- **análise de balanços:** exame e interpretação dos dados contidos nas demonstrações contábeis, com o fim de transformar esses dados em informações úteis aos diversos usuários da contabilidade.
- **consolidação de balanços:** unificação das demonstrações contábeis da empresa controladora e de suas controladas, visando apresentar a situação econômica e financeira de todo o grupo, como se fosse uma única empresa.

1.6 O campo de aplicação da contabilidade

O campo de aplicação da contabilidade abrange todas as entidades econômico-administrativas, as pessoas físicas e as pessoas jurídicas de direito público, como a União, os Estados, os Municípios, as autarquias etc.

Entidades econômico-administrativas são organizações que reúnem os seguintes elementos: pessoas, patrimônio, titular, ações administrativas e fim determinado. Considerando-se o fim a que se destinam, elas podem ser classificadas em instituições e empresas.

Instituições são entidades econômico-administrativas com finalidades sociais ou socioeconômicas. As instituições com finalidades sociais são aquelas cuja administração tem por objetivo o bem-estar social da coletividade, como as associações recreativas e esportivas, os hospitais beneficentes, os asilos etc. As instituições com finalidades socioeconômicas são aquelas cuja administração tem interesse no aspecto econômico da entidade, porém este reverte em benefício da coletividade a que pertencem. São exemplos os institutos de aposentadorias, pensões, previdência etc.

Empresas são entidades econômico-administrativas que têm finalidade econômica, isto é, visam ao lucro. Desenvolvem os mais variados ramos de atividades, como comércio, indústria, agricultura, pecuária, transporte, telecomunicações, turismo e uma infinidade de serviços.

Quanto à natureza do capital com que são constituídas, as empresas podem ser públicas, particulares e mistas. São públicas aquelas constituídas com capital do governo; as particulares (privadas) são constituídas com capital de particulares e as mistas, com capital do governo e de particulares ao mesmo tempo.

Certamente, você já ouviu falar em empresas, firmas, lojas, casas comerciais, clubes de futebol, indústrias, escolas, cinemas, teatros, lanchonetes etc. Há uma infinidade de entidades econômico-administrativas que o ser humano constitui para atingir algum objetivo, seja de ordem econômica, seja social. Podemos imaginar vários tipos de organizações: instituições governamentais; empresas públicas; particulares e mistas; instituições com finalidades sociais ou socioeconômicas. Todas elas devem ser adequadamente organizadas e bem controladas para que possam atingir seus objetivos da melhor maneira possível. Esses controles são efetuados, como vimos, pela Contabilidade por meio de suas técnicas. Esse é o campo de aplicação da Contabilidade.

1.7 Quem usa as informações contábeis

Os usuários das informações contábeis são pessoas físicas e jurídicas que as utilizam para registrar e controlar a movimentação de seus patrimônios, bem como, aqueles que, direta ou indiretamente, tenham interesse nesse controle; na apuração de resultados; na avaliação da situação patrimonial, econômica e financeira; na análise do desempenho e do desenvolvimento da entidade, como titulares (empresas individuais),[1] sócios, acionistas (empresas societárias), gerentes, administradores, governo (Fisco), fornecedores, clientes, bancos etc.

1.8 O mercado de trabalho do contabilista

Agora que já se esclareceu o que é contabilidade, para que serve, qual o campo de aplicação, bem como quem são as pessoas interessadas nas informações contábeis, fica fácil imaginar o vasto mercado de trabalho relacionado a essa área.

São milhões de entidades constituídas sob a forma de empresas ou de instituições públicas ou particulares, nas quais você poderá trabalhar como funcionário ou prestar serviços dedicando-se a uma ou mais entidades, como pessoa física (autônomo) ou por meio de uma empresa de serviços contábeis da qual seja titular ou sócio.

Desse modo, conforme consta do art. 2º da Resolução CFC n. 560/1983, que dispõe sobre as prerrogativas profissionais do contabilista, ele pode exercer suas atividades na condição de profissional liberal ou autônomo, de empregado regido pela CLT, de servidor público, de militar, de sócio de qualquer tipo de sociedade, de diretor ou de conselheiro de quaisquer entidades, ou em qualquer outra situação jurídica definida pela legislação, exercendo qualquer tipo de função.

Essas funções podem ser as de analista, assessor, assistente, auditor interno e externo, conselheiro, consultor, controlador de arrecadação, controller, educador, escritor ou articulista técnico, escriturador contábil ou fiscal, executor subordinado, fiscal de tributos, legislador, organizador, perito, pesquisador, planejador, professor ou conferencista, redator, revisor.

Elas podem ser exercidas em vários níveis, como nos cargos de chefe, subchefe, diretor, responsável, encarregado, supervisor, superintendente, gerente, subgerente, de todas as unidades administrativas nas quais se processem serviços contábeis.

A titulação também é bem variada, podendo ser de contador, contador de custos, contador departamental, contador de filial, contador fazendário, contador fiscal, contador geral, contador industrial, contador patrimonial, contador público, contador revisor, contador seccional ou setorial, técnico em Contabilidade ou outras semelhantes,

[1] O novo Código Civil Brasileiro, aprovado pela Lei n. 10.406/2002, trata a empresa mercantil individual de simplesmente "empresário" e a empresa mercantil societária de "sociedade empresária".

expressando o seu trabalho por meio de aulas, balancetes, balanços, cálculos e suas memórias, certificados, conferências, demonstrações, laudos periciais, judiciais e extrajudiciais, levantamentos, livros ou teses científicas, livros ou folhas ou fichas escriturados, mapas ou planilhas preenchidas, papéis de trabalho, pareceres, planos de organização ou reorganização, com textos, organogramas, fluxogramas, cronogramas e outros recursos técnicos semelhantes, prestação de contas, projetos, relatórios, e todas as demais formas de expressão, de acordo com as circunstâncias de momento.

Nota

- Para facilitar o entendimento da matéria, considere a empresa, objeto de estudos, como se fosse sua. Assim, quando a empresa compra, pense: "eu compro"; quando ela vende, imagine: "eu vendo", e assim por diante.
- Antes de entrar na contabilização propriamente dita, é necessário conhecer alguns conceitos básicos, sem os quais ficará difícil o entendimento da matéria. Sendo assim, para nos situar bem no assunto, devemos estudar com atenção os primeiros capítulos, que contêm uma parte mais teórica e são fundamentais.

ATIVIDADES TEÓRICAS

1. Responda:

1.1 Por que a terminologia pode, num primeiro momento, dificultar o entendimento da matéria aos que iniciam o estudo da Contabilidade?

1.2 O que é contabilidade?

1.3 Apresente o conceito de contabilidade de acordo com o estudo sobre a estrutura conceitual básica da contabilidade, elaborado pelo Ipecafi.

1.4 Cite quatro ramificações da contabilidade.

1.5 O que são entidades econômico-administrativas?

1.6 O que são empresas privadas?

1.7 O que são empresas públicas?

1.8 O que são empresas mistas?

1.9 Cite cinco funções que os contabilistas podem exercer.

1.10 Cite cinco cargos que você poderá exercer como contabilista.

1.11 Cite cinco títulos que o contabilista pode ter.

1.12 Cite três documentos por meio dos quais o contabilista pode expressar seu trabalho.

2. Classifique como falsas ou verdadeiras as seguintes frases:

2.1 ( ) Se não houver conscientização acerca do desafio da terminologia, a aprendizagem da contabilidade torna-se muito mais difícil.

2.2 ( ) A conscientização acerca do desafio da terminologia não é fator decisivo na aprendizagem, porém pode ajudar a superar obstáculos que porventura venham a ocorrer durante os estudos.

2.3 ( ) De acordo com o ramo de atividade desenvolvido pela entidade, haverá também um ramo da contabilidade específico que a ela se aplica.

2.4 ( ) As informações de ordem financeira dizem respeito à movimentação das compras e vendas, das despesas e receitas.

2.5 ( ) As informações de ordem econômica dizem respeito à movimentação das compras e vendas, das despesas e receitas, evidenciando os lucros ou os prejuízos apurados nas transações realizadas pela empresa.

2.6 ( ) As informações de ordem financeira dizem respeito ao fluxo de caixa (entradas e saídas de dinheiro).

2.7 ( ) As informações de ordem econômica dizem respeito ao fluxo de caixa (entradas e saídas de dinheiro).

2.8 ( ) Consolidação de balanços é uma técnica contábil que consiste na unificação das demonstrações contábeis da empresa controladora e de suas controladas, visando apresentar a situação econômica e financeira de todo o grupo, como se fosse uma única empresa.

2.9 ( ) A empresa, por visar ao lucro, tem finalidade econômica.

2.10 ( ) As instituições em geral, por não visarem ao lucro, têm finalidade social ou socioeconômica.

2.11 ( ) O mercado de trabalho do contabilista abrange milhões de entidades constituídas sob a forma de empresas ou de instituições públicas ou particulares, nas quais ele poderá trabalhar como empregado ou prestar serviços a uma ou mais delas, como pessoa física (autônomo) ou por meio de uma empresa de serviços contábeis da qual seja titular ou sócio.

3. Escolha a alternativa correta:

3.1 As palavras "débito" e "crédito":

a) tanto na nossa linguagem comum quanto na terminologia contábil, assumem sempre os mesmos significados;

b) podem assumir na terminologia contábil, significados diferentes daqueles que assumem na nossa linguagem comum;

c) na terminologia contábil, em algumas situações podem assumir os mesmos significados que assumem na nossa linguagem comum, porém, em algumas situações podem assumir significados diferentes;

d) na terminologia contábil representarão sempre situações negativas e positivas respectivamente;

e) as alternativas "a" e "d" estão erradas.

3.2 Conscientizar acerca do desafio da terminologia é importante porque:

a) na língua portuguesa poucos são os sinônimos;

b) grande parte das palavras que compõem a terminologia contábil pode assumir significados diferentes daqueles do nosso dia a dia;

c) para escriturar os fatos nos livros contábeis consultaremos permanentemente o dicionário;

d) o contabilista nunca é bom em língua portuguesa;

e) normalmente o estudante de Contabilidade não conhece outra língua.

3.3 A origem da ciência contábil:

a) pode ser atribuída ao aparecimento do método das partidas dobradas, no final do século XV;

b) perde-se no tempo;

c) deu-se com o início da escrituração nos Estados Unidos;

d) ainda não ocorreu, uma vez que a contabilidade pode ser conceituada como arte, método etc.;

e) somente ocorrerá depois que todos os contabilistas estiverem conscientizados acerca do desafio da terminologia.

3.4 Patrimônio das entidades; controlar o patrimônio das entidades; fornecer informações acerca do patrimônio das entidades. Compreendem:

a) objeto, finalidade e objetivo da contabilidade;

b) finalidade, objetivo e objeto da contabilidade;

c) objetivo, finalidade e objeto da contabilidade;

d) objeto, objetivo e finalidade da contabilidade;

e) n.d.a.

3.5 As informações fornecidas pela contabilidade acerca do patrimônio das entidades são de ordem:

a) financeira e econômica;

b) econômica e financeira;

c) econômica, financeira e política;

d) somente a alternativa "a" está incorreta;

e) as alternativas "a" e "b" estão corretas.

3.6 O registro de todos os acontecimentos que ocorrem no dia a dia das empresas e que provocam modificações no patrimônio é uma técnica contábil denominada:

a) escrituração;

b) análise de balanços;

c) auditoria;

d) consolidação de balanços;

e) demonstrações contábeis.

3.7 A verificação da exatidão dos dados contidos nas demonstrações contábeis, por meio do exame minucioso dos registros contábeis e dos documentos que deram origem a eles, é uma técnica contábil denominada:

a) escrituração;

b) análise de balanços;

c) auditoria;

d) demonstrações contábeis;

e) consolidação de balanços.

3.8 O exame e a interpretação dos dados contidos nas demonstrações contábeis, com o fim de transformar esses dados em informações úteis aos diversos usuários da contabilidade, é uma técnica contábil denominada:

a) escrituração;

b) análise de balanços;

c) auditoria;

d) demonstrações contábeis;

e) consolidação de balanços.

3.9 Empresas são:

a) entidades;
b) entidades econômico-administrativas;
c) entidades que visam ao lucro;
d) a alternativa "a" está correta;
e) todas as alternativas estão corretas.

3.10 Na relação entidade/empresa/instituição, podemos afirmar que:

a) toda entidade é uma empresa, porém nem toda empresa é uma entidade;
b) toda empresa é uma entidade, porém nem toda entidade é uma empresa;
c) toda entidade é uma instituição, porém nem toda instituição é uma entidade;
d) toda instituição é uma entidade, porém nem toda entidade é uma instituição;
e) as alternativas "a" e "c" estão incorretas.

3.11 O campo de aplicação da contabilidade abrange:

a) as entidades econômico-administrativas;
b) as pessoas físicas;
c) as instituições sociais, como a União, os estados, os municípios etc.;
d) somente as empresas sujeitas a controle contábil;
e) somente a alternativa "d" está incorreta.

3.12 Os usuários das informações contábeis são:

a) somente as pessoas jurídicas;
b) somente as pessoas físicas;
c) todas as entidades com finalidade social e socioeconômica;
d) somente os contabilistas entendidos no assunto;
e) pessoas físicas e jurídicas que as utilizam para registrar e controlar a movimentação de seus patrimônios, bem como aqueles que, direta ou indiretamente, tenham interesse nesse controle; na apuração de resultados; na avaliação da situação patrimonial, econômica e financeira; na análise do desempenho e do desenvolvimento da entidade.

TESTES DE EXAME DE SUFICIÊNCIA

Contador, ano 2000, prova 1 – Teoria da Contabilidade

1. O objetivo fundamental da Contabilidade é:

a) atender apenas aos interesses de instituições financeiras e fornecedores;
b) atender aos interesses das instituições financeiras, de fornecedores e do Fisco;
c) respaldar as informações prestadas à Receita Federal;
d) prover os usuários das demonstrações contábeis com informações que os ajudem a tomar decisões.

Contador, ano 2000, prova 1 – Teoria da Contabilidade

2. De acordo com os estudos epistemológicos, a Contabilidade é classificada como pertencente ao grupo das ciências:

a) sociais;
b) exatas;
c) naturais;
d) patrimoniais.

TESTES DE CONCURSO

Técnico da Receita Federal – TTN – SP/1992

1. O primeiro Congresso Brasileiro de Contabilistas, realizado na cidade do Rio de Janeiro, de 17 a 27 de agosto de 1924, formulou um conceito oficial para Contabilidade. Assinale a opção que indica esse conceito oficial.

   a) Contabilidade é a ciência que estuda o patrimônio do ponto de vista econômico e financeiro, observando seus aspectos quantitativo e específico e as variações por ele sofridas.

   b) Contabilidade é a ciência que estuda e pratica as funções de orientação, de controle e de registro, relativas à administração econômica.

   c) Contabilidade é a metodologia especial concebida para captar, registrar, reunir e interpretar os fenômenos que afetam as situações patrimoniais, financeiras e econômicas de qualquer ente.

   d) Contabilidade é a arte de registrar todas as transações de uma companhia que possam ser expressas em termos monetários e de informar os reflexos dessas transações na situação econômico-financeira dessa empresa.

   e) Contabilidade é a ciência que estuda e controla o patrimônio das entidades, mediante registro, demonstração expositiva, confirmação, análise e interpretação dos fatos nele ocorrido.

Técnico do Tesouro Nacional – TTN – RJ/1992

2. É função econômica da Contabilidade:

   a) apurar lucro ou prejuízo;

   b) controlar o patrimônio;

   c) evitar erros e fraudes;

   d) efetuar o registro dos fatos contábeis;

   e) verificar a autenticidade das operações.

2 O patrimônio

2.1 Conceito e definição

Patrimônio é um conjunto de bens, direitos e obrigações de uma pessoa, avaliado em moeda. Sendo assim, pode ser visualizado da seguinte maneira:

Patrimônio
Bens Direitos Obrigações

2.1.1 Bens

Bens são objetos capazes de satisfazer às necessidades humanas e que são suscetíveis de avaliação econômica. Ao entrar em um supermercado, por exemplo, encontramos inúmeros objetos, como balcões, vitrinas, equipamentos emissores de cupons fiscais e uma infinidade de mercadorias expostas para venda em gôndolas, prateleiras, *displays* etc. Todos esses objetos são os bens que o supermercado possui.

Do ponto de vista contábil, bens são todos os objetos que uma empresa possui, seja para uso ou troca, seja para consumo. Para exemplificar, tomemos por modelo uma empresa que comercialize calçados, admitindo que ela possua somente os seguintes bens: balcão, prateleira, vitrina, equipamento emissor de cupom fiscal, espelho, calçados para venda (mercadorias), papel para embalagem, material para limpeza da loja, meio quilo de pó de café e uma pequena quantia em dinheiro. Nesse caso, temos:

BENS DE USO	BENS DE TROCA	BENS DE CONSUMO
Balcão Prateleira Vitrina Equipamento emissor de cupom fiscal Espelho	Calçados para venda Dinheiro	Papel para embalagem Material para limpeza 0,5 kg de pó de café

Os bens podem ser classificados de várias maneiras, de acordo com o contexto em que se inserem. A classificação que mais nos interessa, neste momento, é a que os divide em materiais e imateriais.

Os **bens materiais**, como o próprio nome diz, são aqueles que possuem corpo, matéria. Por sua vez, dividem-se em **bens móveis**, os que podem ser removidos do seu lugar, por exemplo, mesas, veículos, computadores, dinheiro, mercadorias etc., e **bens imóveis**, os que não podem ser deslocados de seu lugar natural. Exemplo: terrenos, edifícios etc.

Os **bens imateriais** correspondem àqueles que, embora considerados bens, não possuem corpo ou matéria. São determinados gastos que a empresa faz, os quais, por sua natureza, devem ser considerados parte integrante do patrimônio e, por esse motivo, são registrados pela contabilidade como bens. Não tendo muita variedade, os mais comuns são:

a. **Fundo de comércio:** suponhamos que uma empresa de comércio de calçados, tenha decidido ampliar os negócios, abrindo uma filial. Para isso, comprou, à vista, por $ 50.000, um imóvel onde estava instalada uma empresa concorrente. Vamos admitir que o antigo proprietário tenha cobrado $ 30.000 pelo valor de mercado, que era igual ao valor registrado nos livros contábeis da empresa, e $ 20.000 pelo ponto comercial, ou seja, pela clientela que já estava formada. Neste caso, a empresa de comércio de calçados, registrará, na contabilidade, $ 30.000 como bem material com o título de Imóveis e $ 20.000 como bem imaterial, com o título de Fundo de Comércio.

b. **Marcas e patentes:** são valores gastos com o registro ou com a compra de uma marca (nome comercial ou industrial) ou de uma patente de invenção. Para que a empresa possa usufruir, com exclusividade, de todos os direitos reservados pela legislação para o uso desses bens imateriais, é preciso que essa marca ou patente esteja devidamente registrada no Instituto Nacional da Propriedade Industrial (INPI).

Nota

- Veja dois sinônimos que são comuns nos meios comerciais para representar bens materiais e bens imateriais: bem material é o mesmo que bem tangível; e bem imaterial, que bem intangível.

2.1.2 Direitos

Direitos são os valores que a empresa tem para receber de terceiros. Terceiros, neste caso, correspondem a todas as pessoas que se relacionam com a empresa, como os clientes.

Os direitos originam-se não só das vendas de mercadorias a prazo, como também das vendas a prazo de outros bens ou serviços, ou ainda em decorrência de outras transações, como é o caso de aluguel de bens móveis ou imóveis, empréstimos de dinheiro efetuados a terceiros etc.

Os direitos, normalmente, aparecem registrados nos livros contábeis da empresa com o nome do elemento representativo do respectivo direito, seguido da expressão "a Receber". Exemplos:

ELEMENTOS	EXPRESSÃO
Duplicatas	a Receber
Promissórias	a Receber
Aluguéis	a Receber

2.1.3 Obrigações

Obrigações representam os valores que a empresa tem para pagar a terceiros. Nesse caso, terceiros são: fornecedores, bancos, empregados, governo etc.

As obrigações podem se originar não só das compras de mercadorias a prazo, como também das compras a prazo de outros bens ou serviços ou, ainda, em decorrência de outras transações, como é o caso de aluguel de bens móveis ou imóveis, de empréstimos de dinheiro captados em estabelecimentos bancários etc.

As obrigações aparecem, habitualmente, registradas nos livros contábeis das empresas com o nome do elemento representativo da respectiva obrigação, seguido da expressão "a Pagar". Exemplos:

ELEMENTOS	EXPRESSÃO
Duplicatas	a Pagar
Promissórias	a Pagar
Aluguéis	a Pagar
Salários	a Pagar
Impostos	a Pagar

2.2 Aspectos qualitativo e quantitativo do patrimônio

Vimos que o patrimônio é um conjunto de bens, direitos e obrigações. A contabilidade estuda o patrimônio em seus aspectos qualitativos e quantitativos. Os **aspectos qualitativos** tratam dos componentes do patrimônio segundo a espécie de cada um, enquanto os **aspectos quantitativos** referem-se ao valor com que cada elemento possa ser expresso em moeda.

Acompanhe o seguinte raciocínio: possuo uma empresa com o seguinte patrimônio:

Patrimônio
Bens
Direitos
Obrigações

Pois bem, da forma pela qual o patrimônio foi apresentado, você consegue imaginar o tamanho da minha empresa? É evidente que não. Então, vamos agora representá-lo ressaltando o aspecto qualitativo:

Patrimônio

Bens

- Dinheiro
- Móveis
- Veículos

Direitos

- Duplicatas a Receber
- Aluguéis a Receber

Obrigações

- Duplicatas a Pagar
- Impostos a Pagar

Ressaltado o aspecto qualitativo, os elementos componentes do patrimônio foram devidamente qualificados, isto é, especificados. Tais informações permitem ter uma noção mais precisa do tamanho do patrimônio da empresa. No entanto, elas ainda não são suficientes, pois algumas perguntas continuam sem respostas: Quanto de dinheiro possuo? Qual o valor dos meus veículos? Quanto de duplicatas tenho para receber? Quanto de duplicatas tenho para pagar? Enfim, qual é o valor do meu patrimônio? Daí a necessidade de ressaltar o segundo aspecto, veja:

Patrimônio

Bens

- Dinheiro 10.000
- Móveis 15.000
- Veículos 50.000

Direitos

- Duplicatas a Receber 8.000
- Aluguéis a Receber 5.000

Obrigações

- Duplicatas a Pagar 20.000
- Impostos a Pagar 5.000

Finalmente, após ressaltados os aspectos qualitativo e quantitativo, ficou mais fácil avaliar o tamanho do Patrimônio da minha empresa, pois agora você conhece o quê e quanto minha empresa possui em bens, direitos e obrigações.

Os aspectos qualitativos e quantitativos, levados em conta na apresentação das demonstrações elaboradas a partir dos registros contábeis, permitem a mensuração do patrimônio bem como o conhecimento dos elementos que o compõem.

2.3 Representação gráfica do patrimônio

Para tornar mais fácil e didático o que é patrimônio (ponto de partida para entender com clareza todo o mecanismo que envolve o processo contábil), vamos representá-lo por meio de um gráfico em forma de "T":

O "T", como vemos, tem dois lados: no esquerdo, colocamos os bens e os direitos; e no direito, as obrigações. Então, a representação gráfica do patrimônio fica assim:

PATRIMÔNIO

Bens	Obrigações
Direitos	

Nessa representação gráfica, temos, de um lado, os bens e os direitos, que formam o grupo dos elementos positivos; e, do outro lado, as obrigações, que formam o grupo dos elementos negativos.

PATRIMÔNIO

ELEMENTOS POSITIVOS	ELEMENTOS NEGATIVOS
Bens	**Obrigações**
Caixa (dinheiro)	Duplicatas a Pagar
Estoque de Mercadorias	Aluguéis a Pagar
Móveis e Utensílios	Impostos a Pagar
Direitos	Salários a Pagar
Duplicatas a Receber	
Promissórias a Receber	

O lado esquerdo do gráfico é chamado lado positivo, pois os bens e os direitos representam, para a empresa, sua parte positiva (é o que ela tem efetivamente – bens; e o que ela tem para receber – direitos).

O lado direito é o lado negativo, pois as obrigações representam a parte negativa da empresa (é o que ela tem para pagar).

Os elementos positivos são denominados, ainda, componentes ativos e seu conjunto forma o **Ativo**. De forma semelhante, os elementos negativos são componentes passivos e seu conjunto forma o **Passivo**.

PATRIMÔNIO

ATIVO	PASSIVO
Bens	**Obrigações**
Caixa (dinheiro)	Duplicatas a Pagar
Estoque de Mercadorias	Aluguéis a Pagar
Móveis e Utensílios	Impostos a Pagar
Direitos	Salários a Pagar
Duplicatas a Receber	
Promissórias a Receber	

ATIVIDADES TEÓRICAS

1. Resolva:

1.1 Relacione a coluna da esquerda com a da direita:

a) Bens ( ) Duplicatas a Receber ( ) Caixa
b) Direitos ( ) Duplicatas a Pagar ( ) Promissórias a Receber
c) Obrigações ( ) Computadores ( ) Salários a Pagar

1.2 Escolha a alternativa que contém apenas obrigações:

a) Clientes, Capital e Duplicatas a Pagar.
b) Veículos, Móveis e Caixa.
c) Fornecedores, Duplicatas a Pagar e Clientes.
d) Fornecedores, Duplicatas a Pagar e Aluguéis a Receber.
e) Fornecedores, Duplicatas a Pagar e Salários a Pagar.

1.3 Escolha a alternativa que contém apenas bens móveis:

a) dinheiro, veículos e terrenos;
b) mesas, armários e casa;
c) computadores, duplicatas e dinheiro;
d) duplicatas a Pagar, Salários a Pagar e Impostos a Pagar;
e) computadores, veículos e prateleiras.

1.4 Dinheiro, terrenos, Clientes, Fornecedores, Computadores, Impostos a Pagar, Duplicatas a Receber, fundo de comércio. Nessa relação temos:

a) dois bens móveis, um bem imóvel, dois direitos, duas obrigações e um bem imaterial;
b) quatro bens móveis, dois direitos e duas obrigações;
c) seis elementos do Passivo e dois do Ativo;
d) um direito, uma obrigação e seis bens;
e) oito elementos positivos.

2. Classifique como falsas ou verdadeiras as seguintes frases:

2.1 ( ) Elementos positivos são os bens e os direitos.

2.2 ( ) Elementos positivos são os bens e as obrigações.

2.3 ( ) Elementos negativos são as obrigações.

2.4 ( ) O Ativo é composto por bens e direitos.

2.5 ( ) O Passivo é composto por elementos negativos.

2.6 ( ) O Ativo e o Passivo compõem o patrimônio da empresa.

2.7 ( ) Direitos e obrigações são elementos negativos.

3. Responda:

3.1 Quais elementos devem figurar do lado esquerdo do gráfico representativo do patrimônio?

3.2 Em que consiste o aspecto qualitativo do patrimônio?

3.3 Em que consiste o aspecto quantitativo do patrimônio?

3.4 Que elementos deverão figurar do lado direito do gráfico representativo do patrimônio?

3.5 Conceitue patrimônio.

3.6 O que são bens de uso?

3.7 O que são bens de troca?

3.8 O que são bens de consumo? Cite dois exemplos.

3.9 O que são e como se dividem os bens materiais?

3.10 O que são bens imateriais? Cite dois exemplos.

3.11 O que são direitos? Cite três exemplos.

3.12 O que são obrigações? Cite dois exemplos.

3.13 Quantos e quais são os elementos componentes do patrimônio?

3.14 Qual é a forma gráfica que didaticamente utilizamos para representar o patrimônio?

3.15 Quais são os nomes que recebem os elementos colocados do lado esquerdo do gráfico representativo do patrimônio?

3.16 O que é Ativo?

3.17 O que é Passivo?

ATIVIDADES PRÁTICAS

Prática 1

Classifique os elementos constantes do quadro a seguir em:

a) bens ou direitos ou obrigações;
b) positivo ou negativo;
c) Ativo ou Passivo.

N.	ELEMENTOS	A	B	C
1	Aluguéis a Pagar	*Obrigação*	*Negativo*	*Passivo*
2	Aluguéis a Receber	....	....	....
3	Armário de aço	....	....	....
4	Biblioteca	....	....	....
5	Carnês a Receber	....	....	....

(continua)

(continuação)

N.	ELEMENTOS	A	B	C
6	Casa	....	....	....
7	Clientes	....	....	....
8	Computadores	....	....	....
9	Dinheiro	....	....	....
10	Duplicatas a Pagar	....	....	....
11	Duplicatas a Receber	....	....	....
12	Fornecedores	....	....	....
13	Imóveis	....	....	....
14	Impostos a Pagar	....	....	....
15	Instalações*	....	....	....
16	Prateleiras	....	....	....
17	Promissórias a Pagar	....	....	....
18	Promissórias a Receber	....	....	....
19	Salários a Pagar	....	....	....
20	Veículos	....	....	....

* O título Instalações é usado para registrar bens móveis que integram as construções, mas que devem ser contabilizados separadamente delas. São exemplos de instalações as divisões de ambientes, os lustres e demais instalações elétricas, hidráulicas, frigoríficas, contra incêndio, de comunicações etc.

Nota

- A atividade Prática 1 pode ser usada como referência em sua avaliação até esta parte do capítulo. Portanto, se você não encontrou dúvida na solução, isso significa que está preparado para avançar. Se as dúvidas forem muitas, sugerimos um novo estudo do texto antes de passar para o próximo item.

Prática 2

Represente, no gráfico em forma de "T", os seguintes elementos, colocando no lado esquerdo os bens e os direitos e, no lado direito, as obrigações: Caixa, Veículos, Instalações, Duplicatas a Pagar, Fornecedores, Duplicatas a Receber, Clientes, Móveis e Utensílios, Promissórias a Pagar, Impostos a Pagar e Promissórias a Receber.

2.4 Situação líquida patrimonial

Situação líquida patrimonial é a diferença entre o Ativo (bens e direitos) e o Passivo (obrigações).

Nota

- Até agora, conforme nosso propósito, limitamo-nos a esclarecer o que é Ativo e Passivo, bem como o posicionamento dos bens, dos direitos e das obrigações no gráfico representativo do patrimônio. Deixamos de lado, porém, o aspecto quantitativo, isto é, o valor de cada um desses elementos. Para que a representação gráfica do patrimônio esteja completa, é preciso representar os elementos que o compõem com seus respectivos valores. Isso é o que faremos a seguir.

Por que estudar as situações líquidas agora? Para atender a um grande objetivo: acrescentar ao seu conhecimento mais um grupo de elementos, na representação gráfica do patrimônio.

Esse novo grupo, que se chama **Patrimônio Líquido**, juntamente com os bens, com os direitos e com as obrigações, completará a já conhecida representação gráfica do patrimônio, permitindo que o total do lado esquerdo seja igual ao total do lado direito, dando-lhe forma de equação. Entretanto, para compreender melhor esse novo grupo de elementos (Patrimônio Líquido), vamos estudar, antes, as situações líquidas patrimoniais possíveis.

Notas

- A partir daqui, passaremos a representar o patrimônio por meio do mesmo gráfico em forma de "T", porém com o título apropriado de Balanço Patrimonial.[1]
- Para efeito didático, neste tópico, deixaremos de especificar os bens, os direitos e as obrigações, apresentando apenas suas somas.

2.4.1 Situações líquidas patrimoniais possíveis

2.4.1.1 Ativo maior que o Passivo

EXEMPLO:

Bens 200
Direitos 100
Obrigações 180

Neste caso, teremos:

- Ativo (bens + direitos) .... (+) 300
- Passivo (obrigações) .... (–) 180
- Diferença .... (+) 120

Observação

- Antes de cada valor, colocamos um sinal. O Ativo, contendo bens e direitos, é positivo; logo, sinal (+). O Passivo, contendo obrigações, é negativo; logo, sinal (–).

No gráfico representativo do patrimônio, a situação líquida patrimonial deve ser colocada sempre do lado direito. Ela é somada ou subtraída das obrigações, de modo que iguale o lado do Passivo ao lado do Ativo, para manter o equilíbrio entre os dois lados, dando ao gráfico forma de equação.

[1] O Balanço Patrimonial é uma das demonstrações contábeis exigidas pela Lei n. 6.404/1976 das sociedades por ações, ele deve exprimir, com clareza, a situação do patrimônio da empresa em um dado momento.

Veja:

BALANÇO PATRIMONIAL

ATIVO		PASSIVO	
Bens	200	Obrigações	180
Direitos	100	(1) Situação líquida	120
Total	300	Total	300

Neste caso, a situação líquida poderá ser denominada situação líquida positiva; situação líquida ativa ou situação líquida superavitária.

Suponhamos que o proprietário dessa empresa, neste momento, decida liquidá-la: vendendo os bens ao preço que custaram, apurará $ 200; recebendo todos os direitos no valor de $ 100, acumulará em mãos o montante de $ 300; pagando todas as obrigações no valor de $ 180, restará para ele a soma de $ 120. Por isso, dizemos que a importância de $ 120 corresponde à situação líquida superavitária, isto é, o quanto a soma dos elementos positivos (ativos) superou a soma dos elementos negativos (passivos).

Veja outras maneiras de expressar a situação líquida positiva:

ATIVO		PASSIVO		
Bens + Direitos	>	Obrigações	→	Situação líquida positiva

Ativo maior que zero e Passivo maior que zero: situação líquida maior que zero.

2.4.1.2 Ativo menor que o Passivo

Exemplo:

Bens 200
Direitos 100
Obrigações 340

Neste caso, teremos:

- Ativo (bens + direitos) .... (+) 300
- Passivo (obrigações) .... (–) 340
- Diferença .... (–) 40

BALANÇO PATRIMONIAL

ATIVO		PASSIVO	
Bens	200	Obrigações	340
Direitos	100	(2) Situação líquida	(40)
Total	300	Total	300

Neste caso, a situação líquida pode ser denominada situação líquida negativa, situação líquida passiva; situação líquida deficitária ou, ainda, de passivo a descoberto.

Suponhamos que o proprietário da empresa, neste momento, decida liquidá-la: vendendo os bens ao preço de custo, apurará $ 200. Recebendo todos os direitos no valor de $ 100, acumulará em mãos o montante de $ 300. Como para saldar seus compromissos precisará de 340, valor das obrigações, e tendo levantado apenas $ 300 com a liquidação, faltarão $ 40. Portanto, a situação líquida é deficitária, ou seja, o total dos elementos positivos é insuficiente para saldar os compromissos assumidos pela empresa.

A expressão "Passivo a Descoberto" traduz a insuficiência do Ativo para cobrir todo o Passivo.

Veja outras maneiras de expressar essa situação:

ATIVO		PASSIVO		Situação líquida negativa
Bens + Direitos	<	Obrigações	→	

Ativo maior que zero, Passivo maior que zero e situação líquida menor que zero.

2.4.1.3 Ativo igual ao Passivo

EXEMPLO:

Bens 200
Direitos 100
Obrigações 300

BALANÇO PATRIMONIAL

ATIVO		PASSIVO	
Bens	200	Obrigações	300
Direitos	100		
Total	300	Total	300

Neste caso, o Ativo é inteiramente absorvido pelas obrigações, e a situação líquida é nula, inexistente.

Observe que, se o proprietário pretendesse liquidar essa empresa, nesse momento, tudo o que apuraria com a venda dos bens e com o recebimento dos direitos seria necessário para cobrir as obrigações, não restando nada para ele.

Veja outras maneiras de expressar essa situação:

ATIVO		PASSIVO		Situação líquida nula
Bens + Direitos	=	Obrigações	→	

Ativo maior que zero, Passivo maior que zero e situação líquida igual a zero.

Observação

- Além dessas três situações apresentadas, podem ocorrer mais duas: Ativo igual à situação líquida e situação líquida igual ao passivo. Porém, não as comentamos minuciosamente por serem variantes das situações líquidas positiva e negativa, já estudadas.

2.4.1.4 Ativo igual à situação líquida

Não há obrigações, existindo apenas elementos positivos. Nesse caso, a situação líquida é positiva.

Essa situação é comum quando a empresa encontra-se na fase de constituição, em que o Ativo e a situação líquida são maiores que zero, porém o Passivo é igual a zero.

BALANÇO PATRIMONIAL

ATIVO	PASSIVO
Bens 200	(1) Situação líquida 100
Direitos 100	
Total 300	Total 100

2.4.1.5 Situação líquida igual ao Passivo

Não há Ativo, apenas obrigações. Nesse caso, a situação líquida é negativa:

BALANÇO PATRIMONIAL

ATIVO	PASSIVO
	Obrigações 200
	(2) Situação líquida ....(200)
Total 0	Total 0

Essa situação é comum quando a empresa encontra-se na fase de liquidação, quando o Ativo é igual a zero, o Passivo é maior que zero e a situação líquida é menor que zero.

Nota

- Conforme se pôde observar, o Ativo e o Passivo nunca serão menores que zero, podendo assumir as situações, tanto de igual quanto de superior a zero; entretanto, a situação líquida poderá assumir as três situações: menor, igual ou maior que zero.

2.5 Equação básica do patrimônio

A equação básica do patrimônio, também conhecida por equação fundamental do patrimônio, é a que evidencia o patrimônio em situação normal, ou seja, em situação líquida positiva. É expressa da seguinte maneira:

ATIVO = PASSIVO + SITUAÇÃO LÍQUIDA

ATIVIDADES TEÓRICAS

1. Classifique como falsas ou verdadeiras as seguintes frases:

1.1 ( ) A situação líquida patrimonial é igual à soma do Ativo com o Passivo.

1.2 ( ) A situação líquida patrimonial será sempre positiva, em decorrência da equação fundamental do patrimônio.

1.3 ( ) A situação líquida patrimonial é igual ao Ativo diminuído das obrigações.

1.4 ( ) A equação fundamental do patrimônio é expressa da seguinte maneira: (bens + direitos) − (Obrigações) = Patrimônio Líquido.

2. Leia com atenção as afirmativas:

I. ativo > que obrigações = situação líquida ativa;

II. situação deficitária ocorre quando o total do Ativo é igual ao total das obrigações;

III. situação líquida passiva é o mesmo que passivo a descoberto;

IV. situação líquida será nula quando não houver Ativo.

Escolha a alternativa correta:

a) todas estão corretas;

b) somente a I está correta;

c) somente a I e a III estão corretas;

d) somente a I e a III estão erradas;

e) nenhuma das alternativas está correta.

3. Relacione a coluna da esquerda com a da direita, associando os sinônimos:

a) situação líquida positiva;

b) situação líquida passiva;

c) situação líquida nula;

( ) situação líquida superavitária;

( ) situação líquida inexistente;

( ) situação líquida deficitária;

( ) passivo a descoberto.

4. Responda:

4.1 Quando ocorre uma situação líquida superavitária?

4.2 Quando ocorre uma situação líquida deficitária?

ATIVIDADES PRÁTICAS

O objetivo destas atividades práticas é permitir a fixação das situações líquidas possíveis. Por isso, a situação encontrada deverá ser colocada do lado direito com sinal positivo ou negativo, conforme o caso, sendo somada ou subtraída das obrigações e com o nome de situação líquida, para que haja igualdade entre os dois lados do Balanço Patrimonial.

Represente graficamente e responda qual é o tipo da situação líquida, nas quatro práticas a seguir:

Prática 1 — solucionada

Caixa 200
Móveis e Utensílios 300
Duplicatas a Pagar 170
Veículos 30
Salários a Pagar 20
Duplicatas a Receber 70

BALANÇO PATRIMONIAL

ATIVO		PASSIVO	
Caixa	200	Duplicatas a Pagar	170
Móveis e Utensílios	300	Salários a Pagar	20
Veículos	30	Subtotal	190
Duplicatas a Receber	70	(1) Situação líquida	410
Total	600	Total	600

A situação líquida é positiva de 410.

Desenvolva da mesma forma as Atividades práticas 2, 3 e 4:

Prática 2

Veículos	4.000	Impostos a Pagar	5.000
Móveis e Utensílios	2.000	Duplicatas a Pagar	7.000
Máquinas e Equipamentos	1.000	Títulos a Receber	500
Caixa	1.000	Aluguéis a Receber	500
Promissórias a Pagar	2.000		

Prática 3

Imóveis	6.000	Títulos a Receber	3.000
Veículos	1.500	Aluguéis a Pagar	1.000
Títulos a Pagar	5.000	Impostos a Pagar	4.500

Prática 4

Imóveis	100.000	Clientes	10.000
Instalações	10.000	Promissórias a Receber	8.000
Móveis e Utensílios	5.000	Fornecedores	30.000
Veículos	14.000	Bancos conta Empréstimos	100.000
Caixa	5.000	Salários a Pagar	28.000
Bancos conta Movimento	63.000	Impostos a Pagar	40.000
Estoque de Mercadorias	50.000	Duplicatas a Pagar	39.000

2.6 Patrimônio Líquido

Patrimônio Líquido é o quarto grupo de elementos patrimoniais que, juntamente com os bens, com os direitos e com as obrigações, completará a demonstração contábil denominada Balanço Patrimonial. Assim, no Balanço Patrimonial temos os seguintes elementos:

BALANÇO PATRIMONIAL

ATIVO	PASSIVO
Bens Direitos	Obrigações Patrimônio Líquido

Até aqui, estudamos três dos quatro grupos de componentes do patrimônio: bens, direitos e obrigações e seus elementos. Pois bem, agora, veremos os elementos que compõem o grupo do Patrimônio Líquido:

a. Capital;

b. Reservas;

c. Lucros ou Prejuízos Acumulados.

- **Capital** é a importância, normalmente em dinheiro, que o proprietário de uma empresa possui para iniciar o seu negócio. Esse capital inicial poderá ser composto somente por dinheiro, ou dinheiro e outros bens, como Móveis e Utensílios, Veículos, Mercadorias etc. Durante a vida normal das empresas, o capital pode ser aumentado com novas somas colocadas pelos titulares ou pela incorporação de parte dos lucros auferidos pelas próprias empresas.
- **Reservas** são parcelas do lucro apurado pelas empresas que ficam retidas (retiradas, reservadas) para determinados fins, como é o caso da Reserva para Investimentos, que normalmente é utilizada para ampliação das instalações da empresa, abertura de filiais etc.
- **Lucros ou Prejuízos Acumulados** correspondem ao resultado positivo (Lucros) ou negativo (Prejuízos) apurados pela empresa na movimentação do patrimônio.

Você já sabe que o principal objetivo das empresas é o lucro. No final de cada exercício social (período em que a empresa opera, geralmente igual há um ano), a movimentação do patrimônio poderá resultar em lucro ou em prejuízo.

Quando o resultado apurado no final do exercício social corresponder a lucro, ele terá várias destinações: uma parte vai para o Governo (contribuição social e Imposto de Renda); uma parte poderá ser destinada a compensar prejuízos apurados em exercícios anteriores; uma parte poderá ser destinada aos participantes no lucro (empregados, administradores etc.); outra parte poderá ser destinada à constituição de reservas; outra, à distribuição aos titulares ou sócios em forma de dividendos; e, outra parte, poderá, ainda, ficar retida no Patrimônio para futuras destinações. Nesse último caso, essa parcela do lucro figurará no grupo do Patrimônio Líquido com o título de "Lucros Acumulados" ou de "Lucros ou Prejuízos Acumulados".

Quando o resultado apurado no final do exercício social corresponder a prejuízo, ele poderá ser amortizado (pago) pelo titular ou pelos sócios, ou, ainda, poderá ser mantido no grupo do Patrimônio Líquido para ser compensado com lucros apurados em exercícios futuros.

Nesse caso, o prejuízo poderá figurar no grupo do Patrimônio Líquido com o título de "Prejuízos Acumulados" ou de "Lucros ou Prejuízos Acumulados".

Quando a empresa optar pela denominação de "Lucros ou Prejuízos Acumulados", deverá apresentar esse elemento no Patrimônio Líquido com sinal negativo e o valor entre parênteses quando for prejuízo e com sinal positivo quando for lucro.

Além do Capital, das Reservas e dos Lucros ou Prejuízos Acumulados, existem outros elementos que integram o grupo do Patrimônio Líquido e que serão estudados oportunamente.

Nota

- Por hora, estas simples explicações acerca dos componentes do Patrimônio Líquido são suficientes. Na sequência da matéria, esses assuntos serão retomados e explicados com mais detalhes.

Na seção a seguir, veremos como os acontecimentos diários das empresas interferem no patrimônio, bem como a origem e movimentação dos bens, dos direitos, das obrigações e do Patrimônio Líquido, além dos seus corretos posicionamentos no Balanço Patrimonial.

LEITURA COMPLEMENTAR

"Patrimônio Líquido × situação líquida"

Então, Patrimônio Líquido é o mesmo que situação líquida?

Sim. Tomemos como exemplo uma empresa com situação líquida positiva, tendo, no Ativo, bens e direitos no valor de $ 5.000 e, no Passivo, obrigações no valor de $ 4.000. Nesse caso, subtraindo do Ativo de $ 5.000, o valor do patrimônio de terceiros (obrigações) de $ 4.000, obteremos um Patrimônio Líquido de $ 1.000. Esse valor encontrado de $ 1.000 corresponde à parte do patrimônio que pertence ao proprietário da empresa, podendo ser denominado tanto de Patrimônio Líquido quanto de situação líquida, uma vez que essas duas expressões significam a mesma coisa.

Entretanto, atente para as seguintes informações:

1. Empresa que não mantém escrita contábil

Quando se pretende conhecer a situação líquida patrimonial de uma empresa que não mantém escrita contábil regular, porque funciona na informalidade ou porque, em decorrência do porte, está dispensada, pela legislação brasileira, da elaboração dos registros contábeis, o procedimento mais adequado será:

a) efetuar um inventário físico (levantamento) de todos os bens, direitos e obrigações existentes;

b) apurar a situação líquida aplicando a fórmula:
Situação líquida 5 Ativo (Bens e Direitos) 2 Passivo (Obrigações)

2. Empresa que mantém escrita contábil

Caso a empresa mantenha escrita contábil regular, a situação líquida já estará registrada contabilmente, por meio dos elementos que compõem o grupo do Patrimônio Líquido.

Se pretender conhecer a situação líquida de uma empresa que mantenha escrita contábil regular, você não precisará efetuar nenhum cálculo, bastará verificar no Balanço Patrimonial dessa empresa, o total do grupo do Patrimônio Líquido e este corresponderá à situação líquida.

Assim, se a situação líquida for positiva, o total do grupo Patrimônio Líquido será igualmente positivo; se, por outro lado, a situação líquida da empresa for negativa, o total do grupo Patrimônio Líquido será igualmente negativo; e, ainda, se a situação líquida for nula, o grupo Patrimônio Líquido também refletirá essa situação.

Nota

- A partir deste ponto, em que já ficou definido o Patrimônio Líquido e foi apresentado seu posicionamento no gráfico representativo do patrimônio, quando representar graficamente uma situação patrimonial, não escreva bens, direitos, obrigações e situação líquida, apenas especifique esses elementos (aspecto qualitativo). Você terá de ter sempre em mente que no lado do Ativo são colocados os elementos que representam os bens e os direitos e, no lado do Passivo, os elementos que representam as obrigações e o Patrimônio Líquido.

2.7 Formação do patrimônio e suas variações

2.7.1 Introdução

Para constituir uma empresa, é preciso que se tenha, inicialmente, um capital. Quando a empresa está sendo constituída, a palavra capital é usada para representar o conjunto de elementos que o proprietário da empresa possui para montar seu negócio e, consequentemente, iniciar as suas atividades.

Vera Lúcia vai abrir uma butique. Ela possui, para esse fim, $ 60.000 em dinheiro. Logo, esses $ 60.000 são seu capital.

O capital inicial pode ser composto por:

a. somente dinheiro;

b. parte em dinheiro e parte em outros bens;

c. parte em dinheiro, parte em outros bens e parte em direitos.

Suponhamos que uma pessoa deseje iniciar suas atividades (abrir uma empresa para comercializar materiais para construção) e possua $ 30.000 em dinheiro e um caminhão no valor de $ 50.000. Nesse caso, seu capital inicial é de $ 80.000.

Esse capital, ou seja, a soma dos valores com que o proprietário constitui uma empresa pode receber várias denominações:

a. Capital;

b. Capital Inicial;

c. Capital Nominal;

d. Capital Subscrito;

e. Capital Social (quando se tratar de sociedades).

2.7.2 Exemplo de formação do patrimônio e suas variações com Balanços sucessivos

Vamos acompanhar a formação do patrimônio de uma empresa comercial e alguns exemplos de sua movimentação, representando, a cada acontecimento, a situação patrimonial respectiva:

1. Luiz Felipe constitui uma empresa para explorar o comércio de tintas, com um capital inicial, em dinheiro, de $ 50.000.

Considerando apenas essa ocorrência, veja como será representada a situação patrimonial da empresa de Luiz Felipe, por meio do Balanço Patrimonial:

BALANÇO PATRIMONIAL

ATIVO		PASSIVO	
Caixa	50.000	Capital	50.000
Total	50.000	Total	50.000

Observação

- Veja que na representação gráfica temos dois elementos: Caixa e Capital. O elemento Caixa foi colocado no lado do Ativo, pois representa bens (já vimos que, no lado do Ativo, devem constar os elementos que representam os bens e os direitos). Já o elemento Capital foi posto do lado do Passivo, pois é um elemento do grupo do Patrimônio Líquido (relembre que no lado do Passivo devem constar os elementos que representam as obrigações e o Patrimônio Líquido).

Se pretendermos conhecer a situação líquida do patrimônio da empresa de Luiz Felipe, nesse momento, como do lado do Passivo consta apenas um elemento do grupo Patrimônio Líquido, concluímos que a situação líquida corresponderá ao valor desse elemento, logo, é positiva em $ 50.000.

Se preferir aplicar a fórmula já conhecida para encontrar a situação líquida, teremos:

Ativo (bens e direitos)..	(+)	50.000
(menos) Passivo (obrigações)..	(–)	0
(igual) Situação líquida	(+)	50.000

Observe, finalmente, que a situação líquida encontrada é positiva de $ 50.000, o que coincide com o total do grupo Patrimônio Líquido que, nesse momento, é representado apenas pelo elemento Capital.

2. Em seguida, surgem as aplicações do capital na compra de bens:
   a. compra de Móveis e Utensílios, à vista, por $ 5.000;
   b. compra de um automóvel, à vista, por $ 30.000.

   Veja como ficou o patrimônio de Luiz Felipe, após essa operação:

BALANÇO PATRIMONIAL

ATIVO		PASSIVO	
Caixa	15.000	Capital	50.000
Móveis e Utensílios	5.000		
Veículos	30.000		
Total	50.000	Total	50.000

Observação

- Observe que, embora tenha havido movimento no patrimônio, seu valor total não se alterou. Apenas houve troca de valores no Ativo: o Caixa diminuiu em $ 35.000, mas esse valor apareceu novamente em Móveis e Utensílios e Veículos. No lado do Passivo, não houve alteração, o Patrimônio Líquido permanece o mesmo, por isso repetimos o elemento Capital com o mesmo valor do Balanço anterior.

3. Precisando adquirir mercadorias e sendo seu capital insuficiente, Luiz Felipe compra a prazo: compra de tintas (Mercadorias), a prazo, no valor de $ 20.000, da Casa de Tintas Taubaté, conforme nota fiscal n. 325, com aceite de quatro duplicatas no valor de $ 5.000 cada uma, vencíveis de 30 em 30 dias.

   Veja como ficou o patrimônio de Luiz Felipe, após essa operação:

BALANÇO PATRIMONIAL

ATIVO		PASSIVO	
Caixa	15.000	Duplicatas a Pagar	20.000
Móveis e Utensílios	5.000	Capital	50.000
Veículos	30.000		
Estoque de Mercadorias	20.000		
Total	70.000	Total	70.000

Observações

- Quando a empresa compra a prazo, ela passa a trabalhar com capital que não é dela (é do fornecedor das mercadorias). Cria, assim, obrigação para futuro pagamento. Nesse caso, tanto o Ativo quanto o Passivo são aumentados. O Ativo, pela entrada das Mercadorias (bens), e o Passivo, pela obrigação assumida em decorrência do aceite da duplicata.
- O total do Ativo, que era de $ 50.000, passou para $ 70.000, com a inclusão do elemento Estoque de Mercadorias. Da mesma forma, o total do lado do Passivo, que era de $ 50.000, também aumentou, passando para $ 70.000, em decorrência da obrigação contraída com o fornecedor.
- Embora o valor do patrimônio tenha aumentado de $ 50.000 para $ 70.000, o Patrimônio Líquido não sofreu alteração, pois a situação líquida continua sendo a mesma, veja:

Ativo (bens mais direitos)	(+)	70.000
(menos) Passivo (obrigações)	(–)	(50.000)
(igual) Situação líquida	(+)	50.000

  Portanto, a situação líquida continua sendo positiva em $ 50.000, representada pelo elemento Capital.

4. Vamos admitir, agora, que a empresa de Luiz Felipe tenha efetuado o pagamento, em dinheiro, de uma duplicata no valor de $ 5.000.
   Veja como ficou o patrimônio de Luiz Felipe, após essa operação:

BALANÇO PATRIMONIAL

ATIVO		PASSIVO	
Caixa	10.000	Duplicatas a Pagar	15.000
Móveis e Utensílios	5.000	Capital	50.000
Veículos	30.000		
Estoque de Mercadorias	20.000		
Total	65.000	Total	65.000

Observação

- Esse pagamento acarretou uma redução no Ativo, pois o Caixa foi diminuído em $ 5.000, e uma redução no Passivo, pela extinção de parte das obrigações em $ 5.000.

O propósito desse exemplo prático foi mostrar que cada fato administrativo ocorrido na empresa provoca modificações entre os elementos patrimoniais, resultando em nova situação que poderá ou não alterar o valor do patrimônio e ou do Patrimônio Líquido.

ATIVIDADE PRÁTICA

Represente, por meio do Balanço Patrimonial, a situação do patrimônio da empresa individual de Vera Lúcia Pereira Ribeiro, após cada fato ocorrido.

1. Vera Lúcia inicia suas atividades comerciais com um capital de $ 80.000, em dinheiro:
2. Compras à vista (em dinheiro):
   a) Móveis e Utensílios 3.000
   b) Um automóvel 25.000
   c) Mercadorias 20.000
3. Compras de Mercadorias a prazo, mediante aceite de duplicatas, no valor de $ 30.000.
4. Compra, a prazo, de uma casa no valor de $ 100.000, mediante emissão de notas promissórias.
5. Vendas de Mercadorias:
   a) à vista 10.000
   b) a prazo, mediante aceite de duplicatas 8.000

Nota

- Não leve em conta o possível lucro nas vendas, pois será estudado posteriormente. Considere os valores como estão.

6. Pagamento de uma duplicata, em dinheiro, no valor de $ 10.000.
7. Recebimento de uma duplicata, em dinheiro, no valor de $ 2.000.

2.8 Origens e aplicações dos recursos

Vimos que a palavra Capital representa um elemento do grupo do Patrimônio Líquido e que, quando da constituição de uma empresa, corresponde à soma dos valores com os quais o proprietário inicia suas atividades.

Entretanto, na contabilidade, quando a palavra capital está acompanhada do adjetivo "total", compondo a expressão "capital total" à disposição da empresa, ela representa os recursos totais que a empresa possui.

Observe o patrimônio a seguir representado:

BALANÇO PATRIMONIAL

ATIVO		PASSIVO	
Caixa	500	Fornecedores	350
Estoque de Mercadorias	200	Capital	800
Duplicatas a Receber	50		
Móveis e Utensílios	100		
Veículos	300		
Total	1.150	Total	1.150

Note que o Capital Nominal da empresa é de $ 800 e o capital à disposição da empresa ou capital total é de $ 1.150.

Chegou o momento de descobrirmos por que o patrimônio da empresa é representado pelo Balanço Patrimonial em um gráfico de dois lados, por que ambos os lados possuem o mesmo total e, ainda, por que o valor do patrimônio não é igual à soma dos dois totais encontrados em cada um dos lados do Balanço Patrimonial.

Para começar, o que a representação gráfica mostra?

Respondemos que o Passivo mostra a origem de capitais, isto é, como a empresa conseguiu os recursos que possui; e o Ativo mostra a aplicação de capitais, isto é, onde a empresa aplicou os recursos originados, conforme mostra o lado do Passivo.

2.8.1 Passivo: origem dos recursos

BALANÇO PATRIMONIAL

ATIVO	PASSIVO
	Obrigações Patrimônio Líquido

No lado do Passivo, como vimos, são representados dois grupos de elementos patrimoniais:

a. **Obrigações:** a parte do patrimônio que a empresa deve para terceiros, sendo também chamadas de capitais de terceiros. O desenvolvimento normal das atividades da empresa faz com que ela efetue, no seu dia a dia, uma série de operações que acarretam obrigações, representadas por Duplicatas a Pagar, Salários a Pagar, Impostos a Pagar, Promissórias a Pagar etc. A empresa tem de pagar essas obrigações para fornecedores, empregados, governo, bancos etc.;

b. **Patrimônio Líquido:** a parte do patrimônio que pertence ao proprietário da empresa: os **capitais próprios**. Os capitais próprios podem se originar de duas fontes:

1. **recursos do proprietário:** capital inicial e aumentos posteriores, quando efetuados com recursos do proprietário, vindos de fora da empresa;
2. **evolução normal da empresa:** lucros e, consequentemente, reservas. Os lucros, conforme visto, decorrem da gestão do patrimônio, enquanto as reservas são partes desses lucros que ficam retidas para investimentos futuros ou para outros fins.

Resumindo,

- Capitais de terceiros = Obrigações
- Capitais próprios = Patrimônio Líquido

2.8.2 Ativo: aplicação dos recursos

BALANÇO PATRIMONIAL

ATIVO	PASSIVO
Bens →	
Direitos →	

Os capitais próprios e de terceiros, cujas origens são demonstradas por meio dos elementos que compõem o Passivo, são aplicados na empresa em bens e direitos, conforme mostram os elementos que compõem o lado do Ativo. Portanto, os recursos que a empresa utilizou para ter no seu Ativo os bens e os direitos foram obtidos conforme mostram os elementos do Passivo.

Veja a representação gráfica a seguir, analise os comentários e responda às questões propostas:

BALANÇO PATRIMONIAL

ATIVO		PASSIVO	
Caixa	1.100	Duplicatas a Pagar	1.000
Duplicatas a Receber	700	Promissórias a Pagar	500
Estoque de Mercadorias	1.400	Capital	1.700
Total	3.200	Total	3.200

Ao analisar um Balanço Patrimonial, atente para os seguintes pontos:

a. o Ativo mostra em que a empresa aplicou os recursos, ou onde aplicou todo seu capital. No exemplo em questão, os recursos totais à disposição da empresa estão aplicados: no Caixa, \$ 1.100; em Duplicatas a Receber, \$ 700, e em Estoque de Mercadorias, \$ 1.400;

b. o Passivo mostra onde a empresa conseguiu os recursos que estão aplicados no Ativo. No nosso exemplo, \$ 1.700 representam o Capital Nominal ou Capital Inicial "originados dos proprietários", e \$ 1.500 são capitais de terceiros, originados, possivelmente, em decorrência de compras a prazo.

Questões propostas sobre o gráfico anterior:

1. Qual é o valor do Capital Nominal?

2. Qual é o valor dos recursos totais à disposição da empresa?

3. Qual é o valor do capital próprio?

4. Qual é o valor do capital de terceiros?

5. A origem dos recursos está:

a) no Ativo;

b) no Passivo.

6. A aplicação dos recursos está:

a) no Ativo;

b) no Passivo.

ATIVIDADES TEÓRICAS

1. Responda:

   1.1 O que é capital próprio? Cite dois exemplos.

   1.2 O que são capitais de terceiros? Cite três exemplos.

2. Escolha a alternativa correta:

   2.1 O Patrimônio Líquido representa:
   a) capitais próprios;
   b) capitais de terceiros.

   2.2 As Obrigações representam:
   a) capitais próprios;
   b) capitais de terceiros.

ATIVIDADES PRÁTICAS

Prática 1

Crie uma situação patrimonial representando-a graficamente por meio do Balanço Patrimonial. Tal situação deverá conter:

a) dois elementos que representem capital próprio;
b) seis elementos que representem capitais de terceiros;
c) dez elementos que representem a aplicação desses capitais.

Prática 2

Represente, graficamente, após cada fato apresentado, a situação patrimonial da empresa, considerando-a em evolução, isto é, cada gráfico representado deve ser igual ao gráfico anterior, modificado pelas operações subsequentes:

2.1 Investimento inicial:
a) em dinheiro 200
b) em móveis 100

2.2 Compras efetuadas:
a) mercadorias, em dinheiro 50
b) veículos, a prazo, mediante aceite de duplicatas 130

2.3 Vendas de mercadorias à vista, por $ 20.

2.4 Venda de mercadorias, a prazo, mediante emissão de duplicatas, por $ 20.

2.5 Empréstimo obtido no Banco do Brasil S/A, mediante nossa emissão de nota promissória, no valor de $ 80.

2.6 Pagamento, em dinheiro, de uma duplicata de nosso aceite, no valor de $ 30.

2.7 Recebimento, em dinheiro, de uma duplicata no valor de $ 10.

Prática 3

Identifique as operações que deram origem às situações patrimoniais representadas a seguir. Considere o patrimônio em evolução, isto é, compare o gráfico do item em análise sempre com o gráfico anterior e responda qual ou quais foram os fatos que provocaram tais modificações.

Observe que, na atividade prática anterior, partimos de fatos e elaboramos as representações gráficas; nesta prática, o raciocínio é invertido, ou seja, já temos o gráfico pronto. Assim, devemos compará-lo sempre com o anterior para descobrir o(s) fato(s) que provocou(aram) as modificações.

3.1

BALANÇO PATRIMONIAL

ATIVO		PASSIVO	
Caixa	24.000	Capital	24.000

3.2

BALANÇO PATRIMONIAL

ATIVO		PASSIVO	
Caixa	24.000	Duplicatas a Pagar	6.000
Móveis e Utensílios	6.00	Capital	24.000
Total	30.000	Total	30.000

3.3

BALANÇO PATRIMONIAL

ATIVO		PASSIVO	
Caixa	10.000	Duplicatas a Pagar	6.000
Móveis e Utensílios	6.000	Capital	24.000
Veículos	14.000		
Total	30.000	Total	30.000

3.4

BALANÇO PATRIMONIAL

ATIVO		PASSIVO	
Caixa	4.000	Capital	24.000
Móveis e Utensílios	6.000		
Veículos	14.000		
Total	24.000	Total	24.000

TESTE DE EXAME DE SUFICIÊNCIA

Contador, ano 2002, prova 1 – Área de Conhecimentos Contábeis

1. Com base nos dados abaixo, apure o valor correto da situação líquida.

Caixa	$	830,00
Capital Social	$	1.200,00
Duplicatas a Receber	$	450,00
Mercadorias	$	350,00
Duplicatas a Pagar	$	600,00
Reservas de Lucros	$	230,00
Móveis e Utensílios	$	400,00

a) $ 600,00
b) $ 830,00
c) $ 1.430,00
d) $ 2.030,00

TESTES DE CONCURSO

Agente Fiscal de Rendas – AFR-SP – 1977 – Contabilidade Geral

1. O Patrimônio Líquido pode ser obtido pela fórmula:

a) Bens + Direitos (–) Capital Próprio.
b) Ativo (–) Capital Próprio.
c) Bens + Direitos (–) Origens.
d) Bens + Direitos (–) Aplicações.
e) Ativo (–) Capital de Terceiros.

Técnico do Tesouro Nacional – TTN/1991

2. Diz-se que a situação líquida é negativa quando o Ativo Total é

a) maior que o Passivo Total;
b) maior que o Passivo Exigível;
c) igual à soma do Passivo Circulante com o Passivo Exigível a Longo Prazo;
d) igual ao Passivo Exigível;
e) menor que o Passivo Exigível.

3 Contas

3.1 Conceito

Na sua linguagem cotidiana, o que representa a palavra conta? Você poderá responder:

- uma operação aritmética de soma, subtração, multiplicação ou divisão;
- a conta de água e esgoto, energia elétrica ou telefone que temos de pagar;
- uma conta-corrente bancária;
- conta a pagar na loja, na padaria, no açougue etc.

Do ponto de vista técnico, **conta** é o nome dado aos componentes patrimoniais (bens, direitos, obrigações e Patrimônio Líquido) e aos elementos de resultado (despesas e receitas).

Até agora, quando nos referimos aos componentes patrimoniais, falamos em elementos. Por exemplo: elemento Caixa, elemento Veículos, elemento Móveis e Utensílios, elemento Duplicatas a Pagar. Agora, não apresentaremos nada de novo; simplesmente, quando nos referirmos aos componentes patrimoniais, não diremos elementos e sim contas (conta Caixa, conta Veículos, conta Móveis e Utensílios, conta Duplicatas a Pagar etc.).

Para que servem as contas? É por meio das contas que a contabilidade consegue desempenhar seu papel de registrar e controlar todos os acontecimentos responsáveis pela gestão do patrimônio. Por isso, elas são tratadas com muita atenção pelos contabilistas.

Imagine a conta como sendo uma caixa, ficha ou ainda arquivo no qual o contabilista armazena os dados correspondentes à movimentação de entradas e saídas de valores de cada um dos elementos patrimoniais ou de resultado. Há uma conta para cada elemento. A conta Caixa, por exemplo, é uma das mais movimentadas no dia a dia das empresas em geral: ocorrem constantemente entradas e saídas de dinheiro no Caixa. Pois bem, todos os fatos correspondentes a essas entradas e saídas de dinheiro ficam registrados no arquivo (caixa ou ficha) destinado ao controle da conta Caixa. Assim, nos registros contábeis, existe uma conta (caixa, ficha) para cada elemento, seja ele do grupo dos bens, dos direitos, das obrigações, do Patrimônio Líquido, das despesas ou das receitas.

Portanto, todos os acontecimentos que ocorrem na empresa, responsáveis pela gestão do seu patrimônio, como as compras, as vendas, os pagamentos, os recebimentos etc., são registrados por meio das contas em livros próprios.

Nota

- Para a contabilidade, os títulos das contas são considerados nomes próprios, motivo pelo qual, a partir daqui, são escritos sempre com letras maiúsculas, critério adotado parcialmente no capítulo anterior.

3.2 Classificação das Contas

As contas podem ser classificadas de acordo com vários critérios. Daremos prioridade, neste momento, ao que as divide em dois grupos (teoria patrimonialista):[1]

a. contas patrimoniais;
b. contas de resultado.

3.2.1 Contas patrimoniais

Já estudamos as contas patrimoniais: são aquelas que representam os bens, os direitos, as obrigações e o Patrimônio Líquido. Dividem-se em ativas e passivas e são elas que representam o patrimônio da empresa num dado momento, por meio do Balanço Patrimonial. Veja:

BALANÇO PATRIMONIAL

ATIVO	PASSIVO
Bens	Obrigações
Caixa	Fornecedores
Veículos	Duplicatas a Pagar
Total	Patrimônio Líquido
Duplicatas a Receber	Capital
Promissórias a Receber	Reservas

3.2.2 Contas de resultado

As contas de resultado dividem-se em contas de despesas e contas de receitas. Aparecem durante o exercício social,[2] encerrando-se ao final dele. Não fazem parte do

[1] As teorias das contas mais conhecidas são: personalística, materialista e patrimonialista. Neste livro, adotaremos a classificação apresentada pela teoria patrimonialista, por ser a mais adequada aos procedimentos contábeis praticados no Brasil.

[2] Exercício social ou exercício contábil compreende períodos de igual duração em que a empresa opera; geralmente tem duração de um ano. No final desses períodos, as empresas apuram os seus resultados e elaboram as demonstrações contábeis.

Balanço Patrimonial, mas é por meio delas que ficamos sabendo se a empresa apresentou lucro ou prejuízo no desenvolvimento de suas atividades.

3.2.2.1 Despesas

As Despesas decorrem do consumo de Bens e da utilização de serviços. Por exemplo: a energia elétrica consumida, os materiais de limpeza consumidos (sabões, desinfetantes, vassouras, detergentes), o café consumido, os materiais de expediente consumidos (canetas, papéis, cartuchos de tintas para impressoras, impressos e outros), a utilização dos serviços telefônicos etc.

As despesas são registradas pela contabilidade por meio das contas de resultado. Lendo os títulos a seguir, pode-se identificar, com facilidade, o tipo de despesa a que cada um corresponde:

• Água e Esgoto; • Fretes e Carretos; • Aluguéis Passivos; • Impostos; • Café e Lanches; • Juros Passivos; • Contribuição de Previdência;	• Material de Expediente; • Descontos Concedidos; • Material de Limpeza; • Despesas Bancárias; • Prêmios de Seguro; • Energia Elétrica; • Salários.

3.2.2.2 Receitas

As **Receitas** decorrem da venda de bens e da prestação de serviços. Existem em número menor que as despesas, sendo as mais comuns representadas pelas seguintes contas:

- Aluguéis Ativos;
- Receitas de Serviços;
- Descontos Obtidos;
- Vendas de Mercadorias;
- Juros Ativos.

Existem contas de resultado que podem aparecer tanto no grupo das despesas quanto no grupo das receitas. É o caso dos aluguéis, dos juros e dos descontos. Como saber quando tais contas representam despesas e quando representam receitas?

Na língua portuguesa, conforme já dissemos, existem palavras que possuem vários significados, de acordo com o contexto no qual se inserem. Deve-se, assim, analisar com cuidado os adjetivos apresentados a seguir. Veja a diferença entre uma conta de aluguéis que representa despesa e uma conta de aluguéis que representa receita:

- A conta Aluguéis Passivos é conta de despesa.
- A conta Aluguéis Ativos é conta de receita.

A diferença está nos adjetivos empregados. Note que as palavras Passivos e Ativos não têm nenhuma ligação com Ativo e Passivo do Balanço Patrimonial. Portanto, a palavra

Ativos, colocada após a palavra Aluguéis, está sendo usada como adjetivo, qualificando os aluguéis de positivos (logo, receita). Por outro lado, a conta Aluguéis Passivos não é do Passivo; representa, sim, aluguéis negativos (logo, despesa).

O mesmo raciocínio deve ser aplicado às contas que registram juros:

- A conta Juros Ativos é conta de receita.
- A conta Juros Passivos é conta de despesa.

Notas

- A conta a ser utilizada para registro das despesas com aluguéis pode ter uma das seguintes denominações: Aluguéis Passivos, Aluguéis Pagos, Despesas de Aluguéis ou outra semelhante.
- A conta usada para registro das receitas com aluguéis pode receber uma das seguintes denominações: Aluguéis Ativos, Aluguéis Recebidos, Receitas de Aluguéis etc.
- A conta usada para registro das despesas com aluguéis pode receber uma das seguintes denominações: Aluguéis Passivos, Aluguéis Pagos, Despesas de Aluguéis etc.
- Pode-se atribuir à conta de registro das receitas com juros uma das seguintes denominações: Juros Ativos, Juros Recebidos, Receitas de Juros ou outra semelhante.

No caso dos descontos, eles são despesas quando concedidos pela empresa; daí serem registrados na conta intitulada Descontos Concedidos. E são receitas quando obtidos pela empresa; sendo registrados na conta Descontos Obtidos.

Veja: José, nosso cliente, vem à empresa pagar uma duplicata de nossa emissão, no valor de $ 1.000. Ao receber o valor da duplicata, damos a José um desconto de 5%. Logo, recebemos $ 950. Os $ 50 que deixamos de receber, referem-se a descontos concedidos (despesa).

Outro caso: Nossa empresa vai pagar ao fornecedor, uma duplicata no valor de $ 5.000. Ao efetuar o pagamento, ganhamos do fornecedor um desconto de 10%. Logo, pagamos apenas $ 4.500. Os $ 500 que deixamos de pagar representam, para nossa empresa, uma receita que será registrada por meio da conta Descontos Obtidos. Voltaremos a explicar detalhadamente esses casos, quando estudarmos a contabilização de juros, aluguéis e descontos.

3.3 Outras informações envolvendo Contas

Existem, ainda, as contas Aluguéis a Receber, Juros a Receber, Aluguéis a Pagar e Juros a Pagar. Agora estamos diante de quatro contas patrimoniais: as expressões "a Receber" e "a Pagar" colocadas após o título de uma conta, conforme vimos no Capítulo 2, indicam que as contas representam direitos ou obrigações, respectivamente.

Impostos

Somente o governo pode cobrar impostos. Portanto, as empresas nunca terão receitas dessa natureza.

Os impostos mais comuns são: Imposto Predial e Territorial Urbano (IPTU), Imposto sobre Operações Relativas à Circulação de Mercadorias e sobre Prestações de Serviços de Transporte Interestadual e Intermunicipal e de Comunicação (ICMS), Imposto de Renda (IR), Imposto Sobre Serviços de Qualquer Natureza (ISS).

O mesmo raciocínio desenvolvido para as contas que registram os aluguéis aplica-se também aos impostos, ressaltando-se que no caso dos impostos, como não podem ocorrer receitas, somente duas contas figurarão na contabilidade: Impostos (para registrar as despesas) e Impostos a Pagar (para registrar as obrigações).

Salários

Os salários correspondem às remunerações pagas aos empregados, pelos serviços prestados por eles à empresa. Logo, salários são despesas da empresa, nunca receitas. O mesmo raciocínio desenvolvido para os aluguéis aplica-se também aos salários, ressaltando-se, também, que nesse caso apenas duas contas aparecerão na contabilidade: Salários (conta de despesa, para acumular, mês a mês, a despesa com o salário do pessoal) e Salários a Pagar (conta de Obrigação, para registrar o compromisso da empresa, enquanto não tiver sido pago).

Seguros

Para efeito didático, não contabilizaremos, neste curso, a movimentação do patrimônio de uma empresa de seguros. Por isso, quando figurar esse tipo de conta na nossa contabilidade, só pode ser despesa.

A despesa com seguro normalmente é contabilizada na conta de despesa denominada Prêmios de Seguro.

LEITURA COMPLEMENTAR

"Teoria das Contas"

Conforme dissemos, as Contas podem ser classificadas de várias maneiras, de acordo com a linha de pensamento defendida por seus doutrinadores. Na Itália, várias escolas ou correntes deram origem a diferentes teorias, das quais destacamos as que são mais veiculadas na atualidade:

a) Teoria personalística – tratadistas: Francesco Marchi e Giuseppe Cerboni. Classifica as Contas em três grupos: Contas dos Agentes Consignatários (Bens); Contas dos Agentes Correspondentes (Direitos e Obrigações) e Contas do Proprietário (Patrimônio Líquido, Despesas e Receitas).

b) Teoria materialista – tratadista: Fábio\ Besta. Classifica as Contas em dois grupos: Contas Integrais (Bens, Direitos e Obrigações) e Contas Diferenciais (Patrimônio Líquido, Despesas e Receitas).

c) Teoria patrimonialista – tratadista: Vincenzo Masi. Classifica as Contas em dois grupos: Contas Patrimoniais (Bens, Direitos, Obrigações e Patrimônio Líquido) e Contas de Resultado (Despesas e Receitas).

ATIVIDADES TEÓRICAS

1. Responda:

   1.1 O que são contas patrimoniais e como se dividem?

   1.2 O que são contas de resultado e como se dividem?

2. Resolva:

   2.1 Leia com atenção as afirmativas:

   I. As receitas decorrem do consumo de bens e da prestação de serviços.
   II. As despesas decorrem da venda de bens e do consumo de serviços.
   III. As contas patrimoniais servem para apurar o resultado do exercício.
   IV. Contas do Ativo significam contas de despesa.

   Agora, escolha a alternativa correta:

   a) A I e a II estão corretas.
   b) Somente a I e a III estão erradas.
   c) Todas estão certas.
   d) Todas estão erradas.
   e) Somente a I está incorreta.

3. Responda:

   3.1 Do ponto de vista técnico-contábil, o que é conta?

   3.2 Todas as contas utilizadas pela contabilidade, segundo a teoria patrimonialista, dividem-se em dois grupos. Quais são esses grupos?

   3.3 No Ativo, as contas representam que espécie de elementos?

   3.4 No Passivo, as contas representam que espécie de elementos?

   3.5 Para que servem as contas de resultado?

   3.6 O que é exercício social ou exercício contábil?

   3.7 O que você entende por despesa? Cite três exemplos.

   3.8 O que são receitas? Cite três exemplos.

   3.9 Como podemos saber quando as contas Aluguéis, Juros e Descontos representam receitas ou despesas?

4. Escolha a alternativa correta:

   4.1 Qual das contas abaixo representa despesa?
   a) Aluguéis Ativos **b)** Aluguéis Passivos

   4.2 Qual das contas abaixo representa receita?
   a) Juros Ativos **b)** Juros Passivos

   4.3 A conta Descontos Concedidos é de:
   a) Receita **b)** Despesa

   4.4 A conta Descontos Obtidos é de:
   a) Receita **b)** Despesa

4.5 Assinale a alternativa que contém somente contas de receitas:

a) Aluguéis Passivos, Prêmios de Seguro e Descontos Obtidos.
b) Juros Passivos, Juros Ativos e Descontos Obtidos.
c) Aluguéis Ativos, Juros Ativos e Descontos Concedidos.
d) Aluguéis Pagos, Juros Ativos e Aluguéis Recebidos.
e) Aluguéis Ativos, Juros Ativos, Receitas de Serviços e Descontos Obtidos.

3.4 Noções de Débito e Crédito

3.4.1 Introdução

Mais um alerta para não confundir termos da linguagem comum, quando usados na terminologia contábil. **Débito**, na linguagem comum, significa: dívida, situação negativa, ter saldo negativo na conta-corrente bancária etc. Já **crédito** significa: situação positiva, possibilidade de comprar a prazo (ter nome limpo no mercado), saldo positivo na conta-corrente bancária etc.

Quando falarmos nas palavras débito e crédito, procure não associar seus significados do ponto de vista técnico com o que elas representam na sua linguagem comum.

Na terminologia contábil, conforme já dissemos, essas palavras assumem vários significados. Há situações em que têm os mesmos significados da linguagem comum, e há outras que podem representar coisas diferentes, normalmente com sentido inverso. Portanto, muito cuidado. Como nosso propósito é compreender os principais conceitos da contabilidade de forma progressiva, neste momento conheceremos o significado de débito e de crédito em relação ao gráfico em forma de "T".

A regra é a seguinte: em toda representação gráfica em forma de "T", seja ela utilizada para representar uma conta ou um conjunto de contas patrimoniais ou de resultado, convencionou-se que o lado esquerdo será sempre o lado do débito e que o lado direito, o do crédito.

DÉBITO	CRÉDITO

Portanto, neste momento é importante memorizar os dois gráficos a seguir, pois eles serão muito úteis daqui em diante:

CONTAS PATRIMONIAIS

ATIVO	PASSIVO
Bens .... (1)	Obrigações .... (2)
Direitos .... (1)	Patrimônio Líquido .... (1ou2)

CONTAS E RESULTADOS

ATIVO	PASSIVO
Despesas.............. (2)	Receitas.............. (1)

3.4.2 Observações finais sobre as primeiras noções de Débito e Crédito

Parece realmente estranho dizer que Ativo é igual a débito, não é? Isso ocorre exatamente porque, para nós, débito tem os significados que já comentamos. Na realidade, há muita lógica em chamar de débito o lado do ativo. Existem até teorias que explicam tal fato. Preferimos ficar, por enquanto, com a seguinte convenção:

Na Ciência Contábil, em toda representação gráfica em forma de "T", o lado esquerdo será sempre o lado do débito e o lado direito será sempre o lado do crédito.

Como no Balanço Patrimonial apresentado no gráfico em forma de "T", as contas do Ativo foram convencionalmente posicionadas do lado esquerdo e as do Passivo do lado direito, temos que:

a. as contas do Ativo são de natureza devedora;

b. as contas do Passivo são de natureza credora.

Da mesma forma, como no gráfico em forma de "T" utilizado para representar as contas de resultado, as contas de despesas foram convencionalmente posicionadas do lado esquerdo e as de receitas do lado direito, temos que:

a. as contas de despesas são de natureza devedora;

b. as contas de receitas são de natureza credora.

3.5 Função e funcionamento das Contas

As **contas** têm por função possibilitar que a contabilidade registre e controle as operações que modifiquem ou que possam vir a modificar a situação patrimonial da empresa. No Capítulo 5, ao estudar o "Lançamento", veremos que o funcionamento das contas se dá por meio de débitos e créditos nelas lançados.

3.6 Plano de Contas

Até aqui vimos que as contas são importantíssimas para os registros contábeis. São elas que permitem a escrituração dos fatos ocorridos nas empresas. Todo contabilista, para realizar a escrituração contábil, deve ter em mãos uma relação contendo todas as contas necessárias ao seu processo contábil. O que é, então, o Plano de Contas?

3.6.1 Conceito

O **Plano de Contas** é um conjunto de contas, diretrizes e normas que disciplina as tarefas do setor de contabilidade, objetivando a uniformização dos registros contábeis. É um instrumento de grande importância no desenvolvimento do processo contábil de uma empresa.

Cada empresa deve elaborar seu Plano de Contas sempre obedecendo aos seus interesses e, principalmente, à legislação pertinente ao ramo de atividade que exerce.

Atualmente, o Plano de Contas deve obedecer às disposições contidas na Lei n. 6.404, de 15 de dezembro de 1976 (Lei das Sociedades por Ações).

De acordo com o estágio em que nos encontramos, temos a seguir um Elenco de Contas, contendo apenas as contas suficientes para a resolução das Atividades Teóricas e Práticas propostas até o Capítulo 9. No Capítulo 10, apresentaremos um Elenco de Contas mais completo com novas informações.

Notas

- Após o Elenco de Contas, seguem-se informações que auxiliam seu manuseio.
- Mesmo simplificando, mantivemos determinadas contas ou grupos de contas que, talvez, não sejam muito claros neste momento.
- A sequência dos capítulos neste livro fará com que você domine facilmente todos esses pontos.

3.6.2 Elenco de Contas simplificado

Quadro 3.1

CONTAS PATRIMONIAIS

1. ATIVO	2. PASSIVO
1.1 ATIVO CIRCULANTE	**2.1 PASSIVO CIRCULANTE**
1.1.01 Caixa	2.1.01 Fornecedores
1.1.02 Bancos conta Movimento	2.1.02 Duplicatas a Pagar
1.1.03 Clientes	2.1.03 Promissórias a Pagar
1.1.04 Duplicatas a Receber	2.1.04 Salários a Pagar
1.1.05 Promissórias a Receber	2.1.05 Impostos e Taxas a Recolher
1.1.06 Estoque de Mercadorias	
1.1.07 Estoque de Material de Expediente	
1.2 ATIVO NÃO CIRCULANTE[3]	**2.2 PASSIVO NÃO CIRCULANTE**[4]
1.2.01 Duplicatas a Receber	2.2.01 Duplicatas a Pagar
1.2.02 Promissórias a Receber	2.2.02 Promissórias a Pagar
1.2.03 Computadores	**2.3 PATRIMÔNIO LÍQUIDO**
1.2.04 Imóveis	2.3.01 Capital
1.2.05 Instalações	2.3.02 Lucros Acumulados
1.2.06 Móveis e Utensílios	
1.2.07 Veículos	
1.2.08 Fundo de Comércio	

[3] No Passivo Não Circulante, são classificadas, as Obrigações cujos vencimentos ocorram após o término do exercício social seguinte ao do Balanço. As Obrigações cujos vencimentos ocorram durante o exercício social seguinte ao do Balanço devem ser classificadas no Passivo Circulante.

[4] No Passivo Não Circulante, são classificadas as Obrigações cujos vencimentos ocorram após o término do exercício social seguinte ao do Balanço. As Obrigações cujos vencimentos ocorram durante o exercício social seguinte ao do Banlanço devem ser classificados no Passivo Circulante.

Quadro 3.2	
CONTAS DE RESULTADOS	
3. DESPESAS	4. RECEITAS
3.1 DESPESAS OPERACIONAIS 3.1.01 Água e Esgoto 3.1.02 Aluguéis Passivos 3.1.03 Café e Lanches 3.1.04 Combustíveis 3.1.05 Descontos Concedidos 3.1.06 Despesas Bancárias 3.1.07 Despesas (ou Gastos) de Organização 3.1.08 Energia Elétrica 3.1.09 Fretes e Carretos 3.1.10 Impostos e Taxas 3.1.11 Juros Passivos 3.1.12 Material de Expediente 3.1.13 Material de Limpeza 3.1.14 Serviços de Terceiros 3.1.15 Telefones 3.1.16 Despesas Eventuais	**4.1 RECEITAS OPERACIONAIS** 4.1.01 Aluguéis Ativos 4.1.02 Descontos Obtidos 4.1.03 Juros Ativos 4.1.04 Receitas Eventuais 4.1.05 Receitas de Serviços 5. CONTAS DE APURAÇÃO DO RESULTADO **5.1 RESULTADO LÍQUIDO** 5.1.01 Resultado do Exercício

3.6.3 Informações sobre o Elenco de Contas Simplificado

Para que serve o Elenco de Contas? Daqui em diante, toda vez que procedermos à escrituração, precisaremos consultar esse Elenco de Contas. Para facilitar, dividimos as contas em dois quadros:

- No Quadro 3.1, colocamos as contas patrimoniais.
- No Quadro 3.2, colocamos as contas de resultado.

Código das contas é o número à esquerda de cada conta e serve para facilitar seu manuseio. Note que os códigos das contas começam pelos seguintes algarismos:

ALGARISMOS	CONTAS
1	Contas do Ativo
2	Contas do Passivo
3	Contas de Despesas
4	Contas de Receitas
5	Contas de Apuração do Resultado

3.6.3.1 Informações sobre o Quadro 3.1

Antes de apresentarmos o Elenco de Contas simplificado, havíamos visto que contas patrimoniais são aquelas que representam, por meio do Balanço Patrimonial, a situação do patrimônio da empresa, dividindo-se em Ativo e Passivo. Vimos também que o lado do Ativo é composto pelos bens e pelos direitos e que o lado do Passivo é composto pelas obrigações e pelo Patrimônio Líquido. Porém, essas contas patrimoniais são agrupadas no Balanço Patrimonial em grupos e subgrupos, conforme determina a Lei n. 6.404/1976. Para facilitar, conforme nosso propósito, elaboramos o Elenco de Contas utilizando apenas os grupos principais. Veja:

CONTAS PATRIMONIAIS

1. ATIVO

No Ativo, estão todas as contas que representam os bens e os direitos, devidamente classificadas em dois grupos:

1.1 ATIVO CIRCULANTE

1.2 ATIVO NÃO CIRCULANTE

A ordem de disposição das contas no Ativo, segundo a Lei n. 6.404/1976, é a ordem decrescente do grau de liquidez dos elementos nelas registrados.

Observação

- Grau de liquidez é o maior ou menor prazo no qual bens e direitos podem ser transformados em dinheiro. Por exemplo, os Estoques de Mercadorias serão transformados em dinheiro quando forem vendidos à vista; as Duplicatas a Receber, quando forem recebidas, e assim por diante. A conta Caixa e a conta Bancos conta Movimento são as que possuem maior grau de liquidez, pois representam disponibilidades imediatas. Por isso, são as primeiras contas que aparecem no Elenco de Contas.

1.1 ATIVO CIRCULANTE

Nesse grupo, são classificadas todas as contas que representam os bens e os direitos, os quais, por sua natureza, estão em constante circulação. Correspondem aos recursos aplicados em elementos que estão em frequente movimento, por exemplo, a conta Caixa, que a todo instante está sendo movimentada (entra e sai dinheiro); isso ocorre também com as contas de Estoque, Bancos conta Movimento etc.

1.2 ATIVO NÃO CIRCULANTE

Neste grupo você encontra classificadas todas as contas que representam a aplicação de recursos em Direitos realizáveis a longo prazo, bem como em bens de uso e em bens imateriais.

Os Direitos realizáveis a longo prazo são aqueles cujos vencimentos ocorram após o término do exercício social seguinte ao do Balanço.

Suponhamos que, no dia 31 de dezembro de X3, você esteja levantando o Balanço de uma empresa. Neste caso, todos os Direitos cujos vencimentos ocorram em X4 deverão ser classificados no Ativo Circulante; já os Direitos cujos vencimentos ocorram a partir de 01 de janeiro de X5 deverão ser classificados no Ativo Não Circulante, uma vez que eles vencerão após o término do exercício seguinte ao do Balanço (exercício do Balanço = X3; exercício seguinte ao do Balanço = X4; período considerado após o término do exercício seguinte ao do Balanço = X5 em diante).

Os bens de uso são aqueles necessários ao desenvolvimento das atividades normais da empresa, como é o caso dos Móveis e utensílios, dos Computadores, dos Veículos etc.

Os bens imateriais, conforme já mencionamos no Capítulo 2, correspondem a determinados gastos realizados pela empresa que, por sua natureza, devem ser ativados como Fundo de Comércio, Marcas e Patentes etc.

São classificadas, ainda no Ativo Não Circulante, as contas representativas de investimentos, que serão tratados mais adiante.

2. PASSIVO

No Passivo, estão as contas que representam as obrigações e o Patrimônio Líquido, devidamente classificadas em três grupos:

2.1 PASSIVO CIRCULANTE

2.2 PASSIVO NÃO CIRCULANTE

2.3 PATRIMÔNIO LÍQUIDO

A ordem de disposição das contas no Passivo, segundo a Lei n. 6.404/1976, é a ordem decrescente do grau de exigibilidade.

Observação

- Grau de exigibilidade é o maior ou menor prazo no qual as obrigações devem ser pagas pela empresa. Assim, para as obrigações cujos vencimentos ocorram em prazo inferior a um ano, a contar da data do Balanço que se estiver classificando, tem-se que as respectivas contas serão classificadas no Passivo Circulante; enquanto aquelas cujos vencimentos ocorram após um ano da data do Balanço, serão classificadas no Passivo Não Circulante.

2.1 PASSIVO CIRCULANTE

Nesse grupo, são classificadas todas as contas que representam as obrigações que a empresa terá para pagar no exercício seguinte ao do Balanço.

2.2 PASSIVO NÃO CIRCULANTE

Conforme já dissemos, nesse grupo são classificadas todas as contas que representam as Obrigações que a empresa terá de pagar após o término do exercício social seguinte ao do Balanço.

2.3 PATRIMÔNIO LÍQUIDO

Nesse grupo, são classificadas todas as contas que representam o capital próprio da empresa, ou seja: Capital, Reservas e Lucros ou Prejuízos Acumulados, conforme já estudamos na Seção 2.6. Para simplificar, incluímos no Elenco de Contas apenas as contas Capital e Lucros Acumulados.

3.6.3.2 Informações sobre o Quadro 3.2

As contas de resultado dividem-se em dois grupos: despesas e receitas. Conforme já dissemos, é por meio delas que se conhece o resultado da movimentação do patrimônio da empresa, ou seja, se em um determinado período a movimentação do patrimônio resultou em lucro ou em prejuízo.

E como isso se dá? Confrontando-se as despesas com as receitas. Para isso são necessárias três operações:

a. somam-se os valores das receitas;

b. somam-se os valores das despesas;

c. confrontam-se esses dois totais. Se o total das receitas for superior ao total das despesas, a diferença será igual a lucro; por outro lado, sendo o total das despesas superior ao total das receitas, o resultado será igual a prejuízo.

Contabilmente essa operação é feita transferindo-se os saldos das contas de despesas e de receitas para uma conta transitória, denominada Resultado do Exercício, motivo pelo qual criamos no **Quadro 3.2** do Elenco de Contas o grupo 5, composto apenas pela conta Resultado do Exercício. No Capítulo 9, aprofundaremos essas explicações.

Notas

- A numeração das contas de resultado é sequência das contas do Quadro 3.1 (patrimoniais).
- O resultado do exercício, lucro ou prejuízo, bem como todas as contas utilizadas para sua apuração, devem ser demonstrados por meio da Demonstração do Resultado do Exercício, disponível no Capítulo 16.

ATIVIDADES TEÓRICAS

1. Resolva:

1.1 Relacione a coluna da esquerda com a da direita:

a) Ativo Circulante	( ) Fornecedores
b) Ativo Não Circulante	( ) Caixa
c) Passivo Circulante	( ) Imóveis
d) Patrimônio Líquido	( ) Água e Esgoto
e) Despesas Operacionais	( ) Receitas de Serviços
f) Receitas Operacionais	( ) Clientes
	( ) Juros Ativos
	( ) Impostos e Taxas a Recolher
	( ) Estoque de Mercadorias
	( ) Capital
	( ) Veículos
	( ) Fretes e Carretos
	( ) Reserva Legal
	( ) Salários
	( ) Salários a Pagar

2. Complete:

2.1 As obrigações cujos vencimentos ocorram no curso do exercício social seguinte ao do Balanço são classificadas no ______________________.

2.2 Os direitos cujos vencimentos ocorram no curso do exercício social seguinte ao do Balanço são classificados no ______________________.

2.3 As contas que representam Bens aplicados na empresa em bens de uso são classificadas no _______________________.

2.4 As contas de obrigações cujos vencimentos ocorram após o término do exercício social seguinte ao do Balanço são classificadas no ____________________.

3. Resolva:

3.1 Indique a natureza das contas, colocando as seguintes letras de referência:

D = Devedora **C = Credora**

( ) Caixa
( ) Estoque de Mercadorias
( ) Fornecedores
( ) Veículos
( ) Receitas de Serviços
( ) Fretes e Carretos
( ) Móveis e Utensílios
( ) Bancos conta Movimento
( ) Duplicatas a Receber
( ) Capital
( ) Juros Passivos
( ) Impostos
( ) Impostos a Pagar

4. Responda:

4.1 O que é Plano de Contas?

4.2 Existe um Plano de Contas que deve ser usado por todo e qualquer tipo de empresa? Explique.

4.3 Atualmente o Plano de Contas deve obedecer às disposições contidas em que lei?

4.4 Em quantos grupos principais se divide o Ativo? Quais são?

4.5 Que tipos de contas devem figurar no Passivo Circulante?

4.6 Como se divide o Passivo?

4.7 Que tipos de contas devem figurar no Patrimônio Líquido? Cite dois exemplos.

4.8 Como se dividem as contas de resultado?

4.9 Cite três exemplos de Despesas Operacionais.

4.10 Cite dois exemplos de Receitas Operacionais.

4.11 O que você entende por função da conta?

ATIVIDADE PRÁTICA

Classifique as contas constantes do quadro a seguir, com base nos seguintes códigos:

a) Patrimonial (P) ou Resultado (R);
b) Ativo (A), Passivo (P), Despesa (D) ou Receita (R);
c) Devedora (D) ou Credora (C);
d) Por seus respectivos grupos, conforme o Plano de Contas: Ativo Circulante (AC), Ativo Não Circulante (ANC), Passivo Circulante (PC), Passivo Não Circulante (PNC), Patrimônio Líquido (PL) Despesas Operacionais (DO) e Receitas Operacionais (RO).[5]

[5] De acordo com as respostas do modelo, temos: P = Patrimonial; A = Ativo; D = Devedora; AC = Ativo Circulante. Proceda da mesma forma com as demais contas.

N.	CONTAS	a	b	c	d
1	Caixa	P	A	D	AC[5]
2	Água e Esgoto				
3	Aluguéis Ativos				
4	Aluguéis Passivos				
5	Bancos conta Movimento				
6	Fundo de Comércio				
7	Café e Lanches				
8	Capital				
9	Clientes				
10	Computadores				
11	Descontos Concedidos				
12	Descontos Obtidos				
13	Despesas Bancárias				
14	Duplicatas a Pagar				
15	Duplicatas a Receber				
16	Estoque de Material de Expediente				
17	Estoque de Mercadorias				
18	Fornecedores				
19	Fretes e Carretos				
20	Marcas e Patentes				
21	Imóveis				
22	Impostos e Taxas a Recolher				
23	Instalações				
24	Juros Ativos				
25	Juros Passivos				
26	Material de Expediente				
27	Móveis e Utensílios				
28	Promissórias a Pagar				
29	Salários a Pagar				
30	Veículos				

TESTES DE CONCURSO

Fiscal de Tributos Estaduais – FTE-MG/1993 (Teste adaptado pelo autor desta obra)

1. Segundo a Lei n. 6.404/1976, os elementos ativos serão apresentados no Balanço Patrimonial em ordem decrescente do grau de liquidez. Assim sendo, no Ativo, os elementos são classificados em dois grandes grupos, respectivamente, a saber:

a) Circulante e Imobilizado.
b) Circulante e Realizável a Longo Prazo.
c) Circulante e Não Circulante.
d) Não Circulante e Imobilizado.
e) Circulante e Realizável a Curto Prazo.

Técnico da Receita Federal – TTN/1992

2. **1** Adiantamentos de Clientes
2 Bancos
3 Caixa
4 Duplicatas a Pagar
5 Edifícios de Uso
6 Fornecedores
7 Máquinas Fabris
8 Mercadorias
9 Nota Promissória a Pagar
10 Receitas de Vendas
11 Salários a Pagar
12 Terrenos

Levando-se em conta os dados acima, assinale a opção que indica, pelos números de ordem, exclusivamente contas que se classificam no Ativo.

a) 1, 4, 7,10
b) 2, 5, 8, 12
c) 3, 6, 9, 12
d) 4, 7, 10, 12
e) 3, 5, 7, 8, 12

Técnico da Receita Federal – TTN/1991 (Teste adaptado pelo autor desta obra)

3. Assinale a opção que contém, na ordem certa, os principais grupos do Balanço Patrimonial, de acordo com a Lei n. 6.404/1976 (Lei das Sociedades por Ações).

a) Ativo Circulante, Disponível, Estoques, Ativo Exigível a Longo Prazo, Passivo Circulante, Passivo Exigível a Longo Prazo e Patrimônio Líquido.
b) Ativo Circulante, Ativo Não Circulante, Passivo Exigível a Longo Prazo e Patrimônio Líquido.
c) Ativo Circulante, Ativo Realizável a Longo Prazo, Ativo Imobilizado, Passivo Circulante e Passivo Não Circulante.
d) Ativo Circulante, Ativo Não Circulante, Passivo Circulante, Passivo Não Circulante e Patrimônio Líquido.
e) Ativo Circulante, Ativo Realizável a Longo Prazo, Ativo Não Circulante, Passivo Circulante, Passivo Exigível a Longo Prazo e Patrimônio Líquido.

Técnico do Tesouro Nacional – TTN/1991 (Teste adaptado pelo autor desta obra)

4. O Balanço Patrimonial de uma empresa estava assim constituído:

Ativo Circulante.. $ 3.000
Ativo Realizável a Longo Prazo........................ $ 1.000
Ativo Imobilizado.. $ 9.000
Passivo Circulante
(Impostos a Recolher)................................ $ 2.000
Passivo Exigível a Longo Prazo
(Financiamentos).. $ 1.500
Patrimônio Líquido.. $ 9.500

Pode-se, assim, afirmar que:

a) seu capital próprio é de $ 13.000;
b) o capital de terceiros é de $ 1.500;

c) o conjunto de bens disponíveis e realizáveis a curto prazo é de $ 3.000;

d) o capital nominal é de $ 9.500;

e) o capital à disposição da empresa é de $ 9.500.

Banco do Brasil/1992

5. Analise as afirmativas e marque a opção correta:

   1. No Passivo Circulante, são classificadas as contas representativas de obrigações exigíveis a curto prazo.

   2. As contas do Ativo figuram nas Demonstrações Financeiras em ordem crescente de liquidez.

   3. As contas do Passivo são ordenadas em ordem decrescente de exigibilidade.

   4. O Não Circulante é a parte de maior liquidez do Ativo.

   a) 2 e 4 são verdadeiras;

   b) 2 e 3 são verdadeiras;

   c) apenas a 4 é falsa;

   d) 2, 3 e 4 são falsas;

   e) apenas 1 e 3 são verdadeiras.

4 As variações patrimoniais

O patrimônio das empresas está em constante movimento em decorrência dos acontecimentos diários, que podem ser classificados em dois grupos:

1. atos administrativos;
2. fatos administrativos.

4.1 Atos administrativos

Atos administrativos são os acontecimentos que ocorrem na empresa e que não provocam alterações no patrimônio. Por exemplo: admissão de empregados; assinatura de contratos de compras, de vendas e de seguros; aval de títulos; fianças em favor de terceiros etc.

Alguns atos administrativos poderão, no futuro, provocar alterações no patrimônio da empresa. Eles são considerados relevantes, motivo pelo qual devem ser registrados pela contabilidade, por meio das contas de compensação. Estudaremos as contas de compensação no elenco de contas apresentado no Capítulo 10.

Alguns exemplos de atos administrativos considerados relevantes são:

a. aval de títulos: a empresa avaliza títulos para terceiros. Esse ato coloca em risco seu Patrimônio, porque a empresa se compromete em pagar a dívida caso o devedor (o avalizado) não o faça;

b. fianças em favor de terceiros: a empresa torna-se fiadora de um terceiro. Isso é comum nos contratos de locação de imóveis. Esse ato põe em risco o Patrimônio da empresa que se obriga a efetuar o pagamento do aluguel caso o devedor (o afiançado) não o faça;

c. contratação de seguros: a empresa contrata, com uma companhia seguradora, cobertura de riscos contra incêndio, roubo etc. Trata-se de ato relevante, uma vez que, ocorrendo o sinistro, a empresa será ressarcida do valor do prejuízo;

d. remessa de duplicatas para cobrança simples: a empresa encaminha para o banco lotes de duplicatas de emissão própria para cobrança. Trata-se de ato relevante que deve ser contabilizado, por meio das Contas de compensação, para comprovar que os respectivos títulos que representam direitos não se encontram em poder da empresa, porque foram encaminhados ao banco para cobrança.

4.2 Fatos administrativos

Fatos administrativos são os acontecimentos que provocam variações nos valores patrimoniais, podendo ou não alterar o Patrimônio Líquido. Por modificarem o patrimônio, devem ser contabilizados por meio das contas patrimoniais ou de resultado.

Os fatos administrativos podem ser classificados em três grupos:

Fatos permutativos;
Fatos modificativos;
Fatos mistos.

Notas

- Para explicar cada tipo de fato administrativo, partiremos da situação patrimonial a seguir, representada por meio do Balanço Patrimonial da empresa J. Fernandes Ltda., que será modificado com a ocorrência de cada um dos fatos administrativos apresentados nos exemplos deste capítulo.
- Visando facilitar as explicações, classificaremos as contas no Balanço Patrimonial da maneira adotada no Capítulo 2, ou seja, em bens, direitos, obrigações e Patrimônio Líquido, e não de acordo com a classificação contida no Plano de Contas.
- Eis a situação patrimonial da qual partiremos:

BALANÇO PATRIMONIAL DE J. FERNANDES LTDA.

ATIVO		PASSIVO	
Bens		Obrigações	
Caixa	1.000	Salários a Pagar	300
Imóveis	2.800	Direitos	
Direitos		Capital	3.200
Duplicatas a Receber	500	Lucros Acumulados	800
Total	4.300	Total	4.300

4.2.1 Fatos permutativos

Fatos permutativos são aqueles que provocam permutações entre os elementos componentes do Ativo e/ou do Passivo, sem modificar o valor do Patrimônio Líquido. São também denominados **fatos qualitativos**.

Pode ocorrer troca entre os elementos do Ativo, entre os elementos do Passivo e entre ambos ao mesmo tempo.

4.2.1.1 Permutação entre elementos ativos

Partindo do Balanço Patrimonial apresentado na nota da página anterior, suponhamos que na empresa J. Fernandes Ltda. tenha ocorrido o seguinte:

> **Fato "a":** recebimento da importância de $ 500, em dinheiro, referente a uma duplicata.

Esse fato aumentará o valor da conta Caixa em $ 500, pela entrada do dinheiro, e diminuirá a conta Duplicatas a Receber, também em $ 500, tendo em vista que o cliente quitou sua dívida com nossa empresa.

Nosso direito, portanto, deixa de existir. Desse modo, o fato provoca, ao mesmo tempo, aumento e diminuição entre os elementos do Ativo. O Balanço Patrimonial, após esse acontecimento, fica assim:

BALANÇO PATRIMONIAL DE J. FERNANDES LTDA.

ATIVO		PASSIVO	
Bens		Obrigações	
Caixa	1.500	Salários a Pagar	300
Imóveis	2.800	Patrimônio Líquido	
		Capital	3.200
		Lucros Acumulados	800
Total	4.300	Total	4.300

Observações

- Os $ 500 que estavam em Duplicatas a Receber passaram para a conta Caixa. Houve permutação entre elementos do Ativo, mas o valor do Patrimônio Líquido não se alterou. O Patrimônio Líquido, no Balanço apresentado, é composto pelas contas Capital e Lucros Acumulados, que, juntas, somam $ 4.000.
- Tanto antes quanto depois do fato, o valor do Patrimônio Líquido permanece o mesmo.

4.2.1.2 Permutação entre elementos passivos

Partindo do Balanço anterior, já modificado pelo fato "a", consideremos o seguinte:

> **Fato "b":** na conta Salários a Pagar, no valor de $ 300, registrada no Passivo, representando o valor líquido dos salários que a empresa tem a pagar a seus empregados, está contida a importância de $ 30, correspondente ao Imposto de Renda.

Esse valor deveria ter sido retido dos salários dos empregados, mas ainda não foi. Para regularizar, vamos retirá-lo da conta Salários a Pagar e transferi-lo para a conta própria, denominada Impostos a Recolher.

Para a empresa J. Fernandes Ltda., tanto em uma como em outra conta, a referida importância representa obrigação. Veja como fica o Balanço Patrimonial após esse evento:

BALANÇO PATRIMONIAL DE J. FERNANDES LTDA.

ATIVO		PASSIVO	
Bens		Obrigações	
Caixa	1.500	Salários a Pagar	270
Imóveis	2.800	Impostos a Recolher	30
		Patrimônio Líquido	
		Capital	3.200
		Lucros Acumulados	800
Total	4.300	Total	4.300

Observação

- Apareceu, no lado do Passivo, uma nova conta: Impostos a Recolher, no valor de $ 30, retirados da conta Salários a Pagar. Como ambas são contas do Passivo, logo, ocorreu permutação entre elementos do Passivo, não alterando o valor do Patrimônio Líquido.

4.2.1.3 Permutação entre elementos ativos e passivos

Nesse caso, o fato ocorrido poderá acarretar aumento ou diminuição no valor total do patrimônio, embora não interfira no Patrimônio Líquido.

4.2.1.3.1 Aumento

Fato "c": compra de Móveis e Utensílios a prazo, por $ 700.

Esse fato provocará, ao mesmo tempo, aumento no Ativo e no Passivo. Veja como ficará o Balanço Patrimonial, após esse evento:

BALANÇO PATRIMONIAL DE J. FERNANDES LTDA.

ATIVO		PASSIVO	
Bens		Obrigações	
Caixa	1.500	Salários a Pagar	270
Imóveis	2.800	Impostos a Recolher	30
Móveis e Utensílios	700	Duplicatas a Pagar	700
		Patrimônio Líquido	
		Capital	3.200
		Lucros Acumulados	800
Total	5.000	Total	5.000

Observação

- O Ativo aumentou $ 700, indo de $ 4.300 para $ 5.000, com a inclusão da conta Móveis e Utensílios, tendo em vista a compra efetuada; o Passivo também aumentou $ 700, passando de $ 4.300 para $ 5.000, com a inclusão da conta Duplicatas a Pagar, devido à obrigação contraída.

4.2.1.3.2 Diminuição

Fato "d": a empresa J. Fernandes Ltda. efetuou o pagamento, em dinheiro, de uma duplicata no valor de $ 500.

Esse evento diminuirá o Ativo, pela saída do dinheiro da conta Caixa, e reduzirá também o Passivo, pela liquidação da obrigação, no mesmo valor. Veja, então, como ficará a situação patrimonial:

BALANÇO PATRIMONIAL DE J. FERNANDES LTDA.

ATIVO		PASSIVO	
Bens		Obrigações	
Caixa	1.000	Salários a Pagar	270
Imóveis	2.800	Impostos a Recolher	30
Móveis e Utensílios	700	Duplicatas a Pagar	200
		Patrimônio Líquido	
		Capital	3.200
		Lucros Acumulados	800
Total	4.500	Total	4.500

Observação

- Tanto no caso de aumento como no caso de diminuição, houve permutação entre elementos do Ativo e do Passivo ao mesmo tempo, sem interferência no Patrimônio Líquido, que permaneceu o mesmo.

4.2.2 Fatos modificativos

Fatos modificativos são aqueles que acarretam alterações, para mais ou para menos, no Patrimônio Líquido. São também denominados fatos quantitativos.

Como pudemos observar, os fatos permutativos envolvem apenas as contas patrimoniais, sem provocar alteração alguma no Patrimônio Líquido. Porém, os fatos modificativos envolvem contas de resultado (receitas ou despesas) e, consequentemente, alteram o Patrimônio Líquido.

Nesse caso, também, o fato poderá provocar aumento ou diminuição.

4.2.2.1 Diminuição

Partindo do Balanço anterior, suponhamos a seguinte ocorrência:

Fato "e": a empresa J. Fernandes Ltda. pagou a importância de $ 100, em dinheiro, referente a despesas com o uso de telefones.

Esse fato diminuirá o Caixa em $ 100, pela saída do dinheiro, e, por envolver uma despesa, diminuirá também o Patrimônio Líquido no mesmo valor.

Após esse fato, a situação patrimonial da empresa fica assim:

BALANÇO PATRIMONIAL DE J. FERNANDES LTDA.

ATIVO		PASSIVO	
Bens		Obrigações	
Caixa	900	Salários a Pagar	270
Imóveis	2.800	Impostos a Recolher	30
Móveis e Utensílios	700	Duplicatas a Pagar	200
		Patrimônio Líquido	
		Capital	3.200
		Lucros Acumulados	700
Total	4.400	Total	4.400

Observações

- O pagamento da despesa provocou diminuição no patrimônio, pois o Caixa, que tinha $ 1.000, ficou com $ 900.
- A despesa com o uso de telefones provocou diminuição no lucro: a conta Lucros Acumulados, que tinha $ 800, ficou com apenas $ 700.
- Assim, toda despesa provoca redução nos lucros, enquanto toda receita provoca aumento nos lucros. Desta forma, as despesas e as receitas provocam variações no Patrimônio Líquido.

Nota

- É evidente que, na vida prática, não é imediatamente após cada evento ocorrido que o contabilista altera o Balanço Patrimonial da empresa, diminuindo ou aumentando os lucros. Estas simulações didáticas servem para entender como o fato administrativo atua na situação patrimonial.

4.2.2.2 Aumento

Suponhamos, agora, a seguinte ocorrência:

Fato "f": a empresa J. Fernandes Ltda. recebe a importância de $ 200, em dinheiro, proveniente de receitas de aluguéis de imóveis.

Esse fato aumenta o Ativo pela entrada do dinheiro na conta Caixa e aumenta, também, o Patrimônio Líquido pela receita auferida. Veja a situação patrimonial anterior, modificada por esse evento:

BALANÇO PATRIMONIAL DE J. FERNANDES LTDA.

ATIVO		PASSIVO	
Bens		Obrigações	
Caixa	1.100	Salários a Pagar	270
Imóveis	2.800	Impostos a Recolher	30
Móveis e Utensílios	700	Duplicatas a Pagar	200
		Patrimônio Líquido	
		Capital	3.200
		Lucros Acumulados	900
Total	4.600	Total	4.600

4.2.3 Fatos mistos

O **fato misto** envolve, ao mesmo tempo, um fato permutativo e um modificativo. Pode, portanto, acarretar alterações no Ativo e no Patrimônio Líquido, ou no Passivo e no Patrimônio Líquido, ou no Ativo, no Passivo e no Patrimônio Líquido ao mesmo tempo.

Os fatos mistos também podem acarretar aumento ou diminuição no patrimônio.

4.2.3.1 Aumento

Partindo da situação patrimonial anterior, suponhamos o seguinte:

> **Fato "g":** os Móveis e Utensílios, que custaram $ 700, foram vendidos, à vista, por $ 750.

Esse evento diminuirá o Ativo em $ 700, pela saída dos móveis; aumentará novamente o Ativo, pela entrada de $ 750, em dinheiro, no Caixa; e aumentará o Patrimônio Líquido, pelo lucro auferido de $ 50. O Balanço Patrimonial ficará assim:

Observações

- O Ativo sofreu permutação: diminuiu $ 700 pela saída dos Móveis e Utensílios e aumentou $ 750, pela entrada do dinheiro no Caixa.
- A transação provocou aumento no Ativo, igual a $ 50, uma vez que os móveis foram vendidos por $ 50 acima do seu custo, que era $ 700.
- O aumento de $ 50, ocorrido no Ativo, foi compensado pelo aumento de $ 50 no Patrimônio Líquido, uma vez que esse lucro foi adicionado à conta Lucros Acumulados.
- Então, tivemos, ao mesmo tempo, um fato permutativo (permuta entre as contas Móveis e Utensílios e Caixa) e um fato modificativo (recebimento de receitas pelo lucro obtido na transação).

4.2.3.2 Diminuição

Suponhamos, agora, a seguinte ocorrência:

> **Fato "h":** a empresa J. Fernandes Ltda. efetuou o pagamento de uma duplicata no valor de $ 200, em dinheiro, tendo pago, também, $ 20 de juros pelo atraso. Pagou, portanto, $ 220.

Esse fato acarretará diminuição no Ativo, pela saída de $ 220 do Caixa; diminuição no Passivo, pela extinção da obrigação em Duplicatas a Pagar, no valor de $ 200; e diminuição no Patrimônio Líquido, pela redução dos lucros em $ 20, em razão da despesa ocorrida.

A situação do patrimônio passou a ser a seguinte:

BALANÇO PATRIMONIAL DE J. FERNANDES LTDA.

ATIVO		PASSIVO	
Bens		Obrigações	
Caixa	1.630	Salários a Pagar	270
Imóveis	2.800	Impostos a Recolher	30
		Patrimônio Líquido	
		Capital	3.200
		Lucros Acumulados	930
Total	4.430	Total	4.430

Observação

- Também nesse caso, tivemos, ao mesmo tempo, um fato permutativo (permuta entre as contas Duplicatas a Pagar e Caixa) e um fato modificativo (o pagamento da despesa pelos juros ocorridos na operação).

Para facilitar a fixação dos tipos de fatos administrativos, veja o seguinte esquema:

- **Fatos permutativos:** apenas contas patrimoniais.
- **Fatos modificativos:** apenas uma conta patrimonial (que representa bem, direito ou obrigação) e uma ou mais contas de resultado ou do Patrimônio Líquido.
- **Fatos mistos:** mais de uma conta patrimonial e uma ou mais contas de Resultado ou do Patrimônio Líquido.

ATIVIDADES TEÓRICAS

1. Complete:

1.1 Atos administrativos são os acontecimentos que ocorrem na empresa e que ____________________ modificações no patrimônio.

1.2 Os fatos ____________________ são os acontecimentos que provocam ____________________ nos valores patrimoniais, podendo ou não alterar o ____________________.

1.3 Os fatos permutativos são aqueles que provocam permutações entre os elementos componentes do Ativo e/ou do ____________________.

1.4 Os fatos que provocam modificações no Patrimônio Líquido são denominados ____________________.

2. Coloque V se a afirmativa for verdadeira ou F se for falsa:

2.1 ( ) Atos administrativos são os acontecimentos que modificam o Patrimônio Líquido.

2.2 ( ) Fatos mistos são aqueles que envolvem, ao mesmo tempo, um fato modificativo e um fato permutativo.

2.3 ( ) Os fatos permutativos envolvem somente contas patrimoniais.

2.4 ( ) Os fatos modificativos envolvem apenas uma conta patrimonial e uma ou mais contas de resultado ou do Patrimônio Líquido.

3. Resolva:

3.1 Relacione a coluna da esquerda com a da direita, associando o tipo do fato:

a. Fato permutativo
b. Fato modificativo
c. Fato misto

( ) Compra de veículo à vista.
( ) Venda de mercadorias a prazo, pelo preço de custo.
( ) Pagamento de duplicata com desconto.
( ) Pagamento de despesas de juros.

4. Responda:

4.1 Cite três exemplos de atos administrativos.

4.2 Os atos administrativos que possam provocar alterações futuras no patrimônio da empresa, considerados relevantes, devem ser contabilizados por meio de que contas?

4.3 Qual a diferença entre atos e fatos administrativos?

4.4 Como se classificam os fatos administrativos?

4.5 Os fatos administrativos são contabilizados por meio de que contas?

4.6 O que são fatos permutativos?

4.7 O que são fatos modificativos?

4.8 O que são fatos mistos?

5. Cite dois exemplos de cada fato administrativo a seguir:

5.1 Fatos permutativos entre elementos ativos.

5.2 Fatos permutativos entre elementos passivos.

5.3 Fatos permutativos entre elementos do Ativo e do Passivo.

5.4 Fatos permutativos entre elementos do Ativo e do Passivo, acarretando diminuição.

5.5 Fatos modificativos aumentativos.

5.6 Fatos modificativos diminutivos.

5.7 Fatos mistos aumentativos.

5.8 Fatos mistos diminutivos.

6. Indique o tipo de fato administrativo que corresponde a cada um dos acontecimentos a seguir:

6.1 Vendas de móveis, em dinheiro, pelo preço de custo.

6.2 Recebimento de juros de mora, em dinheiro.

6.3 Recebimento de uma duplicata, em dinheiro, com desconto.

6.4 Pagamento de uma duplicata.

6.5 Compra de mercadorias a prazo.

6.6 Recebimento, em dinheiro, de receitas de aluguéis.

6.7 Compra de mercadorias, sendo 50% à vista e o restante a prazo.

6.8 Recebimento de uma duplicata, em dinheiro, com juros.

6.9 Venda de um veículo com lucro.

6.10 Pagamento de despesas de aluguéis.

TESTES DE EXAME DE SUFICIÊNCIA

Contador, ano 2002, prova 1 – Área de Conhecimentos Contábeis

1. Uma empresa obteve um empréstimo no valor de $ 25.000,00, para capital de giro, com vencimento dentro do próprio mês. Pagou no ato $ 1.500,00 a título de encargos financeiros. Esse fato implica:
   a) Aumento do Ativo e Patrimônio Líquido no valor de $ 25.000,00 e diminuição do Passivo no valor de $ 1.500,00.
   b) Aumento do Ativo no valor de $ 25.000,00 e redução do Passivo em $ 1.500,00 e aumento do Patrimônio Líquido em $ 23.500,00.
   c) Aumento do Patrimônio Líquido e Ativo em $ 23.500,00 e aumento do Passivo em $ 25.000,00.
   d) Aumento do Passivo em $ 25.000,00, aumento do Ativo em $ 23.500,00 e redução do Patrimônio Líquido em $ 1.500,00.

Contador, ano 2002, prova 1 — Área de Conhecimentos Contábeis Avançados

2. Uma empresa tem uma dívida de $ 2.000,00; com obtenção de um desconto de 20% no pagamento terá praticado um fato contábil denominado:
   a) Modificativo diminutivo.
   b) Misto diminutivo.
   c) Modificativo aumentativo.
   d) Misto aumentativo.

TESTES DE CONCURSO

Agente Tributário Estadual – MS – Contabilidade Geral

1. O fato contábil decorrente da quitação ou liquidação de um crédito de curto* prazo causa no patrimônio o seguinte efeito:
   a) diminuição do ativo disponível e do passivo circulante;
   b) aumento do ativo disponível e do passivo circulante;
   c) diminuição e aumento no passivo circulante, simultaneamente;
   d) diminuição e aumento no ativo circulante, simultaneamente;
   e) não haverá alterações, pois o fato é permutativo.

---

*Observação:

Observe que o organizador utiliza a expressão: "crédito de curto prazo" para representar direito da empresa. Não confundir, neste enfoque, portanto, "crédito" com saldo credor da conta.

Auditor Fiscal da Receita Federal – AFRT/1994

2. Em uma operação em que há o aumento do Patrimônio Líquido ocasionado por uma diminuição do Passivo superior à diminuição do Ativo, o fato contábil pertinente pode ser representado pela:

   a) venda de um bem com lucro;

   b) colocação de debêntures abaixo do par;

   c) quitação de uma dívida com desconto;

   d) renovação de dívidas com incidência de juros;

   e) prescrição de dívida, sem qualquer contra-apresentação.

5 Escrituração

5.1 Conceito

Escrituração é uma técnica contábil que consiste em registrar nos livros próprios (Diário, Razão, Caixa etc.) todos os acontecimentos que ocorrem na empresa e que modifiquem ou possam vir a modificar a situação patrimonial.

Segundo estabelece o art. 1.179 do Código Civil Brasileiro (Lei n. 10.406/2002), todas as empresas (sejam elas caracterizadas como empresário – antiga empresa individual – ou como sociedade empresária), estão obrigadas a seguir um sistema de contabilidade, mecanizado ou não, com base na escrituração uniforme de seus livros, em correspondência com a documentação respectiva.

Está dispensado da escrituração contábil, pelo Código Civil, somente o pequeno empresário.

Pequeno empresário é o empresário individual caracterizado como microempresa[1] que aufira receita bruta anual de até $ 60.000,00. (art. 68 da Lei Complementar n. 123/2006).

O controle contábil das empresas começa com a escrituração das operações no livro Diário, completando-se, depois, nos demais livros de escrituração.

É por meio dos atos e dos Fatos Administrativos que ocorre a gestão do Patrimônio das empresas, e esses acontecimentos são registrados por meio da Escrituração.

Mas como escriturar esses acontecimentos?

Vamos, inicialmente, estudar onde escriturar para depois aprender como efetuar tais registros.

[1] Microempresa (ME) é a sociedade empresária, a sociedade simples e o empresário, devidamente registrados no Registro de Empresas Mercantis ou no Registro Civil de Pessoas Jurídicas, conforme o caso, desde que aufira, em cada ano-calendário, receita bruta igual ou inferior a $ 360.000,00.

5.2 Livros utilizados na escrituração

Dos vários livros adotados pelas empresas, vamos estudar neste capítulo, apenas os utilizados para contabilização dos Fatos Administrativos, bem como dos Atos Administrativos relevantes (aqueles que podem provocar variações futuras no Patrimônio).

Os principais livros utilizados pela Contabilidade são o Diário e o Razão. Esses dois livros são obrigatórios, conforme veremos mais adiante.

A contabilidade utiliza, ainda, Livros Auxiliares que podem servir de suporte para a escrituração do Diário e do Razão. São exemplos, o Caixa, o Contas-Correntes, o Contas a Receber, o Contas a Pagar, o Registro de Duplicatas etc. Com exceção dos livros Caixa que é obrigatório em alguns casos (veja Seção 5.2.4 do presente Capítulo) e do Registro de Duplicatas que é exigido pela Lei n. 5.474/1968, os demais são facultativos.

As empresas utilizam, ainda, livros exigidos pelas legislações societária, fiscal, trabalhista e previdenciária. São livros obrigatórios em decorrência da forma jurídica, do ramo de atividade ou por outro motivo definido em lei. Alguns deles também podem ser utilizados como auxiliares do Diário e do Razão, como ocorre com o Livro de Registro de Entradas, Registro de Saídas, Registro de Inventários etc., enquanto outros, por não possuírem cunho comercial, são mantidos apenas por exigências legais, como é o caso dos livros de registro de empregados, de registro de horário de trabalho e do livro de Inspeção do Trabalho, todos exigidos pela legislação trabalhista.

5.2.1 Livro Diário

O Diário é um livro obrigatório. Seu uso está previsto na legislação civil (art. 1.180 do Código Civil Brasileiro (Lei n. 10.406/2002), na legislação comercial (Decreto-lei n. 486/1969, art. 5º), na legislação tributária (art. 258 do Regulamento do Imposto de Renda – RIR/1999) e na legislação societária (Lei n. 6.404/1976).

No Diário são lançadas, com individualização, clareza e indicação do documento comprobatório, dia a dia, por escrita direta ou reprodução, todos os acontecimentos que ocorrem na empresa e que provocam modificações no Patrimônio (Fatos Administrativos), bem como aqueles que possam vir a modificar futuramente o Patrimônio (Atos administrativos relevantes).

Por ser obrigatório, o Diário está sujeito às formalidades legais extrínsecas e intrínsecas exigidas para os livros de escrituração.

Formalidades extrínsecas (ou externas) dizem respeito ao livro propriamente dito, isto é, a sua apresentação material. O livro Diário deve ser encadernado com folhas numeradas sequencial e tipograficamente. O empresário ou a sociedade empresária que adotar escrituração mecanizada ou eletrônica, poderá substituir o Diário por conjunto de fichas ou folhas soltas que também deverão ser numeradas tipograficamente, ou ainda por folhas contínuas, que deverão ser numeradas mecânica ou tipograficamente.

Os Livros, fichas, folhas soltas ou contínuas do Diário deverão conter termos de abertura e de encerramento e ser submetidos à autenticação no órgão competente do Registro do Comércio; quando se tratar de empresa civil, no Registro Civil de Pessoas Jurídicas ou no Cartório de Registro de Títulos e Documentos.

Veja um modelo de Termo de Abertura:

> TERMO DE ABERTURA
>
> Contém este livro ______ folhas numeradas tipograficamente de 1 a_____ e servirá de Diário n._____ do empresário*______________________________,
> sediado na Rua ___________________________________,
> n. ______, na cidade de ________________,
> Estado de ______________, Nire** ________ conforme atos constitutivos arquivados em ___/___/___, inscrito no CNPJ sob n. ______________
> ***, ___ de ______________ de ______.
>
> ____
> assinatura do titular, administrador ou representante legal da empresa
>
> ____
> (assinatura de contabilista habilitado)

* Ou sociedade empresária. Neste caso, substituir a palavra "sediado" por "sediada" e a palavra "inscrito" por "inscrita".

** Nire: Número de inscrição de registro de empresas na Junta Comercial.

*** Localidade e data.

Observações

- O termo de Encerramento é idêntico ao de Abertura, diferenciando-se somente no título – Termo de Encerramento – e no tempo do verbo servir, passando de "servirá" para "serviu".
- Os termos de abertura e de encerramento devem ser apostos, respectivamente, no anverso da primeira e no verso da última ficha ou folha numerada do Diário, na mesma data e antes de iniciada a escrituração, salvo quando a escrituração for realizada em fichas ou folhas soltas ou contínuas, caso em que, sendo o Diário encadernado após a sua escrituração, os termos mencionados serão lavrados na data da autenticação.

Nota

- Feitas as devidas adaptações, o Termo de Abertura e/ou de Encerramento, que apresentamos, poderá ser utilizado em outros instrumentos de escrituração das empresas mercantis.

Formalidades intrínsecas (ou internas) estão relacionadas à escrituração propriamente dita. A escrituração será completa, em idioma e moeda corrente nacionais, em forma contábil, com individualização e clareza, por ordem cronológica de dia, mês e ano, sem intervalos em branco, nem entrelinhas, borrões, rasuras, emendas ou transportes para as margens.

As formalidades extrínsecas e intrínsecas devem ser observadas, para que o livro Diário mereça fé a favor do empresário ou da sociedade empresária.

Como a vida da empresa é registrada neste livro, toda e qualquer Demonstração elaborada com base na Escrituração nele contida, será reconhecida como verdadeira, salvo se na sua escrituração não forem observadas rigorosamente as formalidades legais aqui apresentadas.

O livro Diário até hoje passou pelo menos por três estágios de escrituração:

a. processamento manual: no princípio, toda escrituração era processada de forma manuscrita. Atualmente, esse processo está em desuso, embora ainda utilizado por algumas empresas de pequeno porte, é de grande utilidade para o ensino da contabilidade;
b. processamento mecânico: neste estágio, a escrituração do Diário passou a ser feita em fichas ou em folhas soltas, as quais, posteriormente, eram copiadas por decalque em livro apropriado;
c. processamento eletrônico de dados: hoje, quase que a totalidade das empresas processa a escrituração do Diário por meio do computador, sendo que as folhas impressas são posteriormente encadernadas. A legislação tributária disciplina o uso da escrituração por meio do computador, cuidando inclusive dos critérios a serem observados quanto ao armazenamento de dados em arquivos magnéticos.

É importante salientar, no entanto, que a adoção de qualquer que seja o sistema de escrituração do Diário não exclui a empresa da obediência aos requisitos intrínsecos e extrínsecos, previstos tanto na legislação civil, comercial, tributária e societária, como também nas normas brasileiras de contabilidade.

As empresas que processam a escrituração por meio de fichas, folhas soltas ou contínuas, são obrigadas a adotar livro apropriado para transcrição das demonstrações contábeis.

Na escrituração, é permitido o uso de códigos de números ou de abreviaturas, desde que constem de livro próprio devidamente revestido das formalidades extrínsecas.

É admitida a escrituração resumida no Diário, por totais que não excedam ao período de um mês, relativamente a contas cujas operações sejam numerosas ou realizadas fora da sede do estabelecimento, desde que utilizados livros auxiliares para registro individualizado e conservados os documentos que permitam sua perfeita verificação (Decreto-Lei n. 486/1969, art. 5º, § 3º).

A empresa que adotar o sistema de fichas de lançamentos, poderá substituir o livro Diário pelo livro Balancetes Diários e Balanços, desde que sejam observadas as mesmas formalidades extrínsecas exigidas para o livro Diário.

Visando atender o aspecto didático do nosso curso, apresentaremos o livro Diário próprio para escrituração manual por ser o que melhor atende aos objetivos escolares.

Veja o exemplo de uma folha do livro Diário adequado à escrituração manual:

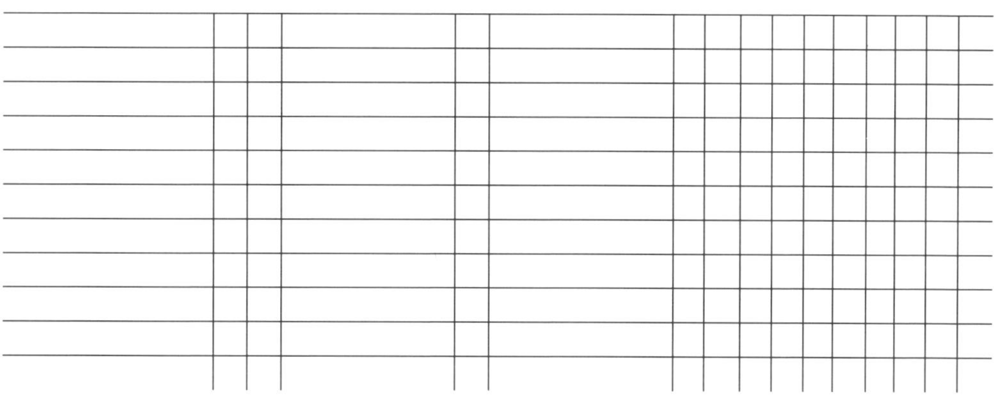

O Diário é o primeiro livro que deve ser escriturado; por isso, começaremos por ele, passando, posteriormente, ao registro nos demais.

Para escriturar o Diário, partiremos dos documentos que deram origem aos fatos. No nosso caso, para efeito didático, partiremos dos problemas formulados para escrituração.

Nota

- A escrituração do Diário será explicada na Seção 5.4.2.

5.2.2 Livro Razão

O **Razão** é um livro de grande utilidade para a Contabilidade, porque destina-se ao registro do movimento individualizado de todas as Contas. Sua escrituração passou a ser obrigatória a partir de 1991 (art. 14 da Lei n. 8.218 de 29/8/91).

Veja uma página do livro Razão tradicional, próprio para escrituração manual:

20___	DÉBITO	20___	CRÉDITO

Nota

- A escrituração desse livro será explicada no Capítulo 7.

5.2.3 Livro Contas-Correntes

O Contas-Correntes é um livro auxiliar do livro Razão. Serve para controlar a movimentação das contas que representam direitos e obrigações.

Utilizaremos o seguinte modelo:

20___	HISTÓRICO	DÉBITO	CRÉDITO	D/C	SALDO	

5.2.4 Livro Caixa

O livro Caixa também é auxiliar. Nele são registrados todos os Fatos Administrativos que envolvam entradas e saídas de dinheiro.

É importante salientar que o livro Caixa é obrigatório para as microempresas e para as empresas de pequeno porte[2] optantes pelo Simples[3] (§ 2º do art. 26 da Lei Complementar n. 123/2006), bem como para as empresas que optarem pela tributação do imposto de renda com base no lucro presumido[4] desde que optem também pela não manutenção de escrita contábil para fins de recolhimento do Imposto de Renda. (parágrafo único do art. 527 do RIR/99).

Para atender ao aspecto didático do nosso curso, utilizaremos o seguinte modelo para controlar o movimento do Caixa:

DOC. N.	HISTÓRICO	ENTRADA				SAÍDA			
	A TRANSPORTAR – TOTAIS DO DIA $								
	SALDO ANTERIOR $								
	SALDO ATUAL $								

DETALHES DO SALDO			
DINHEIRO			
CHEQUES			
VALES			
TOTAL			

CAIXA:__________________ VISTO:__________________

Nota

- A escrituração dos livros Contas-Correntes e do Movimento de Caixa será explicada no Capítulo 7.

ATIVIDADES TEÓRICAS

1. Complete:

1.1 O Diário é um livro __________________.

1.2 O livro destinado ao registro do movimento individualizado de todas as contas chama-se __________________.

---

[2] Empresa de Pequeno Porte (EPP) é a sociedade empresária, a sociedade simples e o empresário, devidamente registrados no Registro de Empresas Mercantis ou no Registro Civil de Pessoas Jurídicas, conforme o caso, desde que aufira, em cada ano-calendário, receita bruta superior a $ 360.000,00 e igual ou inferior a $ 3.600.000,00 (art. 3º da Lei Complementar n. 123/2006).

[3] Sistema de tributação simplificado, criado especificamente para beneficiar as ME e as EPP.

[4] Podem optar pela tributação do IR com base no lucro presumido as pessoas jurídicas cuja receita bruta total, no ano-calendário anterior, tenha sido igual ou inferior a $ 48.000.000,00, desde que não esteja obrigadas a tributação com base no lucro real (art. 516 do RIR/99).

1.3 No livro Caixa são registradas operações que envolvem ______________.

1.4 O livro utilizado para controlar os direitos e as obrigações denomina-se ___________.

2. Coloque E se a formalidade for extrínseca ou I se for intrínseca:

2.1 ( ) A escrituração será em idioma e moeda corrente nacionais.

2.2 ( ) O livro Diário deverá conter Termos de Abertura e de Encerramento.

2.3 ( ) O Diário será encadernado com folhas numeradas em sequência, tipograficamente. Deve conter, ainda, os termos de abertura e de encerramento.

2.4 ( ) A escrituração não poderá conter escritos nas entrelinhas.

3. Responda:

3.1 Cite três livros utilizados pela contabilidade:

3.2 Para que serve o livro Diário?

3.3 Dos quatro livros de escrituração utilizados pela contabilidade, que apresentamos neste tópico, quais são os obrigatórios?

3.4 O que são formalidades extrínsecas do livro Diário? Cite duas.

3.5 O que são formalidades intrínsecas do livro Diário? Cite duas.

3.6 Qual é o livro que permite um controle individualizado de todas as contas utilizadas pela contabilidade?

5.3 Métodos de escrituração

Método de escrituração é o modo de registro dos fatos administrativos, bem como dos atos administrativos relevantes.

São dois os métodos de escrituração conhecidos: método das partidas simples e método das partidas dobradas.

5.3.1 Método das partidas simples

Esse método consiste no registro de operações específicas, envolvendo o controle de um só elemento.

No livro Caixa, por exemplo, os eventos são registrados visando apenas o controle do dinheiro (Entradas e Saídas), sem a preocupação de controlar outros elementos patrimoniais ou até mesmo de evidenciar o lucro ou prejuízo decorrente das respectivas transações.

Outro exemplo de registro pelo método das partidas simples ocorre no livro Contas-Correntes, no qual só interessa o controle dos direitos e/ou das obrigações.

O método das partidas simples é deficiente e incompleto, por não permitir o controle global do patrimônio.

As entidades que utilizam apenas esse método de registro normalmente são aquelas que não visam ao lucro, pois só conseguem controles estanques de alguns eventos. O conhecimento do resultado econômico, se porventura interessar, só será possível mediante a comparação do patrimônio existente no início com o patrimônio existente no final de determinado período.

5.3.2 Método das partidas dobradas

Esse método, que é de uso universal e foi divulgado no século XV (1494), na cidade de Veneza, na Itália, pelo frade franciscano Luca Pacioli, consiste no seguinte:

"Não há devedor sem que haja credor e não há credor sem que haja devedor, sendo que a cada débito corresponde um crédito de igual valor".

Nota

- Apareceram novamente as palavras devedor e credor (débito e crédito), e voltamos a alertar o leitor: procure analisar com cuidado o que essas duas palavras representam para a contabilidade, de acordo com o enfoque de nossas explicações, não confundindo com os significados que essas mesmas palavras assumem em nossa linguagem comum.

Como aplicar, na prática, o método das partidas dobradas?

É o que veremos em seguida.

5.4 Lançamento

5.4.1 Conceito

Lançamento é o meio pelo qual se processa a Escrituração.

Os Fatos e os Atos Administrativos são registrados por meio do lançamento, inicialmente no livro Diário, mediante documentos que comprovem a legitimidade da operação (Notas Fiscais, Recibos, Contratos etc.).

5.4.2 Elementos essenciais

O lançamento, no livro Diário, é feito em ordem cronológica de dia, mês e ano, e os elementos que o compõem, obedecem a uma determinada disposição técnica.

Vejamos, agora, como se faz um lançamento no livro Diário.

Suponhamos o seguinte fato ocorrido na empresa:

Compra à vista (em dinheiro) de um armário de aço, marca Mantiqueira, conforme nota fiscal n. 8.931, da Maquinolândia Ltda., no valor de $ 1.000.

Observe que todo lançamento deve ter os seguintes elementos essenciais:

1. local e data da ocorrência do fato;
2. conta a ser debitada;
3. conta a ser creditada;
4. histórico;
5. valor.

Para facilitar a elaboração do lançamento, além de observar os cinco elementos essenciais apresentados, alguns passos devem ser seguidos.

Nota

- Os sete passos apresentados a seguir constituem orientações ao raciocínio sequencial necessário à elaboração do lançamento no livro Diário. Quando você estiver familiarizado com tais procedimentos, eles serão efetuados apenas mentalmente, ou seja, após a leitura de determinado fato, deve-se registrá-lo diretamente no Diário.

Vamos, então, aos passos:

1º passo: verificar o local e a data da ocorrência do fato. No caso do exemplo em questão, considere sua cidade e a data de hoje.

2º passo: verificar que documento foi emitido para comprovar a operação.

Se não houver documento idôneo que comprove a ocorrência do fato, ele não poderá ser contabilizado.

No exemplo em questão, o documento emitido foi a nota fiscal n. 8.931.

3º passo: identificar, no fato, os elementos envolvidos.

Todo fato administrativo, objeto de escrituração, envolve, no mínimo, dois elementos patrimoniais ou de resultado. Então, esse passo consiste em identificar esses elementos.

Vamos reler o fato e encontrar o primeiro elemento: compra à vista (em dinheiro).

Identificamos o 1º elemento: dinheiro.

Vamos procurar agora o outro elemento na leitura do mesmo fato: compra à vista (em dinheiro) de um armário de aço.

Eis o segundo elemento: armário de aço.

Portanto, os dois elementos envolvidos nesse fato são dinheiro e armário de aço.

4º passo: verificar, no Elenco de Contas, quais serão utilizadas para registrar cada um dos elementos identificados no 3º passo.

Para encontrar a conta adequada a cada elemento, raciocine assim:

a. em primeiro lugar, verifique se o elemento em questão corresponde a um bem ou a um direito. Sendo a resposta positiva, procure a Conta adequada no Elenco de Contas da Seção 3.6.2, entre as Contas Patrimoniais que figuram do lado do Ativo, pois Bens e Direitos encontram-se no Ativo;

b. se o elemento não corresponder a bem ou a direito, verifique, então, se corresponde a obrigação ou a elemento do grupo do Patrimônio Líquido. Sendo a resposta positiva, procure a conta adequada entre as contas patrimoniais que estão do lado do Passivo, pois as obrigações e os elementos do Patrimônio Líquido encontram-se no lado do Passivo;

c. se o elemento não representar bem, direito, obrigação ou Patrimônio Líquido, verifique se corresponde a despesa. Sendo a resposta positiva, procure a conta adequada entre as contas de resultado, no lado das Despesas;

d. se o elemento não representar bem, direito, obrigação, Patrimônio Líquido ou despesa, certamente corresponderá a receita. Nesse caso, procure a conta adequada entre as contas de resultado, no lado das Receitas.

Repita esse raciocínio para cada elemento indicado no 3º passo.

Veja como ficará o fato em questão:

O elemento dinheiro representa bem; logo, lendo as contas do Ativo no Elenco de Contas, concluímos que a mais adequada para registrá-lo é a conta Caixa.

O elemento armário de aço também representa bem; logo, lendo as contas do Ativo no Elenco de Contas, concluímos que a mais adequada para registrá-lo é a conta Móveis e Utensílios.

5º passo: preparar o histórico do problema.

O histórico consiste no relato do fato. Esse relato deve conter apenas as informações necessárias para o bom esclarecimento do evento. Nunca se deve esquecer de identificar a espécie e o número do documento comprobatório, a coisa transacionada, bem como o nome da pessoa com quem se transaciona.

Nota

- O histórico do lançamento deve representar a essência econômica da transação, sendo permitido o uso de código de histórico padronizado, desde que baseado em tabela auxiliar inclusa em livro próprio. (Letra "d" do item 6 da Interpretação Técnica ITG 2000, aprovada pela Resolução CFC n. 1.330/2011.

Veja como poderá ficar o histórico do nosso exemplo:

"Compra de um armário de aço, marca Mantiqueira, conforme nota fiscal nº 8.931, da Maquinolândia Ltda.".

6º passo: identificar qual conta será debitada e qual será creditada.

O que vem a ser conta a ser debitada e conta a ser creditada?

No Capítulo 3, vimos que o funcionamento das contas se dá por meio de débitos e de créditos nelas lançados. Pois bem, chegou o momento de estudar quando uma conta deve ser debitada e quando deve ser creditada. Considerando que o valor da conta é aumentado ou diminuído em decorrência das entradas e das saídas, convencionou-se denominar os aumentos nas contas de natureza devedora de débitos e os aumentos nas contas de natureza credora de créditos. Por consequência, as diminuições nas contas de natureza devedora denominam-se créditos enquanto nas contas credoras denominam-se débitos.

Portanto, o segredo está em conhecer a natureza de cada conta. (Foi com este objetivo que o orientamos a memorizar os dois gráficos apresentados na Seção 3.4.1).

Consideremos, ainda, que todo fato administrativo ocorre em forma de troca. Vamos tomar, por exemplo, a compra à vista do armário de aço em questão. A empresa recebe o armário e dá em troca o dinheiro. Daí, podemos concluir, nesta fase de aprendizagem, que em todo evento ocorrido na empresa, envolvendo elementos materiais, existe pelo menos um elemento que entra para a empresa, sendo que seu valor acarretará aumento no total dos elementos patrimoniais. E existe, também, pelo menos um elemento que sai em troca do que entrou, sendo que seu valor provocará diminuição no total dos valores dos elementos patrimoniais.

Sendo assim, todo fato administrativo objeto de contabilização pode aumentar e/ou diminuir o valor total dos elementos do Ativo, do Passivo e do Patrimônio Líquido, conforme estudamos no Capítulo 4. Para identificar mais facilmente a conta a ser debitada e a conta a ser creditada, observe o quadro a seguir:

Quadro 5.1 QUADRO AUXILIAR DA ESCRITURAÇÃO

I. Para elementos patrimoniais:
a. Toda vez que aumentar o Ativo, DEBITAR a respectiva conta. **b.** Toda vez que diminuir o Ativo, CREDITAR a respectiva conta. **c.** Toda vez que aumentar o Passivo, CREDITAR a respectiva conta. **d.** Toda vez que diminuir o Passivo, DEBITAR a respectiva conta.
II. Para os elementos de resultado:
e. Toda vez que ocorrer uma despesa, DEBITAR a respectiva conta. **f.** Toda vez que ocorrer uma receita, CREDITAR a respectiva conta.

Veja, agora, esse mesmo quadro de maneira simplificada:

ATIVO	
Aumento	Diminuição
Débito	Crédito

PASSIVO	
Aumento	Diminuição
Débito	Crédito

DESPESA	
Quando ocorre despesa	Estorno* ou encerramento de exercício
Débito	Crédito

RECEITA	
Extorno ou encerramento de exercício	Quando ocorrer receita
Débito	Crédito

* Estorno é uma correção do lançamento e será estudado na Seção 6.3, no próximo capítulo.

Notas

- As contas de despesas só serão creditadas para estorno ou encerramento de exercício.
- As contas de receitas só serão debitadas para estorno ou encerramento de exercício.

Continuando o raciocínio do nosso primeiro exemplo de lançamento, vamos, agora, identificar a conta a ser debitada: é a conta Móveis e Utensílios, porque um armário está entrando para o Patrimônio da empresa. Sendo o armário registrado em conta do Ativo (Móveis e Utensílios), isso acarreta aumento do Ativo e a letra "a" do Quadro 5.1 estabelece: toda vez que aumentar o Ativo, debitar a respectiva conta. E a respectiva conta que, no caso, está acarretando aumento no Ativo é a conta Móveis e Utensílios.

Vamos, agora, identificar a conta a ser creditada: é a conta Caixa, porque está saindo dinheiro da empresa. Logo, diminuirá o Ativo, e a letra "b" do Quadro 5.1 estabelece: toda vez que diminuir o Ativo, creditar a respectiva conta. E a respectiva conta que, no caso, está acarretando diminuição no Ativo é a conta Caixa.

7º passo: efetuar o lançamento.

Antes de apresentar o lançamento devidamente escriturado, veja para que são usadas as colunas do Diário. Lembramos mais uma vez que, para fins didáticos, utilizaremos o livro Diário tradicional, próprio para escrituração manual, o qual contém três colunas para valores. Como vimos, há outros modelos, os quais podem ser perfeitamente utilizados.

①	②	③	④	⑤		⑥		⑦		⑧	

(1) Código das contas: segundo o plano de contas.

(2) Número da folha do livro Razão em que foi lançada a conta.

(3) Coluna reservada para a preposição "a" da conta credora.

(4) Coluna reservada para os títulos das contas e para o histórico.

(5) Coluna reservada para o dia em que ocorreu o fato.

(6) (7) (8) Colunas destinadas aos valores, sendo:

- (6) para as parcelas discriminadas no histórico;
- (7) para o total de cada conta, quando o lançamento for de segunda, terceira ou quarta fórmulas;
- (8) para o total do lançamento.

Veja como o lançamento deve ser efetuado no livro Diário:

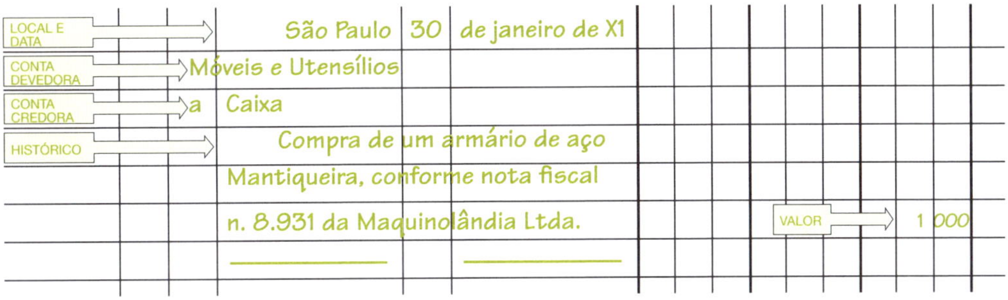

Esta é a forma contábil de se registrar um fato ou um ato administrativo no livro Diário.

Observações

- O lançamento no livro Diário denomina-se partida de Diário. Verifique que a conta creditada no lançamento é precedida da letra "a". A leitura do lançamento é feita assim: Móveis e Utensílios a Caixa.
- No lançamento, uma conta é contrapartida de outra. Assim, no lançamento apresentado, a conta Móveis e Utensílios é contrapartida da conta Caixa e vice-versa.
- O histórico deve ser resumido. Porém, de propósito, não o resumimos. Se você tiver dificuldade para resumir, escreva todo o texto do problema; com o tempo notará que muitas palavras poderão ser suprimidas nos históricos, sem perda da clareza.
- Após cada lançamento, devemos encerrá-lo com dois traços secionados, abrangendo apenas as colunas destinadas ao histórico, conforme pode ser observado no exemplo apresentado. Esses traços evitam que um lançamento fique unido a outro, dificultando a leitura.

Nota

- O registro contábil deve conter o número de identificação do lançamento, em ordem sequencial, relacionado ao respectivo documento de origem externa ou interna ou, na sua falta, em elementos que comprovem ou evidenciem fatos contábeis. (Item 7 da ITG 2000 – Escrituração Contábil, aprovada pela Resolução CFC n. 1.330/2011).

5.4.3 Fórmulas de lançamentos

No exemplo de lançamento apresentado na Seção 5.4.2, apenas uma conta foi debitada e uma outra creditada. Porém, um mesmo lançamento poderá conter mais de uma conta debitada ou mais de uma conta creditada. Daí a existência de quatro fórmulas de lançamentos:

1ª) Fórmula

"Quando aparecem no lançamento uma conta debitada e uma conta creditada."

Exemplo:

Compra de uma casa, à vista, do sr. Plínio de Almeida, situada na Av. Nove de Julho n. 1.001, nesta cidade, conforme escritura passada no 5º Tabelião, no valor de $ 200.000.

Para resolver esse lançamento, vamos seguir todos os passos contidos na Seção 5.4.2:

1º passo: local e data – considerar sua cidade e a data de hoje;
2º passo: documento emitido – escritura passada no 5º Tabelião;
3º passo: elementos envolvidos – casa e dinheiro;
4º passo: contas a utilizar – Imóveis e Caixa;
5º passo: preparar o histórico – utilizaremos todo o texto do problema;
6º passo: identificar qual conta será debitada e qual será creditada.

a. debitada: conta Imóveis, pois estamos comprando uma casa, a qual aumentará o nosso Ativo (letra "a" do Quadro 5.1);

b. creditada: conta Caixa, pois, se estamos pagando em dinheiro, o nosso Ativo diminuirá pela saída do respectivo valor da conta Caixa (letra "b" do Quadro 5.1).

7º passo: efetuar o lançamento.

			São Paulo 30 de janeiro de X1		
1.2.04		Imóveis			
1.1.01		a	Caixa		
			Compra de uma casa, do Sr. Plínio		
			de Almeida, situada na Av. Nove de		
			Julho, n. 1.001, nesta cidade, conf.		
			escritura passada no 5º Tabelião		200 000

Observe que colocamos à esquerda de cada conta o respectivo código, conforme consta do Elenco de Contas do Capítulo 3. Como já dissemos, esse código facilita a identificação da conta. Ele não é obrigatório e pode ser suprimido para fins didáticos, embora seja de grande utilidade na escrituração feita por meio de processamento eletrônico de dados.

ATIVIDADE PRÁTICA

Escriture, em partidas de Diário, os seguintes fatos administrativos:

Fato 1 — Solucionado

1. Compra, à vista, de um automóvel, marca Ford, conforme nota fiscal n. 9.890, da Distribuidora de Veículos Taubaté Ltda., no valor de $ 30.000.

Solução:

Para facilitar o raciocínio desse e dos demais lançamentos desta atividade, pode-se rascunhá-los utilizando o seguinte esquema:

ELEMENTOS	CONTAS	VALOR	D/C

Para exemplificar o uso do esquema para o raciocínio lógico do lançamento, veja como rascunharemos o lançamento referente ao fato em questão:

Para começar, precisamos identificar os elementos envolvidos no fato. Ao ler o fato 1, concluiremos que os elementos envolvidos são dinheiro e automóvel. Observe como os anotamos no esquema:

ELEMENTOS	CONTAS	VALOR	D/C
Dinheiro			
Automóvel			

Em seguida, devemos identificar quais contas utilizaremos para registrar cada um dos elementos. Para isso, vamos consultar o Elenco de Contas apresentado no Capítulo 3. No caso, identificamos as contas Caixa e Veículos, as quais transcrevemos para o esquema. Veja:

ELEMENTOS	CONTAS	VALOR	D/C
Dinheiro	Caixa		
Automóvel	Veículos		

Uma vez identificadas as contas, anotamos ao lado delas seus respectivos valores:

ELEMENTOS	CONTAS	VALOR	D/C
Dinheiro	Caixa	30.000	
Automóvel	Veículos	30.000	

Finalizando o raciocínio, consultamos o Quadro 5.1 (Seção 5.4.2) para saber a conta a ser debitada e a conta a ser creditada, as quais deverão ser indicadas pelas letras D ou C. No exemplo, a conta a ser debitada é a conta Veículos, e a conta a ser creditada é a conta Caixa.

Veja como ficará o esquema ao concluirmos o raciocínio:

ELEMENTOS	CONTAS	VALOR	D/C
Dinheiro	Caixa	30.000	C
Automóvel	Veículos	30.000	D

Agora, registramos o fato no diário. Veja como ficará:

		São Paulo 30 de janeiro de X1	
1.2.07		Veículos	
1.1.01	a	Caixa	
		Compra de um automóvel, marca	
		Ford, conforme nota fiscal n., da	
		distribuidora de Veículos Taubaté Ltda.	30 000
		_______________ _______________	

Nota

- O esquema para raciocínio lógico do lançamento não constitui documento oficial do setor de contabilidade, sendo usado apenas para facilitar o raciocínio do lançamento, o qual deve ser, em seguida, registrado no Diário. Portanto, não se esqueça: o uso do esquema é opcional, deixando de ser usado assim que se conseguir efetuar o raciocínio mentalmente.

Proceda conforme explicamos na solução do fato n. 1, para solucionar os fatos do n. 2 ao n. 12, raciocinando inicialmente por meio do esquema e, em seguida, efetuando o registro no Diário.

Sugerimos reservar uma folha para os esquemas e outra somente para os lançamentos em partidas de Diário. Caso prefira utilizar folhas de cadernos comuns para efetuar os lançamentos em partidas de Diário, risque duas ou três colunas à direita de cada página, reservando-as para os valores. Assim, como ocorre no Livro Diário, os históricos ficarão separados dos valores, facilitando a visualização do lançamento.

2. Compra, à vista, de quatro cadeiras e uma mesa para uso da empresa, conforme nota fiscal n. 897, da Casa de Móveis Embaú S/A, no valor de $ 1.000.
3. Compra, à vista, de uma casa situada na Rua América, sem número, do sr. Pedro Moura, por $ 130.000, conforme escritura passada no 13º Cartório.
4. Compra de um microcomputador marca Informática, à vista, conforme nota fiscal n. 7.341, da WT Informática Ltda., no valor de $ 2.000.
5. Compra de um armário de aço, à vista, conforme nota fiscal n. 555, da Casa Taubaté, no valor de $ 800.
6. Venda, à vista, de um automóvel, marca Ford, ao sr. Nelson Ribeiro, por $ 30.000, conforme recibo de venda de veículos n. 001.
7. Venda de uma mesa e quatro cadeiras, à vista, para a Indústria de Artefatos de Couro Ltda., conforme nossa nota fiscal n. 005, no valor de $ 1.000.
8. Venda, à vista, de uma casa situada na Rua América, sem número, ao sr. Jorge Augusto Pereira, por $ 130.000, conforme escritura passada no 13º Cartório desta cidade.
9. Venda de um microcomputador marca Informática, à vista, conforme nossa nota fiscal n. 008, no valor de $ 2.000.
10. Venda de um armário de aço, à vista, à J. Pedrosa Ltda., conforme nossa nota fiscal n. 222, no valor de $ 800.
11. Compra de mercadorias, a prazo, conforme nota fiscal n. 980, da Casa de Tecidos Caçapava S/A, no valor de $ 3.000, com nosso aceite, no ato, da duplicata n. 980/01, para 30 dias (usar a conta: 1.1.06 Estoque de Mercadorias).

12. Venda de mercadorias, a prazo, conforme nossa nota fiscal n. 012, ao sr. Edson Vinícius, no valor de $ 1.000. No ato da venda, o cliente aceitou a duplicata n. 012/01, com vencimento para 45 dias.

Notas

- Nas compras de mercadorias a prazo, para registrar a obrigação, pode-se creditar uma das seguintes contas: Fornecedores, Duplicatas a Pagar ou Títulos a Pagar. Entretanto, para fins didáticos, aconselhamos o uso da conta Fornecedores, quando no fato não constar aceite de duplicatas, e da conta Duplicatas a Pagar, quando no fato houver aceite de duplicatas.
- Nas vendas de mercadorias a prazo, para registrar o direito, pode-se debitar uma das seguintes contas: Clientes, Duplicatas a Receber ou Títulos a Receber. Entretanto, para fins didáticos, aconselhamos o uso da conta Clientes, quando no fato não constar aceite de duplicatas, e da conta Duplicatas a Receber, quando no fato houver aceite de duplicatas.

2ª) Fórmula

"Quando aparecem no lançamento uma conta debitada e mais de uma conta creditada."

Exemplo:

Compra de uma motocicleta, marca Lunar, da Casa Estrela, conforme nota fiscal n. 5.390, no valor de $ 5.000, nas seguintes condições:

a. pagamento, no ato, de $ 3.000, em dinheiro, como entrada;

b. o restante será pago após 30 dias, conforme aceite da duplicata n. 001.

Para resolver esse lançamento, vamos novamente seguir os passos expostos na Seção 4.2:

1º passo: local e data – considerar sua cidade e a data de hoje;
2º passo: documentos – nota fiscal n. 5.390 e duplicata n. 001;
3º passo: elementos envolvidos – motocicleta, dinheiro e duplicata;
4º passo: contas a utilizar – motocicleta (conta Veículos); dinheiro (conta Caixa); e duplicata (conta Duplicatas a Pagar). Note que estamos comprando a prazo, aceitando uma duplicata; logo, estamos criando obrigação para pagar a duplicata após 30 dias;
5º passo: preparar o histórico – veja no lançamento efetuado no 7º passo;
6º passo: identificar qual conta será debitada e qual será creditada. Observe que, nesse caso, estão envolvidos três elementos: motocicleta, dinheiro e duplicata. Vamos analisar cada um, conforme o Quadro 5.1:

a. conta Veículos: será debitada, pois, se estamos comprando um veículo, ele entrará para o patrimônio da nossa empresa, aumentando, assim, o Ativo. Aplicaremos para essa conta a letra "a" do Quadro 5.1;

b. conta Caixa: será creditada, pois, se estamos pagando parte da compra em dinheiro, essa importância sairá do patrimônio da nossa empresa, diminuindo, assim, o Ativo. Aplicaremos para essa conta a letra "b" do Quadro 5.1;

c. conta Duplicatas a Pagar: será creditada, pois, se estamos criando uma obrigação para pagar em 30 dias, ela aumentará o Passivo da nossa empresa. Aplicaremos para essa conta a letra "c" do Quadro 5.1.

Assim, temos:

a. Veículos = conta a ser debitada;
b. Caixa = conta a ser creditada;
c. Duplicatas a Pagar = conta a ser creditada.

Se quisermos raciocinar utilizando o esquema para raciocínio lógico do lançamento, este ficará como segue:

ELEMENTOS	CONTAS	VALOR	D/C
Motocicleta	Veículos	5.000	D
Dinheiro	Caixa	3.000	C
Duplicata	Duplicatas a Pagar	2.000	C

Note que uma conta será debitada (Veículos) e duas serão creditadas (Caixa e Duplicatas a Pagar). Como aparecem duas contas no crédito, inicialmente utilizaremos, no lançamento de Diário, a palavra Diversos.

7º passo: efetuar o lançamento.

		São Paulo,		
1.2.07	Veículos			
	a	Diversos		
		Compra de uma motocicleta marca		
		Lunar, da Casa Estrela, conf. NF n. 5.390		
		Paga como segue:		
1.1.01	a	Caixa		
		Em dinheiro	3 000	
2.1.02	a	Duplicata a Pagar		
	a	Casa Estrela		
		Dupl. n. 001, Venc. 30 dias	2 000	5 000

Observações

- Debitamos a conta Veículos e creditamos, inicialmente, a palavra Diversos. Nos lançamentos de 2ª, 3ª e 4ª fórmulas, a palavra Diversos indica, conforme a posição, a existência de mais de uma conta a ser debitada ou de mais de uma conta a ser creditada.
- No exemplo em questão, observe que, após creditar a palavra Diversos, fizemos um breve histórico para, depois, creditar as diversas contas correspondentes. Portanto, a palavra Diversos não é conta; apenas indica a existência de mais de uma conta no débito ou no crédito, conforme sua posição.
- Observe, também, o uso das colunas destinadas aos valores.

ATIVIDADE PRÁTICA

Escriture, em partida de Diário, o seguinte fato:

Compra de uma escrivaninha, conforme nota fiscal n. 287, da Casa Taubaté, no valor de $ 1.000, nas seguintes condições:

a) foram pagos no ato, em dinheiro, $ 200;

b) aceite de quatro duplicatas números 287/01 a 287/04, no valor de $ 200 cada, vencíveis de 30 em 30 dias.

3ª) Fórmula

"Quando aparecem no lançamento mais de uma conta debitada e apenas uma conta creditada."

Exemplo: venda de uma escrivaninha a Vicente Leite, conforme nota fiscal n. 118, por $ 500, nas seguintes condições:

a. recebimento, no ato, da importância de $ 100, em dinheiro;

b. o restante será recebido em quatro parcelas mensais iguais, no valor de $ 100 cada uma, conforme aceite de quatro duplicatas n.os 118/01 a 118/04.

Vamos, agora, resolver o problema:

1º passo: local e data – considere sua cidade e a data de hoje;
2º passo: documentos – nota fiscal n. 118 e duplicatas n.os 118/01 a 118/04;
3º passo: elementos envolvidos – escrivaninha, dinheiro e duplicatas;
4º passo: contas a utilizar – Móveis e Utensílios, Caixa e Duplicatas a Receber;
5º passo: preparar o histórico – veja no lançamento efetuado;
6º passo: contas a serem debitadas e/ou creditadas:

a. conta Móveis e Utensílios: note que vendemos uma escrivaninha. Logo, o nosso patrimônio ficará reduzido com a saída desse bem. Assim, a conta Móveis e Utensílios será creditada (letra "b" do Quadro 5.1);

b. conta Caixa: recebemos $ 100 de entrada; esse valor aumentará nosso Ativo. Logo, a conta Caixa será debitada (letra "a" do Quadro 5.1);

c. conta Duplicatas a Receber: como parte do valor da venda será recebida futuramente, temos direito com o nosso cliente. Assim, o direito registrado na conta Duplicatas a Receber aumentará o Ativo do nosso patrimônio. Portanto, a conta Duplicatas a Receber será debitada (letra "a" do Quadro 5.1).

Temos, então:

a. Caixa = conta a ser debitada;

b. Duplicatas a Receber = conta a ser debitada;

c. Móveis e Utensílios = conta a ser creditada.

Todo o raciocínio que acabamos de apresentar poderia ter sido anotado no esquema para raciocínio lógico do lançamento, da seguinte maneira:

ELEMENTOS	CONTAS	VALOR	D/C
Escrivaninha	Móveis e Utensílios	500	C
Dinheiro	Caixa	100	D
Duplicata	Duplicatas a Pagar	400	D

Veja, a seguir, como ficará o lançamento no Diário:

7º passo: efetuar o lançamento.

		São Paulo, de X1			
	Diversos				
1.2.06	a	Móveis e Utensílios			
		Venda de uma escrivaninha conf.			
		NF n. 0118, como segue:			
1.1.01	Caixa				
		Recebido em dinheiro		100	
1.1.04	Duplicatas a Receber				
	Vicente Leite				
		S/ aceite Duplicata 0118/01 – venc.	100		
		Idem, Duplicata 0118/02 – venc.	100		
		Idem, Duplicata 0118/03 – venc.	100		
		Idem, Duplicata 0118/04 – venc.	100	400	500

ATIVIDADE PRÁTICA

Contabilize, agora, o seguinte evento:

Compras, à vista, efetuadas na Importadora 2000 Ltda., de:

a) um microcomputador marca Ficção, com HD, monitor e impressora marca Atol, conforme nota fiscal n. 7.234, no valor de $ 2.500;

b) um refrigerador marca Reno, 320 litros, conforme nota fiscal n. 7.245, no valor de $ 1.500.

4ª) Fórmula

"Quando aparecem no lançamento mais de uma conta debitada e mais de uma conta creditada."

Exemplo: compras efetuadas no Supermercado Taubaté de:

a. um refrigerador, para uso da empresa, conforme nota fiscal n. 1.521, no valor de $ 1.000;

b. uma motocicleta marca Guará, conforme nota fiscal n. 372, no valor de $ 10.000. Foram pagos, no ato, como entrada, $ 2.000, e o restante será pago por meio de três duplicatas, de números 1 a 3, no valor de $ 3.000 cada, vencíveis de 30 em 30 dias.

SOLUÇÃO:

1º passo: local e data – considerar sua cidade e a data de hoje;
2º passo: documentos – nota fiscal n. 1.521, nota fiscal n. 372 e três duplicatas, números 1 a 3;
3º passo: elementos envolvidos – refrigerador, motocicleta, dinheiro e duplicatas;
4º passo: contas a utilizar – Móveis e Utensílios, Veículos, Caixa e Duplicatas a Pagar;
5º passo: histórico – veja no lançamento efetuado;
6º passo: contas a serem debitadas e/ou creditadas:

a. Conta Móveis e Utensílios e Veículos: serão debitadas, pois se referem a bens adquiridos, os quais aumentarão o Ativo do patrimônio;

b. Contas Caixa e Duplicatas a Pagar: serão creditadas à conta Caixa, porque diminuirá o Ativo pela saída do dinheiro, e à conta Duplicatas a Pagar, porque o surgimento da obrigação aumentará o Passivo.

A exemplo dos casos anteriores, veja agora como esse lançamento seria esboçado no esquema para raciocínio lógico do lançamento:

ELEMENTOS	CONTAS	VALOR	D/C
Refrigerador	Móveis e Utensílios	1.000	D
Motocicleta	Veículos	10.000	D
Dinheiro	Caixa	2.000	C
Duplicata	Duplicatas a Pagar	9.000	C

Veja, agora, o lançamento em partida de Diário:

7º passo: efetuar o lançamento.

		São Paulo, de X1		
	Diversos			
	a	Diversos		
		Compras a saber:		
1.2.06	Móveis e Utensílios			
		NF n. 1.521, ref. 1 refrigerador	1.000	
1.2.07	Veículos			
		NF n. 372, ref. 1 moto marca Guará	10.000	11.000
1.1.01	a	Caixa		
		Pago em dinheiro	2.000	
2.1.02	a	Duplicatas a Pagar		
		Supermercados Taubaté		
		Três Dupls. de $ 3.000 cada,		
		vencíveis	9.000	11.000
		______________ ______________		

Observação

- No histórico desse nosso exemplo, deixamos de especificar cada duplicata, englobando as três e identificando apenas o valor e o vencimento.

Notas

- Todo fato administrativo pode ser contabilizado pela 1ª fórmula, mesmo quando ocorrer mais de uma conta a ser debitada e/ou a ser creditada, bastando, nesse caso, desdobrar o fato. As 2ª e 3ª fórmulas facilitam a escrituração, pois sintetizam os lançamentos.
- O uso da palavra "Diversos", para representar mais de uma conta debitada ou creditada nos lançamentos de 2ª a 4ª fórmulas, não é obrigatório. Entretanto, aconselhamos sua adoção para que o lançamento tecnicamente fique mais correto.
- No Livro Diário, os cinco elementos essenciais do lançamento devem obedecer a uma determinada disposição técnica, sendo que, entre as contas, primeiro coloca-se a conta devedora e, em seguida, precedida da letra "a", coloca-se a conta credora. Lembramos, no entanto, que existem outras maneiras de indicar a conta devedora e a credora no lançamento, por exemplo, colocando à esquerda da conta a letra D ou C, conforme o caso.
- Veja, no Capítulo 7 – Monografia, aspectos técnicos sobre escrituração do Livro Diário.

ATIVIDADES TEÓRICAS

1. Complete:

1.1 Escrituração é uma técnica que consiste em ________ nos livros próprios todos os ________ administrativos, bem como os ________ administrativos relevantes que ocorrem na empresa.

1.2 Lançamento é o ________ pelo qual se processa a escrituração.

2. Responda:

2.1 Qual é o método de escrituração utilizado universalmente?

2.2 Quais são os elementos essenciais do lançamento?

3. Complete:

Nos lançamentos:

3.1 Toda vez que aumentar o Ativo, a respectiva conta será ____________.

3.2 Toda vez que diminuir o Ativo, a respectiva conta será ____________.

3.3 Toda vez que aumentar o Passivo, a respectiva conta será ____________.

3.4 Toda vez que diminuir o Passivo, a respectiva conta será ____________.

3.5 Toda vez que ocorrer uma despesa, a respectiva conta será ____________.

3.6 Toda vez que ocorrer uma receita, a respectiva conta será ____________.

4. Responda:

4.1 Quantas fórmulas de lançamento existem?

4.2 Qual a diferença entre lançamentos de 1ª fórmula e lançamentos de 2ª e 3ª fórmulas?

4.3 Para que serve a palavra Diversos, utilizada nos lançamentos de 2ª, 3ª e 4ª fórmulas?

4.4 Se não houver documentos que comprovem a ocorrência do fato, como proceder para escriturá-lo?

4.5 Para auxiliar no raciocínio do lançamento, quais são os passos que devemos seguir?

4.6 Onde se deve procurar o título correto das contas que serão utilizadas no lançamento?

ATIVIDADE PRÁTICA

Escriture, em folhas de Diário, os seguintes fatos administrativos:

1. compra de mercadorias, à vista, conforme nota fiscal n. 5.340, de V. L. Pereira, no valor de $ 3.000. O pagamento foi efetuado em dinheiro;

2. venda de mercadorias, à vista, conforme nossa nota fiscal n. 082, no valor de $ 600;

3. compra de mercadorias, a prazo, de J. A. & Cia., conforme nota fiscal n. 8.509, no valor de $ 12.000;

4. venda de mercadorias, a prazo, a Geraldo Gomes, conforme nossa nota fiscal n. 141, no valor de $ 2.000;

5. compra de mercadorias, a prazo, de J. Silvestre S/A, conforme nota fiscal n. 2.233, no valor de $ 1.500. Houve aceite, no ato, de três duplicatas, n.ˢ 01 a 03, no valor de $ 500 cada uma, vencíveis de 30 em 30 dias;

6. venda de mercadorias, a prazo, a Pedro Santana, conforme nossa nota fiscal n. 987, no valor de $ 6.000. Houve aceite, no ato, de duas duplicatas, n.ˢ 01 e 02, no valor de $ 3.000 cada uma, vencíveis de 30 em 30 dias;

7. pagamento de despesas de aluguéis, conforme recibo do mês de fevereiro, ao sr. Edison Natalino Pereira, na importância de $ 1.200, em dinheiro;

8. abertura de uma conta-corrente no Banco do Brasil S/A, com depósito inicial, em dinheiro, de $ 5.000, conforme recibo n. 729;

9. nossa retirada de $ 1.000, do Banco do Brasil S/A, conforme cheque n. 145.766, de nossa emissão, para reforço de caixa;

10. compra de canetas, papéis para impressora, clipes e impressos para escritório, conforme nota fiscal n. 792, da Casa de Cadernos Bauru Ltda., no valor de $ 800, cujo pagamento foi efetuado por meio do cheque n. 145.762, de nossa emissão, contra o Banco do Brasil S/A;

11. venda de mercadorias, à vista, conforme nota fiscal n. 701, no valor de $ 2.000;

12. pagamento de imposto predial à Prefeitura Municipal, no valor de $ 300, referente a este mês. Pagamento feito em dinheiro, conforme guia;

13. recebida, da Comercial Cardoso, a importância de $ 3.000, em dinheiro, referente a serviços prestados, conforme nossa nota fiscal n. 0001;

14. pagamento de conta de energia elétrica, referente ao mês, no valor de $ 120, em dinheiro;

15. compra do apartamento n. 52, situado no prédio Dona Tita, na rua Orlando Ribeiro n. 35, nesta cidade, o qual pertence ao sr. Frederico Meirelles, sendo pago nas seguintes condições:

a) no ato, em dinheiro, como sinal: $ 5.000;

b) o restante será pago de 30 em 30 dias, conforme emissão de notas promissórias de n^s 01 a 05, no valor de $ 20.000 cada;

16. compra de um refrigerador, conforme nota fiscal n. 1.501, de Pazin Móveis Ltda., no valor de $ 1.700. O pagamento foi efetuado mediante cheque de nossa emissão, n. 146.763, contra o Banco do Brasil S/A.

17. compra de mercadorias conforme nota fiscal/fatura n. 1.978, de J.C. Ltda., no valor de $ 15.000, nas seguintes condições:

a) entrada, em dinheiro, $ 5.000;

b) o restante será pago em 30 dias, conforme nosso aceite da duplicata n. 1.978/01.

18. venda de mercadorias conforme nossa nota fiscal/fatura n. 5.552, no valor de $ 1.300, nas seguintes condições:

a) entrada, em dinheiro, $ 300;

b) o restante será pago em 45 dias. O cliente, sr. Ernani Pinto, aceitou a duplicata de nossa emissão, n. 5.552/01.

Notas

- No caso de insegurança no raciocínio do lançamento, utilize o esquema para raciocínio lógico, rascunhando-o em folha à parte para, em seguida, transcrever os respectivos lançamentos no Livro Diário.
- A partir deste ponto, não vamos mais explicar a composição dos lançamentos minuciosamente, seguindo todos os passos, conforme temos feito até aqui. Porém, ao elaborar qualquer lançamento, tenha em mente todos aqueles passos para facilitar seu raciocínio e conduzi-lo à conclusão do lançamento com segurança.

No capítulo seguinte, estão disponíveis informações envolvendo a contabilização de algumas contas de resultado, que poderão figurar nos registros contábeis, tanto como despesas quanto como receitas.

TESTES DE EXAME DE SUFICIÊNCIA

Contador, ano 2000, prova 1 – Teoria da Contabilidade

1. O Método das Partidas Dobradas significa que:

a) não existe débito(s) sem crédito(s) correspondente(s);

b) nos lançamentos contábeis a soma dos valores creditados deve ser sempre igual à soma de valores debitados às contas envolvidas;

c) haverá sempre um débito e um crédito de valores desiguais;

d) existem para cada débito, dois lançamentos de crédito.

Contador, ano 2000, prova 1 – Teoria da Contabilidade

2. O primeiro livro editado sobre o método das partidas dobradas, marco importante na história da contabilidade, foi de autoria de:

a) Benedetto Cotruglio.

b) Luca Pacioli.

c) Vicenzo Masi.

d) Simon Stevin.

TESTES DE CONCURSO

Técnico da Receita Federal – TTN/1991

1. Caracterizam o livro Diário todos os atributos abaixo mencionados, exceto:
   a) registro de todos os atos e fatos administrativos ocorridos na empresa;
   b) registro no órgão competente;
   c) ordem cronológica de escrituração;
   d) faculdade de escrituração em partidas mensais;
   e) obrigatoriedade.

Técnico da Receita Federal – TTN-SP/1992

2. O lançamento Diversos a Bancos conta Movimento
   a) é de segunda fórmula e pode corresponder a aviso de débito do banco e a cheques emitidos pela empresa;
   b) é de segunda fórmula e pode corresponder a depósitos bancários realizados e a cheques emitidos pela empresa;
   c) é de terceira fórmula e pode corresponder a juros debitados pelo banco e a cheques emitidos pela empresa;
   d) é de terceira fórmula e pode corresponder a aviso de crédito do banco e a depósitos efetuados pela empresa;
   e) é de terceira fórmula e pode corresponder a emissão de cheques da empresa sacados contra mais de um estabelecimento bancário.

6 Desenvolvendo a escrituração

6.1 Como contabilizar Juros, Aluguéis e Descontos

6.1.1 Juros

Quando falamos em juros, logo pensamos em despesa. No entanto, o juro pode ser receita, para quem empresta o dinheiro, ou despesa, para quem o toma emprestado. Podemos, então, apresentar dois conceitos:

a. para quem empresta o dinheiro (investidor), juro é a remuneração do capital empregado (receita);

b. para quem toma o dinheiro emprestado, juro é o preço do uso do dinheiro (despesa).

É comum, nas empresas, o pagamento ou recebimento de juros pelo atraso no cumprimento de uma obrigação ou pelo atraso no recebimento de um direito. Sendo assim, tanto podemos pagar juros como podemos receber juros.

Quando pagamos juros, ocorre uma despesa. Quando recebemos juros, ocorre uma receita. Note que, ao falar que recebemos juros, queremos dizer que recebemos dinheiro referente à receita de juros. Quando falamos que pagamos juros, queremos dizer que pagamos dinheiro referente a despesas de juros. Isso porque todo fato administrativo ocorrido na empresa envolve, pelo menos, duas contas. Nesses casos, uma delas é a conta Caixa e a outra é uma receita ou uma despesa de juros.

Assim, toda vez que a empresa for pagar obrigações com atraso, sejam elas referentes a duplicatas, aluguéis, impostos ou outras, pode estar sujeita ao pagamento de juros. O mesmo ocorrerá ao receber direitos com atraso, sejam eles referentes a duplicatas, aluguéis ou outros; nesse caso, a empresa pode cobrar juros dos clientes.

Para simplificar, todos os fatos administrativos que ocorrem na empresa relacionados a juros serão englobados em apenas dois casos.

1º) caso: quando nós pagamos juros (despesa)

Exemplo:

Pagamento da duplicata n. 201/01, ao sr. Ângelo Mariotto, no valor de $ 1.000, com 2% de juros pelo atraso. O pagamento foi efetuado em dinheiro.

Veja como fica o esquema para raciocínio:

ELEMENTOS	CONTAS	VALOR	D/C
Duplicata	Duplicatas a Pagar	1.000	D
Juro	Juros Passivos	20	D
Dinheiro	Caixa	1.020	C

Observações

- O Passivo ficará reduzido de $ 1.000, com a liquidação da obrigação em Duplicatas a Pagar. Logo, a conta Duplicatas a Pagar será debitada. Nesse momento, também ocorre uma despesa de $ 20, referente aos juros pagos. Logo, a conta de despesa correspondente, que é Juros Passivos, será debitada.
- Sairá do Caixa a importância de $ 1.020, sendo $ 1.000 referentes ao valor da duplicata e $ 20 referentes a juros pelo atraso. Logo, a conta Caixa será creditada, pois o Ativo sofreu redução de $ 1.020.

Veja o lançamento em partida de Diário:

Diversos
a Caixa
Pagamento de uma duplicata, como segue:
Duplicatas a Pagar
Ângelo Mariotto
Valor da duplicata n. 201/01 .... 1.000
Juros Passivos
Juros de 2% sobre duplicata supra 20 1.020

2º) caso: quando nós recebemos os juros (receita)

Exemplo:

Recebemos a duplicata n. 1.032/04, da sra. Helena, no valor de $ 1.000, com 5% de juros pelo atraso.

Veja como fica o esquema para raciocínio:

ELEMENTOS	CONTAS	VALOR	D/C
Duplicata	Duplicatas a Pagar	1.000	C
Juro	Juros Ativos	50	C
Dinheiro	Caixa	1.050	D

Observações

- Nesse caso, a conta Duplicatas a Receber será creditada por $ 1.000, pois recebemos a importância em dinheiro, correspondente à duplicata. Logo, o Ativo ficará reduzido com a extinção do direito.
- A conta Juros Ativos será creditada, pois os juros, nesse caso, representam receitas para nossa empresa, e toda receita será creditada (vide letra "f" do Quadro 5.1, na Seção 5.4.2).
- A conta Caixa será debitada por $ 1.050, pois estamos recebendo importância correspondente ao valor da duplicata e dos juros, a qual, entrando para o patrimônio, aumentará o nosso Ativo.

O lançamento, em partida de Diário, ficará assim:

Caixa
a Diversos
Recebimento de uma duplicata, como segue:
a Duplicatas a Receber
a Helena
Valor da duplicata n. 1.032/04 .... 1.000
a Juros Ativos
Juros de 5% sobre a duplicata supra 50 1.050

Por que Juros Ativos e Juros Passivos?

Mais um alerta: quando falamos em Juros Ativos e Juros Passivos, esses Ativos e Passivos não têm relação alguma com o Ativo e o Passivo do Balanço Patrimonial. Nesse caso, as palavras Ativos e Passivos são usadas como adjetivos, qualificando os juros como positivos ou como negativos.

Juros Ativos representam juros positivos, pois o adjetivo Ativos significa coisa positiva, a favor da empresa. Nesse caso, a empresa recebeu os juros; logo, trata-se de receita.

Juros Passivos representam juros negativos para a empresa. Ocorrem quando a empresa paga os juros; logo, trata-se de despesa. Se preferir, pode-se denominar a conta Juros Ativos de Receitas de Juros ou de Juros Recebidos. O mesmo procedimento pode ser adotado com a conta Juros Passivos, a qual pode ser chamada de Despesas de Juros ou de Juros Pagos. Entretanto, sugerimos a adoção das intitulações Juros Ativos e Juros Passivos, pois são mais corretas do ponto de vista técnico.

6.1.2 Aluguéis

Quando pagamos aluguéis, ocorre despesa, e a conta a ser usada para registrá-la é Aluguéis Passivos. Porém, quando recebemos aluguéis, ocorre receita, e a conta utilizada é Aluguéis Ativos.

Note que os adjetivos Ativos e Passivos aparecem, também, nesses casos com as mesmas finalidades dos casos de juros, ou seja, de qualificar os aluguéis de positivos (receitas) ou negativos (despesas).

1º) caso: despesa de aluguéis

Exemplo:

Pagamento efetuado ao sr. Abreu no valor de $ 1.000, em dinheiro, referente ao aluguel deste mês.

Veja como esse fato será registrado no Diário:

Aluguéis Passivos
a Caixa
Pagamento efetuado ao sr. Abreu,
referente ao aluguel deste mês 1.000

2º) caso: receita de aluguéis

Exemplo:

Recebido do sr. Cláudio Oliveira a importância de $ 500, em dinheiro, correspondente ao aluguel de imóvel de nossa propriedade, referente a este mês.

Veja como esse fato será registrado no diário:

Caixa
a Aluguéis Ativos
Recebido do sr. Cláudio Oliveira,
referente ao aluguel deste mês.. 500

Se preferir, pode denominar a conta Aluguéis Ativos de Receitas de Aluguéis ou de Aluguéis Recebidos. O mesmo procedimento pode ser adotado com a Conta Aluguéis Passivos, a qual é também chamada de Despesas de Aluguéis ou de Aluguéis Pagos. Entretanto, sugerimos a adoção das intitulações Aluguéis Ativos e Aluguéis Passivos, pois são mais corretas do ponto de vista técnico.

6.1.3 Descontos

Podem ocorrer na empresa dois tipos de descontos: descontos incondicionais e descontos condicionais.

a. **Descontos incondicionais:** aqueles que a empresa oferece aos seus clientes sem lhes impor nenhuma condição. Esse tipo de desconto ocorre por ocasião das vendas de mercadorias ou de serviços, e aparece destacado na nota fiscal. No Capítulo 11, os estudaremos mais detalhadamente.

b. **Descontos condicionais:** aqueles que a empresa concede aos seus clientes impondo-lhes alguma condição. Um exemplo de condição é a exigência de quitação da dívida antes da data do vencimento.

Enquanto os descontos incondicionais ocorrem por ocasião das compras e das vendas e, por isso, são também conhecidos por descontos comerciais, os descontos condicionais ocorrem em data posterior à da compra e da venda, ou seja, na data do vencimento de obrigações ou de direitos delas derivados; por isso, tais descontos são também chamados de descontos financeiros, dos quais trataremos a seguir.

São apenas dois os casos em que podem ocorrer descontos condicionais (ou descontos financeiros):

1º) caso: quando nós ganhamos o desconto (receita: Descontos Obtidos)

Exemplo:

Pagamento, em dinheiro, da duplicata n. 2.051/02 à Casa Baiana, no valor de $ 5.000, com 10% de desconto.

Veja como fica o esquema para raciocínio:

ELEMENTOS	CONTAS	VALOR	D/C
Duplicata	Duplicatas a Pagar	5.000	D
Desconto	Descontos obtidos	500	C
Dinheiro	Caixa	4.500	C

Observação

- A conta Duplicatas a Pagar será debitada por $ 5.000, que correspondem ao valor da obrigação a ser baixada; a conta Descontos Obtidos será creditada por $ 500, que correspondem à receita ganha com o desconto; e, finalmente, a conta Caixa será creditada por $ 4.500, pela saída dessa importância do Caixa.

O lançamento no Diário fica assim:

Duplicatas a Pagar
Casa Baiana
a Diversos
Pagamento da duplicata n. 2.051/02,
de n/aceite, como segue:
a Caixa
Valor líquido pago 4.500
a Descontos Obtidos
Desconto de 10% s/a duplicata supra............................... 500 5.000

2º) caso: quando nós oferecemos o desconto (despesa: Descontos Concedidos).

Exemplo:

Recebemos do sr. Raul Medeiros, em dinheiro, a importância correspondente à duplicata de nossa emissão n. 321/05, no valor de $ 5.000, com 10% de desconto.

Veja como fica o esquema para raciocínio:

ELEMENTOS	CONTAS	VALOR	D/C
Duplicata	Duplicatas a Receber	5.000	D
Desconto	Descontos Concedidos	500	C
Dinheiro	Caixa	4.500	C

Observação

- A conta Duplicatas a Receber será creditada por $ 5.000, que correspondem ao valor do direito a ser baixado. A conta Descontos Concedidos será debitada por $ 500, que corresponde ao valor da despesa com o desconto. Finalmente, a conta Caixa será debitada por $ 4.500, que correspondem ao valor líquido que estamos recebendo.

O lançamento no Diário fica assim:

Diversos
a Duplicatas a Receber
a Raul Medeiros
Recebimento da duplicata n. 321/05, de seu aceite, como segue:
Caixa

Valor líquido recebido	*4.500*	
Descontos Concedidos		
Desconto de 10% s/duplicata supra.....	*500*	*5.000*

Por que Descontos Obtidos e Descontos Concedidos?

Quando damos o desconto para terceiros, será despesa para nós. Logo, a conta representativa do elemento da despesa será Descontos Concedidos, pois nós concedemos o desconto.

Quando recebemos o desconto de terceiros, ocorre uma receita para nós. Logo, a conta representativa do elemento da receita será Descontos Obtidos, pois nós obtivemos o desconto.

Resumindo:

Note que juros ou descontos só podem ocorrer em quatro situações:

1. Pagamento de juros = despesa (conta Juros Passivos);
2. Recebimento de juros = receita (conta Juros Ativos);
3. Pagamento com descontos = receita (conta Descontos Obtidos);
4. Recebimento com descontos = despesa (conta Descontos Concedidos).

ATIVIDADES TEÓRICAS

1. Responda:

   1.1 O que você entende por juro?

   1.2 Quantos e quais são os tipos de descontos que podem ocorrer na empresa?

2. Classifique como falsa ou verdadeira as seguintes frases:

   2.1 ( ) Quando pagamos juros, ocorre receita.

   2.2 ( ) Quando pagamos juros, ocorre despesa.

   2.3 ( ) Quando recebemos juros, ocorre despesa.

   2.4 ( ) Quando recebemos juros, ocorre receita.

3. Escolha a alternativa correta:

   3.1 Juros Ativos são o mesmo que:
   a) Despesas de Juros.
   b) Juros Passivos.
   c) Receitas de Juros.

3.2 Juros Passivos são o mesmo que:

a) Juros Ativos.
b) Receitas de Juros.
c) Despesas de Juros.

3.3 A conta utilizada para registrar o pagamento de aluguéis efetuados pela nossa empresa é:

a) Aluguéis Ativos.
b) Despesas de Juros.
c) Aluguéis Passivos.

3.4 Escolha a alternativa que contém apenas contas de despesas:

a) Juros Ativos, Aluguéis Passivos, Descontos Concedidos.
b) Descontos Concedidos, Juros Passivos, Receitas de Juros.
c) Juros Passivos, Aluguéis Passivos, Descontos Concedidos.

3.5 Escolha a alternativa que contém apenas contas de receitas:

a) Juros Ativos, Aluguéis Passivos, Descontos Obtidos.
b) Descontos Concedidos, Juros Ativos, Aluguéis Ativos.
c) Juros Ativos, Aluguéis Ativos, Descontos Obtidos.

ATIVIDADE PRÁTICA

Escriture, em folhas de Diário, os seguintes fatos:

1. Pagamento de $ 3.000, em dinheiro, efetuado ao sr. Paulo César, referente ao aluguel deste mês do imóvel em que nossa empresa está instalada.
2. Recebido da sra. Teresa Pavanetti a importância de $ 700, correspondente ao aluguel deste mês, de imóvel de nossa propriedade.
3. Pagamento de uma duplicata à Casa São Paulo, em dinheiro, com 5% de juros. Valor da duplicata n. 20: $ 1.000.
4. Pagamento, em dinheiro, da duplicata n. 171 a Pedro Lessa Ltda., no valor de $ 500, com 2% de desconto.
5. Recebimento, em dinheiro, da duplicata n. 11/05, do sr. Manoel Santos, no valor de $ 200, com 5% de juros.
6. Recebimento, em dinheiro, da duplicata n. 741/01, do sr. José Francisco, no valor de $ 300, com desconto de 2%.
7. Pagamento, em dinheiro, ao sr. Danilo Pereira, de aluguel do imóvel em que nossa empresa está instalada, referente ao mês em curso, no valor de $ 2.000, com desconto de 5%, conforme recibo n. 2.
8. Recebimento, em dinheiro, da sra. Sônia Geni Ribeiro de Luca, referente ao aluguel deste mês, no valor de $ 1.500, com 10% de desconto, conforme recibo n. 5.
9. Pagamento da duplicata n. 455, a Nelson Capelete Ltda., no valor de $ 800, com 1% de juro pelo atraso.
10. Pagamento de aluguel ao sr. Artur, no valor de $ 3.000, com 5% de juros, referente ao mês anterior. O pagamento foi efetuado mediante cheque de nossa emissão n. 111.899, do Banco do Brasil S/A.
11. Recebimento de uma duplicata n. 899/7, da sra. Zuleica Padoam Ribeiro, no valor de $ 4.000, com desconto de 10%. No pagamento da duplicata, recebemos um cheque de emissão da devedora, do Banco Itaú S/A, cheque n. 100.
12. Pagamento de uma nota promissória ao Banco Urupês S/A, no valor de $ 20.000, com 6% de juros pelo atraso. O pagamento foi efetuado mediante cheque n. 100.005, de nossa emissão, contra o Banco do Brasil S/A.

6.2 Como contabilizar os fatos da fase de constituição das empresas

6.2.1 Constituição e realização do Capital

No Capítulo 2, vimos que, para constituir uma empresa, precisamos ter, inicialmente, um Capital. Vimos, também, que esse Capital pode ser composto por dinheiro ou, ainda, por parte em dinheiro e parte em outros bens e/ou direitos.

Na fase de constituição de uma empresa, podemos considerar dois momentos:

a. constituição do Capital: momento em que o proprietário decide montar seu negócio, definindo o valor do Capital e providenciando o registro da empresa nos órgãos competentes, visando dotá-la de personalidade jurídica;

b. realização ou integralização do Capital: momento em que o proprietário entrega para a empresa, como pagamento do Capital que constituiu, dinheiro ou parte em dinheiro e parte em vários bens e/ou direitos.

Nesta seção, contabilizaremos a constituição e a realização do Capital das empresas individuais.

A empresa individual, tratada pelo novo código civil brasileiro – Lei n. 10.406/2002 – simplesmente de "empresário", é uma organização formada por uma só pessoa, que a representa e responde ilimitadamente por todos os atos que praticar em nome da empresa.

6.2.1.1 Capital realizado em dinheiro

Em 02 de maio de X3, José Paulo constituiu uma empresa individual para explorar o comércio de instrumentos musicais, situada na rua Bento Monteiro n. 17, nesta cidade, efetuando registro na Junta Comercial do Estado sob n. 978, em sessão de 08/05/X3. Seu Capital é de $ 50.000, realizado em dinheiro no ato da constituição.

Veja, inicialmente, como ficará o esquema:

ELEMENTOS	CONTAS	VALOR	D/C
Dinheiro	Caixa	50.000	D
Dinheiro	Capital	50.000	C

Observações

- A conta Caixa será debitada, pois é uma conta do Ativo que representa a quantia em dinheiro recebida pela empresa, de seu titular, como realização do Capital. Portanto, o recebimento dessa quantia acarreta aumento no Ativo.
- A conta Capital será creditada, pois é uma conta do grupo Patrimônio Líquido, que fica do lado do Passivo e representa, neste caso, a situação líquida inicial positiva, motivo pelo qual acarreta aumento no lado do Passivo.

Contabilização no Diário:

Caixa

a Capital

Pela constituição do capital da empresa de José Paulo, registrada na J. C. sob n. 978, em sessão de 08/05/X3, realizado integralmente nesta data, em moeda *50.000*

6.2.1.2 Capital realizado em bens e direitos

Em 10 de abril de X3, Maria Rita de Souza constituiu uma empresa individual para explorar o comércio de brinquedos, situada na rua Bernardino Querido, n: 4.391, nesta cidade, conforme registro na Junta Comercial do Estado sob n. 1.510, em sessão de 15/04/X3, com Capital no valor de $ 20.000, realizado no ato da constituição com os seguintes bens e direitos:

a. em dinheiro: $ 9.000;

b. diversos móveis, conforme relação, avaliados em $ 6.000;

c. duas notas promissórias emitidas a seu favor por Natanael dos Santos, no valor de $ 2.500 cada.

Veja, inicialmente, como ficará o esquema:

ELEMENTOS	CONTAS	VALOR	D/C
Dinheiro	Caixa	9.000	D
Móveis	Móveis e Utensílios	6.000	D
NP	Promissórias a Receber	5.000	D
Capital	Capital	20.000	C

Observações

- Nesse lançamento, três contas serão debitadas: Caixa, Móveis e Utensílios e Promissórias a Receber, pois todas são contas do Ativo e representam os bens e os direitos entregues à empresa, pela proprietária, para realização do Capital.
- A conta Capital, como ocorrerá em todos os lançamentos de constituição de empresas, será creditada pelas mesmas razões já explicadas no caso anterior.

Contabilização no Diário:

Diversos

a Capital

Pela constituição da firma individual de Maria Rita de Souza, conforme registro na Junta Comercial do Estado sob n. 1.510, em sessão de 15/04/X3, com Capital realizado nesta data como segue:

Caixa

Em dinheiro *9.000*

Móveis e Utensílios
Conforme relação *6.000*
Promissórias a Receber
Natanael dos Santos
Valor de duas notas promissórias, transferidas para esta firma, emitidas originalmente a favor de sua titular e que compõem parte do Capital em realização.. *5.000* *20.000*

Nos dois casos estudados, a realização do Capital foi feita no momento da constituição da empresa. Entretanto, a entrega (realização ou integralização) para a empresa dos elementos que compõem o Capital, por seu proprietário ou pelos sócios (quando se tratar de sociedade),[1] pode ser feita parceladamente, como veremos a seguir.

6.2.1.3 Capital realizado em parcelas

Em 21 de novembro de X3, Juliana Moura Ribeiro constituiu uma empresa individual para explorar o comércio de artigos para festas em geral, situada na rua Alegria n. 932, nesta cidade, conforme registro na Junta Comercial sob n. 732, em sessão de 30/11/X3, com Capital no valor de $ 8.000 a ser realizado da seguinte maneira: 50% no ato da constituição e o restante em 90 dias.

a. Pela constituição do Capital em 21/11/X3.
Esquema de contabilização:

ELEMENTOS	CONTAS	VALOR	D/C
Direito	Título conta Capital a Realizar	8.000	D
Capital	Capital	8.000	C

Observação

- Como a realização do Capital será parcelada, no momento da constituição da empresa, costuma-se debitar uma conta que represente o direito de a empresa receber, futuramente, o valor do Capital subscrito por seu proprietário. Nesse caso, estamos usando a conta Titular conta Capital a Realizar. De acordo com a forma jurídica da empresa, essa conta poderá assumir denominações diferentes como: Quotistas conta Capital a Realizar (sociedade por quotas de responsabilidade limitada), Acionistas conta Capital a Realizar (sociedades por ações) e assim por diante.

Nota

- O posicionamento da conta Titular conta Capital a Realizar no Plano de Contas e no Balanço Patrimonial pode ser encontrado no Elenco de Contas do Capítulo 10.

Contabilização no Diário:

Titular conta Capital a Realizar
Juliana Moura Ribeiro
a Capital

---

[1] Empresa constituída por duas ou mais pessoas.

Pela constituição do Capital da empresa individual de Juliana Moura Ribeiro, conforme registro na Junta Comercial do Estado sob n. 732, em sessão de 30/11/X3 .... 8.000

---

b. Pela realização de parte do Capital em 21/11/X3.

Esquema de contabilização:

ELEMENTOS	CONTAS	VALOR	D/C
Direito	Caixa	4.000	D
Dinheiro	Título conta Capital a Realizar	4.000	C

Observações

- A conta Caixa será debitada pela entrada do dinheiro recebido de seu titular, acarretando aumento no Ativo.
- A conta Titular conta Capital a Realizar será creditada tendo em vista a diminuição do direito respectivo.

Contabilização no Diário:

Caixa
a Titular conta Capital a Realizar
a Juliana Moura Ribeiro
Sua realização, em moeda corrente, de parte do Capital, nesta data 4.000

É conveniente que o valor do Capital realizado em dinheiro seja depositado em conta bancária, em nome da empresa. Agindo dessa forma, fica mais fácil comprovar, para as autoridades fiscais, que o Capital foi realmente realizado.

Para exemplificar, vamos considerar que, em 22 de novembro de X3, Juliana tenha efetuado depósito no Banco Urupês S/A, em conta-corrente bancária em nome da empresa, da importância do Capital realizado.

A contabilização do depósito, no Livro Diário, é feita da seguinte maneira:

Bancos conta Movimento
Banco Urupês S/A
a Caixa
Pela abertura de conta conforme recibo 4.000

Observação

- A conta Bancos conta Movimento é do Ativo Circulante e foi debitada pelo valor do depósito efetuado, o qual representa aumento na respectiva conta.

Observação

- A conta Caixa, que também é do Ativo, foi creditada porque a saída do dinheiro representa diminuição na respectiva conta.

Notas

- Após 90 dias, a proprietária da empresa realizará o restante do Capital, em dinheiro, e a contabilização será igual ao lançamento apresentado na letra "b" desta Seção 6.2.1.3, realização de parte do Capital em 21/11/X3.
- Para ficar evidenciada a origem do recurso financeiro por parte da pessoa física do proprietário, é sempre conveniente que as importâncias entregues à empresa como realização do Capital sejam efetuadas com cheques do próprio titular.

ATIVIDADE PRÁTICA

Escriture, em partidas de Diário, os seguintes fatos:

1. Paulo de Oliveira inicia suas atividades para explorar o comércio de calçados com o Capital realizado, em dinheiro, no valor de $ 10.000, registrado na Junta Comercial do Estado sob n: 722.481, em sessão de 10/01/X3.
2. Alberto da Silva inicia suas atividades para explorar o ramo de prestação de serviços de conserto de eletrodomésticos em geral, na rua do Mercado n. 300, nesta cidade, conforme inscrição municipal n. 731, com Capital de $ 15.000, integralizado em dinheiro.
3. Paulo de Oliveira aumenta hoje seu Capital, em dinheiro, no valor de $ 40.000, conforme registro de alteração de Capital efetuado na Junta Comercial sob n: 842.790, em sessão de 22/05/X3.
4. Paulo de Oliveira reduz hoje seu Capital, retirando da empresa a importância de $ 5.000, em dinheiro, conforme registro de alteração de Capital na Junta Comercial sob n. 971.222, em sessão de 25/09/X3.
5. Letícia constitui uma empresa individual para explorar o comércio de roupas femininas em geral, situada na rua Aurora n. 721, nesta cidade, conforme registro na Junta Comercial sob n. 4.464, em sessão de 12/04/X3. O Capital é de $ 20.000, sendo integralizados $ 5.000 no dia da constituição e o restante após 150 dias.
   Efetuar contabilização da constituição do Capital e da realização parcial, em dinheiro, ocorrida na data da constituição, e a realização do restante, ocorrida 150 dias após, também em dinheiro.
6. Nelson constitui uma empresa individual para explorar o comércio de perfumaria, situada na rua dos Operários, nesta cidade, conforme registro na Junta Comercial, sob n: 1.969, em sessão de 8/05/X3. Seu Capital é de $ 40.000, a ser integralizado da seguinte maneira:
   a) no dia da constituição em dinheiro: $ 10.000; diversos móveis avaliados em $ 5.000; um automóvel, conforme certificado de propriedade n. 93.939, no valor de $ 15.000;
   b) o restante será integralizado em dinheiro, 50 dias após efetuar a contabilização da constituição e da realização na data da constituição, bem como a realização ocorrida 50 dias após.

6.2.2 Despesas de constituição

Na fase de constituição da empresa, uma série de gastos são necessários visando sua organização. Realizados pelo titular (empresa individual) ou pelos sócios (empresa societária), representam não só despesas como também aquisições de estoques e bens de uso. Esses gastos são indispensáveis tanto para que a empresa adquira personalidade jurídica quanto para estruturá-la adequadamente, preparando-a para o início das suas atividades operacionais.

Nesta seção, trataremos somente dos gastos que representam despesas, pois as aquisições de estoques e de bens de uso devem ser contabilizadas normalmente em contas que representam bens materiais, conforme já estudamos.

Dessa forma, podemos separar as despesas da fase de constituição das empresas em dois grupos: despesas de legalização e despesas pré-operacionais, embora ambas possam ser contabilizadas em uma só conta e ocorram antes mesmo de a empresa iniciar suas atividades operacionais.

As **despesas de legalização** compreendem aquelas necessárias para que a empresa adquira personalidade jurídica e possa operar. São normalmente gastos de pequeno valor envolvendo o pagamento de taxas para registro da empresa nos órgãos públicos competentes; aquisições de formulários, livros contábeis e fiscais; confecção de talonários de documentos fiscais e de outros documentos, os quais são requeridos conforme o porte ou o ramo de atividade a ser explorado pela empresa. As despesas de legalização abrangem também pagamento de honorários a contadores, advogados e despachantes.

Quando a empresa estiver devidamente constituída e legalizada perante os órgãos públicos, há um período, denominado período pré-operacional, durante o qual o titular ou os sócios irão estruturar a empresa, preparando-a para entrar em atividade.

O período pré-operacional varia conforme o ramo de atividade e o porte da empresa. Nas empresas comerciais, abrange desde a fase da constituição do Capital até o momento em que a empresa abre as portas para iniciar suas vendas de mercadorias aos clientes. Nesse intervalo de tempo, muitos gastos são efetuados com a compra de mercadorias, móveis e utensílios, e com o pagamento de inúmeras despesas, tais como reformas do imóvel para melhor adequá-lo às necessidades do negócio (pagamentos a construtores, engenheiros, pedreiros, carpinteiros, marceneiros, pintores, encanadores, decoradores, compra de materiais necessários à realização dessas reformas); gastos com propaganda e publicidade, pois a nova empresa precisa se tornar conhecida no mercado; pagamentos de despesas de lanches e refeições, transporte etc. Enfim, todos os gastos que ocorrem no período pré-operacional, e que se referem a despesas, são considerados como despesas de constituição (despesas pré-operacionais).

Relembre que nessa fase de constituição da empresa, os gastos relacionados com a aquisição de bens de uso (móveis e utensílios, veículos, computadores etc.), ou de bens de troca, como é o caso das mercadorias para revenda, não se enquadram como despesas de constituição, devendo ser registrados em contas apropriadas. Antes do advento da Medida Provisória n. 449 de 3 de dezembro de 2008, convertida na Lei n. 11.941 de 27 de maio de 2009, que complementou as alterações promovidas na Lei das Sociedades por Ações pela Lei n. 11.638 de 28/12/2007, esses gastos eram tratados como bens imateriais, sendo contabilizados em conta integrante do grupo Ativo Diferido. Tendo em vista a extinção desse grupo pela Medida Provisória citada, no processo de internacionalização da contabilidade brasileira, a partir de 01 de janeiro de 2009 o tratamento desses gastos mudou.

Agora, todos os gastos que o proprietário ou os sócios realizam no período pré-operacional, visando a constituição da empresa, e que correspondam a despesas ou gastos de organização, devem ser contabilizados como despesas, exceto aqueles que possam ser incorporados aos bens de uso, como é o caso dos gastos com treinamento do pessoal que irá colocar máquinas e equipamentos em funcionamento, os quais devem ser incorporados ao custo das respectivas máquinas e equipamentos.

Exemplo de contabilização:

Suponhamos que os gastos realizados por uma determinada empresa, visando sua organização, sejam os constantes da seguinte relação:

RELAÇÃO DOS GASTOS COM A ORGANIZAÇÃO DA EMPRESA X, REALIZADOS ENTRE 10 E 30 DE MARÇO DE X3

1.	Nota fiscal n: 632, referente à aquisição de formulários para abertura da firma, adquiridos na Papelaria Zico.	50
2.	Nota fiscal n: 834, da Papelaria Zico, referente à aquisição de livros fiscais e contábeis.	150
3.	Nota fiscal de serviços n. 201, referente ao pagamento efetuado ao despachante sr. Lopes.	200
4.	Nota fiscal de serviços n. 009, referente à pintura efetuada na empresa, paga à Casa do Pintor.	2.000
5.	Diversos documentos correspondentes a despesas com condução, lanches e outros.	150
6.	Nota fiscal de serviços n. 071, da Copiadora AZ, referente a diversas cópias xerográficas.	50
7.	Recibo, sem número, do Cartório de Segundo Ofício, referente a autenticações de documentos e reconhecimento de firmas.	20
8.	Recibo, sem número, referente ao pagamento efetuado ao sr. José Silva, por serviços de limpeza realizados nas dependências do estabelecimento.	200
9.	Nota fiscal de serviços n. 981, do Escritório Contábil Taubaté, referente a despesas com registros diversos e honorários.	300
TOTAL		**3.120**

O registro contábil no Livro Diário será feito pelo seguinte lançamento:

Despesas de Organização
a Caixa
Pagamento de despesas com a legalização e organização da empresa, conforme relação 3.120

Observação

- Debitamos a conta Despesas de Organização que representa despesa do período. Creditamos a conta Caixa, pois houve saída de dinheiro e, consequentemente, diminuição do Ativo.

Nota

- Conforme vimos, a maior parte desses gastos normalmente ocorre quando a empresa ainda não está legalizada, motivo pelo qual são realizados pelo proprietário ou pelos sócios, os quais, mediante a apresentação de comprovantes, serão futuramente reembolsados pela empresa.

6.3 Retificações de lançamentos (erros de escrituração)

Dentre os livros de Escrituração que estudamos, vimos que o Diário – obrigatório pelas legislações civil, comercial, tributária e societária – está sujeito a formalidades intrínsecas, como: a escrituração será completa, em idioma e moeda corrente nacionais, em forma contábil, com individualização e clareza, por ordem cronológica de dia, mês e ano, sem intervalos em branco nem entrelinhas, borrões, rasuras, emendas ou transportes para as margens.

Sabemos que errar é humano (só não erra quem não faz). Por isso, vamos aprender agora como corrigir os erros que porventura ocorram na Escrituração do livro Diário.

Os erros de Escrituração mais comuns são: erros de redação, borrões, rasuras, escritos nas entrelinhas, intervalos em branco (saltos de linhas ou páginas), erros de valores lançados a maior ou a menor, troca de uma conta por outra, inversão de contas, omissão de lançamentos e lançamentos em Duplicata.

A correção pode ser feita por meio de retificação de lançamento e ressalva, por profissional habilitado.

Retificação de lançamento é o processo técnico de correção de registro realizado com erro na escrituração contábil.

A retificação de lançamento pode ser realizada por meio de estorno, lançamento de transferência e lançamento complementar.

Estorno é o lançamento inverso àquele feito erroneamente, anulando-o totalmente. Portanto, estornar significa lançar ao contrário, isto é, a conta debitada no lançamento errado será creditada no lançamento de estorno, e a conta creditada no lançamento errado será debitada no lançamento de estorno. Procedendo assim, o lançamento de estorno anula o lançamento errado.

Lançamento de transferência é aquele que promove a regularização de conta indevidamente debitada ou creditada, por meio da transposição do registro para a conta adequada. (Item 34 da ITG 2000, aprovada pela Resolução CFC n. 1330/2011).

Lançamento complementar é aquele realizado com o fim de retificar o valor de um lançamento por ter sido efetuado a menor ou a maior.

Nota

- O histórico do lançamento retificativo deve precisar o motivo da retificação, a data e a localização do lançamento de origem. (Item 32 da ITG 2000, aprovada pela Resolução CFC n. 1330/2011).

6.3.1 Erros de redação

Nos erros de redação (histórico), quando constatados antes de encerrado o lançamento, basta utilizar um termo adequado, por exemplo: digo, ou melhor, isto é etc.

Exemplo:

Observe o lançamento a seguir:

Móveis e Utensílios
a Caixa
Nota fiscal n. 890, referente à compra
de um automóvel, digo, de
uma mesa 1.000

Nota

- Com o advento do computador, correções dessa natureza tornaram-se desnecessárias, uma vez que, para corrigir erros de redação notados antes de encerrada a digitação do histórico, basta deletar o texto incorreto e digitá-lo corretamente.

Se, porventura, o erro de histórico for notado posteriormente, a solução será estornar o lançamento e efetuar novo lançamento correto.

Exemplo:

Suponhamos que o lançamento a seguir, escriturado no dia 30/04/X3, na página 421 do Livro Diário, contenha um erro de redação: a compra foi de uma mesa, porém, no histórico, constou compra de um automóvel.

Móveis e Utensílios
a Caixa
Nota fiscal n. 890, referente à compra de
um automóvel.. 800

Suponhamos que o erro tenha sido detectado no dia 20 de setembro do mesmo ano. Veja como ficará o lançamento de estorno:

Caixa
a Móveis e Utensílios
Estorno do lançamento escriturado
em 30/04 do corrente, na página
421 do livro Diário, referente à compra
de uma mesa, tendo em vista erro de
redação.. 800

Aí, lançamos outra vez, corretamente, como se ainda não o tivéssemos lançado:

Móveis e Utensílios
a Caixa
Nota fiscal n. 890, referente à aquisição
de uma mesa 800

6.3.2 Borrões, rasuras, emendas, registros nas entrelinhas

Ocorrendo um desses erros de escrituração, o contabilista deverá ressalvar, datar e assinar a ressalva na página do Livro Diário em que constar o respectivo erro.

Exemplo:

Suponhamos que o contador de uma empresa, ao lançar manualmente a importância de $ 10.000 no Livro Diário, tenha registrado indevidamente a quantia de $ 100.000, e, na tentativa de corrigir o erro, o lançamento fica borrado. Veja como a ressalva poderá ser feita:

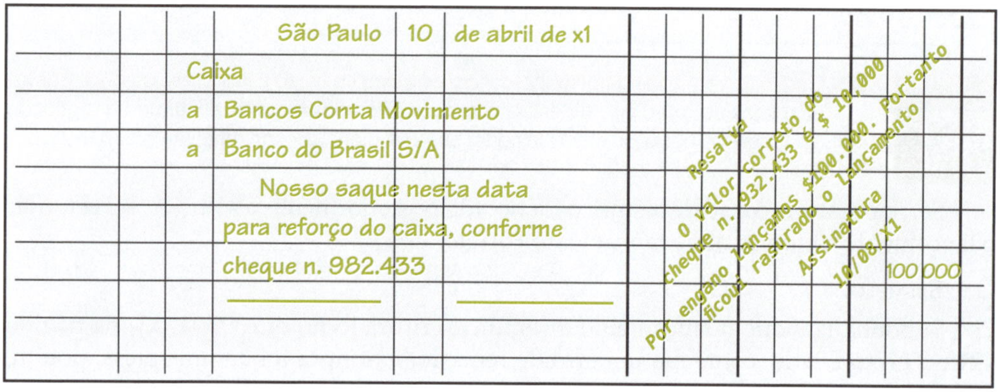

6.3.3 Intervalos em branco (saltos de linhas ou de páginas)

Havendo saltos de páginas ou espaços em branco em folhas não pautadas, estes deverão ser preenchidos com traços diagonais e com a ressalva datada e assinada pelo contabilista.

Exemplo:

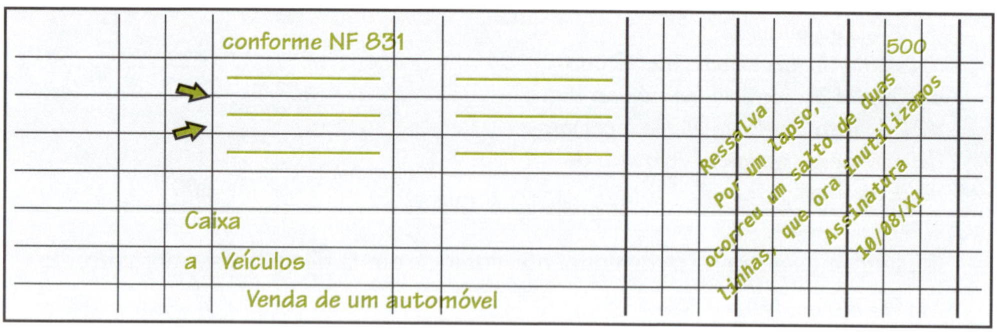

Havendo saltos de páginas, estas deverão ser preenchidas com traços diagonais e com a ressalva datada e assinada pelo contabilista.

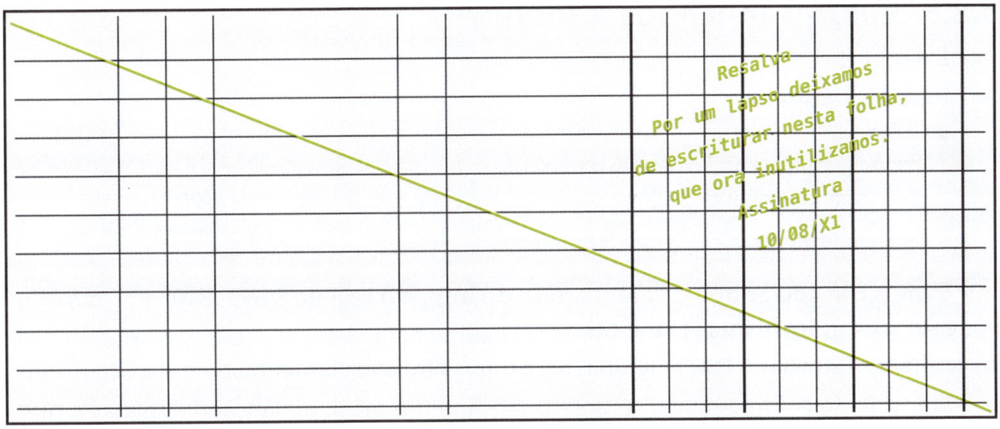

6.3.4 Valores lançados a maior

Exemplo:

Impostos e Taxas
a Caixa
Pago imposto predial referente a este
mês, conforme recibo. 785

Suponhamos que o valor correto do imposto seja de $ 758. Nesse caso, a correção poderá ser feita de duas maneiras:

a. estorno: estornar o lançamento inteiro (anulá-lo) e lançar novamente a importância correta, conforme já foi visto na Seção 6.3.1;

b. lançamento complementar: estornar apenas a diferença:

- valor lançado 785
- valor que deveria ser lançado 758
- diferença a maior 27

Vamos corrigir essa diferença com um lançamento complementar:

Caixa
a Impostos e Taxas
Estorno de parte do lançamento
efetuado a maior, em __/__/__, na
página ___ deste livro, referente
ao pagamento de imposto predial do mês 27

6.3.5 Valores lançados a menor

Exemplo:

Impostos e Taxas
a Caixa
Pago imposto predial referente a este
mês, conforme recibo 390

Vamos considerar que o valor correto do imposto seja de $ 890. Esse erro também pode ser corrigido de duas maneiras:

a. estorno: estornar o lançamento e registrar o fato corretamente;

b. lançamento complementar: repetir o lançamento original, lançando apenas a diferença:

- valor do imposto pago.. 890
- valor do imposto lançado.. 390
- diferença a lançar... 500

Vamos corrigir essa diferença com um lançamento complementar:

Impostos e Taxas
a Caixa
Complemento do lançamento efetuado
a menor em __/__/__, página ___ do livro,
referente ao pagamento de imposto predial
deste mês. 500

6.3.6 Troca de uma conta por outra

Exemplo:

Móveis e Utensílios
a Caixa
Compra de um automóvel, conforme nota fiscal
n. 5.201, da Comercial Taubaté S/A. 45.000

Vamos considerar que o histórico esteja correto. Logo, a conta a ser debitada seria Veículos, porém lançamos erradamente Móveis e Utensílios.

A correção pode ser feita de duas maneiras:

a. estorno: estornar o lançamento e escriturar o fato corretamente;

b. lançamento de transferência: transferir o débito da conta Móveis e Utensílios para a conta Veículos:

Veículos
a Móveis e Utensílios
Transferência que se processa da 2ª para a 1ª conta tendo em vista lançamento indevido em __/__/__ referente à compra de um automóvel, conforme nota fiscal n. 5.201 .... 45.000

———————— ————————

6.3.7 Inversão de contas

EXEMPLO:

Caixa
a Veículos
Compra de um veículo etc. 30.000

———————— ————————

Admitindo-se que o histórico esteja correto, note que ocorreu compra à vista de um automóvel e não venda. Logo, a conta Veículos é que teria de ser debitada e a conta Caixa, creditada. Nesse caso, a correção também pode ser feita de duas maneiras:

a. estorno: estornar o lançamento e registrar o fato corretamente;

b. estorno/transferência: inverter a posição das contas, como no estorno, e lançar a importância duas vezes.

Vamos solucionar pela opção b. Acompanhe:

Veículos
a Caixa
Estorno do lançamento de __/__/__, constante da página ___ deste livro tendo em vista inversão de contas 30.000
Compra de um automóvel etc. 30.000 60.000

———————— ————————

6.3.8 Omissão de lançamentos

A omissão se dá pelo esquecimento, isto é, na época oportuna o contabilista deixa de efetuar o registro de um fato, por um motivo qualquer. Passado algum tempo, ele verifica a omissão. Nesse caso, a correção é simples. Basta proceder ao registro do fato no dia em que se verificou a omissão, mencionando, no histórico, o motivo e a data correta do evento.

Quando a omissão implicar falta de recolhimento de tributos, a empresa deverá providenciar os respectivos recolhimentos, espontaneamente, acrescidos dos encargos correspondentes.

6.3.9 Lançamento em duplicata

Ocorre quando o contabilista registra, por qualquer motivo, duas vezes o mesmo fato administrativo. Quando notada tal ocorrência, basta que se proceda ao estorno do lançamento que estiver a mais.

ATIVIDADES TEÓRICAS

1. Responda:

1.1 Cite três erros de escrituração que podem ocorrer no livro Diário.

1.2 Quais são os modos utilizados para correção dos erros de escrituração?

1.3 O que você entende por estorno?

1.4 Verificando os documentos da empresa, constatou-se uma nota fiscal n. 101, emitida pela Casa Ciranda, referente à aquisição de duas cadeiras giratórias, no valor de $ 2.000, a qual não havia sido registrada ainda pela contabilidade. O fato havia ocorrido quinze dias antes do constatado. Quais os procedimentos a serem tomados?

1.5 Quando se constata uma importância lançada a maior, além do estorno, qual é o outro recurso que temos para correção?

1.6 Quando é que usamos um lançamento complementar?

ATIVIDADES PRÁTICAS

1. Pelo histórico do lançamento a seguir, note que a conta devedora foi lançada indevidamente. Proceda à correção:

Veículos
a Caixa
Nota fiscal n. 899, referente à aquisição de uma estante 2.000

2. Pelo histórico do lançamento a seguir, note que a conta credora foi lançada indevidamente. Proceda à correção:

Estoque de Mercadorias
a Fornecedores
J. C. Ltda.
S/nota fiscal n:. 721, referente à compra de mercadorias, à vista, cujo pagamento foi efetuado mediante nosso cheque n. 001 do Banco Urupês S/A 12.000

3. Pelo histórico do lançamento a seguir, note que o pagamento foi efetuado em dinheiro e não em cheque. Corrija:

Móveis e Utensílios
a Bancos conta Movimento
Paga a nota fiscal n:. 333, de J. A & Cia., referente à compra de móveis, em dinheiro 5.000

4. Pelo histórico do lançamento a seguir, note que houve débito em conta indevida. Portanto, proceda à correção:

Móveis e Utensílios
a Caixa
Pagamento efetuado à Cia. Seguradora Nacional, referente ao prêmio de seguro, conforme recibo 3.000

6.4 Outras contabilizações de importância

6.4.1 Aceite de duplicata

Nas vendas de mercadorias à vista, a empresa emite a nota fiscal; nas vendas a prazo, o documento apropriado é a **fatura**.

Para garantir o recebimento dos valores correspondentes às vendas efetuadas a prazo, a empresa emite a duplicata. A **duplicata**, portanto, é um título de crédito emitido pelo vendedor e corresponde à cópia da fatura.

O reconhecimento da dívida é feito pelo comprador ao assinar a duplicata. A essa assinatura dá-se o nome de **aceite cambial**. Portanto, as duplicatas de emissão da empresa que recebem o aceite de terceiros representam direitos da empresa, enquanto as duplicatas de emissão de terceiros que recebem o aceite da empresa representam obrigações da empresa.

Exemplo:

A empresa Comercial Ângelo Mariotto Ltda. vendeu mercadorias, a prazo, para a empresa Comercial Moura Ribeiro S/A, conf. nota fiscal-fatura n.º 454, no valor de $ 30.000. A Comercial Moura Ribeiro S/A aceitou no ato três duplicatas n.º 454/01 a 454/03, vencíveis de 30 em 30 dias.

Contabilização:

a) Na Comercial Ângelo Mariotto Ltda. (vendedor; fornecedor; credor)

Duplicatas a Receber
Comercial Moura Ribeiro S/A
a Vendas de Mercadorias
Seu aceite das duplicatas nºs: 454/01 a 454/03, no valor de $ 10.000 cada, vencíveis de 30 em 30 dias, ref. nossa venda conf. nota fiscal fatura n. 454. .... 30.000

---

b) na Comercial Moura Ribeiro S/A (comprador, cliente, devedor)

Compras de Mercadorias
a Duplicatas a Pagar
a Comercial Ângelo Mariotto Ltda.
Nosso aceite das duplicatas nºs: 454/01 a 454/03, no valor de $ 10.000 cada, vencíveis de 30 em 30 dias, ref. nossa compra conf. NF fatura n. 454. .... 30.000

Observações

- O emitente da duplicata é o fornecedor, aquele que contabiliza o direito a débito da conta Duplicatas a Receber.
- Quem aceita a duplicata é o cliente, que contabiliza a obrigação a crédito da conta Duplicatas a Pagar. Nesse caso, dizemos que o vendedor, Comercial Ângelo Mariotto

Observações

- Ltda. é o credor, pois tem direito (crédito) com o comprador. O comprador, Comercial Moura Ribeiro S/A, é o devedor, pois tem obrigação (débito) com o fornecedor.
- Muito cuidado com os significados das palavras "devedor" e "credor", que neste caso não se referem a conta devedora ou credora e sim a crédito no sentido de direito e débito no sentido de obrigação.

6.4.2 Emissão de nota promissória

Enquanto a duplicata decorre de uma transação mercantil, pois corresponde a cópia da fatura que comprova a venda a prazo de mercadorias ou de serviços, a nota promissória é um título de crédito emitido em transações efetuadas a prazo e que não correspondam à venda de mercadorias ou a prestação de serviços.

Nas empresas, a emissão da nota promissória ocorre normalmente nas transações financeiras realizadas com os estabelecimentos bancários (empréstimos de dinheiro) ou nas vendas a prazo de bens do Ativo Fixo, quando não couber a emissão de nota fiscal-fatura, por exemplo, nas vendas de imóveis.

Quem emite a duplicata é o credor (vendedor, fornecedor das mercadorias ou dos serviços; quem emite a nota promissória é o devedor (o cliente, aquele que toma o dinheiro emprestado).

Enquanto a duplicata somente pode ser emitida por pessoas jurídicas, uma vez que corresponde a cópia da fatura, a nota promissória pode ser emitida por pessoas jurídicas ou por pessoas físicas.

Na nota promissória, não há a figura do aceite cambial, uma vez que quem a assina é o próprio emitente, o devedor, também denominado sacado.

Exemplo:

Suponhamos que a empresa comercial Cecília S/A tenha adquirido um apartamento, da empresa Industrial Tadao Ltda., no valor de $ 80.000, nas seguintes condições: $ 10.000 em dinheiro, como sinal, no ato da transação, e o restante a ser pago após 120 dias, conforme sua emissão de uma nota promissória.

Contabilização:

a) na empresa Industrial Tadao Ltda. (credor, sacador, vendedor).

1) *Diversos*
a Imóveis
Venda de um apartamento etc.
como segue:
Caixa
Em dinheiro, como sinal *10.000*
Promissórias a Receber
Cecília S/A
NP de s/emissão para 120 dias *70.000* *80.000*

b) na empresa comercial Cecília S/A (devedora, cliente).

2) *Imóveis*
a Diversos
Compra de um apartamento etc.
como segue:
a Caixa
Em dinheiro, como sinal. *10.000*
a Promissórias a Pagar
a Industrial Tadao Ltda.
NP de n/emissão, para 120 dias. *70.000* *80.000*

Observações

- O emitente da nota promissória é o devedor, sacado, neste caso, aquele que comprou o imóvel a prazo e contabilizou a obrigação a crédito da conta Promissórias a Pagar.
- Por outro lado, o credor, sacador, isto é, aquele que vendeu o imóvel a prazo, contabilizou o direito a débito da conta Promissórias a Receber.

Portanto, em relação à duplicata e à nota promissória, é importante fixar:

- A duplicata, quando emitida pela empresa, caracteriza direito da empresa. Quando emitida por terceiros, caracteriza obrigação da empresa.
- A nota promissória, quando emitida pela empresa, caracteriza para ela uma obrigação. Quando emitida por terceiros, caracteriza direito para a empresa.

6.4.3 Adiantamentos de clientes e adiantamentos a fornecedores

É comum nos meios comerciais ocorrer adiantamentos entre fornecedores e clientes. A fim de garantir o recebimento de mercadorias ou de prestação de serviços, os adiantamentos entregues pelos clientes aos fornecedores geram direito para quem os entrega (cliente) e obrigação para quem os recebe (fornecedor).

Exemplo:

Suponhamos que o Colégio IDESA Ltda., no processo de ampliação de seu patrimônio, tenha contratado os serviços da empresa prestadora de Serviços Rômulo Piscinas Ltda., para a construção de três piscinas de alvenaria, tendo entregue ao fornecedor dos serviços a importância de $ 15.000 como adiantamento, conforme contrato n. 1, firmado entre as partes. O pagamento foi efetuado por meio do cheque n. 005 de sua emissão contra o Banco Urupês S/A, mediante recibo do favorecido.

Contabilização:

a) no Colégio IDESA Ltda. (cliente)
Adiantamentos a Fornecedores
Rômulo piscinas Ltda.

a Bancos conta Movimento
a Banco Urupês S/A
Nosso adiantamento efetuado por meio do cheque de n/emissão, referente ao contrato de prestação de serviços n. 1.................................. 15.000

b) na empresa de prestação de serviços Rômulo Piscinas Ltda. (fornecedor)

Caixa
a Adiantamentos de Clientes
a Colégio IDESA Ltda.
N/recebimento referente a parte dos serviços a serem prestados conf. contrato n. 1.................... 15.000

Observações

- O cliente, Colégio IDESA Ltda., que entrega a importância como adiantamento ao fornecedor, passa a ter direito com o fornecedor, contabilizando o referido valor a débito da conta de direito, Adiantamentos a Fornecedores. Essa conta classifica-se no Ativo Circulante.
- Por outro lado, o fornecedor dos serviços, que nesse ato está recebendo a importância adiantada, torna-se devedor e contabiliza o referido valor a crédito da conta de obrigação denominada Adiantamentos de Clientes. Essa conta classifica-se no Passivo Circulante.

6.4.4 Adiantamentos de salários

Há ainda os adiantamentos de salários que a empresa faz a seus empregados. Esses adiantamentos representam direitos da empresa, que os descontará do total dos salários dos empregados no momento da elaboração da folha de pagamento do mês.

EXEMPLO:

Suponhamos que a empresa Comércio de Cosméticos Ltda. tenha efetuado no dia 20 de maio adiantamento de salário a seus empregados no valor de $ 5.000, em dinheiro.

CONTABILIZAÇÃO:

Adiantamentos a Empregados (ou Adiantamentos de Salários)
a Caixa
Adiantamentos de salários efetuados aos empregados, n/data. 5.000

Observação

- A conta debitada Adiantamentos a Empregados ou Adiantamentos de Salários representa direito da empresa e é classificada no Ativo Circulante.

ATIVIDADES PRÁTICAS

Contabilizar os fatos a seguir, na empresa do fornecedor e do cliente, quando couber:

1. A empresa Comercial Veneza Ltda. comprou mercadorias, a prazo, da empresa Industrial São José S/A, conf. nota fiscal-fatura n. 5000, com aceite no ato de duas duplicatas no valor de $ 25.000, com vencimento para 30 e 60 dias.

2. O Clube de Regatas Flamengo emprestou, para o Sport Club Corinthians Paulista, a importância de $ 100.000, em dinheiro. No ato, o C. R. Flamengo exigiu do S. C. Corinthians Paulista a emissão de uma nota promissória, com vencimento para 120 dias. Não houve cobrança de juros e de outros encargos.

3. A empresa de prestação de Serviços Constantino Bakaukas Ltda. recebeu um adiantamento da Comercial Henquique Grizante S/A, no valor de $ 20.000, em dinheiro, referente ao contrato firmado entre as partes, para prestação de serviços hidráulicos e elétricos nas dependências da empresa.

4. A Malharia Campos Ltda., no dia 19 de junho, concedeu adiantamentos de salários aos seus 12 empregados, no valor de $ 8.000, em dinheiro.

Prática de Escrituração

Escriture, em partidas de Diário, os seguintes fatos:

1. Pagamento efetuado à empreiteira J. C. Ltda. referente a reformas realizadas no prédio em que será instalada nossa empresa, no valor de $ 3.500. O pagamento foi feito em dinheiro.
2. Compra, à vista, de cinco armários de aço para uso da empresa, conforme nota fiscal n: 333, do Atacadista Olindense S/A, no valor de $ 7.500.
3. Compra, à vista, de mercadorias para comercializar, conforme nota fiscal n: 241, da Casa Araçá S/A, no valor de $ 5.000.
4. Depósito efetuado em conta-corrente, no Banco Urupês S/A, em dinheiro, conforme recibo n. 111: $ 12.000.
5. Venda, à vista, de um automóvel, marca Brasil, no valor de $ 15.000, conforme nossa nota fiscal n. 450, desta data.
6. Venda, à vista, de uma casa para a sra. Arlete Padoam, conforme escritura lavrada no 5º Tabelião, no valor de $ 50.000.
7. Saque efetuado no Banco Paineiras S/A, conforme cheque n. 40, no valor de $ 3.500, de nossa emissão, para reforço de caixa.
8. Venda, à vista, de microcomputador com impressora, marca TRR, conforme nossa nota fiscal n. 73, por $ 3.000.
9. Pagamento efetuado no banco Urupês S/A, referente a gastos com energia elétrica, conforme nota fiscal n. 555: $ 110. O pagamento foi efetuado em dinheiro.
10. Recebida do sr. Laércio Ferreira a importância de $ 6.000, em dinheiro, referente a serviços prestados, conforme nossa nota fiscal n. 99.
11. Recebida do sr. João Reimberg a importância de $ 600, referente a aluguel de um caminhão de nossa propriedade, conforme recibo n. 30, desta data.
12. Pagamento efetuado à Transportadora Catuçaba Ltda. referente a fretes, no valor de $ 250, conforme nota fiscal n: 4.444. Pagamento efetuado com cheque recebido de nosso cliente Pedro Oliveira.
13. Pagamento efetuado no Banco Goiabeira S/A referente a impostos e taxas, conforme guia, no valor de $ 300, em dinheiro.

14. Compra de mercadorias, a prazo, conforme nota fiscal n. 234, da Casa das Ameixas S/A, com aceite de duas duplicatas no valor de $ 3.000, cada uma, para vencimentos em 30 e 60 dias.
15. Venda de mercadorias, à vista, ao sr. Mário Fagundes, conforme nossa nota fiscal n. 721, no valor de $ 600.
16. Venda de mercadorias, a prazo, para a sra. Clarice Oliveira, conforme nossa nota fiscal n. 888, no valor de $ 5.000.
17. Venda de mercadorias, a prazo, ao sr. Flávio Silva, conforme nossa nota fiscal n. 654, no valor de $ 8.000. Houve aceite, no ato, de oito duplicatas vencíveis de 30 em 30 dias.
18. Alexandre Reis constituiu uma empresa comercial, nesta cidade, para explorar o comércio de gêneros alimentícios em geral, com capital de $ 40.000, em dinheiro, integralizado no ato da constituição.
19. Alexandre Reis efetuou gastos com a organização de sua empresa, no valor de $ 7.500, tendo pago, em dinheiro, conforme relação.
20. Wilson Pereira diminuiu o valor do capital de sua firma individual retirando a importância de $ 8.000, em dinheiro, conforme alteração efetuada na Junta Comercial.
21. Neuza Soares constituiu uma empresa de prestação de serviços, com capital no valor de $ 50.000, integralizando esse valor, no ato da constituição, da seguinte maneira:
    a) em dinheiro: $ 20.000;
    b) um terreno avaliado em $ 25.000;
    c) vários móveis avaliados em $ 4.000, conforme relação;
    d) uma nota promissória emitida por Ana Rosa Ferreira, a seu favor, no valor de $ 1.000.
22. Venda de mercadorias conforme nossa nota fiscal n. 987, ao cliente Josué, no valor de $ 8.000, nas seguintes condições:
    a) à vista, em dinheiro: $ 5.000;
    b) a prazo, mediante aceite da duplicata n. 987/01, no valor de $ 3.000, para 30 dias.
23. Compras efetuadas no Supermercado Casa Garça, a saber: materiais de limpeza: $ 500, conforme nota fiscal n. 332; um refrigerador para uso da empresa, $ 1.200, conforme nota fiscal n. 1.002; uma motocicleta para uso da empresa: $ 5.000, conforme nota fiscal n. 3.500. O pagamento será efetuado da seguinte maneira:
    a) à vista, por meio do nosso cheque n. 343, contra o Banco Urupês S/A, no valor de $ 3.000;
    b) a prazo, conforme aceite da duplicata n. 01, no valor de $ 3.700, para 30 dias.
24. Pagamento efetuado, em dinheiro, no Banco Paineiras S/A, das seguintes despesas, conforme documentação anexa:
    a) energia elétrica: $ 200;
    b) conta de telefone: $ 30;
    c) impostos e taxas: $ 200;
    d) aluguel de Equipamentos: $ 230;
    e) conta de água: $ 30.
25. Recebemos, em dinheiro, conforme documentação anexa na folha do movimento do caixa desta data:
    a) duplicata n. 15 de nossa emissão, com aceite de Vanessa Éboli: $ 900;
    b) aluguéis: $ 500;
    c) juros: $ 80.
26. Pagamento efetuado ao mecânico Norberto, referente a reparos no veículo da empresa, no valor de $ 500, conforme nota fiscal n. 80.
27. A empresa Comercial Celeste Ltda., adquiriu, à vista, um imóvel para instalação de filial, por $ 30.000, sendo $ 20.000 pelo imóvel e $ 10.000 pelo ponto comercial.
28. Pagamento de uma duplicata a Jaime Mariotto S/A, no valor de $ 10.000, com 10% de desconto.
29. Pagamento de aluguel ao sr. Edison Natalino Pereira, no valor de $ 900, com 5% de juros.

30. Analisando os registros no Livro Diário, efetuados no mês anterior, o contador da empresa constatou que um pagamento de impostos e taxas efetuado em dinheiro, no valor de $ 435, tinha sido contabilizado por $ 345. Proceder à correção.

31. Analisando os registros efetuados no Livro Diário, correspondentes à semana anterior, o técnico em contabilidade constatou o registro do pagamento da duplicata n. 20 para J. Pimenta Ltda., no valor de $ 600; no entanto, o valor real da duplicata paga foi de $ 500. Proceder à correção.

TESTE DE EXAME DE SUFICIÊNCIA

Contador, ano 2002, prova 2 – Área de Conhecimentos Contábeis

1. A empresa recebeu a importância líquida de $ 20.000,00 referente à quitação de um título, tendo concedido um desconto de 20% ao cliente, gerando o seguinte lançamento:

a) *Caixa*
a Descontos Concedidos .... *$ 20.000,00*

b) *Caixa*
a Títulos a Receber .... *$ 20.000,00*

c) *Caixa* .... *$ 25.000,00*
a Descontos Concedidos .... *$ 5.000,00*
a Títulos a Receber .... *$ 20.000,00*

d) *Caixa* .... *$ 20.000,00*
Descontos Concedidos .... *$ 5.000,00*
a Títulos a Receber .... *$ 25.000,00*

TESTES DE CONCURSO

Técnico da Receita Federal – TRF – nov/2000 – Contabilidade Geral

1. Considerando as regras fundamentais da digrafia contábil, que determina o registro da aplicação dos recursos simultaneamente e em valores iguais às respectivas origens, temos como correta a seguinte equação contábil geral:

a) ATIVO – PASSIVO = CAPITAL SOCIAL + RECEITAS + DESPESAS
b) ATIVO + RECEITAS = CAPITAL SOCIAL + DESPESAS + PASSIVO
c) ATIVO + DESPESAS = CAPITAL SOCIAL + RECEITAS + PASSIVO
d) ATIVO + CAPITAL SOCIAL + RECEITAS = PASSIVO + DESPESAS
e) ATIVO = PASSIVO + CAPITAL SOCIAL + DESPESAS – RECEITAS

Fiscal de Tributos Estaduais – FTE-MG/1993

2. Um lançamento a débito em conta do Ativo Circulante e a crédito em conta do Patrimônio Líquido indica que a empresa:

a) adquiriu um bem à vista;
b) aumentou o capital social;
c) contraiu uma dívida futura;
d) recebeu um direito com juros;
e) pagou uma dívida com desconto.

7 Monografia – prática de escrituração

7.1 Instruções gerais

Na escrituração, alguns procedimentos devem ser seguidos:

1. Escriturar todos os fatos administrativos a seguir nos livros Diário, Razão e, quando couber, no Caixa e no Contas-Correntes.
2. Após efetuada a escrituração, levantar o Balancete de Verificação do Razão. (Para isso, estude depois o Capítulo 8.)
3. Partindo do Balancete, apurar o resultado do exercício e levantar o Balanço Patrimonial. (Será preciso consultar depois o Capítulo 9.)
4. Os erros de escrituração que porventura ocorrerem deverão ser corrigidos observando-se as técnicas usuais para correção, estudadas na Seção 6.3.
5. Transcrever o Balanço Patrimonial no livro Diário.
6. Para escriturar esta prática, utilizar as contas do Elenco de Contas constante do Capítulo 3, com seus respectivos códigos. Observe que o código da conta, que é um conjunto de algarismos colocado à esquerda de cada conta, embora já tenha sido explicado no Capítulo 3, até o presente não foi utilizado. O uso do código da conta facilita a identificação de cada uma delas, principalmente se a escrituração for efetuada por meio do computador.

Nota

- Para facilitar o aprendizado da escrituração dos livros Diário, Razão, Caixa e Contas-Correntes e situá-lo na matéria, optamos, como modelo, por uma empresa de prestação de serviços, a qual, por sua natureza, não envolve operações trabalhosas. Por ora, o foco é, portanto, o registro dos fatos nos livros contábeis.

7.2 Dados para escrituração

7.2.1 Informações sobre a empresa

1. Empresa individual: Natalia Moura Ribeiro.
2. Nome fantasia: NACON – Assistência Contábil.
3. Ramo de negócio: prestação de serviços profissionais de assistência contábil e fiscal.
4. Endereço: Rua Ipiranga, n. 9, nesta cidade.
5. Registro cadastral no Conselho Regional de Contabilidade – CRC, sob n. 86.000.
6. Inscrição Municipal n. 1.134/04.
7. Inscrição no CNPJ n. 047.112.832-48.
8. Abertura dos livros: início das atividades em 01/10/X1.

7.2.2 Fatos administrativos para escrituração

Em 01/10/X1:

1. Natalia Moura Ribeiro inicia suas atividades com Capital de $ 10.000, realizado em dinheiro, nesta data.
2. Abertura de Conta-Corrente Bancária, no Banco Urupês S/A, para movimento da empresa, sob n. 417.74.70881-6, com depósito inicial de $ 10.000, conforme recibo n. 1.348.
3. Saque de $ 5.000, para reforço de caixa, por meio do nosso cheque n. 731.401, contra o Banco Urupês S/A.
4. Pagamento, em dinheiro, de diversas despesas referentes à legalização da empresa, incluindo aquisição de livros contábeis e fiscais, taxas etc., no valor de $ 500, conforme relação.

Em 05/10/X1

5. Compra, a prazo, conforme nota fiscal n. 0721, da Casa de Móveis Moreira Ltda., de duas escrivaninhas, uma mesa para computador, duas mesas comuns, oito cadeiras e dois armários de aço, para uso da empresa, no valor de $ 6.000. Houve aceite, no ato, de seis Duplicatas n[s] 0721/01 a 0721/06, no valor de $ 1.000 cada, para vencimentos de 30 em 30 dias.

Em 08/10/X1

6. Compra de um microcomputador conforme configurações constantes da nota fiscal n. 1.951 da Importadora USA, no valor de $ 3.000. A compra foi efetuada a prazo, com aceite de seis Duplicatas n[s] 1.951/01 a 1.951/06, no valor de $ 500 cada, para vencimentos de 30 em 30 dias.
7. Natalia efetuou com a organização da empresa outros gastos, conforme relação (pintura, reforma do imóvel etc.), cujo pagamento foi efetuado nesta data, em dinheiro: $ 800.

8. Compra de materiais de limpeza (vassoura, rodo, sabões, desinfetantes e papéis) conforme nota fiscal n. 9.000, do Supermercado São Francisco, no valor de $ 15. O pagamento foi efetuado em dinheiro.

Em 10/10/X1

9. O prédio no qual a empresa está instalada é de propriedade do sr. Nelson Moura Ribeiro, ao qual foi pago o aluguel referente ao mês de setembro, conforme recibo n. 001, no valor de $ 2.000. O pagamento foi efetuado por meio do nosso cheque n. 731.402, emitido contra o Banco Urupês S/A.

Em 15/10/X1

10. Aquisição de livros, impressos e materiais diversos para uso durante o expediente normal da empresa, conforme nota fiscal n. 342 da Papelaria Espaço Cultural, no valor de $ 40, pagos em dinheiro.
11. Natalia prestou serviços diversos, recebendo, em dinheiro, a importância de $ 2.000, e emitiu a nota fiscal n. 001.

Em 20/10/X1

12. Natalia recebeu do Banco Urupês S/A um aviso de débito efetuado em sua conta-corrente, referente à emissão de talões de cheque e outras taxas no valor de $ 8.
13. Aquisição de um refrigerador e duas calculadoras eletrônicas, para uso da empresa, conforme notas fiscais n[s] 401 e 402 de Marco Antônio Ltda., no valor de $ 4.000. O pagamento foi efetuado à vista, em dinheiro.

Em 28/10/X1

14. Compra de um automóvel marca Chevrolet (Corsa), a prazo, da Distribuidora de Veículos Vale do Paraíba Ltda., no valor de $ 12.000, conforme nota fiscal n. 2.000. Houve aceite, no ato, de quatro Duplicatas ns. 2.000/01 a 2.000/04, no valor de $ 3.000 cada, vencíveis de 30 em 30 dias.
15. Pagamento efetuado ao despachante Luiz de Almeida, referente ao licenciamento do veículo, incluindo Imposto, Taxa de Licenciamento etc., conforme recibo n. 380, no valor de $ 450. O pagamento foi efetuado em dinheiro.
16. Recebida a importância de $ 8.000 referente a serviços prestados, conforme nossas notas fiscais n[s] 002 a 019.
17. Paga, no Banco do Estado, conta de energia elétrica, conforme nota fiscal referente ao mês corrente, no valor de $ 60. O pagamento foi efetuado em dinheiro.

Em 29/10/X1

18. Depósito efetuado no Banco Urupês S/A, conforme recibo, da importância de $ 6.000 em dinheiro.

Em 03/11/X1

19. Serviços prestados ao sr. Oswaldo Leite, conforme nossa nota fiscal n. 020, no valor de $ 1.500. Houve aceite, no ato, de três duplicatas n[s] 020/01 a 020/03, no valor de $ 500 cada, vencíveis de 30 em 30 dias.

Em 05/11/X1

20. Natalia aumenta, nesta data, seu Capital, em $ 5.000, em dinheiro, com depósito efetuado no Banco Urupês S/A, conforme recibo n. 501.

21. Pagamento da duplicata n. 1.951/01, à Importadora USA, no valor de $ 500, com 10% de desconto. O pagamento foi efetuado em dinheiro.

22. Pagamento efetuado ao Posto Mangueira, referente à aquisição de gasolina, conforme nota fiscal n. 44.433, no valor de $ 55. O pagamento foi efetuado em dinheiro.

Em 10/11/X1

23. Pagamento do aluguel referente ao mês de outubro do corrente, ao sr. Nelson Moura Ribeiro, no valor de $ 2.000. Pagamento efetuado em dinheiro, conforme recibo n. 002.

24. Pagamento da duplicata n. 0721/01, à Casa de Móveis Moreira Ltda., no valor de $ 1.000, acrescido de 10% de juro pelo atraso. O pagamento foi efetuado por meio do nosso cheque n: 731.403, contra o Banco Urupês S/A.

25. Serviços prestados ao sr. Edison Natalino, conforme nossa nota fiscal n. 021, no valor de $ 2.000. Houve aceite, no ato, de cinco duplicatas ns. 021/01 a 021/05, no valor de $ 400 cada, com vencimentos de 30 em 30 dias.

Em 28/11/X1

26. Pagamento efetuado à Distribuidora de Veículos Vale do Paraíba Ltda., referente à duplicata n. 2.000/01, no valor de $ 3.000. O pagamento foi efetuado por meio do nosso cheque n. 731.404, contra o Banco Urupês S/A.

Em 30/11/X1

27. Aquisição de material de expediente, conforme nota fiscal n. 1.743, da Fulgor S/A, no valor de $ 130. O pagamento foi efetuado por meio do nosso cheque n. 731.405, contra o Banco Urupês S/A.

28. Recebida a importância de $ 3.800 referente a serviços prestados conforme nossas notas fiscais n^s 022 a 050. Dentre a importância citada, $ 1.100 foram recebidos em cheques emitidos por nossos clientes e o restante, em dinheiro.

29. Compra de uma cafeteira elétrica, 250 gramas de café e um quilo de açúcar, conforme nota fiscal n. 123 do Supermercados Aliança, no valor de $ 35. O pagamento foi efetuado em dinheiro.

30. Pagamento efetuado no Banco do Brasil S/A, de conta de água e esgoto, no valor de $ 20. O pagamento foi efetuado em dinheiro.

31. Pagamento efetuado, em dinheiro, à Prefeitura Municipal, referente a impostos, taxas e alvará de funcionamento, no valor de $ 140, conforme guia.

32. Pagamento efetuado, no Banco do Estado, de conta de energia elétrica, conforme nota fiscal n. 1.020.805, no valor de $ 100. O pagamento foi efetuado em dinheiro.

33. Depósito efetuado no Banco Urupês S/A, conforme recibo desta data, no valor de $ 3.000.

Em 01/12/X1

34. Pagamento efetuado ao Posto Mangueira, referente à aquisição de gasolina conforme nota fiscal n. 9.933, no valor de $ 60. O pagamento foi efetuado em dinheiro.

35. Recebido do sr. Oswaldo Leite duplicata n. 020/01, com 5% de desconto. O valor da duplicata é de $ 500, e o cliente nos pagou com cheque de sua emissão contra o Banco do Estado.

Em 05/12/X1

36. Pagamento efetuado à Casa de Móveis Moreira Ltda., de uma duplicata n. 0721/02, no valor de $ 1.000. O pagamento foi efetuado em dinheiro.

Em 08/12/X1

37. Pagamento da duplicata n. 1.951/02, à Importadora USA, no valor de $ 500. O pagamento foi efetuado por meio do cheque n. 731.406, de nossa emissão, contra o Banco Urupês S/A.

Em 10/12/X1

38. Pagamento do aluguel de novembro, ao sr. Nelson Moura Ribeiro, no valor de $ 2.000. O pagamento foi efetuado por meio do nosso cheque n. 731.407 contra o Banco Urupês S/A, conforme recibo n. 003.

Em 20/12/X1

39. Recebido do cliente Edison Natalino duplicata de nossa emissão, com 10% de juros. O valor da duplicata n. 021/01 é de $ 400. O cliente nos pagou por meio de um cheque de sua emissão, contra o Banco do Brasil S/A.

Em 23/12/X1

40. Pagamento efetuado à Distribuidora de Veículos Vale do Paraíba Ltda., da duplicata n. 2.000/02, com 10% de desconto. O valor da duplicata é de $ 3.000 e foi paga por meio do nosso cheque n. 731.408, emitido contra o Banco Urupês S/A.

Em 31/12/X1

41. Nossas notas Fiscais ns 051 a 080, referentes a serviços prestados no mês, à vista, no valor de $ 9.100.

42. Pagamento efetuado no Banco do Brasil S/A de conta de energia elétrica, referente ao mês de dezembro, conforme nota fiscal n. 1.103.371, no valor de $ 90.

43. O Banco Urupês S/A nos comunicou, por meio de aviso bancário, que debitou em nossa conta-corrente a importância de $ 4, referente à emissão de talões de cheques.

44. Pagamento efetuado no Banco do Brasil S/A referente à conta de água e esgoto do mês de dezembro do corrente, no valor de $ 70. Pagamento efetuado em dinheiro.

45. Depósito efetuado no Banco Urupês S/A, conforme recibo desta data, no valor de $ 9.000.

7.3 Livros para escrituração

Notas

- Com o advento do computador, a escrituração contábil realizada por processo manual ou mecanizado praticamente caiu em desuso, embora ainda possa ser utilizada. Entretanto, para fins didáticos, a escrituração processada manualmente continua sendo eficaz. Assim, nesta prática de escrituração, mantivemos os modelos tradicionais de livros de escrituração.
- O computador é um instrumento que o contabilista tem em mãos para processar não só a escrituração de livros contábeis e fiscais, como diversos outros trabalhos relacionados à sua profissão. Portanto, esta prática de monografia, apesar de programada para ser processada manualmente, pode ser desenvolvida com sucesso no computador por qualquer programa de contabilidade.

7.3.1 Roteiro

Para facilitar ainda mais os seus trabalhos, proceda da seguinte maneira:

a. registre, inicialmente, no livro Diário, os 45 fatos propostos;

b. em seguida, transcreva os 45 fatos no livro Razão e, quando couber, no Caixa e no Contas-Correntes;

c. após registrados os 45 fatos nos livros citados, apure o saldo de cada conta no livro Razão;

d. levante um Balancete de Verificação do Razão;

e. apure o resultado do exercício, efetuando os registros no Diário e no Razão;

f. elabore o Balanço Patrimonial e o transcreva no livro Diário.

7.3.2 Livro Diário

A escrituração do livro Diário foi vista no Capítulo 5. Para conferência, apresentaremos, a seguir, os seis primeiros fatos devidamente escriturados. Examine-os. Para maior clareza dos registros no livro Diário, próprio para escrituração manual que estamos adotando, observe:

1. a primeira linha de cada folha deve conter o nome da cidade e a data;

2. quando a escrituração chegar às últimas linhas da página, proceder como segue:

   a. na última linha deverá constar:

      a.1. a palavra "continua", se o lançamento for continuar na outra página;

      a.2. o termo "a transportar" e o respectivo valor ou os respectivos valores para transporte, quando no lançamento for usada mais de uma coluna de valores, sendo que um ou mais valores já tenham sido lançados e um ou mais valores ainda precisem ser lançados na página seguinte.

      Nesse caso, na página seguinte, após colocado o nome da cidade e a data, a 2ª linha deverá conter o termo "de transporte" e o respectivo valor ou os respectivos valores transportados da página anterior;

      a.3. traços de encerramento do lançamento;

      a.4. a última linha escrita pelo histórico e valor, se coincidir.

   b. quando, após o último lançamento escriturado na página, ainda restarem algumas linhas, e não havendo interesse de iniciar novo lançamento, estas deverão ser preenchidas com traços horizontais ou com traço diagonal, para serem anuladas.

Conta	Nº		Histórico	Valor
	(1)		São Paulo, 01 de outubro de X1	
1.1.01	01	Caixa		
2.3.01	09	a	Capital	
			Pela constituição de empresa de	
			Natalia Moura Ribeiro com capital	
			realizado nesta data	10 000
	(2)		——— " ———	
1.1.02	02	Bancos conta Movimento		
		Banco Urupês S/A		
1.101	01	a Caixa		
			Abertura da conta n.	
			417.74.70881-6, com depósito em	
			dinheiro conf. recibo n. 1348	10 000
	(3)		——— " ———	
1.1.01	01	Caixa		
1.1.02	02	a Bancos conta Movimento		
			Banco Urupês S/A	
			N/ retirada conf. Ch/n. 731.401	5 000
	(4)		——— " ———	
1.3.07	07	Gastos de Organização		
1.101		a Caixa		
			Conf. relação	500
	(5)		——— 05 ———	
1.2.06	05	Móveis e Utensílios		
2.1.02	08	a	Duplicatas a Pagar	
			Casa de Móveis Moreira Ltda.	
			Na compra de duas escrivaninhas,	
			Uma mesa p/ computador, duas mesas	
			comuns, oito cadeiras e dois armários	
			de aço, conf. N.F. n. 0721/01, com	
			Aceite das dupl. n. 07.212/1 a 07.21/6,	
			No valor de $ 1.000 cada, vencíveis	
			de 30 em 30 dias.	6. 000
	(6)		——— 08 ———	
1.2.03	04	Computadores		
2.1.02	08	a	Duplicatas a Pagar	
			Importadora USA	
			Continua	

		São Paulo,	08	de outubro de X1	
		Compra de um microcomputador			
		Conf. N.F. n. 1.951, com aceite de			
		6 dupl. n. 1.951/01 a 1.951/06 no			
		valor de $ 500 cada, vencíveis de			
		30 em 30 dias			3 000
			"		

7.3.3 Livro Razão

Veja um modelo do livro Razão tradicional e como o escriturar:

(1)											
20___		DÉBITO				20___		CRÉDITO			
(2)	(3)	(4)	(5)	(6)	(7)	(8)	(9)	(10)	(11)	(12)	(13)

(1) Título da conta
(2) Mês
(3) Dia
(4) Espaço reservado para a preposição "a"
(5) Contrapartida creditada
(6) Número da folha do Diário de onde foi retirado este lançamento
(7) Valor
(8) Mês
(9) Dia
(10) Espaço reservado para a preposição "a"
(11) Contrapartida debitada
(12) Número da folha do Diário de onde foi retirado este lançamento
(13) Valor

O **Razão** é o livro mais importante para a contabilidade porque permite o controle do movimento de cada conta, separadamente. O primeiro passo para escriturar esse livro é abrir uma página para cada conta usada na escrituração do livro Diário.

Portanto, antes de iniciar a escrituração do Razão, examinamos o Diário, marcando no Elenco de Contas do Capítulo 3 todas as contas utilizadas. Em seguida, reservamos, no livro Razão, uma página para cada conta, seguindo a ordem em que se encontram no Elenco de Contas. Vejamos, agora, como escriturar esse livro:

Para escriturar o Razão, partimos do Diário. Pegamos em cada lançamento as contas envolvidas e lançamos no Débito ou no Crédito, conforme essas contas estejam debitadas ou creditadas no Diário. Exemplo: observe que o lançamento n. 1 do Diário é o seguinte:

1) *1.1.01 Caixa*
2.3.01 a Capital
Pela constituição... etc. 10.000

Veja que a conta Caixa está debitada, logo, devemos procurar, no livro Razão, a página que foi reservada para essa conta e lançar o respectivo valor, no lado do Débito.

Veja como ficará esse registro no Razão:

1.1.01 CAIXA

20__		DÉBITO						20__		CRÉDITO					
OUT	01	a	Capital	01		10	000								

O lançamento no Razão é feito em uma linha, na seguinte ordem: mês (out.); dia (01); o nome da conta que é contrapartida da conta Caixa no Diário, precedida da preposição "a" (a Capital); o número da página do Diário do qual foi extraído o respectivo lançamento (1) e, finalmente, o valor ($ 10.000).

A conta Capital, lançada na coluna do histórico, é precedida da preposição "a", pois, nesse caso, dizemos que a conta Caixa deve à conta Capital.

Após ter efetuado o lançamento no Razão, devemos retornar ao livro Diário e anotar na coluna/linha própria o número da página do Razão onde efetuamos o referido registro.

O mesmo procedimento será feito com a conta Capital. Veja que no lançamento n. 1 do Diário, a conta Capital está no Crédito. Vamos então ao Razão, procuramos a página destinada para essa conta e lançamos do lado do Crédito, veja:

2.3.01 CAPITAL

20__		DÉBITO						20__		CRÉDITO					
								OUT	01	de	Caixa	01		10	000

Nesse caso, lançamos na coluna do histórico a conta Caixa, por ser ela a contrapartida da conta Capital, no lançamento do Diário. Veja, também, que, aqui, a conta Caixa é precedida da preposição "de", uma vez que, nessa situação, dizemos que a conta Capital tem um crédito de caixa.

Agora, com base nas explicações apresentadas, efetue os demais registros no seu livro Razão.

7.3.4 Livro Caixa

No **livro Caixa**, são controladas as entradas e saídas de dinheiro. O Caixa deve ser escriturado diariamente. Em substituição a esse livro, pode-se optar pelo controle do Caixa por meio da Ficha Movimento do Caixa. Veja um modelo:

MOVIMENTO DE CAIXA

______ DE ______(1)______ DE 20______ N. ______(2)______

DOC. N.	HISTÓRICO	ENTRADA				SAÍDA			
(3)	(4)		(5)				(6)		
	A TRANSPORTADORA								
	– TOTAIS DO DIA $		(7)				(8)		
	SALDO ANTERIOR $		(9)						
							(10)		
	SALDO ATUAL $		(11)				(12)		

DETALHES DO SALDO			
DINHEIRO		(13)	
CHEQUES			
VALES			
TOTAL			

FIRMA: ______(14)______

CAIXA: ______(15)______ VISTO: ______(16)______

Veja como deve ser preenchido esse modelo de Movimento do Caixa:

1. Dia, mês e ano a que se refere o Movimento do Caixa.
2. Número sequencial do Movimento do Caixa.
3. Os documentos relacionados nessa ficha de controle devem ser numerados em ordem sequencial e seus números anotados na respectiva coluna.
4. Nesse campo deve-se especificar, com clareza, o pagamento ou recebimento feito, com indicação do número e da espécie do documento comprobatório, do nome da pessoa com quem se transaciona, bem como o objeto transacionado, podendo, inclusive, ser anotado o nome da conta contrapartida de Caixa que originará o lançamento no Diário. Quando a empresa organiza os documentos que comprovam as entradas e saídas diárias de caixa, numerando-os sequencialmente, as anotações nesse campo podem ser bem resumidas.
5. Coluna destinada ao registro dos valores das entradas de dinheiro no Caixa.
6. Coluna destinada ao registro dos valores das saídas de dinheiro no Caixa.
7. Total das entradas do dia.
8. Total das saídas do dia.

9. Campo reservado ao valor do saldo inicial, ou seja, ao saldo de Caixa do dia anterior.
10. Campo reservado ao valor do saldo atual, obtido pela seguinte operação: saldo inicial 9 + total das entradas 7 – total das saídas 8.
11. Total obtido pela soma dos números 7 e 9.
12. Total obtido pela soma dos números 8 e 10.
13. Nesse quadro devem ser especificados os valores que compõem o saldo de Caixa do dia. Observe que o saldo de Caixa pode ser composto de dinheiro (moedas, cédulas), cheques recebidos de clientes, vales etc.
14. Assinatura do proprietário da empresa ou seu responsável legal.
15. Assinatura do responsável pelo Caixa.
16. Visto do supervisor ou de superior que proceda à conferência dos dados.

Para exemplificar, apresentamos, a seguir, uma folha de Movimento do Caixa contendo os lançamentos referentes ao mês de outubro.

MOVIMENTO DE CAIXA

31 DE Outubro DE 2000 N. 1

DOC. N.	HISTÓRICO	ENTRADA	SAÍDA
01	Rec. do titular ref. realização de capital	10 000	
02	N/ depósito conf. rec n. 1.340		10 000
03	Saque cheque n. 731.401	5 000	
04	Conf. relação		500
05	Conf. relação		800
06	N.F. 9.000 do Supermercado São Francisco		15
07	N.F. 342 da Papelaria Espaço Cultural		40
08	N/N.F. 342 ref. serviços prestados	2 000	
09	N.F. 401 e 402 de Marco Antônio Ltda.		4 000
10	Rec. 380 de Luiz de Almeida		450
11	N/N.F. 002 a 019 ref. serviços prestados	8 000	
12	N.F. ref. energia elétrica		60
13	N/ depósito conf. re.		6 000
	A TRANSPORTADORA – TOTAIS DO DIA $	25 000	21 865
	SALDO ANTERIOR $		3 135
	SALDO ATUAL $	25 000	25 000

DETALHES DO SALDO			
DINHEIRO	3	135	
CHEQUES			
VALES			
TOTAL	3	135	

FIRMA:____________________

CAIXA:____________________ VISTO:____________________

Agora, proceda da mesma maneira em relação aos lançamentos dos meses de novembro e dezembro.

Nota

- Embora o Movimento de Caixa deva ser efetuado diariamente, o que requer a utilização de uma ou mais folhas para cada dia, no exemplo apresentado optamos, por razões práticas, por lançar as operações por partidas mensais.

7.3.5 Livro Contas-Correntes

O **livro Contas-Correntes** é um livro auxiliar do Razão. Nele são controlados analiticamente todos os direitos e todas as obrigações da empresa.

Tomemos, por exemplo, a conta Duplicatas a Receber, a qual no Razão tem seu movimento sintetizado em uma página ou ficha, enquanto no livro Contas-Correntes, serão destinadas tantas páginas ou fichas quanto for o número de clientes existentes na empresa.

Para escriturar o livro Contas-Correntes, partimos também do livro Diário, e toda vez que registrarmos no Diário um fato que envolva uma conta pessoal (representativa de direito ou de obrigação), devemos escriturar o referido fato também no livro Contas-Correntes. Veja como o escriturar:

①

20___		HISTÓRICO			DÉBITO		CRÉDITO		D/C	SALDO		
②	③		④		⑤		⑥		⑦	⑧		

① Nome da conta e do correntista
② Mês
③ Dia
④ Histórico
⑤ Valor do débito
⑥ Valor do crédito
⑦ D (se for saldo devedor) ou C (se for credor)
⑧ Saldo

Nota

- O título Contas-Correntes é genérico. Aconselha-se, no entanto, a adoção desse livro, com intitulações específicas como livro Contas a Pagar para o controle das obrigações; livro Contas a Receber para o controle dos direitos e livro Bancos para o controle do movimento bancário.

Para exemplificar, apresentamos a seguir o movimento da conta 1.1.02 Bancos conta Movimento (subconta 1.1.02.001 Banco Urupês S/A). Observe os lançamentos e depois proceda da mesma forma com as seguintes contas: 1.1.04 Duplicatas a Receber (subconta 1.1.04.001 Oswaldo Leite); 1.1.04 Duplicatas a Receber (subconta 1.1.04.002 Edison Natalino); 2.1.02 Duplicatas a Pagar (subconta 2.1.02.001 Casa de Móveis Moreira Ltda.); 2.1.02 Duplicatas a Pagar (subconta 2.1.02.002 Importadora USA) e 2.1.02 Duplicatas a Pagar (subconta 2.1.02.003 Distribuidora de Veículos Vale do Paraíba Ltda.).

1.1.02 BANCOS CONTA MOVIMENTO

1.1.02.001 Banco Urupês S/A

20___		HISTÓRICO	DÉBITO	CRÉDITO	D/C	SALDO
OUT	01	Abertura de conta c/ depósito	10 000		D	10 000
		Ch. 731.401, Saque		5 000	D	5 000
	10	Ch. 731.402, Pagamento aluguel		2 000	D	3 000
	20	Conf. aviso de débito		8	D	2 992
	29	N/depósito, conf. rec.	6 000		D	8 992
NOV	05	Dep. Conf. rec. 501	5 000		D	13 992
		Ch. 731.403, pg. dupl. 072/01		1 100	D	12 892
	28	Ch. 731.404, pg. dupl. 1999/01		3 000	D	9 892
	30	Ch. 732.405, pg. N.F. 1.743		1 300	D	8 592
		Depósito conf. rec.	3 000		D	11 592
DEZ	08	Ch. 731.406, pg. dupl. 1.951/02		500	D	11 092
	10	Ch. 731.407, pg. aluguel		2 000	D	9 092
	23	Ch. 731.408, pg. dupl. 1.999/02		2 700	D	6 392
	31	Conf. aviso			D	6 388
		N/depósito. conf. rec.	9 000		D	15 388

7.4 Partidas simples × Partidas dobradas

Na Seção 5.3, fizemos breves comentários acerca de dois métodos de escrituração: o das partidas simples e o das partidas dobradas. Agora que conhecemos bem o método das partidas dobradas e sabemos escriturar os livros Diário, Razão, Caixa e Contas-Correntes, o momento é propício para sedimentar a diferença entre esses dois métodos.

Dentre os livros de escrituração estudados, o Diário e o Razão são escriturados pelo método das partidas dobradas: no Diário, os registros são efetuados por meio de lançamentos que, com seus cinco elementos essenciais, caracterizam o princípio fundamental do método das partidas dobradas; no Razão, o controle individualizado de cada conta, cuja origem está registrada no Diário, faz com que o mesmo valor lançado a Débito de uma ou mais contas, seja lançado a Crédito de uma ou mais contas, conforme estejam debitadas e/ou creditadas no Diário. A grande prova de que os registros no Razão são feitos pelo método das partidas dobradas encontra-se no Balancete de Verificação, no qual a soma dos saldos devedores é igual à soma dos saldos credores.

Quanto aos livros Contas-Correntes e Caixa, eles são escriturados com base no método das partidas simples, uma vez que o foco é o controle de um elemento: no livro ou no Movimento do Caixa interessa saber o quanto entrou, o quanto saiu e o quanto restou em dinheiro em um determinado dia ou período, não importando controlar o que foi adquirido, pago, recebido ou mesmo os elementos que deram origem às importâncias recebidas; no livro Contas-Correntes, interessa controlar apenas os direitos ou as obrigações da empresa, independentemente das contrapartidas, sejam elas em decorrência de compras, vendas, empréstimos etc.

7.5 A contabilidade informatizada

Com o avanço da informática, que revolucionou todos os setores da atividade humana a partir do final do século XX, o trabalho do contabilista passou a ser feito com mais rapidez e segurança.

A informatização dos registros contábeis possibilitou o acesso quase que imediato às informações de que tanto necessitam os usuários da contabilidade, tornando desnecessárias tarefas repetitivas, realizadas nos sistemas manual ou mecanizado, os quais praticamente caíram em desuso.

Hoje, as informações extraídas dos documentos comprobatórios da ocorrência dos fatos administrativos são processadas por meio de programas de contabilidade instalados no computador da empresa. Esses programas, também conhecidos por softwares, permitem a obtenção de informações em forma de relatórios ou de demonstrações, normalmente acompanhadas por uma infinidade de gráficos, mapas, quadros ou outros documentos (sintéticos ou analíticos). O acesso rápido a tais informações atende tanto às necessidades dos administradores e proprietários da empresa quanto às dos demais usuários.

Há vários tipos de programas de contabilidade, os quais, a partir dos registros contábeis, fornecem grande número de informações.[1]

Como vimos, um dos primeiros passos para a implantação da contabilidade, seja qual for o processo de registro utilizado, é a elaboração de um plano de contas. Ele deve conter, pelo menos, um elenco de contas devidamente codificado para facilitar a digitação e um manual de contas, além de modelos padronizados de demonstrações contábeis.

A chave para que o processamento eletrônico seja bem-sucedido está na classificação adequada dos documentos mediante os quais serão fornecidas as informações ao programa instalado no computador. Ciente disso, o contabilista deverá, primeiro, classificar toda a documentação comprobatória dos fatos administrativos responsáveis pela gestão do patrimônio da empresa, para, num segundo momento, iniciar a inserção de dados no referido programa.

A classificação de documentos é uma prévia do lançamento pela qual o contabilista identifica, por códigos, as contas que serão debitadas e/ou creditadas; o valor do débito e do crédito de cada conta, além do histórico.

[1] Antes de ingressar no processo informatizado, é preciso ter em mente as noções básicas da contabilidade e praticar a escrituração manualmente, a fim de estar bem familiarizado com o mecanismo do débito e do crédito, e devidamente capacitado para apurar o resultado do exercício e fazer o levantamento do Balanço Patrimonial ainda que simplificado, para depois partir para o registro de dados no computador.

O uso de históricos padronizados contribui para a agilização do processo. No computador, parte do histórico já estará pronta, cabendo ao contabilista completar as informações já processadas, tais como o número do documento, o nome da pessoa com quem se transaciona, enfim, todos os dados necessários à clareza do registro contábil.

Para facilitar a digitação dos dados, a classificação dos documentos pode ser feita em planilhas ou nos próprios documentos, mediante a aposição de carimbo. Portanto, a adoção de carimbo deve ocorrer quando a digitação for efetuada a partir dos documentos originais. O carimbo pode conter os seguintes dados: código contábil da conta a ser debitada e da conta a ser creditada; número do histórico, quando houver históricos padronizados; o valor ($); a data do lançamento; e a rubrica do contabilista responsável pela classificação.

Quando a empresa preferir efetuar lançamentos também pelas 2ª, 3ª e 4ª fórmulas, deve haver espaço suficiente no carimbo para a anotação dos códigos de todas as contas envolvidas.

As planilhas nada mais são do que mapas nos quais o contabilista, para facilitar a digitação, lança inicialmente os fatos administrativos.

Há empresas que adotam as duas tarefas: inicialmente, rascunham os lançamentos nos próprios documentos, mediante a aposição do carimbo apropriado e, em seguida, elaboram as planilhas pelas quais os dados serão lançados no programa de contabilidade.

7.6 A monografia no computador

Para solucionar a prática de monografia do presente capítulo, por meio de processamento eletrônico de dados, são necessárias algumas orientações acerca do programa de contabilidade instalado no computador. Além disso, alguns procedimentos podem também ser úteis:

1. classificação dos documentos: como não temos em mãos os documentos comprobatórios dos fatos administrativos, já que partem dos 45 fatos apresentados na Seção 7.2, é recomendável utilizar inicialmente folhas de Diário tradicional como se fossem planilhas, escriturando nelas os fatos propostos;
2. códigos das contas: após escriturar os 45 fatos utilizando a codificação do Capítulo 3, substitua os códigos utilizados nas folhas de Diário pelos códigos do seu programa de computador. As intitulações que adotamos neste livro são comuns a todos os Elencos de Contas, sendo as divergências facilmente adaptáveis;
3. digitação: digite os lançamentos no computador, a partir do seu Diário manuscrito.

Terminada a digitação dos lançamentos em partidas de Diário, as demais tarefas, como a escrituração do Caixa, do Razão, do Contas-Correntes, a apuração do resultado bem como a elaboração do Balanço Patrimonial, serão feitas automaticamente pelo programa.

8 Razonete e Balancete

8.1 Razonete

Também denominado **gráfico em T** ou **conta em T**, o **razonete** nada mais é do que uma versão simplificada do livro Razão.

O livro Razão, cujo modelo foi apresentado no capítulo anterior, é o mais importante dos livros utilizados pela contabilidade. Por meio dele, é possível controlar separadamente o movimento de todas as contas.

O controle individualizado das contas é importante para se conhecer seus saldos, possibilitando a apuração de resultados e a elaboração de demonstrações contábeis como o Balancete de Verificação do Razão, o Balanço Patrimonial e outras.

Para facilitar a aprendizagem do processo contábil, em substituição ao livro Razão, usaremos o razonete. Uma das vantagens é a simplicidade e facilidade de visualização do movimento de débito e de crédito nele lançados. Veja um modelo de razonete:

Este é o razonete da conta Caixa. No lado esquerdo, lado do débito, são lançadas todas as importâncias que representarem entradas de Caixa. No direito, lado do crédito, lançam-se as importâncias que representarem saídas de Caixa. Sendo assim, para controlar o movimento das contas, em substituição ao livro Razão, didaticamente podemos utilizar gráficos em T, em número igual ao de contas existentes na escrituração do livro Diário.

Esse mesmo gráfico em T já foi utilizado para representar o Balanço Patrimonial, lembra-se? Agora servirá para controlar o movimento individualizado das contas. Veja no exemplo prático, a seguir, como proceder para lançar os valores nos razonetes.

Exemplo prático

Escriturar no Diário e em Razonetes os seguintes eventos:

1. investimento inicial em dinheiro no valor de $ 50.000;
2. compra de um automóvel, à vista, por $ 30.000;
3. depósito efetuado no Banco Urupês S/A, no valor de $ 20.000;
4. saque efetuado por meio do cheque n. 1, de nossa emissão, contra o Banco Urupês S/A, no valor de $ 5.000, para reforço de caixa.

Veja, inicialmente, como esses fatos serão lançados em partidas de Diário:

Diário

1) *Caixa*
a Capital
Investimento inicial *50.000*

2) *Veículos*
a Caixa
Compra de um automóvel *30.000*

3) *Bancos conta Movimento*
Banco Urupês S/A
a Caixa
N/depósito *20.000*

4) *Caixa*
a Bancos conta Movimento
a Banco Urupês S/A
Saque por meio do n/cheque n. 1 .... *5.000*

Razonetes

Veja, agora, como efetuar lançamentos nos razonetes:

a. utilizar tantos razonetes quantas forem as contas utilizadas na escrituração do Diário, entretanto, cada conta terá um só Razonete;
b. lançar os valores no débito ou no crédito das contas, conforme estejam debitadas ou creditadas no Diário;
c. para evitar enganos, os registros nos Razonetes devem obedecer rigorosamente à ordem em que as contas se encontram escrituradas no livro Diário.

Acompanhe, agora, as orientações para registro dos valores referentes ao exemplo em questão. Iniciaremos os registros, obviamente, pelo lançamento 1 do Diário. Nele, consta em primeiro lugar, no débito, a conta Caixa. Assim, o primeiro registro que faremos será o débito de $ 50.000, no Razonete da conta Caixa, veja:

CAIXA	
(1) 50.000	

Para facilitar a identificação da origem dos valores lançados nos Razonetes, podemos colocar à esquerda de cada valor, entre parênteses, o número do lançamento de Diário do qual foi extraído o respectivo valor. Por esse motivo, inserimos o algarismo 1 à esquerda dos $ 50.000 lançados no débito de Caixa.

Agora que já lançamos $ 50.000 no débito da conta Caixa, o próximo passo é lançar o mesmo valor no Razonete da conta Capital, que é a contrapartida da conta Caixa no lançamento 1. Observe que, no Diário, a conta Capital está creditada, pois está precedida da preposição "a". Veja como ficará o lançamento no Razonete da respectiva conta:

CAPITAL	
	(1) 50.000

É fácil, não é mesmo? Como temos duas contas no lançamento 1, lançamos o valor de $ 50.000 duas vezes nos Razonetes, ou seja, uma vez no débito do Razonete da conta Caixa e uma vez no crédito do Razonete da conta Capital.

Em seguida, passaremos para o lançamento 2 do Diário. Observe que no lançamento 2 do Diário consta, no débito, a conta Veículos. Sendo assim, lançaremos no Razonete da conta Veículos, no lado do débito, a importância de $ 30.000, veja:

VEÍCULOS	
(2) 30.000	

Como a contrapartida da conta Veículos no lançamento 2 é a conta Caixa, a qual está creditada no Diário, lançaremos, também, no Razonete da conta Caixa, no lado do crédito, a importância de $ 30.000, veja:

CAIXA	
(1) 50.000	(2) 30.000

No Razonete da conta Caixa, já havia um débito de $ 50.000 referente ao lançamento 1. Portanto, é assim que procedemos para transcrever os valores do Diário para os Razonetes: primeiro lançamos o valor da conta devedora e depois o valor da conta credora. Seguindo essa ordem, não há risco de engano.

Vamos continuar os registros: no lançamento 3 do Diário, a conta Bancos conta Movimento está debitada por $ 20.000, veja como ficará esse registro:

BANCOS CONTA MOVIMENTO			
(3)	20.000		

Como a contrapartida da conta Bancos conta Movimento, nesse mesmo lançamento 3 no Diário, é a conta Caixa, a qual foi creditada por $ 20.000, veja como ficará seu Razonete:

CAIXA			
(1)	50.000	(2)	30.000
		(3)	20.000

Vamos, finalmente, transcrever para os razonetes o lançamento 4. Nesse lançamento, a conta debitada é a conta Caixa por $ 5.000, veja:

CAIXA			
(1)	50.000	(2)	30.000
(4)	5.000	(3)	20.000

Como a contrapartida da conta Caixa nesse lançamento 4 no Diário é a conta Bancos conta Movimento, teremos:

BANCOS CONTA MOVIMENTO			
(3)	20.000	(4)	5.000

Lembre-se, mais uma vez, de que, no lançamento de Diário, uma conta é contrapartida da outra. Assim, no lançamento 1 do nosso exemplo, a conta Caixa é contrapartida da conta Capital e vice-versa.

Pronto, já vimos como se transferem valores do Diário para os Razonetes. Pois é assim que se deve proceder todas as vezes que for preciso transcrever valores do Diário para os Razonetes.

Depois que todos os lançamentos do Diário estiverem devidamente transcritos nos Razonetes, o próximo passo será apurar o saldo de cada conta em seus respectivos Razonetes. Mas o que é saldo da conta?

Saldo da conta é a diferença entre a soma dos valores lançados a débito e a soma dos valores lançados a crédito da referida conta. Para apurar o saldo de cada conta, procedemos da seguinte maneira:

a. inicialmente, somamos os valores lançados no lado do débito;

b. em seguida, somamos os valores lançados do lado do crédito.

O Razonete da conta Caixa, com as somas do lado do débito e do lado do crédito, será:

CAIXA			
(1)	50.000	(2)	30.000
(4)	5.000	(3)	20.000
Soma	55.000	Soma	50.000

c. agora, basta apurar o saldo da conta, ou seja, subtrair a soma do débito da soma do crédito ou vice-versa, veja:

Soma do débito	55.000	
(−) Soma do crédito	50.000	
(=) Saldo	5.000	5.000

Uma vez apurado o saldo da conta, o próximo passo será colocar um traço horizontal logo abaixo das somas, de lado a lado, com o qual limpamos o Razonete, passando a valer somente os valores lançados a partir do respectivo traço; em seguida, lançamos o saldo no débito ou no crédito, conforme o caso. O razonete da conta Caixa fica assim:

CAIXA			
(1)	50.000	(2)	30.000
(4)	5.000	(3)	20.000
Soma	55.000	Soma	50.000
Saldo	5.000		

Veja, mais uma vez, que, no nosso exemplo, o lado do débito apresentou soma de \$ 55.000, maior que a soma do lado do crédito que foi \$ 50.000. Este saldo de \$ 5.000 encontrado é devedor, pois o lado do débito foi superior ao lado do crédito em \$ 5.000. Por esse motivo, lançamos o saldo do lado do débito.

Analisando o Razonete da conta Caixa, concluímos que, após o movimento de débito e de crédito do período, restou no caixa $ 5.000. O saldo de uma conta, portanto, pode ser devedor ou credor. É devedor quando a soma dos valores lançados a débito for superior à soma dos valores lançados a crédito. É credor quando a soma dos valores lançados a crédito for maior que a soma dos valores lançados a débito.

Finalmente, ficam assim os razonetes do exemplo em questão, com seus saldos devidamente apurados:

CAIXA

	Débito		Crédito
(1)	50.000	(2)	30.000
(4)	5.000	(3)	20.000
Soma	55.000	Soma	50.000
Saldo	5.000		

CAPITAL

	Débito		Crédito
		(1)	50.000

VEÍCULOS

	Débito		Crédito
(2)	30.000		

BANCOS CONTA MOVIMENTO

	Débito		Crédito
(3)	20.000	(4)	5.000
Saldo	15.000		

Notas

- Quando no razonete, além dos débitos e créditos lançados no período, constar saldo do período anterior, pode-se apurar o saldo final da conta ou apenas o saldo relativo ao movimento do período. Nesse caso, para apurar o saldo final da conta, entra no cálculo o saldo do período anterior, normalmente denominado "saldo anterior" ou "saldo inicial", além dos débitos e dos créditos lançados no respectivo período. Quando se quer conhecer somente o saldo relativo ao movimento do período, não entra no cálculo o saldo anterior.
- No livro Razão e nos Razonetes, para fins de apuração dos resultados e elaboração das demonstrações contábeis, o saldo que interessa será sempre o final, ou seja, aquele em que, na sua apuração, além do movimento de débitos e créditos lançados no período, considera-se também o saldo inicial.

8.2 Balancete

Balancete é uma relação de contas extraídas do livro Razão (ou de Razonetes), com seus saldos devedores ou credores.

Os Balancetes podem diferir uns dos outros, em relação ao número de colunas destinadas ao lançamento dos valores. Uns poderão conter apenas duas colunas, sendo uma destinada ao saldo devedor e outra ao saldo credor; outros poderão conter colunas destinadas aos saldos anteriores, ao movimento do período, aos saldos do período e atuais etc.

Veja um modelo de Balancete com duas colunas, sendo uma destinada ao saldo devedor e outra destinada ao saldo credor de cada conta.

N.	CONTAS	SALDO	
		DEVEDOR	CREDOR
	TOTAIS		

A elaboração do Balancete é muito fácil. Cada conta é transferida do Razonete para o Balancete, com seu respectivo saldo. Assim, se a conta no Razonete apontar saldo devedor, esse saldo será transportado para a coluna do saldo devedor do Balancete; por outro lado, se a conta apresentar, no Razonete, saldo credor, esse saldo será transportado para a coluna do saldo credor do Balancete.

Veja, então, como ficará o Balancete de Verificação elaborado com base nas contas extraídas dos razonetes do exemplo prático da Seção 8.1:

N.	CONTAS	SALDO	
		DEVEDOR	CREDOR
1	Caixa	5.000	
2	Capital		50.000
3	Veículos	30.000	
4	Bancos conta Movimento	15.000	
	TOTAIS	50.000	50.000

Note que, no Balancete, fizemos constar todas as contas que figuraram nos Razonetes, com seus respectivos saldos. A soma da coluna do saldo devedor tem de ser igual à soma da coluna do saldo credor, isso porque os fatos administrativos são registrados no livro Diário pelo método das partidas dobradas, cujo princípio fundamental estabelece que, na escrituração, a cada débito deve corresponder um crédito de igual valor. Assim, ao relacionar, no Balancete, todas as contas utilizadas pela contabilidade de uma empresa, com seus respectivos saldos devedores e credores, a soma da coluna do débito deverá ser igual à soma da coluna do crédito.

ATIVIDADES TEÓRICAS

1. Escolha a alternativa correta em cada questão:

1.1 A versão simplificada do livro Razão denomina-se:

a) Balancete; **c)** Balanço; **e)** Razão.
b) Razonete; **d)** Diário;

1.2 No Balancete, a soma dos saldos devedores será igual:

a) ao movimento do Caixa;
b) à soma do movimento devedor;
c) à soma dos saldos credores;
d) à soma do Ativo;
e) à soma do Passivo.

1.3 A relação de contas extraída do livro Razão, com seus saldos devedores e credores, denomina-se:

a) Razonete.
b) Balancete.
c) Razão.
d) Balanço.
e) Balancete do Balanço.

1.4 Quantos gráficos em **T** deveremos usar para controlar o movimento das contas?

a) tantos quantas forem as contas devedoras;
b) tantos quantas forem as contas de receitas;
c) tantos quantas forem as contas existentes na escrituração do Diário;
d) tantos quantas forem as contas do Ativo;
e) n.d.a.

1.5 Os Razonetes, didaticamente, são utilizados em substituição ao:

a) Livro Caixa.
b) Livro Razão.
c) Livro Diário.
d) Livro-texto.
e) n.d.a.

1.6 Assinale a ordem correta dos acontecimentos:

a) Diário, Balancete e Razonete.
b) Razonete, Diário e Balancete.
c) Diário, Razonete e Balancete.
d) Diário, Balancete e Balanço.
e) Balanço, Razonete e Caixa.

1.7 Saldo da conta é:

a) a diferença entre a soma dos débitos e a soma dos créditos nela lançados;
b) a diferença entre o Ativo e o Passivo;
c) a diferença entre o movimento credor e o saldo positivo;
d) a soma do lado esquerdo diminuído do débito de cada conta;
e) a soma das somas do lado esquerdo e direito.

ATIVIDADES PRÁTICAS

Nas três práticas a seguir, escriture os fatos em partidas de Diário, em Razonetes e levante o Balancete de Verificação, utilizando o modelo com oito colunas.

Nota

Até aqui, para registrar os fatos envolvendo compras e vendas de mercadorias, debitamos ou creditamos a conta Estoque de Mercadorias. Porém, para solucionar as três práticas a seguir, utilizaremos a conta Compras de Mercadorias e a conta Vendas de Mercadorias (método da conta desdobrada que será estudado no Capítulo 11). Assim, quando ocorrer compra de mercadorias, debita-se a conta Compras de Mercadorias e credita-se uma das seguintes contas: Caixa, Bancos conta Movimento, Duplicatas a Pagar ou Fornecedores; quando ocorrer vendas, debita-se uma das seguintes contas: Caixa, Duplicatas a Receber ou Clientes e credita-se a conta Vendas de Mercadorias.

Prática 1 — solucionada

Fatos ocorridos na Comercial Padoan, durante o mês de outubro de X1:

1. Miguel Padoan inicia suas atividades para explorar o comércio de artefatos de couro em geral, com um Capital integralizado, em dinheiro, no valor de $ 60.000.
2. Abriu conta no Banco Urupês S/A, com depósito inicial efetuado em dinheiro, no valor de $ 60.000, conforme recibo dessa data.
3. Efetuou saque no Banco Urupês S/A, para reforço de Caixa, no valor de $ 20.000 por meio do cheque n. 001.
4. Compra à vista, de vários móveis para uso da empresa, conforme nota fiscal n. 1.265 da Casa de Móveis Antônio Jacinto Ltda., no valor de $ 7.000. O pagamento foi efetuado por meio do cheque n. 002, de nossa emissão, contra o Banco Urupês S/A.
5. Compra de mercadorias, conforme nota fiscal n. 0039, de Ana Rosa S/A, à vista, no valor de $ 3.000.
6. Venda de mercadorias, no balcão, conforme nota fiscal de nossa emissão n. 01, à vista: $ 4.500.
7. Compra de mercadorias, a prazo, da Comercial Veneza Ltda., conforme nota fiscal n. 33.331, no valor de $ 12.000. Houve aceite de seis duplicatas, no valor de $ 2.000 cada, com vencimentos de 30 em 30 dias. As duplicatas estão numeradas de 1 a 6.
8. Venda de mercadorias à vista, conforme notas fiscais de nossa emissão, de números 02 a 50, no valor de $ 6.000.
9. Venda de mercadorias, a prazo, ao sr. Otávio Clemente, conforme nossa nota fiscal n. 051: $ 1.200. Houve aceite de quatro duplicatas, números 051/01 a 051/04, no valor de $ 300 cada, para vencimentos de 30 em 30 dias.
10. Miguel Padoan aumenta, hoje, seu Capital, com os seguintes bens:
    a) uma casa situada nesta cidade, no valor venal de $ 200.000;
    b) um automóvel marca Ford, no valor de $ 20.000;
    c) em dinheiro: $ 18.000.
11. Pagamento, em dinheiro, da duplicata n. 01, no valor de $ 2.000, para o fornecedor Comercial Veneza Ltda., com 10% de desconto.
12. Venda de mercadorias, a prazo, a Zenaide Jocélia, conforme nossa nota fiscal n. 090 e duplicata n. 090/01, com vencimento para 30 dias, no valor de $ 3.000.
13. Recebimento, em dinheiro, da duplicata n. 051/01, no valor de $ 300, do sr. Otávio Clemente, com 10% de desconto.

Solução:

DIÁRIO

1) *Caixa*
a Capital
Pela constituição do Capital da
empresa de Miguel Padoan *60.000*

2) *Bancos conta Movimento*
Banco Urupês S/A
a Caixa
Abertura de conta com depósito em
dinheiro conforme recibo *60.000*

3) *Caixa*
a Bancos conta Movimento
a Banco Urupês S/A
Saque para reforço de caixa por meio do cheque n. 001 .... 20.000

---

4) *Móveis e Utensílios*
a Bancos conta Movimento
Banco Urupês S/A
Nota fiscal n:. 1.265 da Casa de Móveis Antônio Jacinto Ltda., conforme cheque n. 002 .... 7.000

---

5) *Compras*
a Caixa
Nota fiscal n. 0039 de Ana Rosa S/A 3.000

---

6) *Caixa*
a Vendas
Nossa nota fiscal n. 01 .... 4.500

---

7) *Compras*
a Duplicatas a Pagar
a Comercial Veneza Ltda.
Nota fiscal n. 33.331, com aceite das duplicatas nˢ 1 a 6 no valor de $ 2.000 cada, vencíveis de 30 em 30 dias 12.000

---

8) *Caixa*
a Vendas
Nossas notas fiscais nˢ. 02 a 50 .... 6.000

---

9) *Duplicatas a Receber*
Otávio Clemente
a Vendas
Nossa nota fiscal n. 051, com aceite das duplicatas nˢ. 051/01 a 051/04 no valor de $ 300 cada, para vencimento de 30 em 30 dias 1.200

---

10) *Diversos*
a Capital
Aumento de capital como segue:

Imóveis		
Uma casa	*200.000*	
Veículos		
Um automóvel marca Ford...................................	*20.000*	
Caixa		
Em dinheiro	*<u>18.000</u>*	*238.000*

---

11) *Duplicatas a Pagar*
Comercial Veneza Ltda.
a Diversos
Pagamento da duplicata n. 01 como segue:
a Caixa
Líquido Pago *1.800*
a Descontos Obtidos
10% sobre dupl. supra.. *200* *2.000*

12) *Duplicatas a Receber*
Zenaide Jocélia
a Vendas
Nossa nota fiscal n. 090 com aceite da duplicata n. 090/01 para 30 dias *3.000*

13) *Diversos*
a Duplicatas a Receber
a Otávio Clemente
Recebido duplicata n. 05/01, a saber:
Caixa
Valor líquido recebido.. *270*
Descontos Concedidos
10% sobre duplicata supra... *30* *300*

Razonetes:

CAIXA

	Débito		Crédito
(1)	60.000	(2)	60.000
(3)	20.000	(5)	3.000
(6)	4.500	(11)	1.800
(8)	6.000	Soma	64.800
(10)	18.000		
(11)	270		
Soma	108.770		

CAPITAL

Débito		Crédito
	(1)	60.000
	(10)	238.000
	Soma	298.000

BANCOS CONTA MOVIMENTO

	60.000	(3)	20.000
		(4)	7.000
		Soma	27.000

VEÍCULOS

(4)	7.000		

COMPRAS DE MERCADORIAS

(3)	3.000		
(4)	12.000		
Soma	15.000		

VENDAS DE MERCADORIAS

		(6)	4.500
		(8)	6.000
		(9)	1.200
		(12)	3.000
		Soma	14.700

DUPLICATAS A PAGAR

(11)	2.000	(7)	12.000

DUPLICATAS A RECEBER

(9)	1.200	(13)	300
(12)	3.000		
Soma	4.200		

IMÓVEIS

(10)	200.000		

VEÍCULOS

(10)	20.000		

VEÍCULOS

		(11)	200

DESCONTOS CONCEDIDOS

(13)	30		

Balancete de verificação
Empresa: **Comercial Padoan**
Levantado em: 31 de outubro de X1

N.	Contas	Saldos Anteriores		Movimento do Período		Saldos do Período		Saldos Atuais	
		Devedores	Credores	Devedor	Credor	Devedor	Credor	Devedor	Credor
1	Caixa			108.770	64.800	43.970		43.970	
2	Capital				298.000		398.000		298.000
3	Bancos conta Movimento			60.000	27.000	33.000		33.000	
4	Movéis e Utensílios			7.000		7.000		7.000	
5	Compras de Mercadorias			15.000		15.000		15.000	
6	Vendas de Mercadorias				14.700		14.700		14.700
7	Duplicatas a Pagar			2.000	12.000		10.000		10.000
8	Duplicatas a Receber			4.200	300	3.900		3.900	
9	Imóveis			200.000		200.000		200.000	
10	Veículos			20.000		20.000		20.000	
11	Descontos Obtidos				200		200		200
12	Descontos Concedidos			30		30		30	
	TOTAIS			417.000	417.000	322.900	322.900	322.900	322.900

Observação

- Nas colunas "devedores" e "credores" dos saldos atuais, repetimos os mesmos valores lançados nas colunas "devedores" e "credores" dos saldos do período, tendo em vista que nessa atividade prática não foram previstos saldos anteriores. Quando forem informados saldos anteriores, para obter os saldos atuais a serem lançados na coluna "devedores", deve-se somar o saldo devedor anterior com o do período em relação a cada conta. O mesmo procedimento deve ser observado em relação aos saldos credores.

Notas

- Na solução dessa Atividade Prática, não apuramos saldos nos Razonetes para apurá-los somente no Balancete.
- Nas soluções das Práticas 2 e 3, ao elaborar os Razonetes, não anote os saldos iniciais das contas (saldos do mês anterior), uma vez que precisará para a elaboração do Balancete de oito colunas somente do movimento do período, lançado a débito e a crédito de cada conta. Os saldos inicial e final de cada conta aparecerão, portanto, no Balancete.

Prática 2

Fatos ocorridos na Comercial Padoan, durante o mês de novembro de X1:

1. Compra, a prazo, de um automóvel, da sra. Teresa Pavanetti, conforme notas promissórias n^{s} 1 a 5, no valor de $ 6.000 cada, vencíveis de 30 em 30 dias.
2. Compra de mercadorias, à vista, conforme nota fiscal n. 931 de Maria Idalina Ltda., no valor de $ 5.000.
3. Depósito efetuado no Banco Urupês S/A, em dinheiro, no valor de 20.000, conforme recibo desta data.
4. Venda de mercadorias, à vista, conforme nossa nota fiscal n. 91, no valor de $ 4.000.
5. Compra de mercadorias, à vista, conforme nota fiscal n. 892 de Cecília Joana S/A, no valor de $ 2.000. O pagamento foi efetuado com nosso cheque n. 003 do Banco Urupês S/A.
6. Pagamento efetuado em dinheiro, à sra. Marcília da Glória, referente ao aluguel do imóvel no qual está instalada a empresa, no valor de $ 900, conforme recibo n. 001.

Prática 3

Fatos ocorridos na Comercial Padoan, durante o mês de dezembro de X1:

1. Pagamento da duplicata n. 02, no valor de $ 2.000, para o fornecedor Comercial Veneza Ltda., por meio do nosso cheque n: 004 contra o Banco Urupês S/A, com 5% de juros.
2. Pagamento efetuado à sra. Marcília da Glória, conforme recibo n. 02, referente ao aluguel do imóvel no qual a empresa está instalada. O pagamento foi efetuado por meio do cheque n: 005, contra o Banco Urupês S/A, no valor de $ 900.
3. Miguel Padoan aumenta hoje seu Capital com os seguintes bens:
   - **a.** em dinheiro, $ 20.000;
   - **b.** um automóvel avaliado em $ 15.000;
   - **c.** diversos móveis avaliados em $ 5.000.
4. Compra de mercadorias, a prazo, de Catarina Suzigan Ltda., conforme nota fiscal n. 4.456, no valor de $ 4.000. Houve aceite, no ato, de quatro duplicatas, de n^{s} 01 a 04, de $ 1.000 cada, com vencimentos de 30 em 30 dias.
5. Venda de mercadorias, a prazo, a Maria Antônia S/A, conforme nossa nota fiscal n. 0001, no valor de $ 3.000. Houve aceite, no ato, de três duplicatas, de números 01 a 03, no valor de $ 1.000 cada, com vencimentos de 30 em 30 dias.
6. Pagamento, em dinheiro, ao transportador autônomo João Lourenço, referente a despesas com o transporte de mercadorias vendidas, $ 500.

7. Pagamento da duplicata n. 01, no valor de $ 1.000, a Catarina Suzigan Ltda., com 5% de desconto.
8. Recebimento da duplicata n. 090/01, de Zenaide Jocélia, no valor de 3.000, com 10% de juros.
9. Pagamento da nota promissória n. 01, no valor de $ 6.000, a Teresa Pavanetti, com 20% de juros. O pagamento foi efetuado em dinheiro.
10. Recebido do sr. Otávio Clemente a duplicata de nossa emissão n. 051/02, no valor de $ 300 com 10% de juros.
11. Miguel Padoan diminui hoje seu Capital, sendo reembolsado pela importância de $ 10.000, por meio do cheque n. 006 contra o Banco Urupês S/A.

TESTES DE EXAME DE SUFICIÊNCIA

Contador, ano 2002, prova 1 — Área de Conhecimentos Contábeis

1. Uma determinada empresa apresenta a conta Móveis e Utensílios, com um saldo inicial de $ 15.000,00. Durante o exercício, adquiriu mesas e cadeiras no valor de $ 18.000,00, sendo 50% à vista e o restante no prazo de 30 dias. Vendeu cadeiras usadas a prazo por $ 4.000,00, sendo este o preço de custo e adquiriu à vista prateleiras por $ 5.000,00. O saldo final da conta é:

a) $ 25.000,00.
b) $ 33.000,00.
c) $ 34.000,00.
d) $ 38.000,00.

Contador, ano 2002, prova 1 — Área de Conhecimentos Contábeis Avançados

2. Indique o saldo inicial da conta Caixa considerando os dados abaixo:

01/02/2002 — Vendas à vista, recebidas em moeda corrente, no valor de $ 300.000,00.
05/02/2002 — Liquidação de duplicata no valor de $ 200.000,00 com desconto de 10%, paga por meio de cheque.
07/02/2002 — Pagamento de salários no valor de $ 80.000,00, em moeda corrente.
11/02/2002 — Aquisição de mercadorias, em moeda corrente, no valor de $ 120.000,00.
18/02/2002 — Vendas a prazo no total de $ 700.000,00.
18/02/2002 — Saldo final da conta Caixa: $ 200.000,00.

a) $ 20.000,00.
b) $ 100.000,00.
c) $ 220.000,00.
d) $ 280.000,00.

TESTES DE CONCURSO

Técnico do Tesouro Nacional – TTN-RJ/1992

1. Os saldos das contas Caixa e Bancos no dia 01/05/X1 eram, respectivamente, de $ 70.000 e $ 240.000.

Sabendo-se que, no período:

- foram feitos depósitos bancários no montante de $ 500.000;
- foram feitos saques em conta-corrente bancária no valor de $ 580.000, em dinheiro;
- não foram feitos outros créditos na conta Caixa;
- no dia 31/05/X1, o saldo da conta Caixa era de $ 150.000,

Pode-se afirmar que os valores totais de débitos à conta Caixa e saldo da conta Bancos eram, em 31/05/X1, respectivamente, de:

a) $ 70.000 e $ 160.000.
b) $ 150.000 e $ 160.000.
c) $ 500.000 e $ 500.000.
d) $ 580.000 e $ 160.000.
e) $ 580.000 e $ 500.000.

Técnico do Tesouro Nacional – TTN-RJ/1992

2. Ao final do expediente de um dia de trabalho, um empregado da empresa X furtou todo o dinheiro existente no cofre. Os fatos contábeis ocorridos naquele dia foram os seguintes:

- recolhimento de contribuição à Previdência Social no valor de $ 300.000, acrescido de 10% de multa moratória, feito mediante cheque sacado contra o banco da Cidade;
- recebimento de cliente, decorrente de duplicatas conservadas em carteira, no valor de $ 200.000;
- fornecimento de vales a empregados no valor de $ 100.000;
- pagamentos de despesas diversas $ 50.000.

Sabendo-se que o saldo de Caixa do dia anterior era de $ 320.000, conclui-se que o empregado furtou:

a) $ 40.000.
b) $ 50.000.
c) $ 70.000.
d) $ 200.000.
e) $ 370.000.

Técnico do Tesouro Nacional – TTN-SP/1992

3. Num balancete de Verificação, a soma da coluna de débitos ultrapassou em $ 100.000 a soma da coluna de créditos. Não justifica o fato:

a) omissão de uma conta com saldo credor de $ 100.000;
b) lançamento de uma conta com saldo credor de $ 200.000 como se fosse de $ 100.000;
c) lançamento de uma conta com saldo devedor de $ 100.000 como se fosse de $ 200.000;
d) lançamento de uma retificadora do Ativo com saldo de $ 50.000 na coluna de débito;
e) lançamento de uma conta retificadora do Patrimônio Líquido com saldo de $ 100.000 na coluna de débitos.

9 Apuração Simplificada do Resultado do Exercício

9.1 Apuração do Resultado

Nos capítulos anteriores, vimos como registrar os fatos administrativos. Neste capítulo, estudaremos os procedimentos necessários para apurar o resultado do exercício, mas de forma simplificada, com poucos dados, visando seu completo domínio.

Por que apuração simplificada? Porque a apuração do resultado do exercício das empresas em geral envolve uma série de procedimentos que vão desde a elaboração do Balancete de Verificação do Razão, passando pela elaboração de inventários físicos de bens de uso e de outros materiais (mercadorias, produtos, materiais de expediente etc.), de conciliações e ajustes de saldos de contas, chegando até a apuração do resultado bruto, do resultado líquido, de cálculos e contabilizações de deduções (Imposto de Renda e Contribuição Social sobre o Lucro Líquido), de participações (empregados, administradores etc.), de destinações (reservas e dividendos), concluindo com a elaboração das diversas demonstrações contábeis.[1]

Ao fim de cada exercício social, as empresas realizam uma série de procedimentos, visando a apuração do resultado do exercício e a elaboração das demonstrações contábeis. Portanto, para atender ao estágio dos estudos em que você se encontra, apresentaremos, de forma simplificada, os procedimentos necessários para a apuração do Resultado do Exercício e para a elaboração do Balanço Patrimonial de empresas prestadoras de serviços. Nos Capítulos 15 e 16, você estudará mais detalhadamente esses procedimentos.

O que significa apurar o resultado do exercício?

[1] A Lei das sociedades por ações n. 6.404, de 15 de dezembro de 1976, denominou as demonstrações contábeis como demonstrações financeiras.

Apurar o resultado do exercício consiste em verificar, por meio das contas de Resultado (despesas e receitas), se a movimentação do patrimônio da empresa apresentou lucro ou prejuízo durante o exercício social.

A apuração simplificada do resultado do exercício de uma empresa de prestação de serviços pode ser resumida em uma única operação: confronto das receitas com as despesas.

O resultado será lucro quando as receitas superarem as despesas, ou prejuízo quando as despesas superarem as receitas.

9.2 Roteiro para Apuração do Resultado

Veremos, agora, a sequência ideal dos procedimentos a serem observados para a apuração do resultado do exercício de uma prestadora de serviços.

ROTEIRO:

1. Elaborar um Balancete de Verificação, composto por contas e saldos extraídos do livro Razão ou dos Razonetes.
2. Transferir os saldos das contas de despesas para a conta transitória Resultado do Exercício.
3. Transferir os saldos das contas de receitas, também para a conta transitória Resultado do Exercício.
4. Apurar no livro Razão ou no Razonete o saldo da conta Resultado do Exercício. A conta Resultado do Exercício receberá, a seu débito, os saldos das contas de despesas e, a seu crédito, os saldos das contas de receitas. Logo, se o saldo dessa conta for devedor, o resultado do exercício será igual a prejuízo; se o saldo for credor, o resultado do exercício será igual a lucro.
5. Transferir o resultado da conta Resultado do Exercício para a conta Lucros Acumulados, se for lucro ou, para a conta Prejuízos Acumulados, se for prejuízo. Essas contas são patrimoniais, do grupo do Patrimônio Líquido.
6. Levantar o Balanço Patrimonial.
7. Transcrever o Balanço Patrimonial no livro Diário.

Notas

- Conforme já dissemos, deixamos de considerar, nessa apuração simplificada, os cálculos e as contabilizações do lucro bruto, do Imposto de Renda e da Contribuição Social sobre o Lucro Líquido, da distribuição do lucro, além de outros procedimentos comuns no momento da apuração do resultado do exercício. O propósito, nesse momento, é o domínio do mecanismo de apuração do resultado do exercício, de forma simplificada, para depois partir para o estudo da apuração completa.
- Todos os lançamentos dessa data, a exemplo do que ocorreu durante o exercício social, serão escriturados nos livros Diário e Razão (aqui, no livro Diário e nos Razonetes).

9.3 Procedimentos e contabilização

9.3.1 Exemplo prático

Suponhamos que, após devidamente encerrados os registros contábeis relativos ao exercício de X1 de uma empresa de prestação de serviços, em 31 de dezembro, no livro Razão constem as seguintes contas com seus respectivos saldos:

Razonetes:

CAIXA	
10.000	

MÓVEIS E UTENSÍLIOS	
3.000	

CONTAS A PAGAR	
	5.000

CAPITAL	
	6.000

IMPOSTOS	
10.000	

ALUGUÉIS PASSIVOS	
500	

RECEITAS DE SERVIÇOS	
	3.500

Para apurar o resultado do exercício e levantar o Balanço Patrimonial, basta seguir os passos contidos no roteiro apresentado na Seção 9.2:

1º passo: elaborar o Balancete de Verificação composto por contas cujos saldos serão extraídos do livro Razão (no nosso exemplo, extraímos dos Razonetes). **Veja:**

BALANCETE DE VERIFICAÇÃO			
N.	CONTAS	SALDO	
		DEVEDOR	CREDOR
1	Caixa	10.000	
2	Móveis e Utensílios	3.000	
3	Contas a Pagar		5.000
4	Capital		6.000
5	Impostos	1.000	
6	Aluguéis Passivos	500	
7	Receitas de Serviços		3.500
	Totais	14.500	14.500

2º passo: transferir os saldos das contas de despesas para a conta Resultado do Exercício.

A conta Resultado do Exercício é uma conta transitória, que não foi utilizada durante o ano, para o registro das operações normais da empresa. É essa conta que possibilita a apuração do resultado do exercício. Para que isso ocorra, precisamos transferir para ela os saldos de todas as contas de despesas e também os saldos de todas as contas de receitas. Neste momento, transferiremos os saldos das contas de despesas, acompanhe:

No livro Razão (Razonetes) da empresa, constam apenas duas contas de despesas que são:

IMPOSTOS	
1.000	

ALUGUÉIS PASSIVOS	
500	

Vamos, inicialmente, transferir o saldo da conta Impostos para a conta Resultado do Exercício. Mas o que significa transferir o saldo de uma conta?

Pois bem, até este estágio, só mencionamos transferência de valores de uma conta para outra na Seção 6.3. **Transferir o saldo de uma conta para outra**, ou seja, de um razonete para outro, significa zerar o saldo da conta de origem (no Razonete de onde se transfere) e lançar o respectivo valor na conta de destino (no Razonete para onde se transfere), sendo que esse valor deverá ficar no Razonete da conta de destino, na mesma posição em que se encontrava no Razonete da conta de origem. Assim, se o valor na conta de origem estiver no Débito, ele deverá ficar no Débito da conta de destino; se estiver no Crédito da conta de origem, ficará no crédito da conta de destino.

Veja a conta Impostos. Ela possui no débito um saldo de $ 1.000. Para transferir esse saldo para a conta Resultado do Exercício, debitaremos a conta Resultado do Exercício e creditaremos a conta Impostos. Porém, antes de lançar esses valores nos Razonetes precisamos registrar a transferência em partida de Diário, veja:

1) *Resultado do Exercício*
a Impostos
Transferência que se processa do saldo da segunda para a primeira das contas supra, para apuração do resultado do exercício... *1.000*

Agora que o fato já está devidamente registrado no Diário, vamos registrá-lo nos Razonetes, assim:

IMPOSTOS	
1.000	(1) 1.000

RESULTADO DO EXERCÍCIO	
(1) 1.000	

Após o lançamento de transferência efetuado devidamente no Diário e nos Razonetes, a conta Impostos que tinha saldo devedor de $ 1.000, sendo creditada no lançamento de transferência, ficou com saldo igual a zero, encerrando-se. Observe, ainda, que a conta

Resultado do Exercício recebeu, por transferência, um débito de $ 1.000, o qual, após o lançamento de transferência, ficou no Razonete da conta Resultado do Exercício, no mesmo lado que constava no Razonete de origem.

Vamos, agora, proceder da mesma maneira com a conta Aluguéis Passivos. Como essa conta tem um débito de $ 500, faremos o seguinte lançamento no Diário:

2) *Resultado do Exercício*
a Aluguéis Passivos
Transferência que se processa do saldo da segunda para a primeira das contas supra, para apuração do resultado do exercício 500

Veja, agora, os registros nos Razonetes:

ALUGUÉIS PASSIVOS		
500	(2)	500

RESULTADO DO EXERCÍCIO		
(1)	1.000	
(2)	500	

Nesse caso também, a conta Aluguéis Passivos ficou com saldo igual a zero, sendo o seu valor transferido a débito da conta Resultado do Exercício.

Observe que, após transferir todos os saldos das contas de despesas para a conta Resultado do Exercício, todas as contas de despesas ficaram zeradas, sem saldos, e a conta Resultado do Exercício reúne em seu débito os valores das despesas.

Notas

- Os dois lançamentos, por meio dos quais transferimos os saldos das duas contas de despesas para a conta Resultado do Exercício, poderiam ser feitos em um só, assim:

  Resultado do Exercício
  a Diversos
  Transferências dos saldos das seguintes contas de despesas, para apuração do resultado do exercício:
  a Impostos
  Saldo desta conta 1.000
  a Aluguéis Passivos
  Idem 500 1.500

- Efetuando as transferências por lançamentos individualizados (1ª fórmula) ou por um único lançamento (2ª fórmula), o resultado será o mesmo, ou seja, as contas de despesas serão creditadas, ficando com seus saldos zerados, e a conta Resultado do Exercício terá, no débito, o total de 1.500, que correspondem à soma dos saldos das contas de despesas.

3º passo: transferir os saldos das contas de receitas, também, para a conta Resultado do Exercício. No nosso caso, temos apenas uma conta de receita:

RECEITA DE SERVIÇOS	
	3.500

O critério para transferência dos saldos das contas de receitas é o mesmo adotado para transferência dos saldos das contas de despesas. Ocorre que, nesse caso, a conta Receita de Serviços tem saldo credor, logo ela será debitada no lançamento de Diário e, consequentemente, a conta Resultado do Exercício, para a qual o saldo será transferido, será creditada. Agindo dessa forma, a conta Receitas de Serviços ficará zerada, e a conta Resultado do Exercício receberá o valor de $ 3.500, na mesma posição em que ele figurava na conta de origem, ou seja, no lado do crédito. Acompanhe:

3) *Receitas de Serviços*
a Resultado do Exercício
Transferência que se processa do saldo da primeira para a segunda das contas supra, para apuração do resultado do exercício 3.500

Veja, agora, como ficarão os Razonetes das contas envolvidas, após o lançamento 3:

RECEITAS DE SERVIÇOS			
(3)	3.500		3.500

RESULTADO DO EXERCÍCIO			
(1)	1.000	(3)	3.500
(2)	500		

4º passo: apurar o saldo da conta Resultado do Exercício.

Agora que todas as contas de resultado (despesas e receitas) estão zeradas (sem saldo), e os seus respectivos saldos transferidos para a conta Resultado do Exercício, basta apurar o saldo dessa conta no seu respectivo Razonete, para sabermos se a empresa, neste exercício, apresentou lucro ou prejuízo em suas transações. Veja:

RESULTADO DO EXERCÍCIO			
(1)	1.000	(3)	3.500
(2)	500		
Soma	1.500		
		Saldo	2.000

Como o saldo da conta Resultado do Exercício é credor de $ 2.000, esse valor corresponde ao lucro. É lucro, pois o total das receitas (3.500) foi superior ao total das despesas (1.500) em $ 2000.

5º passo: transferir o resultado da conta Resultado do Exercício para a conta Lucros Acumulados, se for lucro ou para a conta Prejuízos Acumulados, se prejuízo. Essas contas são patrimoniais, do grupo do Patrimônio Líquido.

Vimos no Capítulo 2 (embora de forma bem simples), quando estudamos as situações líquidas patrimoniais, e, depois, no Capítulo 4, com os fatos modificativos, que o resultado do exercício, sendo lucro ou prejuízo, interfere no Patrimônio Líquido. Pois bem, para que o resultado apurado no final do exercício (no nosso caso, lucro de $ 2.000), possa figurar no Balanço Patrimonial, é preciso transferir o saldo da conta Resultado do Exercício que é uma conta transitória, para uma ou mais contas patrimoniais.

Na vida prática, conforme já dissemos, o Resultado do Exercício, quando positivo (lucro) tem várias destinações: uma parte vai para o governo (Imposto de Renda e Contribuição Social), uma parte poderá ser destinada às pessoas que tenham direito de participar do lucro da empresa (empregados, administradores etc.); uma parte poderá ser destinada à constituição de reservas; outra poderá ser destinada para aumento de capital; e outra parte será destinada aos titulares ou acionistas, em forma de dividendos. Caso no Balanço Patrimonial constem prejuízos acumulados apurados em Exercícios anteriores, esses prejuízos deverão ser compensados com parte ou com o total dos lucros apurados.

Essas destinações serão estudadas com detalhes no Capítulo 15. Por ora, apenas para caracterizar o aumento do Patrimônio Líquido em decorrência do lucro líquido apurado, vamos transferir todo o saldo credor da conta Resultado do Exercício para a conta Lucros Acumulados.

O critério para transferência do saldo da conta Resultado do Exercício para a conta Lucros Acumulados é o mesmo já adotado quando procedemos às transferências dos saldos das Contas de Despesas e de Receitas.

Portanto, como a conta Resultado do Exercício possui saldo credor, para zerá-la, debitá-la-emos e, em contrapartida, creditaremos a conta Lucros Acumulados, veja:

4) *Resultado do Exercício*
a Lucros Acumulados
Transferência que se processa da primeira para a segunda das contas supra, ref. ao Lucro Líquido apurado no exercício *2.000*

Veja a posição das contas envolvidas nos seus respectivos Razonetes:

RESULTADO DO EXERCÍCIO

Débito		Crédito	
(1)	1.000	(3)	3.500
(2)	500		
Soma	1.500		
(4)	2.000	Saldo	2.000

LUCROS ACUMULADOS

Débito	Crédito	
	(4)	2.000

Nota

- Caso a conta Resultado do Exercício apresentasse saldo devedor, o respectivo saldo representaria prejuízo do exercício e sua transferência para a conta Prejuízos Acumulados seria feita no Diário, por meio do seguinte lançamento:

Prejuízos Acumulados
a Resultado do Exercício
Transferência que se processa da segunda para a primeira das contas supra, referente ao prejuízo do exercício .... $

Agora que já apuramos o resultado do exercício, contabilizando-o em partidas de Diário e nos Razonetes, todas as contas de resultado ficaram zeradas, encerradas, permanecendo ainda com saldos, no livro Razão (Razonetes), somente as contas patrimoniais, as quais serão utilizadas para a elaboração do Balanço Patrimonial, veja:

6º passo: levantar o Balanço Patrimonial.

Para elaborar o Balanço Patrimonial, segue-se a orientação do Elenco de Contas apresentado no Capítulo 3. Conforme dissemos, a esta altura, no livro Razão (Razonetes), só restam com saldos as contas patrimoniais, as quais representam a atual situação patrimonial da empresa, isto é, os bens, os direitos, as obrigações e o Patrimônio Líquido.

Vamos, então, elaborar o Balanço Patrimonial. O **Balanço Patrimonial** é uma demonstração contábil que evidencia, por meio das contas patrimoniais, divididas em Ativo e Passivo, os Bens, os Direitos, as Obrigações e o Patrimônio Líquido da empresa em um dado momento. Veja, finalmente, como ficará o Balanço Patrimonial da empresa objeto do nosso exemplo prático:

BALANÇO PATRIMONIAL LEVANTADO EM: 31 DE DEZEMBRO DE X1	
1. ATIVO	
ATIVO CIRCULANTE Caixa....................................	10.000
ATIVO NÃO CIRCULANTE Móveis e Utensílios....................................	3.000
TOTAL DO ATIVO	13.000
2. PASSIVO	
PASSIVO CIRCULANTE Contas a Pagar....................................	5.000
PATRIMÔNIO LÍQUIDO Capital.................................... Lucros Acumulados....................................	6.000 2.000
TOTAL DO PATRIMÔNIO LÍQUIDO	8.000
TOTAL DO PASSIVO	13.000

Notas

- O Balanço Patrimonial deve ser transcrito no livro Diário da empresa.
- Nos Capítulos 2 e 4, vimos que o Balanço Patrimonial é apresentado em um gráfico em forma de "T" (horizontal). Entretanto, ele também pode ser apresentado na forma vertical, como acabamos de fazer, ou seja, em primeiro lugar apresentamos o Ativo e, na sequência, o Passivo.
- Note que figurou, no grupo do Patrimônio Líquido, a conta Lucros Acumulados com valor de $ 2.000. Este valor corresponde ao lucro líquido apurado no exercício, o qual foi transferido para esta conta, por meio do lançamento 4. Se, porventura, o resultado do exercício apresentasse prejuízo, conforme já dissemos, ele seria transferido a débito da conta Prejuízos Acumulados, a qual figuraria no Balanço Patrimonial, no mesmo grupo do Patrimônio Líquido, porém, com seu valor entre parênteses e, ao invés de somar ao valor do Capital, subtrair-se-ia deste.

ATIVIDADES TEÓRICAS

1. Complete:

No fim de cada exercício social, as empresas realizam uma série de procedimentos visando a apuração do ______________________ e a elaboração das demonstrações ______________________.

2. Responda:

O que acontece com as contas de resultado após a apuração do resultado do exercício?

3. Escolha a alternativa correta:

3.1 A apuração do resultado do exercício consiste em:

a) verificar, por meio das contas patrimoniais, se a movimentação do patrimônio da empresa apresentou lucro ou prejuízo no período;

b) verificar, por meio das contas de resultado (despesas e receitas), se a movimentação do patrimônio da empresa apresentou lucro ou prejuízo no período;

c) somar os débitos e os créditos de todas as contas para verificar o lucro final.

3.2 As contas que permanecem com saldos no livro Razão, após a apuração do resultado do exercício, são:

a) contas de resultado; **b)** contas patrimoniais; **c)** n.d.a.

3.3 Assinale a sequência correta dos acontecimentos:

a) Diário, Razonete, Balanço e Balancete;

b) Diário, Balanço, Razonete e Balancete;

c) Diário, Razonete, Balancete, Apuração do Resultado e Balanço.

3.4 As contas de despesas que no final do exercício social apresentam saldos devedores, para terem esses saldos transferidos para a conta Resultado do Exercício, visando a apuração do resultado, no livro Diário serão:

a) debitadas, pois seus saldos são devedores e, assim, ficarão zeradas;

b) creditadas, pois seus saldos são credores e, assim, ficarão zeradas;

c) debitadas, pois seus saldos são credores e, assim, ficarão zeradas;

d) creditadas, pois seus saldos são devedores e, assim, ficarão zeradas.

3.5 A conta Resultado do Exercício, ao receber por transferência os saldos de todas as contas de despesas, no livro Diário será:

a) debitada, porque os saldos das contas de despesas deverão figurar nessa conta, na mesma posição em que se encontravam nos respectivos Razonetes;

b) creditada, porque os saldos das contas de despesas deverão figurar nessa conta, na posição oposta em que se encontravam em seus respectivos Razonetes;

c) debitada ou creditada, dependendo do resultado a ser apurado;

d) n.d.a.

3.6 As contas de receitas que no final do exercício social apresentam saldos credores, para terem esses saldos transferidos para a conta Resultado do Exercício, visando a apuração do resultado, no livro Diário serão:

a) debitadas, porque os seus saldos são devedores e assim ficarão zeradas;

b) creditadas, porque os seus saldos são credores e assim ficarão zeradas;

c) debitadas, porque os seus saldos são credores e assim ficarão zeradas;

d) creditadas, porque seus saldos são devedores e assim ficarão zeradas.

3.7 A conta Resultado do Exercício, ao receber por transferência os saldos de todas as contas de receitas, no livro Diário será:

a) debitada, porque os saldos das contas de receitas deverão figurar nessa conta, na mesma posição em que se encontravam nos respectivos Razonetes;

b) creditada, porque os saldos das contas de receitas deverão figurar nessa conta, na mesma posição em que se encontravam nos seus respectivos Razonetes;

c) debitada ou creditada, dependendo do resultado apurado;

d) n.d.a.

3.8 Para transferir o saldo de uma conta para outra, procede-se da seguinte maneira:

a) aplicam-se as regras constantes do quadro auxiliar da escrituração, estudado no Capítulo 5;

b) se o saldo for devedor, ele é creditado na conta de origem para zerá-lo e debitado na conta de destino (que recebe o respectivo saldo por transferência);

c) se o saldo for credor, ele é debitado na conta de origem e creditado na conta de destino;

d) as alternativas "b" e "c" estão corretas.

ATIVIDADES PRÁTICAS

Prática 1 — solucionada

Relação das contas extraídas do livro Razão em 31 de dezembro de X1:

01 Caixa	*100.000*
02 Clientes	*20.000*
03 Estoque de Material de Expediente	*10.000*
04 Imóveis	*200.000*
05 Móveis e Utensílios	*50.000*
06 Fornecedores	*50.000*
07 Promissórias a Pagar	*20.000*
08 Capital	*270.000*
09 Água e Esgoto	*1.000*

10	*Aluguéis Passivos*	*10.000*
11	*Descontos Concedidos*	*500*
12	*Fretes e Carretos*	*500*
13	*Receitas de Serviços*	*54.000*
14	*Material de Expediente*	*2.000*
	TOTAL	*788.000*

Pede-se:

1. Com base na relação de contas apresentada, elabore o Balancete de Verificação.
2. Com base no Balancete de Verificação, elabore os Razonetes. Para facilitar a apuração do resultado do exercício, separe as contas patrimoniais das contas de resultado.
3. Apure o resultado do exercício da seguinte maneira:
   a) transfira os saldos das contas de despesas para a conta Resultado do Exercício (inicialmente no Diário e em seguida nos Razonetes);
   b) transfira os saldos das contas de receitas para a conta Resultado do Exercício (inicialmente no Diário e em seguida nos Razonetes);
   c) apure o saldo da conta Resultado do Exercício, em seu respectivo Razonete e transfira-o para a conta Lucros Acumulados ou para a conta Prejuízos Acumulados, conforme o resultado seja lucro ou prejuízo. (a transferência deve ser efetuada, inicialmente, no Diário e, em seguida, nos Razonetes).
4. Elabore o Balanço Patrimonial.

Solução:

N.	CONTAS	Saldo devedor	Saldo credor
1	Caixa	100.000	
2	Clientes	20.000	
3	Estoque de Material de Expediente	10.000	
4	Imóveis	200.000	
5	Móveis e Utensílios	50.000	
6	Fornecedores		50.000
7	Promissórias a Pagar		20.000
8	Capital		270.000
9	Água e Esgoto	1.000	
10	Aluguéis Passivos	10.000	
11	Descontos Concedidos	500	
12	Fretes e Carretos	500	
13	Receitas de Serviços		54.000
14	Material de Expediente	2.000	
	TOTAIS	394.000	394.000

Observações

- Embora a seguir estejam os Razonetes devidamente escriturados, lembre-se de que se deve inicialmente transferir para eles as contas que constarem do Balancete, com seus respectivos saldos. Em seguida, à medida que os lançamentos de encerramento forem sendo efetuados no Diário, é que se devem transcrever os respectivos valores para os Razonetes.
- As letras b, abaixo, colocadas nos círculos, à esquerda dos valores, indicam que os respectivos valores foram extraídos do Balancete.
- Os algarismos colocados nos círculos, à esquerda dos valores, indicam os números dos lançamentos de Diário dos quais os respectivos valores foram extraídos.

RAZONETES:

contas: Patrimoniais

CAIXA	
(b) 100.000	

CLIENTES	
(b) 20.000	

ESTOQUE MAT. EXPEDIENTE	
(b) 10.000	

IMÓVEIS	
(b) 200.000	

MÓVEIS E UTENSÍLIOS	
(b) 50.000	

FORNECEDORES	
	(b) 50.000

PROMISSÓRIAS A PAGAR	
	(b) 20.000

CAPITAL	
	(b) 270.000

LUCROS ACUMULADOS	
	(b) 40.000

contas: de Resultado

ÁGUA E ESGOTO	
(b) 1.000	(1) 1.000

ALUGUÉIS PASSIVOS	
(b) 10.000	(1) 10.000

DESCONTOS CONCEDIDOS	
(b) 500	(1) 500

FRETES E CARRETOS	
(b) 500	(1) 500

RECEITAS DE SERVIÇOS			
(2)	54.000	(b)	54.000

MATERIAL DE EXPEDIENTE			
(b)	2.000	(1)	2.000

RESULTADO DO EXERCÍCIO			
(1)	14.000	(2)	54.000
(3)	40.000	Saldo	40.000

DIÁRIO

1) *Resultado do Exercício*
a Diversos
Transferências dos saldos das contas de despesas para apuração do resultado do exercício:
a Água e Esgoto
Saldo desta conta 1.000
a Aluguéis Passivos
Idem 10.000
a Descontos Concedidos
Idem 500
a Fretes e Carretos
Idem 500
a Material de Expediente
Idem .... 2.000 .... 14.000

2) *Receitas de Serviços*
a Resultado do Exercício
Transferência do saldo da primeira para a segunda das contas supra, para apuração do resultado do exercício..................... 54.000

3) *Resultado do Exercício*
a Reservas
Transferência do Lucro apurado..................... 40.000

BALANÇO PATRIMONIAL	
1. ATIVO	
ATIVO CIRCULANTE	
Caixa	100.000
Clientes	20.000
Estoque de Material de Expediente	10.000
TOTAL DO ATIVO CIRCULANTE	130.000
ATIVO NÃO CIRCULANTE	
Imóveis	200.000
Móveis e Utensílios	50.000
TOTAL DO ATIVO NÃO CIRCULANTE	250.000
TOTAL DO ATIVO	380.000

(Continua)

(Continuação)

BALANÇO PATRIMONIAL	
2. PASSIVO	
PASSIVO CIRCULANTE Fornecedores....... Promissórias a Pagar....... TOTAL DO PASSIVO CIRCULANTE.......	 50.000 20.000 70.000
PASSIVO NÃO CIRCULANTE	
PATRIMÔNIO LÍQUIDO Capital....... Lucros Acumulados....... TOTAL DO PATRIMÔNIO LÍQUIDO.......	 270.000 40.000 310.000
TOTAL DO PASSIVO	380.000

Nota

A sequência normal dos acontecimentos na empresa é Diário, Razão ou Razonetes, Balancete, apuração do resultado e Balanço Patrimonial. Entretanto, na solução desta Prática 1, desenvolvemos as tarefas na seguinte ordem: Balancete, Razonetes, Diário e Balanço Patrimonial. Vamos, então, esclarecer: na empresa, a sequência normal é realmente: Diário, Razão ou Razonetes, Balancete, apuração do resultado e Balanço Patrimonial. Entretanto, como não temos em mãos os livros contábeis da empresa, para solucionar as atividades práticas propostas, evidentemente, invertemos o momento de execução de alguma tarefa. Em Atividades Práticas dessa natureza, iniciamos em geral apresentando uma relação de contas e, a partir dela, reconstituímos o Balancete de Verificação, para conferência e, em seguida, os Razonetes, para, só então, iniciar a apuração do resultado. Tenha sempre em mente, contudo, que, seja na vida real ou para fins didáticos, não se deve lançar nenhum valor no Razão ou nos Razonetes sem antes ter escriturado o respectivo fato no Diário.

Prática 2

Relação das contas extraídas do livro Razão da empresa de prestação de serviços disque--reparos, em 31 de dezembro de X9:

01	*Caixa*.......	*100*
02	*Móveis e Utensílios*.......	*200*
03	*Duplicatas a Receber*.......	*50*
04	*Duplicatas a Pagar*.......	*20*
05	*Capital*.......	*260*
06	*Aluguéis Passivos*.......	*30*
07	*Receitas de Serviços*.......	*100*
	Total.......	*760*

Pede-se:

1. Com base na relação de contas apresentadas, elabore o Balancete de Verificação.
2. Com base no Balancete de Verificação, elabore os Razonetes. Para facilitar a apuração do resultado do exercício, separe as contas patrimoniais das contas de resultado.
3. Apure o resultado do exercício da seguinte maneira:
   a) transfira os saldos das contas de despesas para a conta Resultado do Exercício (inicialmente no Diário e em seguida nos Razonetes);

b) transfira os saldos das contas de receitas para a conta Resultado do Exercício (inicialmente no Diário e em seguida nos Razonetes);

c) apure o saldo da conta Resultado do Exercício em seu respectivo Razonete e transfira-o para a conta Lucros Acumulados ou para a conta Prejuízos Acumulados, conforme o caso. (a transferência deve ser efetuada inicialmente no Diário e, em seguida, nos Razonetes).

4. Elabore o Balanço Patrimonial.

Prática 3

Relação das contas extraídas do livro Razão em 31 de dezembro de X3:

01	*Bancos conta Movimento*	*500*
02	*Duplicatas a Pagar*	*630*
03	*Veículos*	*2.000*
04	*Energia Elétrica*	*80*
05	*Fretes e Carretos*	*20*
06	*Café e Lanches*	*50*
07	*Impostos e Taxas*	*100*
08	*Móveis e Utensílios*	*1.000*
09	*Receitas de Serviços*	*120*
10	*Capital*	*3.000*
	Total	*7.500*

Pede-se:

1. Elabore o Balancete de Verificação.
2. Elabore os Razonetes.
3. Apure o resultado do exercício.
4. Elabore o Balanço Patrimonial.

Prática 4

Relação das contas extraídas do livro Razão em 31 de dezembro de X4:

01	*Caixa*	*50.000*
02	*Imóveis*	*500.000*
03	*Bancos conta Movimento*	*130.000*
04	*Clientes*	*30.000*
05	*Duplicatas a Receber*	*20.000*
06	*Estoque de Material de Expediente*	*10.000*
07	*Promissórias a Receber*	*20.000*
08	*Impostos a Recolher*	*5.000*
09	*Duplicatas a Pagar*	*75.000*
10	*Promissórias a Pagar*	*300.000*
11	*Capital*	*288.000*
12	*Fretes e Carretos*	*30.000*
13	*Água e Esgoto*	*1.000*
14	*Juros Passivos*	*12.000*
15	*Despesas Bancárias*	*4.000*
16	*Energia Elétrica*	*6.000*
17	*Descontos Obtidos*	*5.000*
18	*Receitas de Serviços*	*150.000*
19	*Móveis e Utensílios*	*40.000*
20	*Aluguéis Ativos*	*30.000*
	Total	*1.706.000*

Pede-se:

1. Elabore o Balancete de Verificação.
2. Elabore os Razonetes.
3. Apure o resultado do exercício.
4. Elabore o Balanço Patrimonial.

TESTE DE CONCURSO

Auditor Fiscal da Receita Federal – AFRF – ano 2000, realizado em Jan/2001 – Contabilidade Geral

1. José Henrique resolveu medir contabilmente um dia de sua vida começando do "nada" patrimonial.

De manhã cedo nada tinha. Vestiu o traje novo (calça, camiseta, sapatos etc.), comprado por $ 105,00, mas que sua mãe lhe deu de presente. Em seguida tomou $ 30,00 emprestados de seu pai, comprou o jornal por $ 1,20, tomou ônibus pagando $ 1,80 de passagem. Chegando ao CONIC, comprou fiado por $ 50,00, várias caixas de bombons e chicletes e passou a vendê--los no calçadão. No fim do dia, cansado, tomou uma refeição de $ 12,00, mas só pagou $ 10,00, conseguindo um desconto de $ 2,00. Contou o dinheiro e viu que vendera metade dos bombons e chicletes por $ 40,00.

Com base nessas informações, podemos ver que, no fim do dia, José possui um Capital próprio no valor de:

a) $ 120,00.
b) $ 189,00.
c) $ 2,00.
d) $ 187,00.
e) $ 107,00.

10 Plano de Contas

Notas

- Nos Capítulos 1 a 9, estudamos as noções básicas da contabilidade, conhecendo: a estrutura do patrimônio (ponto de partida para o entendimento da contabilidade); o registro dos fatos administrativos no Diário e nos Razonetes, os livros contábeis usados pelo setor de contabilidade de uma empresa; a apuração do resultado do exercício das empresas de prestação de serviços, a elaboração do Balancete de Verificação do Razão e o Balanço Patrimonial simplificado. A partir daqui, vamos aprofundar um pouco mais, apresentando as principais operações típicas que ocorrem no dia a dia das empresas comerciais, concluindo com o estudo das demais demonstrações contábeis.
- No Capítulo 3, estudamos o conceito de Plano de Contas, limitando-nos em apresentar um Elenco de Contas simplificado. Agora, para dar sequência, reveremos o conceito de Plano de Contas e apresentaremos um Elenco de Contas mais completo, com todos os grupos e subgrupos, de acordo com as exigências da Lei n. 6.404/1976, além de comentários acerca das outras duas partes do Plano de Contas.

10.1 Conceito

O **Plano de Contas** é um conjunto de contas diretrizes e normas que disciplina as tarefas do setor de contabilidade, objetivando a uniformização dos registros contábeis.

Um Plano de Contas ideal poderá compor-se de três partes: Elenco de Contas; Manual de Contas e Modelos Padronizados de Demonstrações Contábeis.

Entretanto, de acordo com os interesses de cada empresa e até mesmo dependendo da criatividade do contabilista, o Plano de Contas poderá conter outras informações.

10.2 Elenco de Contas

Elenco de Contas consiste na relação das contas que serão utilizadas para o registro dos fatos administrativos, decorrentes da gestão do patrimônio da empresa, bem como dos atos administrativos considerados relevantes (aqueles cujos efeitos possam se traduzir em modificações futuras no patrimônio da empresa).

O Elenco de Contas envolve a intitulação (nome) e o código de cada conta.

Veja, a seguir, um Elenco de Contas no qual as contas estão classificadas em grupos e subgrupos conforme dispõe a Lei n. 6.404/1976:

Quadro 10.1

CONTAS PATRIMONIAIS
1 – ATIVO
1.1 ATIVO CIRCULANTE
1.1.1 DISPONIBILIDADES
1.1.1.01 Caixa
1.1.1.02 Bancos conta Movimento
1.1.1.03 Aplicações Financeiras de Liquidez Imediata
1.1.2 CLIENTES[1]
1.1.2.01 Duplicatas a Receber
1.1.2.02 (–) Perdas Estimadas em Créditos de Liquidação Duvidosa
1.1.3 OUTROS CRÉDITOS
1.1.3.01 Promissórias a Receber
1.1.4 IMPOSTOS A RECUPERAR
1.1.4.01 ICMS a Recuperar
1.1.5 Investimentos Temporários a Curto Prazo
1.1.5.01 Ações de Outras Empresas
1.1.6 ESTOQUES
1.1.6.01 Estoque de Mercadorias
1.1.6.02 Estoque de Material de Expediente
1.1.6.03 Estoque de Material de Limpeza
1.1.7 DESPESAS DO EXERCÍCIO SEGUINTE
1.1.7.01 Aluguéis Passivos a Vencer
1.1.7.02 Juros Passivos a Vencer
1.1.7.03 Prêmios de Seguro a Vencer
1.1.7.04 Propaganda e Publicidade a Vencer
1.2 ATIVO NÃO CIRCULANTE
1.2.1 ATIVO REALIZÁVEL A LONGO PRAZO
1.2.1.10 Clientes
1.2.1.11 Duplicatas a Receber
1.2.1.20 Outros Créditos
1.2.1.21 Promissórias a Receber
1.2.1.30 Créditos com Pessoas Ligadas
1.2.1.31 Títulos a Receber de Diretores

(continua)

[1] No Elenco de Contas do Capítulo 3, utilizamos as contas Clientes e Duplicatas a Receber distintamente. Agora, optamos por denominar Clientes o grupo de contas que representa Direitos a Receber dos Clientes da empresa. Esta forma é mais adequada do ponto de vista técnico, pois os Direitos a Receber de Clientes poderão ser representados por Duplicatas a Receber, Carnês a Receber, Cheques a Receber etc. Esta observação também é válida para as contas Fornecedores e Duplicatas a Pagar.

(continuação)

1.2.2 INVESTIMENTOS 1.2.2.01 Participação na Empresa A 1.2.2.02 Imóveis de Renda[2] 1.2.3 IMOBILIZADO 1.2.3.01 Computadores 1.2.3.02 (–) Depreciação Acumulada de Computadores 1.2.3.03 Imóveis 1.2.3.04 (–) Depreciação Acumulada de Imóveis 1.2.3.05 Instalações 1.2.3.06 (–) Depreciação Acumulada de Instalações 1.2.3.07 Móveis e Utensílios 1.2.3.08 (–) Depreciação Acumulada de Móveis e Utensílios 1.2.3.09 Veículos 1.2.3.10 (–) Depreciação Acumulada de Veículos 1.2.4 INTANGÍVEL 1.2.4.01 Fundo de Comércio 1.2.4.02 (–) Amortização Acumulada de Fundo de Comércio
2 – PASSIVO
2.1 PASSIVO CIRCULANTE 2.1.1 OBRIGAÇÕES A FORNECEDORES 2.1.1.01 Duplicatas a Pagar 2.1.2 EMPRÉSTIMOS E FINANCIAMENTOS 2.1.2.01 Bancos conta Empréstimos 2.1.2.02 Promissórias a Pagar 2.1.3 OBRIGAÇÕES TRIBUTÁRIAS 2.1.3.01 COFINS a Recolher 2.1.3.02 Contribuição Social sobre o Lucro Líquido a Recolher 2.1.3.03 ICMS a Recolher 2.1.3.04 Impostos e Taxas a Recolher 2.1.3.05 Imposto de Renda sobre o Lucro Líquido a Recolher 2.1.3.06 PIS a Recolher 2.1.4 OBRIGAÇÕES TRABALHISTAS E PREVIDENCIÁRIAS 2.1.4.01 Contribuições de Previdência a Recolher 2.1.4.02 Décimo Terceiro Salário a Pagar (ou 13º Salário a Pagar) 2.1.4.03 Férias a Pagar 2.1.4.04 FGTS a Recolher 2.1.4.05 Salários a Pagar 2.1.5 OUTRAS OBRIGAÇÕES 2.1.5.01 Aluguéis a Pagar 2.1.5.02 Contas a Pagar 2.1.6 PARTICIPAÇÕES E DESTINAÇÕES DO LUCRO LÍQUIDO 2.1.6.01 Dividendos a Pagar 2.2 PASSIVO NÃO CIRCULANTE 2.2.1 PASSIVO EXIGÍVEL A LONGO PRAZO 2.2.1.10 Obrigações a Fornecedores 2.2.1.11 Duplicatas a Pagar 2.2.1.20 Empréstimos e Financiamentos 2.2.1.21 Bancos conta Empréstimo

(continua)

[2] Poderá também ser denominada "Propriedade para Investimentos".

(continuação)

2.2.1.22 Promissórias a Pagar
2.2.1.30 Débitos com Pessoas Ligadas
2.2.1.31 Títulos a Pagar à Coligada A
2.2.2 RECEITAS DIFERIDAS
2.2.2.10 Resultados Operacionais
2.2.2.11 Aluguéis Ativos a Vencer
2.2.2.12 Outras Receitas a Vencer
2.2.2.13 (–) Custos ou Perdas Correspondentes
2.3 PATRIMÔNIO LÍQUIDO
2.3.1 CAPITAL SOCIAL
2.3.1.01 Capital
2.3.1.02 (–) Titular conta Capital a Realizar
2.3.2 RESERVAS DE LUCROS
2.3.2.01 Reserva Legal
2.3.2.02 Reservas para Investimentos
2.3.3 RESERVAS DE CAPITAL
2.3.3.01 Reserva de Ágio na Emissão de Ações
2.3.4.99 (–) Ações em Tesouraria
2.3.5.99 (+ou–) Ajustes de Avaliação Patrimonial
2.3.6.99 (+ou–) Lucros ou Prejuízos Acumulados
2.3.6.01 Lucros Acumulados
2.3.6.02 (–) Prejuízos Acumulados

Quadro 10.2

CONTAS DE RESULTADO
3 – DESPESAS E CUSTOS
3.1 DESPESAS OPERACIONAIS 3.1.1 DESPESAS COM VENDAS Pessoal 3.1.1.01 Café e Lanches 3.1.1.02 Comissões sobre Vendas 3.1.1.03 Contribuições de Previdência 3.1.1.04 Décimo Terceiro Salário 3.1.1.05 Encargos Sociais 3.1.1.06 Férias 3.1.1.07 FGTS 3.1.1.08 Salários 3.1.1.09 Outras Despesas com Pessoal Outras 3.1.1.11 Fretes e Carretos 3.1.1.12 Propaganda e Publicidade 3.1.1.13 Despesas com Perdas Estimadas em Créditos de Liquidação Duvidosa 3.1.1.14 Despesas Eventuais 3.1.2 DESPESAS FINANCEIRAS 3.1.2.01 Descontos Concedidos 3.1.2.02 Despesas Bancárias 3.1.2.03 Juros Passivos

(continua)

(continuação)

3.1.3 DESPESAS GERAIS E ADMINISTRATIVAS
Pessoal
3.1.3.01 Café e Lanches
3.1.3.02 Contribuições de previdência
3.1.3.03 Décimo Terceiro Salário
3.1.3.04 Encargos Sociais
3.1.3.05 Férias
3.1.3.06 FGTS
3.1.3.07 Retiradas Pró-labore
3.1.3.08 Salários
3.1.3.09 Outras Despesas com Pessoal
Gerais
3.1.3.11 Água e Esgoto
3.1.3.12 Aluguéis Passivos
3.1.3.13 Amortização
3.1.3.14 Combustíveis
3.1.3.15 Depreciação
3.1.3.16 Despesas Postais
3.1.3.17 Energia Elétrica
3.1.3.18 Fretes e Carretos
3.1.3.19 Material de Expediente
3.1.3.20 Material de Limpeza
3.1.3.21 Prêmios de Seguro
3.1.3.22 Comunicação (Telefone, Fax etc.)
3.1.3.23 Serviços de Terceiros
3.1.3.24 Despesas Eventuais
Tributárias
3.1.3.31 Impostos e Taxas
Outras
3.1.3.41 Despesas Eventuais
3.1.4 OUTRAS DESPESAS OPERACIONAIS
3.1.4.01 Despesas (ou Gastos) de Organização
3.1.4.02 Multas Fiscais
3.1.4.03 Multas de Trânsito
3.1.4.04 Despesas Eventuais

3.2 OUTRAS DESPESAS
3.2.1.99 Perdas na Baixa de Bens do Ativo Não Circulante

3.3 CUSTOS OPERACIONAIS
3.3.1 CUSTOS DAS COMPRAS
3.3.1.01 Compras de Mercadorias
3.3.1.02 Fretes e Seguros sobre Compras
3.3.1.03 (–) Abatimentos sobre Compras
3.3.1.04 (–) Compras Anuladas
3.3.1.05 (–) Descontos Incondicionais Obtidos

4 — RECEITAS

4.1 RECEITAS OPERACIONAIS
4.1.1 RECEITA BRUTA
4.1.1.01 Vendas de Mercadorias

(continua)

(continuação)

4.1.1.02 Receitas de Serviços
4.1.1.03 (–) Abatimentos sobre Vendas
4.1.1.04 (–) Vendas Anuladas
4.1.1.05 (–) Descontos Incondicionais Concedidos
4.1.1.06 (–) Impostos sobre Serviços (ISS)
4.1.1.07 (–) Tributos sobre Vendas
4.1.1.08 (–) ICMS sobre Vendas
4.1.1.09 (–) COFINS sobre Faturamento
4.1.1.10 (–) PIS sobre Faturamento
4.1.2 RECEITAS FINANCEIRAS
4.1.2.01 Descontos Obtidos
4.1.2.02 Juros Ativos
4.1.2.03 Rendimentos sobre Aplicações Financeiras
4.1.3 OUTRAS RECEITAS OPERACIONAIS
4.1.3.01 Aluguéis Ativos
4.1.3.02 Perdas Recuperadas
4.1.3.03 Receitas Eventuais
4.2 OUTRAS RECEITAS
4.2.1.99 Ganhos na Baixa de Bens do Ativo Não Circulante
5 – CONTAS DE APURAÇÃO DO RESULTADO
5.1 RESULTADO BRUTO
5.1.1.99 Custo das Mercadorias Vendidas (CMV)
5.1.2.99 Custo dos Serviços Prestados (CSP)
5.1.3.99 Resultado da Conta Mercadorias (RCM)
5.1.3.01 Lucro sobre Vendas (Lucro Bruto)
5.1.3.02 (–) Prejuízo sobre Vendas
5.2 RESULTADO LÍQUIDO
5.2.1.99 Resultado do Exercício
5.2.1.01 Lucro Líquido do Exercício

Quadro 10.3

CONTAS EXTRAPATRIMONIAIS
6 – CONTAS DE COMPENSAÇÃO
6.1 COMPENSAÇÃO DO ATIVO
6.1.1.99 Seguros Contratados
6.1.2.99 Títulos (ou Duplicatas) em Cobrança
6.2 COMPENSAÇÃO DO PASSIVO
6.2.1.999Contratos de Seguros
6.2.2.999Endossos para Cobrança

10.3 Informações sobre o Elenco de Contas

10.3.1 Informações sobre o Quadro 10.1

10.3.1.1 Ativo

No Ativo, as contas representativas de bens e direitos devem ser classificadas obedecendo-se à ordem decrescente do grau de liquidez.

Grau de liquidez, conforme já estudamos no Capítulo 3, é o maior ou menor prazo no qual bens e direitos podem ser transformados em dinheiro.

Ativo Circulante

No **Ativo Circulante**, classificam-se as contas que representam os valores numerários (dinheiro em caixa e em banco), os bens destinados à venda ou a consumo próprio e os direitos, cujos vencimentos ocorram durante o exercício seguinte ao do Balanço em que as contas estiverem sendo classificadas.

A Lei n. 6.404/1976, no inciso I do art. 179, obedecendo à ordem decrescente do grau de liquidez das contas, estabelece que no Ativo Circulante as contas devem ser classificadas em três grupos: Disponibilidades, Direitos Realizáveis a Curto Prazo e Despesas do Exercício Seguinte.

Para melhor adequar os subgrupos do Ativo Circulante à codificação das contas por nós adotada, visando, inclusive, facilitar a contabilização por meio do computador, preferimos separar os direitos realizáveis a curto prazo, em cinco categorias: Clientes, Outros Créditos, Tributos a Recuperar, Investimentos Temporários a Curto Prazo e Estoques. Dessa forma, o Ativo Circulante ficou composto por sete subgrupos:

1.1.1 **Disponibilidades:** contas que representam dinheiro em caixa, em bancos e em aplicações, que podem ser transformadas em dinheiro a qualquer momento.

1.1.2 **Clientes:** contas representativas de direitos decorrentes de vendas de mercadorias ou de prestação de serviços a prazo.

1.1.3 **Outros Créditos:** não confundir com contas de natureza credora, as quais figuram no Passivo. A palavra créditos, aqui, está sendo empregada como sinônimo de direitos e não representando natureza de saldo de contas. É comum dizermos nos meios comerciais que os direitos da empresa correspondem a créditos da empresa com terceiros. Como os créditos da empresa, decorrentes de vendas de mercadorias e/ou de prestação de serviços devem ser classificados no subgrupo denominado Clientes, os demais direitos realizáveis durante o curso do exercício seguinte ao do Balanço, e que não sejam classificados nos demais grupos do Ativo Circulante, figurarão como Outros Créditos. Como exemplo, podemos citar os adiantamentos feitos a Fornecedores, a empregados, os Aluguéis a Receber etc.

1.1.4 **Tributos a Recuperar:** contas que representam direitos com os governos municipal, estadual ou federal. Decorrem de impostos recolhidos antecipadamente ou indevidamente ou, ainda, que por força da legislação gerem para a empresa direito de compensação no curso do exercício seguinte.

1.1.5 **Investimentos Temporários a Curto Prazo:** contas que representam as aplicações efetuadas pela empresa na compra de Títulos e valores mobiliários, podendo ou não ser representativos do capital de outras sociedades. Esses títulos poderão figurar tanto no Ativo Circulante quanto no Ativo Não Circulante (Realizável a Longo Prazo ou Investimentos). Figurarão neste grupo do Ativo Circulante quando a empresa não tiver intenção de manter essas aplicações por mais de um ano.

1.1.6 **Estoques:** contas que representam os Estoques de bens destinados à venda ou ao consumo da empresa.

1.1.7 **Despesas do Exercício Seguinte:** contas que representam as despesas do exercício seguinte, pagas no exercício atual, ou seja, as despesas pagas antecipadamente. Na Seção 14.2, há exemplos de fatos envolvendo contas desse grupo do Balanço.

Ativo Não Circulante

Este grupo é o oposto do Ativo Circulante. Enquanto no Ativo Circulante são classificadas contas que representam bens e direitos que estão em circulação constante na empresa, isto é, que giram em prazo inferior a um ano, no Ativo Não Circulante são classificadas contas representativas de bens e direitos com pequena ou nenhuma circulação. A Lei n. 6.404/1976 divide o Ativo Não Circulante em quatro grupos:

a. **Ativo Realizável a Longo Prazo:** neste grupo devem ser classificadas as contas representativas de Direitos cujos vencimentos ocorram após o término do Exercício Social seguinte ao do Balanço em que as contas estiverem sendo classificadas. Com exceção das disponibilidades, todos os demais subgrupos do Ativo Circulante poderão figurar aqui.

Incluímos, ainda, um subgrupo destinado à classificação das contas representativas de Direitos junto a Pessoas Ligadas (1.2.1.30 Créditos com Pessoas Ligadas), pois o inciso II, do art. 179 da Lei n. 6.404/76, estabelece que, independentemente do prazo de vencimento, devem ser classificadas no Ativo Realizável a Longo Prazo as contas representativas de Direitos derivados de vendas, adiantamentos ou empréstimos a sociedades coligadas ou controladas, diretores, acionistas ou participantes no lucro da companhia, que não constituírem negócios usuais na exploração do objeto da companhia. Entretanto, é preciso cuidado, pois se o Direito com qualquer das pessoas citadas decorrer de operações normais da empresa, como Venda de Mercadorias ou Prestação de Serviços, tais contas deverão obedecer à classificação normal no Ativo Circulante ou no Realizável a Longo Prazo, conforme os demais Direitos da empresa.

b. **Investimentos:** neste grupo são classificadas as contas representativas dos investimentos efetuados no capital de outras sociedades, bem como aquelas contas representativas dos direitos de qualquer natureza, não classificáveis no Ativo Circulante ou no Realizável a Longo Prazo e que não se destinem à manutenção da atividade principal da empresa, como, por exemplo, os investimentos em Obras de Arte ou, ainda, em bens que gerem receitas para a empresa, independentemente das suas atividades operacionais, como é o caso das propriedades para investimentos (Imóveis de Renda).

As participações permanentes no capital de outras sociedades poderão ocorrer em sociedades coligadas, controladas, em sociedades que façam parte de um mesmo grupo ou que estejam sob controle comum (*joint venture*) ou ainda, em outras sociedades que não se enquadram nessas mencionadas. Não trataremos desses investimentos dado o caráter introdutório da obra.

c. **Imobilizado:** neste grupo são classificadas contas representativas de recursos aplicados na aquisição de bens de uso da empresa. São bens corpóreos destinados à manutenção das atividades da empresa como móveis e utensílios, veículos, computadores etc.

d. **Intangível:** contas representativas dos recursos aplicados em bens imateriais. São direitos que tenham por objeto bens incorpóreos destinados à manutenção das atividades da empresa ou exercidos com essa finalidade, inclusive aqueles representativos de fundo de comércio adquirido a título oneroso.

10.3.1.2 Passivo

Já vimos que no Passivo são classificadas as contas representativas das obrigações e do Patrimônio Líquido. As obrigações, também conhecidas por Passivo Exigível, são os capitais de terceiros, enquanto o Patrimônio Líquido representa os capitais próprios.

No Balanço, no lado do Passivo, inicialmente devem ser classificadas as contas representativas das obrigações e, em seguida, as representativas do Patrimônio Líquido.

As contas de obrigações devem ser classificadas na ordem decrescente do grau de exigibilidade. **Grau de exigibilidade** representa o maior ou menor prazo em que a obrigação deve ser paga.

Assim, as Obrigações são classificadas em dois grupos: Passivo Circulante e Passivo Não Circulante.

Passivo Circulante

Neste grupo constam todas as contas que representam Obrigações, cujos vencimentos ocorram durante o Exercício seguinte ao do Balanço em que as contas estiverem sendo classificadas. Esse grupo poderá conter subdivisões, de acordo com a natureza de cada Obrigação.

Essas subdivisões poderão ser como segue:

a. **Obrigações a Fornecedores:** Representam compromissos decorrentes da compra de mercadorias a prazo;

b. **Empréstimos e Financiamentos:** são compromissos assumidos na obtenção de recursos financeiros para a empresa, como é o caso de empréstimos efetuados junto a estabelecimentos bancários;

c. **Obrigações Tributárias:** constituem compromissos com os Governos Federal, Estadual ou Municipal;

d. **Obrigações Trabalhistas e Previdenciárias:** são compromissos gerados em decorrência dos serviços prestados à empresa por seus empregados;

e. **Outras Obrigações:** abrangem os compromissos que não se enquadram nos demais subgrupos do Passivo Circulante; e

f. **Participações e Destinações do Lucro Líquido:** abrangem contas representativas das parcelas do lucro líquido do exercício, distribuídas aos acionistas, bem como a pessoas que tenham direito de participação nos resultados da empresa.

Passivo Não Circulante

O Passivo Não Circulante é dividido em dois grupos:

a. **Passivo Exigível a Longo Prazo:** neste grupo são classificadas as contas representativas das Obrigações, cujos vencimentos ocorram após o término do Exercício Social seguinte ao do Balanço em que as contas estiverem sendo classificadas.

   Os mesmos subgrupos constantes do Passivo Circulante poderão figurar neste grupo, exceto aquele destinado às participações e destinações do resultado, que raramente abrangem obrigações de longo prazo.

b. **Receitas Diferidas:** a Lei n. 6.404/1976, em seu art. 299-B, estabelece que as contas representativas das receitas recebidas antecipadamente devem ser classificadas no Passivo Não Circulante, deduzidas dos custos e despesas a elas correspondentes. Na Seção 10.3.1.3.2, bem como na Seção 14.3, podem ser encontrados exemplos de fatos envolvendo contas desse grupo do Balanço.

Patrimônio Líquido

Neste grupo, as contas representativas dos capitais próprios são classificadas do seguinte modo:

a. **Capital Social:** subgrupo composto pela conta Capital, que representa os valores investidos na empresa pelos titulares e pela conta Capital a Realizar (ou titular conta Capital a Realizar; Quotistas conta Capital a Realizar; Acionistas conta Capital a Realizar etc.), que representa a parcela do capital já subscrita pelos sócios, porém ainda não realizada;

b. **Reservas:** composto pelas contas representativas das reservas constituídas em decorrência de lei ou da vontade do proprietário, dos sócios ou dos administradores. Existem reservas de lucros (constituídas a partir do lucro líquido apurado em cada exercício social) e reservas de capital (decorrentes de algumas receitas que, por força da Lei n. 6.404/1976, não devem transitar pelo resultado do exercício). Dado o caráter introdutório desta obra, não subdividimos as reservas no Plano de Contas.

c. **Lucros ou Prejuízos Acumulados:** observe que esta é uma conta principal (sintética) que tem como subcontas (analíticas) as contas Lucros Acumulados e Prejuízos Acumulados. No Elenco de Contas do Capítulo 3, apresentamos apenas a conta Lucros Acumulados para atender às necessidades daquela etapa dos estudos.

   A conta Lucros ou Prejuízos Acumulados é utilizada para receber por transferência o resultado apurado na conta Resultado do Exercício, para que sejam dadas as destinações devidas a esse resultado. No Capítulo 8, você aprendeu que o resultado do exercício, sendo positivo deve ser transferido para a conta Lucros Acumulados e sendo negativo para a conta Prejuízos Acumulados. A empresa tem a opção de usar a conta sintética e apresentá-la no Balanço, com sinal negativo quando prejuízo ou com sinal positivo quando lucro. Mais detalhes acerca do uso dessa conta sintética ou das duas analíticas você encontrará no Capítulo 14.

   Conforme você pode observar, no grupo do Patrimônio Líquido podem figurar, ainda, os Ajustes de Avaliação Patrimonial, bem como as Ações em Tesouraria, contas que serão comentadas oportunamente.

Nota

- Com o advento da Lei n. 11.638/2007, as sociedades por ações ficaram obrigadas a dar destinação total aos lucros apurados em cada exercício social. Deste modo, ficou vedada a esse tipo de entidade, a manutenção de saldo credor na conta Lucros ou Prejuízos Acumulados (ou na subconta Lucros Acumulados), nos Balanços de final de exercício social. Contudo, esse procedimento não se aplica às demais sociedades e entidades de forma geral, as quais poderão manter em seus Balanços saldo credor na conta Lucros ou Prejuízos Acumulados ou na subconta Lucros Acumulados, para futuras destinações. (Ver itens 48 a 50 do Comunicado Técnico CTG 2000 aprovado pela Resolução CFC n. 1159/2009).

10.3.1.3 Contas redutoras do Balanço

Você deve ter percebido que, tanto no lado do Ativo quanto no lado do Passivo, existem algumas contas com sinal negativo (−). Elas são denominadas contas redutoras do Ativo ou do Passivo. Os valores das contas redutoras devem figurar entre parênteses, para indicar que são negativos no respectivo grupo.

10.3.1.3.1 Contas redutoras do Ativo

As **contas redutoras do Ativo** são contas de natureza credora que, por força da Lei n. 6.404/1976, devem figurar no Balanço Patrimonial, do lado do Ativo, como contas redutoras das contas com base nas quais elas foram criadas.

No Elenco de Contas analisado, há três contas redutoras do Ativo:

a. **Perdas Estimadas em Créditos de Liquidação Duvidosa:** deve figurar no Ativo Circulante, como redutora da conta Duplicatas a Receber ou Clientes. Veja detalhes na Seção 11.6 do Capítulo 11.

b. **Depreciações Acumuladas:** para facilitar a utilização dessa conta, apresentamos, no Elenco de Contas, as depreciações subdivididas em: Depreciação Acumulada de Computadores, Depreciação Acumulada de Imóveis, Depreciação Acumulada de Instalações, Depreciação Acumulada de Móveis e Utensílios e Depreciação Acumulada de Veículos. Cada uma dessas contas deve figurar no Ativo Não Circulante, subgrupo Ativo Imobilizado como redutora das contas sujeitas à depreciação, que representem os bens de uso da empresa. No Capítulo 13 – Depreciação e Amortização, estudaremos com mais detalhes o uso dessas contas. Quando a empresa estiver obrigada a publicar o Balanço Patrimonial, bem como outras demonstrações contábeis, nos jornais de grande circulação do país (como ocorre com as sociedades anônimas de capital aberto), todos esses títulos podem ser agrupados em um só com a seguinte denominação: Depreciações Acumuladas.

c. **Amortização Acumulada:** correspondem a diminuições dos saldos das contas representativas de bens intangíveis. Mais detalhes você encontrará no Capítulo 13.

10.3.1.3.2 Contas redutoras do Passivo

Contas Redutoras do Passivo são contas de natureza devedora que, por força da Lei n. 6.404/1976, devem figurar no lado do Passivo, como redutoras das contas com base nas quais foram criadas e, ou originadas. No Elenco de Contas em estudo, apresentamos cinco Contas Redutoras do Passivo:

a. **Custos ou Perdas Correspondentes:** figura no grupo Receitas Diferidas; representa as Despesas e/ou Custos da empresa em decorrência de Receitas recebidas antecipadamente. O título Custos ou Perdas Correspondentes é genérico, o qual deve ser desdobrado, para melhor representar o valor que deverá ser deduzido da receita antecipada. Exemplo: a nossa empresa, estabelecida na capital do Estado de São Paulo, com o ramo de comércio de veículos usados em geral, para obter renda independentemente das suas atividades operacionais (compra e venda de automóveis usados), decidiu alugar parte do imóvel de sua propriedade pelo período de um ano, a contar de 01 de janeiro de X2 a 31 de dezembro de X2. Na data de assinatura do contrato de locação (10 de dezembro de X1), foi exigido que o locatário nos pagasse a importância de $ 3.000, correspondente a um mês de aluguel antecipado. Entretanto, para que o contrato de locação fosse possível, foi necessário gastar, em dezembro de X1, a importância de $ 1.000 com pequenos reparos na rede elétrica e na rede de água. Portanto, como no mês de dezembro de X1 recebemos antecipadamente a importância de $ 3.000, e tivemos gastos correspondentes de $ 1.000, no Balanço que será levantado em 31 de dezembro de X1, no grupo Resultados de Exercícios Futuros, figurará:

Aluguéis Ativos a Vencer....................................	*3.000*
(−) Despesas com Reformas...............................	*(1.000)*
Total...	*2.000*

Mais detalhes acerca das receitas e das despesas antecipadas podem ser encontrados nas Seções 14.2 e 14.3.

b. **Titular Conta Capital a Realizar:** figura no grupo do Patrimônio Líquido, subgrupo Capital Social, como redutora da conta Capital. Representa parte do Capital já subscrito pelo titular, porém, ainda não realizado. Para mais detalhes acerca do funcionamento dessa conta, veja a Seção 6.2.

c. **(+ ou −) Ajustes de Avaliação Patrimonial:** esta conta que poderá apresentar saldo devedor ou credor, representa a contrapartida de ajustes efetuados em contas do Ativo ou do Passivo. Trata-se de uma inovação trazida pela Lei n. 11.638/2007 e Medida Provisória n. 449/2008, convertida na Lei n. 11.941/2009, que não estudaremos dado o caráter introdutório desta obra.

d. **(−) Ações em Tesouraria:** corresponde a ações representativas do capital da própria empresa, adquiridas por ela mesma.

e. **(−) Prejuízos Acumulados:** conforme vimos, o resultado negativo apurado no exercício social findo ou em exercícios anteriores fica acumulado no Patrimônio Líquido, com essa intitulação, até que seja compensado ou assumido pelos sócios ou titulares. Lembramos, mais uma vez que, opcionalmente, a empresa pode utilizar a conta sintética "Lucros ou Prejuízos Acumulados" para representar esse prejuízo, caso em que o seu saldo figurará no Balanço entre parênteses.

10.3.2 Informações sobre o Quadro 10.2

No Quadro 10.2, referente ao Elenco de Contas do Capítulo 3, apresentamos apenas três grupos de contas: Despesas, Receitas e Contas de Apuração do Resultado. Agora, apresentamos todos os grupos e subgrupos das contas de resultado conforme a Lei n. 6.404/1976, embora ainda com poucas contas.

10.3.2.1 Despesas

Despesas Operacionais

São as despesas que ocorrem em função da vida normal da empresa. Essas despesas podem ser consideradas como necessárias à gestão do patrimônio e se subdividem em:

1. **Despesas com Vendas:** despesas ligadas à atividade de vendas da empresa. Elas podem ainda ser subdivididas em Pessoal (Salários, Encargos, Comissões, Lanches etc. Enfim, todos os gastos que a empresa tem com o pessoal da área de vendas) e outras (consideradas neste subgrupo todas as demais despesas do setor de vendas, que não correspondam ao pessoal, como Propaganda e Publicidade, Fretes e Carretos etc.).
2. **Despesas Financeiras:** como o próprio nome sugere, compreendem todos os gastos que a empresa tem em decorrência das suas operações financeiras, isto é, que envolvem dinheiro. Normalmente, surgem de transações bancárias e no momento do pagamento de obrigações ou do recebimento de direitos. A identificação dessas despesas entre as demais é muito fácil, pois elas existem em quantidade reduzida. Veja as mais comuns:
   a. **Descontos Concedidos:** descontos que a empresa oferece aos seus clientes, no momento do recebimento de direitos, normalmente provenientes de vendas a prazo.
   b. **Despesas Bancárias:** despesas que ocorrem nas transações com os bancos como é o caso dos juros, das comissões, das taxas etc.
   c. **Juros Passivos:** despesas pagas em decorrência de atrasos no cumprimento de obrigações.
3. **Despesas Administrativas:** gastos ligados ao setor administrativo da empresa. Subgrupo das Despesas Operacionais que concentra o maior número de despesas, podem ser também subdivididos em: Pessoal (Salários e Encargos além de outros gastos com o pessoal que trabalha na administração da empresa, incluindo as retiradas de Pró-Labore dos sócios ou do titular); Gerais (compreendendo as despesas com Aluguéis, Depreciação, Amortização, Água e Esgoto etc.); Tributárias (compreendendo os gastos ligados às despesas pagas ou que devem ser pagas aos governos municipal, estadual ou federal); Outras (todas as demais despesas ligadas à administração que não se enquadrarem nos subgrupos anteriores).

Observação

- No subgrupo Pessoal das Despesas com Vendas constam as contas: Encargos Sociais, Contribuições de Previdência e FGTS. Ocorre que as duas últimas são subcontas da conta Encargos Sociais. Pode-se optar pelo uso da conta sintética (Encargos Sociais) ou em substituição a ela, pelo uso das outras duas. Por razões práticas, mantivemos a classificação pela ordem alfabética e codificadas com a mesma quantidade de algarismos. Essas contas aparecem também no subgrupo Pessoal das Despesas Administrativas.

4. **Outras Despesas Operacionais:** neste subgrupo, normalmente, devem ser classificadas as despesas que, por eliminação, não se encaixam nos subgrupos das Despesas com Vendas, Financeiras, Administrativas, e também não correspondem às Outras Despesas.

   Veja, por exemplo, a conta Multas Fiscais, a qual não pode ser considerada normal na vida da empresa, porém que pode ocorrer no desenvolvimento de suas atividades operacionais normais.

Outras Despesas

Essas Despesas ocorrem fora das atividades operacionais normais da empresa. São raras e resultam de perdas apuradas nas baixas de Bens ou de Direitos classificados no Ativo Não Circulante.

As baixas do Ativo Não Circulante decorrem de vendas, doações, retiradas de uso por obsolescência etc. No Elenco de Contas, incluímos apenas a conta Perdas em Transações do Ativo Não Circulante, a qual reflete adequadamente os prejuízos (perdas) citados.

10.3.2.2 Custos Operacionais

As contas classificadas como **Custos Operacionais**, embora sejam de resultado, não devem ser consideradas despesas, pois representam o custo das mercadorias adquiridas para venda.

Temos cinco contas nesse grupo. As contas Compras de Mercadorias e Fretes e Seguros sobre Compras representam o custo das mercadorias adquiridas para venda; logo, para fins de apuração do resultado bruto, os valores dessas duas contas deverão ser somados. Por outro lado, há três contas negativas, ou seja, redutoras do custo das mercadorias adquiridas, que são: Abatimentos sobre Compras, Compras Anuladas e Descontos Incondicionais Obtidos. São consideradas contas redutoras, pois seus valores deverão ser diminuídos do custo das mercadorias adquiridas para fins de apuração do resultado bruto. Mais detalhes podem ser encontrados no Capítulo 11, no qual estudaremos a apuração do resultado bruto do exercício.

10.3.2.3 Receitas

Receitas Operacionais

São todas as receitas normais, isto é, aquelas que ocorrem em virtude do desenvolvimento das atividades operacionais da empresa. Subdividem-se em:

1. **Receita Bruta:** representam as receitas provenientes da atividade principal da empresa, como é o caso das receitas com vendas, nas empresas comerciais, e das, receitas de serviços, nas empresas que prestam serviços.

Observe que, nesse subgrupo, apresentamos oito contas com sinal negativo. Todas elas são contas redutoras da receita bruta de vendas e/ou de serviços, cujos valores deverão ser diminuídos dos valores das contas Vendas de Mercadorias e ou Receitas de Serviços para fim de apuração do resultado bruto. No Capítulo 11, há mais detalhes acerca desse tipo de apuração.

Observação

- As contas ICMS sobre Vendas, Cofins e PIS sobre Faturamento são subcontas da Conta 4.1.1.07 (2) Tributos sobre Vendas. Pode-se optar em usar a conta sintética (Tributos sobre Vendas) ou em substituição a ela, usar as contas analíticas, uma para o registro de cada tributo. Por razões práticas, mantivemos a codificação das quatro contas citadas com a mesma quantia de algarismos.

2. **Receitas Financeiras:** a exemplo do que ocorre com as Despesas Financeiras, as contas deste subgrupo de receitas representam os ganhos que a empresa tem em transações financeiras, assim consideradas aquelas realizadas com aplicações de dinheiro em estabelecimentos bancários, bem como no recebimento de direitos após as datas fixadas para seus vencimentos, ou, ainda, no pagamento de obrigações efetuado antes dos prazos fixados para seus vencimentos. É muito fácil de identificar as contas desse subgrupo dentre as demais contas de receitas, pois, basicamente, são três: Descontos Obtidos, Juros Ativos e Rendimentos sobre Aplicações Financeiras.
3. **Outras Receitas Operacionais:** neste subgrupo são classificadas as Contas de Receitas que não corresponderem à Receita Bruta, à Receita Financeira, ou a Ouras Receitas.

Outras Receitas

A exemplo das Contas classificadas como Outras Despesas, compreendem as Receitas que ocorrem independentemente (fora) das atividades operacionais da empresa. São raras e decorrem de ganhos obtidos nas baixas de Bens ou de Direitos classificados no Ativo Não Circulante.

No Elenco de Contas, incluímos apenas a conta Ganhos na Baixa de Bens do Ativo Não Circulante, a qual reflete adequadamente os lucros (ganhos) citados.

10.3.3 Informações sobre o Quadro 10.3

Neste quadro, apresentamos um grupo de contas de compensação, também conhecidas por contas extrapatrimoniais.

A Lei n. 6.404/1976, da Sociedades por Ações, não contempla essas contas, porém dispõe que os ônus reais constituídos sobre elementos do Ativo, as garantias prestadas a terceiros e outras responsabilidades eventuais ou contingentes sejam indicadas, na apresentação do Balanço, em notas explicativas.

O Conselho Federal de Contabilidade (CFC), trata das Contas de Compensação, nos itens 29 e 30 da Interpretação Técnica ITG 2000 – Escrituração Contábil, aprovada pela Resolução CFC n. 1330/2011.

A mencionada ITG 2000 estabelece que a escrituração das Contas de Compensação somente será obrigatória quando algum órgão regulador,[3] ao qual a empresa estiver subordinada, assim o determinar. Entretanto, nos casos em que as Contas de Compensação não forem utilizadas, a entidade deve manter outros mecanismos que possibilitem controlar os atos administrativos relevantes.

---

[3] Comissão de Valores Mobiliários (CVM), Banco Central do Brasil (BCB) Superintendência de Seguros Privados (Susep) etc.

A finalidade das Contas de Compensação é permitir o controle dos atos administrativos relevantes, isto é, aqueles que possam afetar futuramente a situação patrimonial da empresa. Quando, por exemplo, a empresa assina contrato com uma companhia seguradora, o valor segurado deve ser registrado por meio das contas de compensação.

Pela inexpressiva importância que a contabilização dos atos administrativos representa nesta fase dos seus estudos, apresentamos apenas dois exemplos de contabilização: um envolvendo seguros, na Seção 14.2.2.1, e outro envolvendo cobrança simples de duplicatas, na Seção 17.1.2.

10.3.3.1 Contas de Apuração do Resultado

Contas de Apuração do Resultado são contas transitórias por meio das quais se apuram contabilmente os resultados bruto e líquido do exercício. Já vimos a conta Resultado do Exercício. Nos capítulos a seguir, aprenderemos a utilizar as demais.

10.4 Manual de Contas

O **Manual de Contas** tem, por finalidade, apresentar informações detalhadas acerca de cada conta, servindo de guia para que o contabilista possa registrar uniformemente todos os eventos responsáveis pela gestão do patrimônio da empresa.

As informações apresentadas no Manual de Contas devem envolver o código numérico, a intitulação, a função, o funcionamento, a natureza e os critérios de avaliação de cada conta; exemplos de lançamentos apropriados para o registro de operações raras, roteiros para conciliações de dados, bem como informações acerca dos documentos que servem de suporte aos registros contábeis.

A função da conta é a razão de sua existência, isto é, para que serve.

O funcionamento da conta significa em que situação a conta será debitada ou creditada.

A natureza do saldo da conta poderá ser devedora ou credora.

Veja, agora, exemplos de como as informações podem constar do Manual de Contas:

1.1 ATIVO CIRCULANTE

Composto por contas utilizadas para o registro de bens e direitos de qualquer natureza, realizáveis até o término do exercício social seguinte.

1.1.1 DISPONIBILIDADES

Composto por contas utilizadas para o registro de bens numerários de livre e imediata movimentação.

1.1.1.01 Caixa

Função: representa o valor dos bens numerários em poder da empresa, normalmente compostos por dinheiro e cheques.

Funcionamento: debitada pelas entradas de dinheiro ou cheques de terceiros e creditada pelas saídas de dinheiro ou cheques de terceiros recebidos pela empresa.

Natureza do saldo: devedor.

1.1.1.02 Bancos conta Movimento

Função: representa o valor dos bens numerários da empresa, depositado em conta-corrente bancária.

Funcionamento: debitada pelas entradas de dinheiro na conta-corrente bancária, provenientes de depósitos efetuados em dinheiro ou em cheques, de avisos de créditos efetuados pelos bancos etc.; creditada pelas saídas de dinheiro da conta bancária decorrentes de saques por emissão de cheques, ordens de pagamentos, avisos de débitos efetuados pelos bancos etc.

Natureza do saldo: devedor.

10.5 Modelos padronizados de demonstrações contábeis

Nesta parte do Plano de Contas, deverão constar modelos das demonstrações contábeis que serão elaboradas periodicamente pelo setor de contabilidade da empresa.

11 Operações com Mercadorias

11.1 Introdução

Já vimos que as **mercadorias** compreendem todos os bens que as empresas comerciais compram para revender. As operações que envolvem as compras e as vendas de mercadorias constituem a atividade principal das empresas comerciais.

Como contabilizar as operações com mercadorias? Lembre-se de que, no Capítulo 5, para registrar as compras e as vendas de mercadorias, utilizamos a conta Estoque de Mercadorias, e que, nas Atividades Práticas do Capítulo 8, colocamos uma nota dizendo que as contas Compras de Mercadorias e Vendas de Mercadorias deveriam ser adotadas para registro das operações com mercadorias (método da conta desdobrada). Pois bem, para contabilizar as operações com mercadorias, existem dois métodos:

a. **método da conta mista:** utilizar uma única conta, que poderá ser chamada de Mercadorias, ou Estoque de Mercadorias, ou outra semelhante, para registrar todas as operações com mercadorias (estoques inicial e final, compras, vendas, devoluções de compras e devoluções de vendas);

b. **método da conta desdobrada:** usar as três contas básicas: Estoque de Mercadorias (para registrar os estoques inicial e final), Compras de Mercadorias e Vendas de Mercadorias. Podem, ainda, ser utilizadas as contas Compras Anuladas (para registrar as devoluções de compras) e Vendas Anuladas (para registrar as devoluções de vendas). A empresa poderá optar por um dos dois métodos, mas não poderá utilizar ambos ao mesmo tempo, para não prejudicar a uniformidade de seus registros contábeis.

Seja qual for o método utilizado, a empresa pode ainda adotar um dos seguintes sistemas:

a. **inventário permanente:** controlar permanentemente o valor do estoque de mercadorias. Assim, a cada compra efetuada, o custo da respectiva compra é adicionado ao estoque; da mesma forma, a cada venda efetuada, o custo da respectiva venda é diminuído do estoque. Dessa forma, o estoque de mercadorias fica atualizado constantemente;
b. **inventário periódico:** o valor do estoque de mercadorias só é conhecido no final do período, após a realização da contagem física de todas as mercadorias existentes (inventário).[1]

11.2 Registro das Compras e das Vendas de Mercadorias durante o ano

Veja como deverão ser contabilizadas as compras e as vendas de mercadorias pelo método da conta desdobrada com inventário periódico:

a. Compras de mercadorias

EXEMPLO:

Compra de mercadorias, conforme nota fiscal n. 341, do fornecedor Leandro Reis Ltda., no valor de $ 10.000, à vista.

O registro no livro Diário ficará assim:

Compras de Mercadorias

a Caixa

Conforme nota fiscal n. 341 de
Leandro Reis Ltda. 10.000

b. Vendas de mercadorias

EXEMPLO:

Nossas vendas de mercadorias, à vista, conforme nossas notas fiscais n^{s} 2.000 a 2.020, no valor de $ 15.000.

O registro no livro Diário ficará assim:

Caixa
a Vendas de Mercadorias
Conforme nossas notas fiscais n^{s} 2.000 a 2.020........ 15.000

[1] A partir daqui, adotaremos o método da conta desdobrada com inventário periódico, por ser didaticamente o mais indicado para o estágio atual dos estudos.

Conforme pudemos observar, adotando a conta desdobrada com inventário periódico, para registrar as compras de mercadorias no livro Diário, debita-se a conta Compras de Mercadorias e credita-se a conta Caixa, Bancos conta Movimento, Fornecedores ou Duplicatas a Pagar, conforme o caso. Da mesma forma, sempre que ocorrerem vendas de mercadorias, debita-se a conta Caixa, Bancos conta Movimento, Clientes ou Duplicatas a Receber, conforme o caso e credita-se a conta Vendas de Mercadorias.

ATIVIDADE PRÁTICA

Contabilize em partidas de Diário e em Razonetes os seguintes fatos, ocorridos em uma empresa comercial:

1. Compra de mercadorias, à vista, de J. C. Santos Ltda., conforme nota fiscal n. 814, no valor de $ 10.000.
2. Compra de mercadorias, a prazo, de Ferrari & Cia, conforme nota fiscal n: 1.050, no valor de $ 6.000. Houve aceite, no ato, de duas duplicatas para vencimentos em 30 e 60 dias.
3. Venda de mercadorias, à vista, conforme nota fiscal n. 180, no valor de $ 4.000.
4. Venda de mercadorias, a prazo, conforme nota fiscal n. 1.200, ao cliente José Carlos de Souza, no valor de $ 3.000. Houve aceite, no ato, de três duplicatas para vencimentos de 30 em 30 dias.

11.3 Resultado da Conta Mercadorias

Nesta seção, aprenderemos a apurar o Resultado da Conta Mercadorias para saber se a empresa comercial obteve lucro ou prejuízo em sua atividade principal.

Para apurar no final de um período (normalmente no final de um ano) o Resultado da Conta Mercadorias, precisamos, inicialmente, verificar, no livro Razão, os saldos das contas utilizadas durante o respectivo período para o registro das operações com mercadorias.

Vamos assumir que os saldos dessas contas em uma determinada empresa, em 31 de dezembro, tenham sido os seguintes:

a. Estoque de Mercadorias, saldo devedor de $ 5.000;
b. Compras de Mercadorias, saldo devedor de $ 20.000;
c. Vendas de Mercadorias, saldo credor de $ 23.000.

Pelo método por nós adotado, ou seja, conta desdobrada com inventário periódico, para apurarmos o Resultado da Conta Mercadorias em 31 de dezembro, além das contas acima (que representam o estoque inicial, as compras e as vendas de mercadorias efetuadas no período), precisamos conhecer o valor das mercadorias existentes em estoque no último dia do ano. Com esse objetivo, é feita, na empresa, uma contagem física das mercadorias. A essa contagem física das mercadorias dá-se o nome de inventário.

Supondo que o inventário físico realizado em 31 de dezembro tenha sido de $ 12.000, vamos estudar dois processos de apuração: extracontábil e contábil.

11.3.1 Apuração extracontábil

Conheça a primeira fórmula a ser aplicada:

1ª) fórmula: CMV = EI + C − EF

em que:
- CMV = Custo das Mercadorias Vendidas
- EI = Estoque Inicial de mercadorias
- C = Compras de Mercadorias
- EF = Estoque Final de mercadorias

Veja como é fácil aplicar essa fórmula:

CMV = (EI: 5.000) + (C: 20.000) − (EF: 12.000)
CMV = 13.000

Conheça, agora, a segunda fórmula a ser aplicada:

2ª) fórmula: RCM = V − CMV

em que:
- RCM = Resultado da Conta Mercadorias
- V = Vendas de Mercadorias
- CMV = Custo das Mercadorias Vendidas, apurado por meio da 1ª fórmula

Veja, também, como é fácil aplicar essa fórmula:

RCM = (V: 23.000) − (CMV: 13.000)
RCM = 10.000

O RCM, sendo positivo, significa que o valor das vendas de mercadorias foi superior ao custo das respectivas mercadorias vendidas, logo, corresponde a lucro. Esse lucro, apurado nas vendas de mercadorias, é denominado lucro bruto do exercício.

11.3.2 Apuração contábil

Para facilitar a contabilização do Resultado da Conta Mercadorias, tanto no Diário quanto no Razão ou nos Razonetes, podemos tomar como roteiro as duas fórmulas apresentadas (CMV e RCM), acompanhe:

1º passo: reconstituição dos Razonetes

No início da Seção 11.3, dissemos que, para apurar, no fim de um período, o Resultado da Conta Mercadorias, é preciso, inicialmente, verificar, no livro Razão, os saldos das contas utilizadas durante o respectivo período para o registro das operações com mercadorias. Dissemos, ainda, que os saldos dessas contas, em uma determinada empresa, em 31 de dezembro, foram: Estoque de Mercadorias = débito de $ 5.000; Compras de Mercadorias = débito de $ 20.000 e Vendas de Mercadorias = crédito de $ 23.000.

Para possibilitar a contabilização do Resultado da Conta Mercadorias, é preciso ter em mãos o livro Razão. Como não o temos, precisamos, então, reconstituí-lo. Para facilitar ainda mais, o faremos utilizando Razonetes.

Veja, então, os Razonetes das três contas que foram movimentadas durante o período, com seus respectivos saldos:

ESTOQUE DE MERCADORIAS	
5.000	

COMPRAS DE MERCADORIAS	
20.000	

VENDAS DE MERCADORIAS	
	23.000

Nota

- Para melhor aproveitamento, tenha em mãos uma folha com Razonetes e uma folha de Diário. Assim, à medida que as explicações forem se desenvolvendo, você poderá acompanhá-las passo a passo, transcrevendo-as nas respectivas folhas. Comece abrindo três Razonetes: um para a conta Estoque de Mercadorias, colocando $ 5.000 no débito; outro para a conta Compras de Mercadorias, com $ 20.000 no débito, e outro para a conta Vendas de Mercadorias, com $ 23.000 no crédito, conforme apresentamos antes desta nota.

2º passo: contabilização do CMV

A contabilização da apuração do Custo das Mercadorias Vendidas é feita transferindo-se os saldos de todas as contas que integram a fórmula do CMV para a respectiva conta Custo das Mercadorias Vendidas (CMV).

Como a conta Custo das Mercadorias Vendidas (CMV) não foi movimentada durante o ano, neste momento, precisamos de um razonete para ela, juntamente com os outros três que já abrimos.

Se você providenciou uma folha com Razonetes e uma folha de Diário, basta abrir um Razonete para a conta Custo das Mercadorias Vendidas, o qual será o quarto Razonete. Dessa forma, sua folha conterá, até este momento, quatro Razonetes com títulos, sendo que o da conta CMV deve ficar em branco, pois é a partir desse momento que ele começará a receber, por transferência, os saldos de todas as contas que compõem a fórmula apropriada para apurar o Custo das Mercadorias Vendidas.

Para facilitar a compreensão, a transferência dos saldos das contas para a conta CMV deve ser feita seguindo a ordem em que essas contas se encontram na fórmula. Assim, na fórmula do CMV, temos:

CMV = EI + ...

Note que o primeiro elemento que aparece na fórmula é o estoque inicial. Ele está registrado na conta Estoque de Mercadorias, apresentando no respectivo Razonete saldo devedor de $ 5.000.

A transferência do saldo dessa conta para a conta Custo das Mercadorias Vendidas (CMV), é feita por meio do seguinte lançamento no Diário:

1) *Custo das Mercadorias Vendidas*
a Estoque de Mercadorias
Transferência que se processa da segunda para a primeira das contas supra, referentes ao estoque inicial, para apuração do resultado bruto *5.000*

Agora, transcrevemos esse lançamento de Diário nos Razonetes. Inicialmente lançamos no Razonete da conta Custo das Mercadorias Vendidas (CMV), no lado do débito, a importância de $ 5.000. Em seguida, lançamos no Razonete da conta Estoque de Mercadorias, no lado do crédito, $ 5.000.

Vejamos, então, a posição das duas contas envolvidas nesse lançamento, em seus respectivos Razonetes:

CVM	
(1) 5.000	

ESTOQUE DE MERCADORIAS	
5.000	(1) 5.000

Proceda da mesma forma nas suas folhas de Diário e de Razonetes. Após o lançamento 1 efetuado, a conta Estoque de Mercadorias ficou com saldo igual a zero, uma vez que seu valor foi transferido para a conta CMV. Continuando a fórmula temos:

$$CMV = EI + C - ...$$

A transferência do saldo da conta Compras de Mercadorias para a conta Custo das Mercadorias Vendidas (CMV) é feita por meio do seguinte lançamento no Diário:

2) *Custo das Mercadorias Vendidas*
a Compras de Mercadorias
Transferência que se processa da segunda para a primeira das contas supra, para apuração do resultado bruto 20.000

Agora, devemos transcrever o lançamento 2 na folha com Razonetes. Assim, no Razonete da conta Custo das Mercadorias Vendidas (CMV), lançamos, no débito, $ 20.000, e no Razonete da conta Compras de Mercadorias, no crédito, também $ 20.000. Vejamos, a posição das contas envolvidas nos respectivos Razonetes:

CVM	
(1) 5.000	
(2) 20.000	

COMPRA DE MERCADORIAS	
20.000	(2) 20.000

Note que a conta Compras de Mercadorias, após o lançamento 2, ficou com saldo zero, uma vez que seu saldo foi transferido para a conta Custo das Mercadorias Vendidas (CMV). Continuando com a fórmula, temos:

$$CMV = EI + C - EF$$

Chegou a vez de contabilizar o estoque final. Conforme já vimos, o valor do estoque final é apurado mediante o levantamento físico (inventário) efetuado no último dia do período, que no nosso exemplo é 31 de dezembro. Assim, o valor do estoque final não foi até agora registrado pela contabilidade e, por isso mesmo, não consta ainda nos nossos Razonetes. Porém, seu registro é muito simples, veja:

3) *Estoque de Mercadorias*
a Custo das Mercadorias Vendidas
Estoque final conforme levantamento físico realizado na data, constante de fls... do livro de registro de inventários 12.000

Para registrar o valor do estoque final, debitamos a conta Estoque de Mercadorias, que no Razonete estava zerada, para que, a partir deste momento, passe a representar o estoque de mercadorias existente nessa data. Assim, ao elaborar o Balanço Patrimonial, esta conta figurará no Ativo Circulante, representando o estoque de mercadorias existente na data do Balanço. Por outro lado, creditamos o mesmo valor na conta Custo das Mercadorias Vendidas, para que o saldo dessa conta reflita apenas o custo das mercadorias que realmente foram vendidas no período.

Agora, para transcrever o lançamento 3 para os Razonetes, basta lançar a importância de $ 12.000 a débito da conta Estoque de Mercadorias e a crédito da conta Custo das Mercadorias Vendidas (CMV), veja:

ESTOQUE DE MERCADORIAS

Débito		Crédito	
	5.000	(1)	5.000
(3)	12.000		

CVM

Débito		Crédito	
(1)	5.000	(3)	12.000
(2)	20.000		

Proceda da mesma forma, escriturando o lançamento 3 na sua folha de Diário e, em seguida, lance-o nos seus Razonetes e confira com nossas explicações.

Note, finalmente, que a conta Estoque de Mercadorias – que teve seu saldo inicial de $ 5.000 transferido para a conta Custo das Mercadorias Vendidas por meio do lançamento 1 – foi reaberta no lançamento 3, recebendo a débito o valor do estoque final.

Chegamos, assim, ao final da fórmula do CMV. Não há mais nenhum elemento na fórmula, não havendo mais, portanto, conta alguma a ser transferida para a conta CMV. Vamos, agora, apurar o saldo da conta Custo das Mercadorias Vendidas (CMV).

CVM

Débito		Crédito	
(1)	5.000	(3)	12.000
(2)	20.000		
Soma	25.000		
Saldo	13.000		

Note que o saldo da conta Custo das Mercadorias Vendidas (CMV) é devedor de $ 13.000, cujo valor coincide com o apurado extracontabilmente pela fórmula do CMV. O próximo passo será proceder da mesma maneira com a fórmula do RCM.

3º passo: contabilização do RCM

Como ocorre com o CMV, a contabilização do RCM é feita transferindo-se todos os saldos das contas que integram a fórmula do RCM, para a respectiva conta Resultado da Conta Mercadorias (RCM). O critério é o mesmo adotado para contabilização do CMV, ou seja, as contas serão transferidas na mesma ordem em que se encontram na respectiva fórmula do RCM.

Como a conta Resultado da Conta Mercadorias (RCM) não foi movimentada durante o ano, neste momento, devemos abrir um Razonete para ela:

RCM	

Faça o mesmo, abrindo um Razonete para a conta Resultado da Conta Mercadorias (RCM) na sua folha com Razonetes.

Seguindo a fórmula do RCM, temos:

$$RCM = V - ...$$

A primeira conta que aparece na fórmula é a conta Vendas de Mercadorias. A transferência do saldo dessa conta para a conta Resultado da conta Mercadorias (RCM) é feita por meio do seguinte lançamento no Diário:

4) *Vendas de Mercadorias*
a Resultado da Conta Mercadorias
Transferência que se processa da primeira para a segunda das contas supra, para apuração do resultado bruto *23.000*

Observe que a conta Vendas de Mercadorias foi debitada, uma vez que possuía saldo credor. Com esse débito, a conta Vendas de Mercadorias ficará zerada e seu saldo transferido para a conta Resultado da Conta Mercadorias (RCM).

Agora, precisamos transferir o lançamento 4 para os Razonetes. É simples: basta debitar $ 23.000 no Razonete da conta Vendas de Mercadorias e creditar a mesma importância no Razonete da conta Resultado da Conta Mercadorias (RCM). Veja:

VENDAS DE MERCADORIAS	
(4) 23.000	23.000

RCM	
	(4) 23.000

Proceda da mesma forma, escriturando o lançamento 4 na sua folha de Diário e, em seguida, transcreva-o na sua folha com Razonetes. Note que, após esse lançamento, a conta Vendas de Mercadorias ficou com seu saldo igual a zero, o qual foi transferido para a conta Resultado da Conta Mercadorias (RCM). Continuando a fórmula, temos:

$$RCM = V - CMV$$

A transferência do saldo da conta Custo das Mercadorias Vendidas (CMV) para a conta Resultado da Conta Mercadorias (RCM) é feita por meio do seguinte lançamento:

5) *Resultado da Conta Mercadorias*
a Custo das Mercadorias Vendidas
Transferência que se processa do saldo da segunda para a primeira das contas supra, para apuração do resultado bruto............................ 13.000

Agora, basta transferir o valor do lançamento 5 para os Razonetes, debitando $ 13.000 na conta Resultado da Conta Mercadorias (RCM) e creditando o mesmo valor na conta Custo das Mercadorias Vendidas (CMV).

Veja a posição das contas envolvidas nos respectivos Razonetes:

RCM			
(5)	13.000	(4)	23.000

CMV			
Saldo	13.000	(5)	13.000

Proceda da mesma maneira, escriturando o lançamento 5 na sua folha de Diário e na sua folha com Razonetes. Note que, após o lançamento 5, a conta Custo das Mercadorias Vendidas (CMV), tendo seu saldo transferido para a conta Resultado da Conta Mercadorias (RCM), ficou com saldo igual a zero.

Como na fórmula não há mais nenhum elemento, também não haverá mais nenhuma conta a ser transferida para a conta RCM. Resta, então, apurar o saldo da conta Resultado da Conta Mercadorias (RCM), o qual deve coincidir com o resultado extracontábil apurado por meio da fórmula do RCM.

Se o saldo da conta Resultado da Conta Mercadorias (RCM) for devedor, corresponderá a prejuízo bruto, ou seja, prejuízo sobre vendas. Se, por outro lado, for credor, implicará lucro bruto, ou seja, lucro sobre vendas.

Apure, agora, o saldo da conta Resultado da Conta Mercadorias (RCM) na sua folha com Razonetes, e depois confira com o seguinte:

RCM			
(5)	13.000	(4)	23.000
		Saldo	10.000

Com o lançamento 5 devidamente escriturado no livro Diário e no livro Razão ou nos Razonetes, encerramos os procedimentos necessários à apuração do Resultado da Conta Mercadorias.

Note que, após esse procedimento, permaneceram abertas e com saldos, nos Razonetes, as seguintes contas: Estoque de Mercadorias com débito de $ 12.000 (esse saldo corresponde ao valor do estoque final de mercadorias existentes em 31 de dezembro) e a conta Resultado da Conta Mercadorias (RCM), com saldo credor de $ 10.000, o qual, por ser credor, corresponde ao lucro bruto.

A conta Estoque de Mercadorias é conta patrimonial e figurará no Balanço Patrimonial, no grupo do Ativo Circulante.

A conta Resultado da Conta Mercadorias (RCM), cujo saldo foi credor, representa o lucro bruto do exercício, e terá esse saldo transferido para a conta Resultado do Exercício, no momento da apuração do resultado líquido do exercício. Entretanto, para fixar melhor o resultado apurado, nas operações com mercadorias, didaticamente, podemos transferir o saldo apurado para uma conta que reflita adequadamente o respectivo resultado. Assim, como no nosso exemplo o resultado foi lucro, podemos efetuar o seguinte lançamento no Diário:

6) *Resultado da Conta Mercadorias*
a Lucro sobre Vendas
Lucro bruto apurado 10.000

Caso houvesse prejuízo nas vendas, o que não é muito comum, o lançamento ficaria assim:

Prejuízos sobre Vendas
a Resultado da Conta Mercadorias
Prejuízo apurado sobre as vendas .... $

Para encerrar, você deverá transcrever o lançamento n. 6 na sua folha de Diário e também na sua folha com Razonetes.

ATIVIDADES PRÁTICAS

Calcule extracontabilmente e depois proceda à contabilização do Resultado da Conta Mercadorias, nos três casos propostos a seguir:

Prática 1 — solucionada

Saldos das contas da empresa Comercial Previatto Ltda., extraídos do livro Razão em 31 de dezembro de X1:

a) Estoque de Mercadorias $ 100.000.
b) Compras de Mercadorias $ 500.000.
c) Vendas de Mercadorias $ 700.000.
d) Estoque final conforme inventário físico realizado em 31 de dezembro de X1 igual a $ 200.000.

Solução:

Cálculos extracontábeis:

CMV = 100.000 + 500.000 – 200.000

CMV = 400.000

RCM = 700.000 – 400.000

RCM = 300.000

Contabilização:

Inicialmente, devemos abrir três Razonetes para as contas: Estoque de Mercadorias, Compras de Mercadorias e Vendas de Mercadorias. Em seguida, lançamos os saldos das três contas em seus respectivos Razonetes, conforme a natureza de cada um.

Depois, abrimos mais dois Razonetes: um para a conta CMV e outro para a conta RCM. Agora, procedemos à contabilização, escriturando os fatos em partidas de Diário e depois nos Razonetes, seguindo as orientações contidas no texto que você acabou de estudar.

Apenas para conferência, apresentaremos, a seguir, os lançamentos em partidas de Diário e, em seguida, os Razonetes. Solucione e depois compare:

Lançamentos em partidas de Diário:

1) *Custo das Mercadorias Vendidas*
a Estoque de Mercadorias
Transferência que se... 100.000

2) *Custo das Mercadorias Vendidas*
a Compras de Mercadorias
Transferência que se... 500.000

3) *Estoque de Mercadorias*
a Custo das Mercadorias Vendidas
Estoque final... 200.000

4) *Vendas de Mercadorias*
a Resultado da Conta Mercadorias
Transferência que se... 700.000

5) *Resultado da Conta Mercadorias*
a Custo das Mercadorias Vendidas
Transferência que se... 400.000

6) *Resultado da Conta Mercadorias*
a Lucro sobre Vendas
Lucro bruto apurado... 300.000

Razonetes:

ESTOQUE DE MERCADORIAS

	Débito		Crédito
	100.000	(1)	100.000
(3)	200.000		

COMPRAS DE MERCADORIAS

	Débito		Crédito
	500.000	(2)	500.000

VENDAS DE MERCADORIAS

	Débito		Crédito
(4)	700.000		700.000

CVM

	Débito		Crédito
(1)	100.000	(3)	200.000
(2)	500.000		
Soma	600.000		
Saldo	400.000	(5)	400.000

RCM

	Débito		Crédito
(5)	400.000	(4)	700.000
(6)	300.000	Saldo	300.000

LUCRO SOBRE VENDAS

	Débito		Crédito
		(6)	300.000

Prática 2

Saldos das contas da empresa Atacadão Eterna Ltda. extraídos do livro Razão, em 31 de dezembro de X1:

a) Estoque de Mercadorias (EI) 20.000
b) Compras de Mercadorias 90.000
c) Vendas de Mercadorias 100.000
d) Estoque final de mercadorias conforme inventário físico realizado em 31 de dezembro de X1, igual a 70.000

Prática 3

Saldos das contas da Comercial Tuan Ltda. extraídos do livro Razão, em 31 de dezembro de X1:

a) Estoque de Mercadorias (EI) 18.000
b) Compras de Mercadorias 22.000
c) Vendas de Mercadorias 29.000
d) Estoque final de mercadorias conforme inventário físico realizado em 31 de dezembro de X1, igual a 5.000

11.4 Fatos que alteram os valores de compras e vendas

Vimos, até aqui, a contabilização das compras e das vendas de mercadorias, bem como a apuração do resultado da respectiva conta (resultado bruto do exercício), porém, de forma simplificada, isto é, sem a interferência de fatos que alteram os valores de compras e vendas. Chegou a hora de estudarmos esses fatos e sua influência na apuração do Resultado da Conta Mercadorias.

11.4.1 Fatos que alteram os valores de compras

11.4.1.1 Fretes e seguros sobre compras

Fretes e seguros sobre compras correspondem às importâncias pagas pela empresa, diretamente ao fornecedor ou a uma empresa transportadora, referentes a despesas com seguros e transporte das mercadorias, do estabelecimento do fornecedor, até a nossa empresa.

Exemplo:

Suponhamos que a nossa empresa tenha pago a importância de $ 3.000, para a Transportadora Jardins S/A, referente a fretes e seguros, conforme nota fiscal de serviço de transporte n. 10.777, para transportar até o nosso estabelecimento mercadorias adquiridas do fornecedor Leandro Reis Ltda.

Registro no livro Diário:

Fretes e Seguros sobre Compras
a Caixa
Nosso pagamento da nota fiscal n. 10.777 da Transportadora Jardins S/A, referente a fretes e seguros 3.000

11.4.1.2 Compras anuladas ou devoluções de compras

Compras anuladas ou devoluções de compras consistem na devolução total ou parcial das mercadorias adquiridas, tendo em vista fatos desconhecidos no momento da compra, como ocorre quando, por exemplo, ao recebermos as mercadorias adquiridas de um fornecedor, for constatado que sofreram avarias no transporte, ou não correspondem ao pedido ou, ainda, por qualquer outro fato não atendem às nossas expectativas.

EXEMPLO:

Suponhamos que a nossa empresa tenha devolvido parte da compra de mercadorias efetuada com o fornecedor Leandro Reis Ltda. Para acompanhar as mercadorias devolvidas, emitimos a nota fiscal n. 5.202, no valor de $ 2.000. O fornecedor nos devolveu a importância em dinheiro.

REGISTRO NO LIVRO DIÁRIO:

Caixa
a Compras Anuladas
Nossa devolução de parte da compra
efetuada do fornecedor Leandro Reis
Ltda. conforme nossa nota fiscal n. 5.202 .... 2.000

11.4.1.3 Abatimento sobre compras

Sempre que nossa empresa, tendo recebido mercadorias adquiridas de fornecedores, constatar que elas não atendem às nossas expectativas, por motivos desconhecidos no momento da compra, poderemos devolvê-las total ou parcialmente, conforme exemplo anterior (compras anuladas). Entretanto, havendo interesse em ficar com as mercadorias, poderemos solicitar do nosso fornecedor que nos conceda um abatimento.

Ganhando, então, um abatimento no preço de compra, nossa empresa não precisa devolver mercadorias ao fornecedor, mas, sim, pagar-lhe valor menor que o constante dos documentos fiscais originalmente emitidos.

EXEMPLO:

Como as mercadorias adquiridas por meio da nota fiscal n. 544, do fornecedor J. C. Santos, chegaram com avarias sofridas no transporte, nossa empresa obteve do fornecedor um abatimento no valor de $ 5.000. A compra tinha sido efetuada a prazo.

Veja como o fato será registrado no livro Diário:

Fornecedores
J. C. Santos
a Abatimentos sobre Compras
Abatimento obtido tendo em vista
avaria ocorrida no transporte referente n/
compra conforme s/nota fiscal n. 544 .... 5.000

11.4.1.4 Descontos incondicionais obtidos

Descontos incondicionais obtidos compreendem aqueles descontos, que nossa empresa ganha dos fornecedores, no momento em que efetuamos compras de mercadorias. São destacados nas próprias notas fiscais e, para os oferecer, nossos fornecedores não nos impõem em condição alguma.

Exemplo:

Compra de mercadorias, à vista, do fornecedor Girassol S/A, conforme nota fiscal n. 530, no valor de $ 4.000. Houve desconto destacado na nota fiscal no valor de $ 400.

A contabilização desse tipo de desconto, do ponto de vista técnico, é desnecessária, podendo a compra ser registrada pelo seu valor líquido. Entretanto, havendo interesse, a contabilização poderá ser feita da seguinte maneira:

Compras de Mercadorias		
a Diversos		
Nossa compra, conforme nota fiscal n: 530		
do fornecedor Girassol S/A, como segue:		
a Caixa		
Valor líquido pago	*3.600*	
a Descontos Incondicionais Obtidos		
10% destacados na nota fiscal supra	*400*	*4.000*

Nota

- Os saldos das contas Fretes e Seguros sobre Compras, Compras Anuladas, Abatimentos sobre Compras e Descontos Incondicionais Obtidos, como interferem no valor das compras, serão transferidos para a conta CMV, no final do exercício, por ocasião da apuração do resultado bruto.

11.4.1.5 Juros Embutidos nas Compras a Prazo

A Lei n. 6.404/1976, em consonância com as normas internacionais de contabilidade (IFRS), ao disciplinar acerca dos critérios de avaliação do Passivo, determinou no inciso III do art. 184 que as obrigações, encargos e riscos classificados no Passivo Não Circulante serão ajustados ao seu valor presente, sendo os demais ajustados quando houver efeito relevante.

Em decorrência dessa exigência legal, ao se contabilizar uma compra efetuada para pagamento a longo prazo, ou mesmo para pagamento a curto prazo, porém com efeitos relevantes para o patrimônio, deve-se expurgar do custo da referida compra, o montante dos juros cobrados pelo fornecedor.

É importante destacar que esse procedimento, que não era permitido no Brasil antes do advento das Leis n. 11.638/2007 e 11.941/2009, encontra-se devidamente disciplinado nas Normas Brasileiras de Contabilidade NBC TG 12, 16 e 30.

Segundo o item 18 da NBC TG 16, nas compras a prazo, normalmente o preço que o comprador pagará ao fornecedor é superior ao preço que pagaria se efetuasse a compra da mesma mercadoria á vista. Portanto, a diferença entre o preço de compra a prazo e o preço de compra à vista é o custo do financiamento e, por esse motivo, deve ser reconhecida como despesa de juros durante o período do financiamento.

Suponhamos o seguinte fato ocorrido em uma empresa comercial: Compra de mercadorias, a prazo, do fornecedor Nelson S/A, conforme NF 20, no valor de $ 1.000.

Considerar que os juros embutidos pelo fornecedor foram de $ 100; e que o pagamento será efetuado em 10 parcelas mensais iguais de $ 100.

Considerando, ainda, que a empresa adota a conta desdobrada com inventário periódico para o registro das operações com mercadorias, veja como esse fato será contabilizado:

Diversos
a Fornecedores (ou Duplicatas a Pagar)
a Nelson S/A
Compra de mercadorias conf NF 20, como segue:
Ajuste a Valor Presente (ou Juros Passivos a Vencer)
Juros embutidos na operação 100
Compra de Mercadorias
Valor líquido da operação 900 1.000

Observe que a conta "Ajuste a Valor Presente", neste caso, representa despesa financeira antecipada (poderia receber outras denominações como "Despesas Financeiras a Vencer", "Juros Passivos a Vencer" etc. Esta conta é redutora da conta Fornecedores e figurará no Balanço Patrimonial como segue:

PASSIVO CIRCULANTE
Fornecedores 1.000
(–) Ajuste a Valor Presente.. (100)
Saldo 900

Notas

- Por ocasião do pagamento de cada parcela ao fornecedor, a empresa deverá providenciar dois lançamentos no Diário:
  a) um para registrar o valor bruto da parcela paga ao fornecedor, mediante débito na conta Fornecedores e crédito na conta Caixa ou Bancos conta Movimento; e
  b) outro para apropriar como despesa o valor dos juros relativos a parcela paga, mediante débito na conta Juros Passivos e crédito na conta Ajustes a Valor Presente.
- Esse assunto é tratado com detalhes no livro *Contabilidade intermediária*, de nossa autoria.

11.4.2 Fatos que alteram os valores de vendas

11.4.2.1 Vendas anuladas ou devoluções de vendas

É comum as empresas receberem de seus clientes, em devolução, o total ou parte das mercadorias a eles vendidas, por motivos desconhecidos no momento das vendas.

Exemplo:

Recebemos do cliente Ronaldo Oliveira, em devolução, mercadorias no valor de $ 6.000, referentes à parte de nossa venda efetuada por meio da nossa nota fiscal n. 2.000. Foi restituído ao cliente o valor em dinheiro.

Registro no livro Diário:

Vendas Anuladas

a Caixa

Devolução de vendas recebida do cliente Ronaldo Oliveira, referente à parte da nossa nota fiscal n. 2.000 .... *6.000*

11.4.2.2 Abatimentos sobre vendas

Quando nossos clientes, ao receberem as mercadorias por nós adquiridas, constatarem alguma irregularidade (avaria em decorrência do transporte, o modelo não corresponde ao pedido etc.), eles poderão devolver total ou parcialmente as mercadorias ou solicitar um abatimento no preço de custo.

Exemplo:

Como as mercadorias constantes da nossa nota fiscal n. 333, vendidas a J. Nogueira Ltda., chegaram com avarias ao seu destino, concedemos ao cliente um abatimento no valor de $ 1.000. O valor da nota fiscal citada é de $ 8.000, e a venda foi efetuada a prazo.

Veja como fica o registro no livro Diário:

Abatimento sobre Vendas

a Clientes

J. Nogueira Ltda.

Abatimento concedido, por avarias ocorridas no transporte, referente a nossa nota fiscal n. 333 .... *1.000*

11.4.2.3 Descontos incondicionais concedidos

Independentemente de qualquer condição posterior à emissão da nota fiscal, nossa empresa também poderá oferecer descontos, destacando-os nas notas fiscais de venda.

Exemplo:

Venda de mercadorias a Rolota Ribeiro, conforme nossa nota fiscal n. 2.030, no valor de $ 8.000, tendo sido concedido desconto incondicional, destacado na própria nota fiscal, igual a $ 800.

Convém ressaltar que a contabilização do desconto incondicional concedido, como ocorre também com o desconto incondicional obtido (já estudado na Seção 11.4.1.4), é desnecessária. Entretanto, havendo interesse em registrar esse desconto, a contabilização do evento poderá ser efetuada da seguinte maneira:

Diversos

a Vendas de Mercadorias

Nossa nota fiscal n. 2.030, referente à venda a Rolota Ribeiro, como segue:

Caixa

Valor líquido da nota *7.200*

Descontos Incondicionais Concedidos

10% destacados na nota fiscal supra *800* *8.000*

Notas

- Os valores dos fretes e dos seguros calculados sobre as vendas, quando correrem por conta do fornecedor (vendedor), deverão ser contabilizados em contas Representativas de Despesas Operacionais, classificadas no grupo das Despesas com Vendas. Portanto, esses gastos não interferem no valor das vendas de mercadorias. Nesta seção, tratamos somente dos fatos que interferem nos valores das compras e das vendas de mercadorias.
- Os saldos das contas Vendas Anuladas, Abatimentos sobre Vendas e Descontos Incondicionais Concedidos, como interferem no valor das vendas, serão transferidos para a conta RCM, no final do exercício, por ocasião da apuração do resultado bruto do exercício.

11.4.2.4 Juros embutidos nas vendas a prazo

Pelas mesmas razões já comentadas em relação às compras a prazo, ao se contabilizar uma venda efetuada para recebimento a longo prazo, ou mesmo para recebimento a curto prazo, porém com efeitos relevantes para o patrimônio, deve-se expurgar do montante da referida venda, o valor dos juros cobrados do cliente.

Para fins de aplicação dessa regra, devem-se considerar as taxas de juros usuais no mercado, ainda que o vendedor utilize, em benefício do seu cliente, taxas menores que as usuais.

Suponhamos o seguinte fato ocorrido em uma empresa comercial: venda de mercadorias, a prazo, no valor de $ 5.000, para a cliente Maria Idalina, conforme Nota Fiscal n. 32.

Considerar que os juros embutidos na operação foram de $ 300 e que a venda será recebida em 10 parcelas mensais iguais de $ 500.

Veja como o fato será contabilizado, considerando-se, ainda que a empresa adote a conta desdobrada com inventário periódico para o registro das operações com mercadorias:

Clientes (ou Duplicatas a Receber)
Maria Idalina

a Diversos
Venda conf. NF 32 etc., como segue:
a Ajuste a Valor Presente (Receita Financeira a Vencer)
Juros embutidos na operação etc. 300
a Vendas de Mercadorias
Valor líquido etc. 4.700 5.000

A conta "Ajuste a Valor Presente", agora, é redutora da conta Clientes. Essa conta, que neste caso representa receitas de juros antecipados, poderia receber a intitulação de "Receitas Financeiras a Vencer", "Juros Ativos a Vencer" etc.

Veja como ficarão no Balanço:

ATIVO CIRCULANTE
Clientes 5.000
(–) Ajuste a Valor Presente.. (300)
Saldo 4.700

Notas

- Por ocasião do recebimento de cada parcela, a empresa deverá providenciar dois lançamentos no livro Diário:
  a) um para registrar o valor bruto da parcela recebida do cliente, mediante débito na conta Caixa e crédito na conta Clientes; e
  b) outro para apropriar como receita o valor dos juros relativos a parcela recebida, mediante débito na conta Ajustes a Valor Presente ou Juros Ativos a Vencer e crédito na conta Juros Ativos.
- Esse assunto é tratado com detalhes no livro Contabilidade Intermediária de nossa autoria.

ATIVIDADE PRÁTICA

Contabilize os seguintes fatos, em partidas de Diário, considerando que a empresa adota o método da conta desdobrada com inventário periódico:

1. Nota fiscal n. 823 do fornecedor J. Leal S/A, referente à compra de mercadorias no valor de $ 20.000. O pagamento foi efetuado por meio do cheque de nossa emissão, n. 004, contra o Banco Urupês S/A.
2. Nota fiscal n. 1.438, da Transportadora Aliança Ltda., referente a despesas com fretes e seguros sobre nossa compra efetuada do fornecedor J. Leal S/A. O pagamento foi efetuado, em dinheiro, no valor de $ 1.400.
3. Tendo em vista que parte das mercadorias adquiridas do fornecedor J. Leal S/A continha defeitos de fabricação, este nos concedeu um abatimento na referida compra, no valor de $ 2.000, conforme nota fiscal n. 1.040.
4. Nota fiscal n. 2.399, do fornecedor Pedro & Pedro Ltda., referente à compra de mercadorias no valor de $ 40.000. Na própria nota fiscal constou desconto de $ 4.000, e a compra foi efetuada a prazo, conforme aceite da duplicata n. 01, para 30 dias.
5. Nossa nota fiscal n. 250, referente à devolução de parte da compra efetuada do fornecedor Pedro & Pedro Ltda., no valor de $ 3.000.
6. Nossa nota fiscal n. 374 referente à venda de mercadorias, à vista, no valor de $ 5.000. O cliente efetuou pagamento com cheque eletrônico.
7. Nossa nota fiscal n. 401 referente à devolução de parte da venda efetuada ao cliente Marcos Oliveira, no valor de $ 500. O valor foi restituído ao cliente por meio do cheque de nossa emissão, n. 202, do Banco Urupês S/A.
8. Nossa nota fiscal n. 860, referente à venda de mercadorias a prazo, ao cliente Joel Silva, no valor de $ 7.700. Foi concedido ao cliente um desconto devidamente destacado na própria nota fiscal, no valor de $ 700.
9. A pedido do cliente Joel Silva, concedemos um abatimento no preço das mercadorias, devido a avarias sofridas no transporte, no valor de $ 100. Para caracterizar a operação, emitimos a nota fiscal n. 921.

11.4.3 Tributos incidentes sobre compras e vendas

Nas operações de compras e vendas de mercadorias poderão incidir alguns tributos, os quais poderão estar inclusos no valor das mercadorias, ou a ele ser adicionados.

Nesta seção, aprenderemos a contabilizar o ICMS, o PIS sobre faturamento e a COFINS.

11.4.3.1 ICMS

11.4.3.1.1 O que você precisa saber

ICMS quer dizer Imposto sobre Operações Relativas à Circulação de Mercadorias e sobre Prestações de Serviços de Transporte Interestadual e Intermunicipal e de Comunicação. Ele é um imposto de competência estadual, incidindo sobre a circulação de mercadorias e sobre a prestação de serviços de transportes interestadual e intermunicipal, comunicações e fornecimento de energia elétrica.

Contudo, nem todas as mercadorias ou operações estão sujeitas ao ICMS. Ele é considerado imposto por dentro, o que significa dizer que seu valor está incluso no valor das mercadorias. Assim, ao adquirir uma determinada mercadoria por $ 1.000, com ICMS incidente pela alíquota de 18%, significa que o custo da mercadoria corresponde a $ 820 e o ICMS, a $ 180. Nesse caso, o total da nota fiscal será igual a $ 1.000.

É também um imposto não cumulativo, isto é, o valor incidente em uma operação (compra) será compensado do valor incidente na operação subsequente (venda).

A alíquota (porcentagem) poderá variar em função do tipo da mercadoria, do destino ou origem etc., mas existe uma alíquota básica para a maior parte das mercadorias.

11.4.3.1.2 Mecanismo de incidência do ICMS

A contabilização do ICMS torna-se muito simples a partir do momento em que conhecemos o mecanismo que envolve sua incidência nas operações de compras e de vendas de mercadorias.

A atividade principal de uma empresa comercial se concentra em duas operações: compra e venda. Quando a empresa compra mercadorias, paga ao fornecedor, juntamente com o custo dessas mercadorias, uma parcela correspondente ao ICMS; quando a empresa vende mercadorias, recebe do cliente, juntamente com o valor da venda, uma parcela correspondente ao ICMS, que terá de ser repassada ao governo do estado. Note, no entanto, que antes de repassar ao governo do estado a parcela do ICMS recebida do cliente (constante da nota fiscal de venda), a empresa poderá compensar, desse total, o valor do ICMS que pagou ao fornecedor (constante da nota fiscal de compra) por ocasião da compra da mercadoria que está sendo vendida.

Exemplo:

Vamos supor que sua empresa tenha adquirido um determinado lote de mercadorias de um fornecedor, pagando $ 100, com ICMS incluso no valor de $ 18. Seu fornecedor, ao receber os $ 100, deverá repassar $ 18 ao governo do estado. Dessa forma, você pagou ao fornecedor $ 100, sendo $ 82 correspondentes ao custo das mercadorias adquiridas e $ 18 correspondentes ao ICMS. Suponhamos, agora, que você tenha vendido o mesmo lote de mercadorias a um cliente por $ 150, com ICMS incluso no valor de $ 27. Dos $ 150 que você recebeu (receita bruta de vendas), $ 123 correspondem à receita líquida de vendas e $ 27, ao ICMS que você deveria recolher ao Fisco. É isso mesmo, deveria recolher, pois, sendo o ICMS um imposto não cumulativo, você poderá compensar (abater) desses $ 27 devidos, em função da venda do lote de mercadorias, os $ 18 de ICMS que pagou pelo mesmo lote quando o comprou de seu fornecedor. Assim, você recolherá ao governo apenas $ 9, ou seja, $ 27 – $ 18. Diante do exposto, podemos concluir:

a. o valor do ICMS que você paga ao fornecedor por ocasião da compra representa direito para sua empresa com o governo do estado;

b. o valor do ICMS que você recebe do seu cliente por ocasião da venda representa obrigação da sua empresa com o governo do estado.

As operações com ICMS envolvendo direitos e obrigações com o governo do estado podem ser apuradas mensalmente da seguinte maneira:

a. no final do mês, somam-se os valores do ICMS incidentes em todas as compras efetuadas durante o referido mês (direitos da empresa);

b. da mesma forma, somam-se os valores do ICMS incidentes em todas as vendas efetuadas no mesmo mês (obrigações da empresa), ainda que essas mercadorias vendidas não correspondam àquelas compradas no mesmo mês;

c. se o total do ICMS incidente nas compras for superior ao total do ICMS incidente nas vendas, a diferença representará direito da empresa com o governo estadual em relação às operações realizadas naquele mês. Se, por outro lado, o valor do ICMS incidente nas vendas for superior ao valor do ICMS incidente nas compras, a diferença representará obrigação da empresa, devendo ser recolhida ao estado no mês seguinte. Agora que conhecemos o mecanismo que envolve o funcionamento do ICMS nas operações de compras e de vendas, vejamos, na seção a seguir, como é fácil a contabilização desse imposto.

11.4.3.1.3 Contabilização do ICMS

Vários critérios podem ser adotados para a contabilização do ICMS. Estudaremos a contabilização do ICMS pelo **critério da conta única**, também conhecido por **critério da conta-corrente**, que consiste em adotar uma só conta para registrar os direitos e as obrigações relativas ao ICMS.

Assim, os direitos relativos ao ICMS originados pelas compras e as obrigações geradas pelas vendas são contabilizados em uma única conta que poderá ter como título Conta-Corrente ICMS, ICMS a Recuperar, ICMS a Compensar ou outra semelhante.

Suponhamos os seguintes fatos ocorridos em uma empresa comercial durante o mês de outubro:

1. Compras de mercadorias, à vista, do fornecedor Comercial São Carlos S/A, conforme nota fiscal n. 501, no valor de $ 10.000, com ICMS incidente de $ 1.800.

2. Vendas de mercadorias efetuadas durante o mês, à vista, conforme nossas notas fiscais ns 20 a 80, no valor de $ 30.000, com ICMS incidente de $ 5.400.

Considerando que no citado mês ocorreram somente essas operações, veja como deverão ser contabilizadas:

1) *Diversos*
a Caixa
Nota fiscal n. 501 de Comercial São Carlos S/A, como segue:
Compras de Mercadorias
Valor líquido das mercadorias *8.200*
ICMS a Recuperar
ICMS incidente na compra supra, pela alíquota de 18% *1.800* *10.000*

Observações

- A conta Compras de Mercadorias foi debitada pelo valor do custo das mercadorias adquiridas, que corresponde ao total constante da nota fiscal, diminuído do valor do ICMS. O saldo dessa conta será transferido para a conta CMV, no final do exercício, por ocasião da apuração do resultado bruto.
- A conta ICMS a Recuperar, que é do Ativo Circulante e representa direito da empresa com o governo estadual, foi debitada pelo valor do ICMS incidente na compra.

2) *Caixa*
a Vendas de Mercadorias
Conforme nossa nota fiscal n^{s} 20 a 80 .... *30.000*

3) *ICMS sobre Vendas*
a ICMS a Recuperar
ICMS incidente sobre vendas supra,
calculado pela alíquota de 18% *5.400*

Observações

- Para registrar as compras quando na operação houver a incidência do ICMS, um só lançamento é suficiente. Já para as vendas são necessários dois lançamentos: o primeiro, para registrar o valor da receita bruta de vendas (valor das mercadorias no qual está embutido o valor do ICMS), e o segundo, separadamente, para o valor do ICMS incidente.
- A conta Vendas de Mercadorias, creditada no lançamento 2, representa a receita bruta de vendas e, por esse motivo, deve ser creditada pelo valor total da nota fiscal, no qual constam os valores das mercadorias e do ICMS. O saldo dessa conta será transferido para a conta RCM, no final do exercício, por ocasião da apuração do resultado bruto.
- A conta ICMS sobre Vendas, debitada no lançamento 3, é conta de resultado, redutora da receita bruta de vendas, e seu saldo será transferido para a conta RCM, no final do exercício, por ocasião da apuração do resultado bruto.
- A conta ICMS a Recuperar, creditada no lançamento 3, é a mesma que foi debitada no lançamento 1. Observe que ela funciona como conta-corrente, servindo tanto para lançar a seu débito os direitos decorrentes do ICMS incidente nas compras quanto para lançar a seu crédito as obrigações decorrentes do ICMS incidente nas vendas.

Considerando que durante o mês de outubro ocorreram somente essas operações envolvendo ICMS, precisamos apurar, no último dia do mês, o saldo da conta ICMS a Recuperar, para ver se nesse mesmo mês a movimentação com mercadorias gerou direito ou obrigação. Veja:

ICMS A RECUPERAR

(1)	1.800	(3)	5.400
		Saldo	3.600

O saldo credor apurado indica que as obrigações superaram os direitos no referido mês; logo, essa importância deverá ser recolhida ao governo do estado no mês seguinte. Para regularizar a situação, ainda no último dia de outubro, faremos:

4) *ICMS a Recuperar*
a ICMS a Recolher
Saldo credor apurado nas operações realizadas no mês 3.600

Após esse lançamento, a conta ICMS a Recuperar fica com saldo igual a zero, e a conta ICMS a Recolher, que é do Passivo Circulante, indica a obrigação da empresa.

No mês em que a conta ICMS a Recuperar apresentar saldo devedor, isso indicará que, nesse mês, a movimentação com mercadorias resultou em direito da empresa com o governo. Como a conta ICMS a Recuperar é do Ativo Circulante, não haverá necessidade de ser compensada no movimento do mês seguinte.

11.4.3.2 PIS/PASEP e COFINS sobre faturamento

11.4.3.2.1 Introdução

A Contribuição para o Programa de Integração Social (PIS), a Contribuição para o Programa de Formação do Patrimônio do Servidor Público (PASEP) e a Contribuição para o Financiamento da Seguridade Social (COFINS), são modalidades de tributo que as entidades em geral devem recolher mensalmente ao Governo Federal.

O PIS foi criado pela Lei Complementar n. 7, de 7 de setembro de 1970; o PASEP pela Lei Complementar n. 8, de 3 de dezembro de 1970 e a COFINS pela Lei Complementar n. 70, de 30 de dezembro de 1991.

A legislação tributária trata da Contribuição para o PIS, juntamente com a Contribuição para o PASEP (PIS/PASEP).

Existem dois regimes de incidência dessas contribuições: cumulativo e não cumulativo.

No regime cumulativo, as entidades calculam mensalmente os valores das contribuições mediante a aplicação de alíquotas fixadas pelo governo sobre bases de cálculos também fixadas pelo governo e recolhem os respectivos valores aos cofres públicos no mês seguinte ao da ocorrência dos respectivos fatos geradores.

No regime não cumulativo, os procedimentos são semelhantes aos praticados no regime cumulativo, contudo, além das alíquotas e bases de cálculos serem diferentes, no regime não cumulativo as entidades podem compensar do montante das contribuições devidas, importâncias dos respectivos tributos devidas por outras entidades em decorrência de transações realizadas com elas.

11.4.3.2.2 Regime Cumulativo

O regime cumulativo é disciplinado por várias leis, a começar pelas que criaram as contribuições para o PIS, para o PASEP e para a COFINS, pela Lei n. 9.715/1998, pela Lei n. 9.718/1998 e por outros dispositivos legais posteriores que provocaram alterações nessas leis.

A Lei n. 9.718/1998, trata das contribuições para o PIS/PASEP e COFINS, devidas pelas pessoas jurídicas de direito privado.

Para fins didáticos, podemos considerar contribuintes das contribuições para o PIS/PASEP e COFINS pelo regime cumulativo, todas as pessoas jurídicas de direito público e privado que não estejam obrigadas ao recolhimento do Imposto de Renda com base no lucro Real.

No regime cumulativo, a alíquota para as contribuições para o PIS/PASEP é de 0,65% e para a COFINS é de 3,0%.

A base de cálculo das contribuições para o PIS/PASEP e COFINS, devidas pelas pessoas jurídicas de direito privado e as que lhes são equiparadas pela legislação do imposto de renda, pelo regime cumulativo é o faturamento.

A legislação tributária, por meio da Lei n. 9.718/1998, considera faturamento, somente a receita bruta da pessoa jurídica.

Portanto, as demais receitas auferidas pela pessoa jurídica, como as derivadas de operações financeiras, de aluguéis de bens móveis ou imóveis etc., não entram na composição da base de cálculo dessas contribuições.

A mencionada Lei n. 9.718/1998, nos vários parágrafos do art. 3º, apresenta situações que influenciam na base de cálculo. Especificamente no § 2º arrola uma série de valores que devem ser excluídos da receita bruta para fins de determinação da base de cálculo das contribuições em estudo, como por exemplo: vendas canceladas, descontos incondicionais concedidos etc.

Por fim, é importante destacar que a legislação tributária prevê outras bases de cálculo e alíquotas a serem observadas por entidades sem fins lucrativos, públicas ou particulares, como folhas de pagamento (PIS/PASEP), receitas correntes etc.

Exemplo prático

Suponhamos que a empresa Comércio de Veículos Lorena Ltda., auferiu no mês de março de X2, receita bruta com a venda de mercadorias no valor de $ 700.000 e com a prestação de serviços no valor de $ 300.000.

Considerando que essa empresa está sujeita ao regime cumulativo de incidência das contribuições para o PIS/PASEP e COFINS, pede-se:

a) Calcular e contabilizar em 31 de março, as contribuições para o PIS/PASEP e COFINS (provisionamento), pelas alíquotas de 0,65% e 3,0% respectivamente;

b) Considerando que em 15 de abril a empresa efetuou o recolhimento das contribuições em dinheiro, proceder a respectiva contabilização.

Solução:

Em 31/03/X2

1) *PIS/PASEP sobre Faturamento*
a PIS/PASEP a Recolher
0,65% sobre $ 1.000.000 .... 6.500

2) *COFINS sobre Faturamento*
a COFINS a Recolher
3% sobre $1.000.000 .... 30.000

Observações

- As contas "PIS/PASEP sobre Faturamento" e "COFINS sobre Faturamento", debitadas nos lançamentos 1 e 2, são contas redutoras da receita bruta de vendas e serão transferidas para a conta "Resultado da Conta Mercadorias", por ocasião da apuração do resultado bruto.
- As contas "PIS/PASEP a Recolher" e "COFINS a Recolher", creditadas nos lançamentos 1 e 2, são contas patrimoniais classificadas no Passivo Circulante do Balanço Patrimonial.

Em 15/04/X2

3) *Diversos*

a Caixa

Recolhimentos efetuados nesta data,

como segue:

PIS/PASEP a Recolher

Conforme guia *6.500*

COFINS a Recolher

Idem *30.000* *36.500*

11.4.3.2.3 Regime Não Cumulativo

O regime não cumulativo é disciplinado pela Lei n. 10.637, de 30 de dezembro de 2002 (PIS-PASEP), pela Lei n. 10.833, de 29 de dezembro de 2003 (COFINS) e por outros dispositivos legais posteriores que provocaram alterações nessas leis.

São contribuintes das contribuições para o PIS/PASEP e COFINS, pelo regime não cumulativo, todas as pessoas jurídicas que estejam obrigadas ao recolhimento do Imposto de Renda com base no lucro Real.

No regime não cumulativo, a alíquota para as contribuições para o PIS/PASEP é de 1,65% e para a COFINS é de 7,6%.

A base de cálculo dessas contribuições pelo regime não cumulativo é o faturamento mensal, assim entendido o total das receitas auferidas pela pessoa jurídica, independentemente de sua denominação ou classificação contábil.

O total das receitas compreende a receita bruta da venda de bens e serviços, nas operações em conta própria ou alheia e todas as demais receitas auferidas pela pessoa jurídica. (§ 1º do art. 1º das Leis n. 10.637/2002 e n. 10.833/2003).

No § 3º do art. 1º e no art. 2º das mencionadas leis, constam situações que influenciam na base de cálculo, inclusive valores que devem ser excluídos do total das receitas para fins de determinação da base de cálculo, como por exemplo: vendas canceladas; descontos incondicionais concedidos; receitas decorrentes da venda de ativo imobilizado etc.

Notas

- É importante destacar que as legislações do PIS/PASEP e da COFINS, estabelecem, ainda os casos de isenção, não incidência e de redução de alíquotas a 0.
- Na vida prática, o contabilista deve acompanhar as mudanças que frequentemente ocorrem na legislação.

Conforme dissemos, as pessoas jurídicas sujeitas ao recolhimento das contribuições para o PIS/PASEP e COFINS pelo regime não cumulativo, têm direito de descontar do montante devido, parcelas da contribuição pagas a fornecedores de mercadorias e de outros bens ou serviços.

Esses créditos são apurados pela aplicação da alíquota de 1,65% (PIS/PASEP) ou de 7,6% (COFINS), sobre os direitos arrolados no art. 3º tanto da Lei n. 10.637/2002 quanto da Lei n. 10.833/2003.

Exemplo prático

Suponhamos os seguintes fatos ocorridos em uma empresa comercial, durante o mês de fevereiro de X7, considerando que a empresa está sujeita ao regime não cumulativo de incidência do PIS/PASEP e da COFINS:

1. Compra de mercadorias, a prazo, conforme NF n. 272, de J. C. S/A, no valor de $ 40.000, com ICMS incidente no montante de $ 7.200.

Observação

- Operação com direito a crédito do PIS/PASEP pela alíquota de 1,65% e da COFINS pela alíquota de 7,6%.

2. Receitas auferidas no mês, recebidas em dinheiro:
   - Vendas de mercadorias: $ 100.000.
   - Receitas de aluguéis: $ 20.000.

Pede-se:

a) Contabilizar os fatos em partidas de Diário. Vamos admitir, neste exemplo prático, que a receita com vendas sofre a tributação do ICMS (18%), do PIS/PASEP (1,65%) e da COFINS (7,6%), e que a receita de aluguéis sofre a incidência do PIS/PASEP e COFINS pelas mesmas alíquotas citadas.

b) Considerando que no início do período não havia saldo a recuperar nas contas representativas dos tributos, ajustar os saldos das contas de direitos e obrigações do ICMS, PIS/PASEP e COFINS.

Solução:

a) Contabilizar os fatos em partidas de Diário, ...

1) *Diversos*
a Fornecedores
a J.C. S/A
Compra de mercadorias conf. s/NF n. 272, como segue:
Estoque de Mercadorias (ou Compras de Mercadorias)
Custo da compra.. 29.100
ICMS a Recuperar
Pela alíquota de 18%.. 7.200
PIS/PASEP a Recuperar
Pela alíquota de 1,65%.. 660

	COFINS a Recuperar		
	Pela alíquota de 7,6%	*3.040*	*40.000*
2)	*Caixa*		
	a Diversos		
	Receitas auferidas no mês, como segue:		
	a Vendas de Mercadorias		
	Conf. livro Registro de Saídas etc.	*100.000*	
	a Aluguéis Ativos		
	Conforme recibos etc.	*20.000*	*120.000*
3)	*ICMS sobre Faturamento*		
	a ICMS a Recolher		
	18% incidente sobre vendas etc.	*18.000*	
4)	*Diversos*		
	a PIS/PASEP a Recolher		
	Pela apropriação da contribuição ref. total das receitas do mês, como segue:		
	PIS/PASEP sobre Faturamento		
	1,65% sobre $100.000	*1.650*	
	PIS/PASEP sobre Outras Receitas		
	1,65% sobre $ 20.000	*330*	*1.980*
5)	*Diversos*		
	a COFINS a Recolher		
	Pela apropriação da contribuição ref. total das receitas do mês, como segue:		
	COFINS sobre Faturamento		
	7,6% sobre $ 100.000	*7.600*	
	COFINS sobre Outras Receitas		
	7,6% sobre $ 20.000	*1.520*	*9.120*

Observações

- As contas ICMS sobre Faturamento, PIS/PASEP sobre Faturamento e COFINS sobre Faturamento, debitadas nos lançamentos 3, 4 e 5, são contas redutoras da receita bruta de vendas. Os saldos dessas contas serão transferidos para a conta Resultado da Conta Mercadorias, por ocasião da apuração do resultado bruto.
- As contas PIS sobre Demais Receitas e COFINS sobre Demais Receitas, debitadas nos lançamentos 4 e 5, são contas classificadas como Despesas Tributárias, do grupo das Despesas Administrativas. Os saldos dessas contas serão transferidos para a conta Resultado do Exercício, por ocasião da apuração do resultado líquido do exercício.

Observação

- As demais contas, creditadas nos lançamentos 3 a 5, são todas contas de obrigação, classificadas no Passivo Circulante do Balanço Patrimonial.

b) Considerando que no início do período não havia saldo a recuperar nas contas representativas dos tributos, ajustar os saldos das contas de direitos e obrigações do ICMS, PIS/PASEP e COFINS.

Após os cinco lançamentos efetuados, as contas representativas dos tributos apresentam os seguintes saldos:

- ICMS a Recuperar, saldo devedor de $ 7.200
- ICMS a Recolher, saldo credor de $ 18.000
- PIS/PASEP a Recuperar, saldo devedor de $ 660
- PIS/PASEP a Recolher, saldo credor de $ 1.980
- COFINS a Recuperar, saldo devedor de $ 3.040
- COFINS a Recolher, saldo credor de $ 9.120

Para ajustar os saldos dessas contas, basta debitar a conta que tem saldo credor e creditar a que tem saldo devedor, representativas do mesmo tributo, utilizando o menor dos dois saldos.

Veja:

6) *ICMS a Recolher*
a ICMS a Recuperar
Transferência que se processa do menor saldo entre as contas supra, para ajuste *7.200*

7) *PIS/PASEP a Recolher*
a PIS/PASEP a Recuperar
Transferência que se processa do menor saldo entre as contas supra, para ajuste *660*

8) *COFINS a Recolher*
a COFINS a Recuperar
Transferência que se processa do menor saldo entre as contas supra, para ajuste *3.040*

Após os lançamentos de ajuste, as contas representativas de direitos e obrigações relativas aos tributos envolvidos, ficarão como segue:

- As contas ICMS a Recuperar, PIS/PASEP a Recuperar e COFINS a Recuperar, ficaram com saldo igual a zero;
- A conta ICMS a Recolher ficou com saldo credor de $ 10.800;
- A conta PIS/PASEP a Recolher ficou com saldo credor de $ 1.320 e;
- A conta COFINS a Recolher ficou com saldo credor de $ 6.080.

Notas

- Quando, no cotejo entre as contas PIS/PASEP a Recuperar e PIS/PASEP a Recolher, permanecer saldo devedor na conta PIS/PASEP a Recuperar, esse saldo que representa direito da empresa perante o Governo federal, ficará na própria conta de direito (PIS/PASEP a Recuperar) para ser compensado no mês seguinte. Essa informação que também se aplica ao cotejo entre as contas COFINS a Recuperar e COFINS a Recolher, aplica-se também ao cotejo entre as contas ICMS a Recuperar e ICMS a Recolher.
- As legislações do PIS/PASEP e da COFINS estabelecem, ainda, situações em que uma mesma pessoa jurídica pode estar sujeita à incidência não cumulativa em relação a uma parte de suas receitas e à incidência cumulativa em relação a outra parte. Nesse caso, os valores dos créditos a serem compensados dos montantes dos tributos devidos, serão apurados, exclusivamente, em relação aos custos, despesas e encargos vinculados às receitas tributadas pelo regime não cumulativo.

ATIVIDADES PRÁTICAS

Operações realizadas na empresa Comercial J. Miranda Ltda.:

Mês de Outubro

1. Compra de mercadorias de J. A. & Cia., conforme Nota Fiscal n. 890, no valor de $ 20.000, à vista. ICMS destacado pela alíquota de 18%.
2. Venda de mercadorias à vista, conforme nossa Nota Fiscal n. 545, no valor de $ 10.000. ICMS destacado pela alíquota de 18%.
3. Nossa devolução ao fornecedor J. A. & Cia. de parte da compra efetuada à vista, conforme nossa Nota Fiscal n. 144, no valor de $ 1.000. ICMS destacado pela alíquota de 18%.
4. Recebemos, em devolução, mercadorias vendidas à vista, conforme nossa Nota Fiscal de entrada n. 14, no valor de $ 2.500. ICMS destacado pela alíquota de 18%.
5. Compra de mercadorias a prazo, mediante aceite de duplicatas, da Casa Palmeiras S/A, conforme Nota Fiscal n. 8.870, no valor de $ 100.000. Valor do IPI: $ 10.000; ICMS calculado pela alíquota de 18%.

Mês de Novembro

6. Compra de mercadorias a prazo, com aceite de duas duplicatas, do fornecedor Elias Lopes S/A, conforme Nota Fiscal n. 723. Valor das mercadorias: $ 500.000; valor do IPI: $ 50.000; ICMS destacado pela alíquota de 18%.
7. Venda de mercadorias à vista, efetuada durante o mês, conforme livro Registro de Saídas, no valor de $ 1.000.000. ICMS destacado pela alíquota de 18%.

Considerando que a empresa adota contas distintas para o registro das operações com ICMS, que não é contribuinte do IPI e que está sujeita ao regime cumulativo de incidência do PIS/PASEP e COFINS, pede-se:

a) Contabilize no Diário e nos Razonetes, as operações referentes ao mês de Outubro;
b) Em 31 de Outubro, apure os saldos das contas ICMS a Recuperar e a Recolher, e efetue os ajustes necessários;

c) Calcule e contabilize as contribuições para o PIS/PASEP e para a COFINS (provisionamento), sobre o faturamento de outubro, pelas alíquotas de 0,65% e 3,0% respectivamente;

d) Contabilize no Diário e nos Razonetes os fatos ocorridos em Novembro;

e) Efetue os recolhimentos em dinheiro, referentes às obrigações com o PIS/PASEP e com a COFINS de outubro;

f) Apure, em 30 de novembro, os saldos das contas ICMS a Recuperar e ICMS a Recolher e efetue os ajustes necessários;

g) Calcule e contabilize as contribuições para o PIS/PASEP e para a COFINS sobre o faturamento de novembro, pelas alíquotas de 0,65% e 3,0% respectivamente.

11.5 Apuração do Resultado da Conta Mercadorias, influenciada pelos fatos que alteram os valores das compras e vendas

Conforme já estudamos, os valores das compras e das vendas podem sofrer alterações em decorrência de compras e vendas anuladas, descontos ou abatimentos incondicionais obtidos ou concedidos, fretes e seguros sobre compras, além de tributos incidentes sobre as compras e vendas.

Assim, para apurar o Resultado da Conta Mercadorias em uma empresa comercial, na qual durante o ano tenham ocorrido fatos que alteram os valores das compras e das vendas, vamos compor as fórmulas do CMV e do RCM do seguinte modo:

1ª) fórmula: CMV = EI + (C + FC − CA − DIO − AC) + EF

em que:
- CMV = Custo das Mercadorias Vendidas
- EI = Estoque Inicial
- C = Compras de Mercadorias
- FC = Fretes e Seguros sobre Compras
- CA = Compras Anuladas
- DIO = Descontos Incondicionais Obtidos
- AC = Abatimento sobre Compras
- EF = Estoque Final

Notas

Os valores dos fretes e seguros sobre compras devem integrar o custo das mercadorias adquiridas. Entretanto, pelo sistema que adotamos neste livro (inventário periódico), esse gasto pode ser contabilizado em conta própria, denominada Fretes e Seguros sobre Compras. No último dia do período, havendo estoque final de mercadorias, será necessário ratear o valor desses fretes e seguros entre as contas CMV e o Estoque de Mercadorias (estoque final), conforme estabelece a legislação atual. O rateio poderá ser feito com base na seguinte fórmula:

$$\text{FC s/ Estoque} = \frac{EF}{C - CA - DIO - AC} \times FC$$

em que:

- FC s/ estoques 5 Fretes e Seguros sobre Estoques
- EF 5 Estoque Final
- C 5 Compras de Mercadorias
- CA 5 Compras Anuladas
- DIO 5 Descontos Incondicionais Obtidos
- AC 5 Abatimentos sobre Compras
- FC 5 Fretes e Seguros sobre Compras

- O valor encontrado pela aplicação dessa fórmula corresponde ao valor da conta Fretes e Seguros sobre Compras, que deverá ser transferido para a conta Estoque de Mercadorias. Portanto, o valor a ser transferido para a conta Custo das Mercadorias Vendidas (CMV) corresponderá à diferença existente entre o saldo da conta Fretes e Seguros sobre Compras e o valor encontrado na presente fórmula. Assim, dois lançamentos serão efetuados:

1ª Transferência para o CMV

Custo das Mercadorias Vendidas (CMV)

a Fretes e Seguros sobre Compras

Transferência que se processa da 2ª para a 1ª das contas supra, referente à parte dos fretes e seguros sobre compras que deve integrar o CMV neste período, conforme cálculos .... $

- Essa transferência deve ser efetuada juntamente com as transferências do valor do estoque inicial e do valor das compras de mercadorias, já que influi no CMV do período atual.

2ª Transferência para o estoque final

Estoque de Mercadorias

a Fretes e Seguros sobre Compras

Transferência que se processa, referente à parte dos fretes e seguros sobre compras que devem integrar o valor do estoque final, conforme cálculos .... $

- Esse lançamento, cujo valor foi apurado na fórmula apresentada, deve ser efe-tuado somente após encerrados os procedimentos extracontábeis, e contábeis, referentes à apuração do Resultado da Conta Mercadorias, pois não interfere no resultado bruto do exercício atual.
- O mesmo procedimento adotado com o rateio do saldo da conta Fretes e Seguros sobre Compras também deve ser adotado com o saldo da conta Abatimentos sobre Compras quando este for expressivo.

2ª) fórmula: RCM = (V – VA – DIC 2 AV – TRIBUTOS) – CMV

em que:

- RCM = Resultado da Conta Mercadorias
- V = Vendas de Mercadorias
- VA = Vendas Anuladas
- DIC = Descontos Incondicionais Concedidos
- AV = Abatimentos sobre Vendas
- TRIBUTOS = compreendem os impostos, taxas e contribuições incidentes sobre as vendas, como o ICMS, o PIS sobre Faturamento e a Cofins.
- CMV = Custo das Mercadorias Vendidas

Para contabilizar o Resultado da Conta Mercadorias, quando aparecem fatos que alteram os valores das compras e vendas, o procedimento que sugerimos é o mesmo já estudado para as fórmulas simplificadas (CMV = EI + C − EF e RCM = V − CMV), ou seja, primeiro efetuamos a transferência dos saldos de todas as contas que compõem essa fórmula (na ordem em que aparecem) para a conta CMV e, depois, procedemos da mesma maneira com a fórmula do RCM.

Observe que, na fórmula do CMV, colocamos entre parênteses o conjunto (C + FC − CA − AC − DIO), que nos permite conhecer o valor das compras líquidas; e na fórmula do RCM, colocamos entre parênteses o conjunto (V − VA − DIC − AV − TRIBUTOS), que nos permite conhecer o valor das vendas líquidas.

ATIVIDADES TEÓRICAS

1. Complete:

1.1 Vendas de Mercadorias menos Custo das Mercadorias Vendidas é igual ao ________________________ do exercício.

1.2 O Resultado da Conta Mercadorias, quando credor, representa o ____________ ________________________.

2. Responda:

2.1 Qual é a fórmula utilizada para apurar extracontabilmente o Custo das Mercadorias Vendidas?

2.2 Qual é a fórmula para apurar extracontabilmente o Resultado da Conta Mercadorias?

3. Escolha a alternativa correta:

3.1 Lucro bruto é:

a) V − CMV;
b) EI + C − EF;
c) lucro líquido;
d) EI + V − EF.

4. Coloque V se a afirmativa for verdadeira e F se for falsa:

4.1 CMV = EI + C − V
R: ( ).

4.2 Lucro bruto 5 V 1 VA 1 CMV
R: ( ).

4.3 CMV 5 EI 1 (C1 FC 2 CA) 2 EF
R: ( ).

ATIVIDADES PRÁTICAS

Nos três casos a seguir, apure o Resultado da Conta Mercadorias, efetuando os cálculos extracontábeis, e, em seguida, faça a respectiva contabilização em partidas de Diário e em Razonetes:

Prática 1 — solucionada

Estoque de Mercadorias (EI).. 400
Compras de Mercadorias.. 630
Compras Anuladas 30.000
Vendas de Mercadorias.. 2.090
ICMS sobre Vendas 230
PIS sobre Faturamento 17
COFINS 60
Vendas Anuladas.. 20
Descontos Incondicionais Concedidos 50
Estoque Final de Mercadorias 700

SOLUÇÃO:

Cálculos extracontábeis

CMV = 400 + (630 – 30) – 700

CMV = 300

RCM = (2.090 – 20 – 230 – 60 – 17 – 50) – 300

RCM = 1.713 2 300

RCM = 1.413

CONTABILIZAÇÃO:

Para sua conferência, apresentaremos somente os lançamentos de Diário e sem históricos.

1) *CMV*
a Diversos
a Estoque de Mercadorias 400
a Compras de Mercadorias 630 1.030

2) *Diversos*
a CMV
Estoque de Mercadorias 700
Compras Anuladas 30 730

3) *Vendas*
a RCM 2.020

4) *RCM*

a Diversos

a ICMS sobre Vendas 230

a PIS sobre Faturamento 17

a Cofins 60

a Vendas Anuladas 20

a Descontos Incondicionais Concedidos 50

a CMV 300 *677*

5) *RCM*

a Lucro sobre Vendas 1.413

Prática 2

Compras de Mercadorias 1.000

Vendas de Mercadorias 3.000

Estoque de Mercadorias (EI) 2.500

ICMS sobre Vendas 500

PIS sobre Faturamento 20

COFINS 70

Estoque Final de Mercadorias 1.900

Prática 3

Estoque de Mercadorias (EI) 30.000

Compras de Mercadorias 145.000

Compras Anuladas 5.000

Vendas de Mercadorias 256.000

Vendas Anuladas 6.000

Descontos Incondicionais Concedidos 10.000

ICMS sobre Vendas 35.000

PIS sobre Faturamento 2.000

COFINS 7.000

Estoque Final de Mercadorias 60.000

11.6 Perdas Estimadas em Créditos de Liquidação Duvidosa

11.6.1 Introdução

Perdas Estimadas em Créditos de Liquidação Duvidosa (PECLD), é a nova denominação dada a antiga Provisão para Créditos de Liquidação Duvidosa ou Provisão para Devedores Duvidosos.

Essa nova intitulação foi adotada no processo de adequação da terminologia contábil brasileira aos padrões internacionais de contabilidade IFRS. Para esses padrões internacionais, conforme consta da NBC TG 25, fundamentada no CPC 25, o termo Provisão somente deve ser utilizado na intitulação de contas representativas de passivos de prazo ou valor incertos.

Portanto, Perdas Estimadas em Créditos de Liquidação Duvidosa (PECLD) é uma conta redutora do Ativo, que representa valor provisionado no final do exercício social, para cobrir, no exercício seguinte, perdas prováveis decorrentes do não recebimento de parte dos créditos (direitos) da empresa, existentes na data do levantamento do Balanço.

Contabilmente, quando se provisiona um valor mediante crédito em conta retificadora do Ativo, em contrapartida, debita-se uma conta de despesa, para que a perda estimada ou efetiva seja devidamente reconhecida no resultado do respectivo exercício.

Os direitos sujeitos ao reconhecimento dessa perda, são aqueles derivados das vendas a prazo de mercadorias, produtos e serviços, contabilizados nas contas Clientes ou Duplicatas a Receber.

O reconhecimento dessa perda, bem como seu provisionamento em conta redutora do Ativo, está previsto tanto na Lei n. 6.404/76 como também nas normas internacionais de contabilidade IFRS consubstanciadas nas NBCS TGS.

Segundo estabelece a Lei n. 6.404/76, no Balanço, a conta Duplicatas a Receber (ou Clientes), deve ser apresentada no Ativo Circulante ou no Realizável a Longo Prazo, pelo seu valor original, ajustado ao valor provável de realização, quando este for inferior. (letra b do inciso I do art. 183).

Segundo a NBC TG 01, fundamentada no CPC 01, convergente com as normas internacionais de contabilidade IFRS, toda entidade deve assegurar que seus ativos estejam registrados contabilmente por valor que não exceda seus valores de recuperação.

Assim, quando um ativo estiver registrado no Balanço por valor excedente ao seu valor de recuperação, esse ativo é caracterizado como sujeito ao reconhecimento de perdas.

Contabilmente, conforme já dissemos, a perda é reconhecida, mediante débito em uma conta de despesa e crédito em uma conta redutora do Ativo.

Deste modo, a perda fica reconhecida tanto no resultado (a despesa reduz o lucro) como também no Balanço (a conta redutora do direito permite que esse direito figure pelo seu valor recuperável, isto é, pelo custo ou valor de emissão (valor original)), diminuído da perda devidamente provisionada.

11.6.2 Disciplina da NBC TG 38

Segundo o item 58 da NBC TG 38, fundamentada no CPC 38, a entidade deve avaliar, na data de cada balanço patrimonial, se existe ou não qualquer evidência objetiva de que um ativo financeiro ou um grupo de ativos financeiros esteja sujeito a perda do respectivo valor recuperável.

Conforme se pode observar, para as normas internacionais de contabilidade IFRS, a empresa somente poderá reconhecer perda em ativo financeiro, quando existir evidência objetiva, de que esse ativo financeiro está sujeito a essa perda. Assim, as perdas esperadas como resultado de acontecimentos futuros, independentemente do grau de probabilidade, não são reconhecidas.

No item 59 a mencionada NBC TG 38, apresenta exemplos de eventos que evidenciam a existência objetiva de perda no valor recuperável da conta Duplicatas a Receber ou Clientes, e que justificam o reconhecimento da perda e a necessidade de provisionamento, como: significativa dificuldade financeira do cliente; quebra de contrato, tal como o descumprimento ou atraso nos pagamentos de juros ou de capital; falência etc.

É importante destacar que, antes da adoção das normas internacionais de contabilidade IFRS, era prática comum no Brasil o reconhecimento no final de cada exercício social, de perdas com créditos de liquidação duvidosa com base em um valor estimado.

Esse valor era estimado em cada empresa, por meio de estudos fundamentados, principalmente, nas perdas incorridas nos últimos exercícios.

Esses estudos resultavam sempre em um percentual que era aplicado sobre o saldo da conta Duplicatas a Receber ou Clientes existente no final do exercício social. O montante encontrado era reconhecido como perda no exercício em que ocorriam as receitas com vendas e, ao mesmo tempo, provisionado em conta redutora da conta Duplicatas a Receber ou Clientes.

Conforme vimos, as normas internacionais mudaram radicalmente esse procedimento, uma vez que reconhecem somente perdas quando houver evidência objetiva de que o montante do crédito não mais será recebido, no todo ou em parte.

Nota

- É importante salientar que o fisco brasileiro, desde 01 de janeiro de 1997, não reconhece como dedutível da base de cálculo do Imposto de Renda a despesa estimada com créditos de liquidação duvidosa. Assim, quando a empresa contabiliza essa perda estimada, deve ajustar o resultado do exercício para fins de tributação, no Livro Eletrônico de Escrituração e Apuração do Imposto sobre a Renda e da Contribuição Social sobre o Lucro Líquido da Pessoa Jurídica Tributada pelo Lucro Real (E-LALUR).

11.6.3 Exemplo prático

Suponhamos que, no final do exercício de X2, o saldo da conta Duplicatas a Receber de uma empresa comercial seja igual a $ 100.000.

Suponhamos, também, que estudos realizados por responsáveis pelos setores de vendas, crédito e cobrança da empresa, com fundamento nas regras contidas na NBC TG38, tenham indicado que o montante das perdas a serem reconhecidas sejam de $ 1.500.

Lembramos que, para fins didáticos, a aplicação de um percentual definido pelo professor sobre o saldo da conta Duplicatas a Receber, facilita os estudos.

Veja, a seguir, como essa perda será contabilizada.

Lançamento no livro Diário:

1) *Despesas com Perdas Estimadas em Créditos de Liquidação Duvidosa*
a Perdas Estimadas em Créditos de Liquidação Duvidosa
Pelo reconhecimento da perda etc.. 1.500

Observação

- A conta debitada, é conta de Despesa Operacional, do grupo das Despesas com Vendas. O saldo dessa conta, juntamente com os saldos das demais contas de despesas do período, será transferido para a conta Resultado do Exercício no momento da apuração do resultado.

Observação

- A conta creditada, é conta patrimonial que registra o valor provisionado, o qual será utilizado para cobrir possíveis não recebimentos dos créditos, durante o exercício seguinte. No Balanço Patrimonial, essa conta figurará no Ativo Circulante como redutora da conta Duplicatas a Receber ou Clientes (conta que serviu de base para o seu cálculo).

Baixa de direitos incobráveis

Suponhamos, agora, que em setembro de X3, depois de esgotados todos os recursos disponíveis para a cobrança, considerou-se incobrável uma Duplicata no valor de $ 450.

Para regularizar, basta proceder à baixa. Veja:

O lançamento no livro Diário ficará como segue:

2) *Perdas Estimadas em Créditos de Liquidação Duvidosa*
a Duplicatas a Receber
Baixa da Duplicata n. X, por ter sido considerada incobrável etc. *450*

Notas

- Recomenda-se que a baixa de uma Duplicata como incobrável somente seja efetuada depois que a empresa tenha esgotado todos os recursos necessários à sua cobrança. Esses recursos podem ser: telefonemas, envio de telegramas, de cartas além de outros procedimentos, culminando com o protesto do título em cartório.
- No final de cada exercício social, é preciso verificar se existe saldo remanescente na conta PECLD derivada do exercício anterior.
  Havendo saldo, antes de se contabilizar a nova perda, deve-se reverter esse saldo, debitando-se a conta Perdas Estimadas em Créditos de Liquidação Duvidosa e creditando-se a conta Resultado do Exercício ou outra que evidencie a receita com a reversão.
- Mais detalhes envolvendo as perdas estimadas em créditos de liquidação duvidosa podem ser encontrados nos livros Contabilidade Comercial Fácil e Contabilidade Intermediária de nossa autoria.

ATIVIDADES TEÓRICAS

1. Responda:

1.1 O que significa o título "Perdas Estimadas em Créditos de Liquidação Duvidosa?

1.2 Quando se provisiona um valor em conta do Ativo, qual é a contrapartida dessa conta em lançamento de Diário?

1.3 Por que a perda em créditos de liquidação duvidosa deve ser reconhecida no Final do exercício social?

1.4 Cite dois eventos que justificam o reconhecimento de perdas no valor recuperável de direitos, conforme a NBC TG 38.

1.5 Quando a empresa reduz seu resultado com o provisionamento de uma perda para atender normas de contabilidade, como deve proceder perante o fisco?

1.6 Como fica o lançamento de baixa de duplicatas com aproveitamento de saldo na conta PECLD?

ATIVIDADES PRÁTICAS

Prática 1

Considerando que no final do exercício de X5, a conta Duplicatas a Receber apresentava saldo igual a $ 450.000 e que, mediante estudos fundamentados na NBC TG 38, a empresa tenha decidido reconhecer uma perda em créditos de liquidação duvidosa no montante de $ 20.000, proceder a contabilização.

Prática 2

Admitindo que em junho de X7, foram consideradas incobráveis duplicatas no montante de $ 30.000 e sabendo-se que havia saldo de $ 50.000 na conta PECLD, proceder ao registro contábil correspondente.

TESTES DE EXAME DE SUFICIÊNCIA

Contador, ano 2001, prova 2 – Área de Conhecimentos Contábeis

1. Considere os dados abaixo e indique o Resultado Bruto:

CONTAS	$
Abatimentos sobre Vendas	19.000,00
Compras de Mercadorias	500.000,00
Despesas com Salários	245.750,00
Despesas com Seguros	10.000,00
Despesas com Comissões sobre Vendas	32.500,00
Despesas Tributárias – IPTU	25.000,00
Estoque Final de Mercadorias	245.000,00
Estoque Inicial de Mercadorias	37.000,00
Fretes sobre Compras	16.000,00
Fretes sobre Vendas	20.000,00
Impostos sobre Vendas	112.500,00
Outras Receitas Operacionais	24.500,00
Outras Receitas	20.500,00
Seguros sobre Compras	10.750,00
Vendas Canceladas	20.500,00
Vendas de Mercadorias	1.500.000,00

a) $ 1.029.250,00;
b) $ 1.045.250,00;
c) $ 1.056.000,00;
d) $ 1.095.500,00.

TESTES DE CONCURSO

Técnico do Tesouro Nacional – TTN/1994

1. O lucro bruto na empresa comercial é contabilizado como Resultado com Mercadorias (RCM). A equação base para encontrar o RCM é a seguinte:

a) RCM = Vendas – Estoque Inicial – Compras + Estoque Final.
b) RCM = Vendas – Estoques.
c) RCM = Vendas – Estoques + Compras.
d) RCM = Estoque Inicial + Compras – Estoque Final.
e) RCM = Vendas – Estoque Inicial + Compras – Estoque Final.

Técnico da Receita Federal – TRF – 2002 – Contabilidade Geral

2. A empresa Abestos S/A vendeu mercadorias, a prazo, para a Cia. Carvalhais por $ 17.500,00, a preço de fatura, prometendo entregar em domicílio. Para fazer a referida entrega a Abestos teve que pagar o transporte da mercadoria vendida. Esse gasto realizado com o transporte até o endereço do comprador será, contabilmente:

a) acréscimo na despesa da Abestos S/A;
b) redução no custo de vendas da Cia. Carvalhais;
c) acréscimo no custo de vendas da Abestos S/A;
d) redução no custo de vendas da Abestos e acréscimo no valor das compras da Carvalhais;
e) redução das vendas da Abestos e acréscimo no custo de vendas da Carvalhais.

12 Estoques

12.1 Introdução

Neste capítulo, estudaremos os principais critérios para a valoração das mercadorias estocadas na empresa. Para determinarmos o custo das mercadorias estocadas, faremos uso dos custos das compras, isto é, do valor pago pela aquisição de tais mercadorias acrescido das despesas acessórias, conforme já estudamos no capítulo anterior.

Tendo em vista que a empresa poderá adquirir um mesmo tipo de mercadoria em datas diferentes, pagando por ele preços variados, para determinar o custo das mercadorias estocadas, há necessidade de adotarmos algum critério.

Dentre os vários critérios existentes, vamos estudar os seguintes:

- preço específico;
- PEPS;
- UEPS;
- custo médio ponderado móvel;
- custo médio ponderado fixo.

12.2 Critérios de avaliação dos Estoques

12.2.1 Preço específico

O critério de avaliação **preço específico** consiste em atribuir a cada unidade de mercadoria existente em estoque o preço efetivamente pago por ela. Só pode ser usado, contudo, para mercadorias de fácil identificação física, por exemplo: imóveis para revenda, veículos etc.

Exemplo:

Suponhamos os seguintes fatos ocorridos durante o exercício de X1, na empresa Comercial Veículos Vale Ltda:

- Em 05/10, compra de um automóvel marca Halley, chassi n. 2000, por $ 20.000.
- Em 10/10, compra de um automóvel marca Lord, chassi n. 134, por $ 45.000.
- Em 13/10, compra de um automóvel marca Gurgel, chassi n. 22.221, por $ 22.000.

Levando em conta que no referido período foi vendido um automóvel marca Lord, chassi n. 134, por $ 50.000, para atribuir valores às duas unidades restantes no fim do período, basta considerar os valores dos custos que a empresa realmente pagou na aquisição de cada uma delas. Pela natureza das mercadorias, será fácil identificar esses custos.

12.2.2 PEPS

Pelo PEPS, "Primeiro que Entra, Primeiro que Sai" (PEPS), tradução da expressão inglesa First In, First Out (FIFO), atribuem-se aos estoques os custos mais recentes.

Consideremos os seguintes fatos ocorridos na empresa comercial Moura Ribeiro S/A, atacadista de portas de mogno, tamanho 2,20 × 0,80 m:

Nota

- Para fins didáticos, apresentaremos números inteiros e levaremos em conta que os tributos já foram excluídos dos respectivos valores. Na venda, a baixa é feita pelo custo, logo, também sem tributos.

Fatos:

1. Em 05/02, a empresa adquiriu do fornecedor Pereira Ltda. 100 portas por $ 100 cada, conforme NF n. 7.002.
2. Em 08/02, vendeu ao cliente Depósito Umaitá Ltda. 20 portas, conforme NF n. 101.
3. Em 10/02, adquiriu do fornecedor Pereira Ltda. 50 portas por $ 113 cada, conforme NF n. 8.592.
4. Em 19/02, adquiriu do fornecedor Pereira Ltda. 50 portas por $ 159 cada, conforme NF n. 9.721.
5. Em 20/02, devolveu ao fornecedor Pereira Ltda. 10 portas conforme NF n. 115.
6. Em 27/02, vendeu ao cliente Taboão S/A 140 portas, conforme NF n. 102.
7. Em 28/02, recebeu em devolução, do cliente Taboão S/A, 5 portas conforme nota fiscal de Entrada (NFE) n. 142.

Veja esses sete fatos devidamente lançados na ficha de controle de estoques:

CRITÉRIO DE CONTROLE: PEPS

MERCADORIAS: Portas de Mogno Tamanho 2,20 x 0,80 m

Fornecedor: Pereira Ltda.

DATA	HISTÓRICO	ENTRADAS			SAÍDAS			SALDO		
		QUANT.	CUSTO UNIT.	CUSTO TOTAL	QUANT.	CUSTO UNIT.	CUSTO TOTAL	QUANT.	CUSTO UNIT.	CUSTO TOTAL
05/02	NF n. 7.002	100	100	10.000	—	—	—	100	100	10.000
08/02	NF n. 101	—	—	—	20	100	2.000	80	100	8.000
10/02	NF n. 8.592	50	113	5.650	—	—	—	80	100	8.000
								50	113	5.650
								130		13.650
19/02	NF n. 9.721	50	159	7.950	—	—	—	80	100	8.000
								50	113	5.650
								50	159	7.950
								180		21.600
20/02	NF n. 115	(10)	159	(1.590)	—	—	—	80	100	8.000
								50	113	5.650
								40	159	6.360
								170		20.010
27/02	NF n. 102	—	—	—	80	100	8.000			
					50	113	5.650			
					10	159	1.590	30	159	4.770
					140		15.240			
28/02	NF n. 142	—	—	—	(5)	159	(795)	35	159	5.565
	TOTAIS	190		22.010	155		16.445	35	159	5.565

Observações

- Na coluna de saldo, ficam evidenciadas as quantias estocadas, devidamente separadas ou identificadas, pelos respectivos custos de aquisição. A cada venda, a baixa é feita iniciando-se pelos custos mais antigos, no caso, pelos menores custos. Assim, por meio dessa ficha, ficam controladas as quantias estocadas sempre pelos preços mais recentes. Por isso, esse critério é denominado de Primeiro que Entra, Primeiro que Sai.

- As devoluções de compras efetuadas aos fornecedores são escrituradas negativamente entre parênteses na coluna das entradas. Por outro lado, as devoluções de vendas recebidas de clientes são escrituradas negativamente entre parênteses na coluna das saídas. Assim, no fim de cada período (mês ou ano), deve-se encerrar cada uma das fichas de controle de estoques, somando-se o total da coluna de entradas, o total da coluna de saídas e evidenciando o saldo existente. Dessa forma, a soma da coluna das entradas corresponderá efetivamente ao valor das compras líquidas, e a soma da coluna das saídas corresponderá efetivamente ao custo das mercadorias vendidas, ou seja, ao valor das saídas líquidas.

Notas

- As devoluções de compras devem ser registradas na ficha de controle de estoques pelo valor pago ao fornecedor, por ocasião da respectiva compra.

- As devoluções de vendas são lançadas pelos mesmos valores das respectivas saídas.

- Os gastos eventuais, tanto na devolução de compras quanto na devolução de vendas (fretes, seguros etc.), devem ser considerados Despesas Operacionais e não Custos. Portanto, não devem figurar nas fichas de controle de estoques.

12.2.3 UEPS

Pelo **UEPS**, "Último que Entra, Primeiro que Sai" (UEPS), tradução da expressão inglesa Last In, First Out (LIFO), atribuem-se aos estoques os custos mais antigos.

Veja a seguir os mesmos sete fatos apresentados na seção anterior, devidamente registrados na ficha de controle de estoques, pelo critério UEPS:

Observação

- Nesse caso, também na coluna do saldo controlam-se as quantias estocadas, tendo em vista os respectivos custos de aquisição. A baixa sempre é feita pelos custos das últimas aquisições. Assim, as mercadorias que permanecerem em estoque serão valoradas sempre pelos custos mais antigos, motivo pelo qual esse critério é denominado Último que Entra, Primeiro que Sai.

CRITÉRIO DE CONTROLE: UPEPS

MERCADORIAS: Portas de Mogno Tamanho 2,20 x 0,80 m

Fornecedor: Pereira Ltda.

DATA	HISTÓRICO	ENTRADAS			SAÍDAS			SALDO		
		QUANT.	CUSTO UNIT.	CUSTO TOTAL	QUANT.	CUSTO UNIT.	CUSTO TOTAL	QUANT.	CUSTO UNIT.	CUSTO TOTAL
05/02	NF n. 7.002	100	100	10.000	–	–	–	100	100	10.000
08/02	NF n. 101	–	–	–	20	100	2.000	80	100	8.000
10/02	NF n. 8.592	50	113	5.650	–	–	–	80	100	8.000
								50	113	5.650
								130		13.650
19/02	NF n. 9.721	50	159	7.950	–	–	–	80	100	8.000
								50	113	5.650
								50	159	7.950
								180		21.600
20/02	NF n. 115	(10)	159	(1.590)	–	–	–	80	100	8.000
								50	113	5.650
								40	159	6.360
								170		20.010
27/02	NF n. 102	–	–	–	40	159	6.360			
					50	113	5.650			
					50	100	5.000	30	100	3.000
					140		17.010			
28/02	NF n. 142	–	–	–	(5)	159	(500)	35	100	3.500
	TOTAIS	190		22.010	155		18.510	35	100	3.500

A adoção do critério UEPS apresenta duas implicações:

a. do ponto de vista técnico: se a empresa adotar a política de estoque mínimo, não deixando zerar o estoque antes de efetuar novas compras, com a inflação e troca de moeda, fatos muito comuns no Brasil nas últimas duas décadas do século XX, os valores das moedas antigas se tornarão tão irreais que causarão problemas para valorar as unidades remanescentes em estoque;

b. do ponto de vista fiscal: atribuindo preços mais recentes para as mercadorias vendidas e preços mais antigos para os estoques remanescentes, resultará em lucros menores e consequentemente menores serão os valores dos impostos a serem pagos ao governo. Por esse motivo, o governo brasileiro não aprova a adoção desse critério.

12.2.4 Custo médio ponderado móvel (média ponderada móvel)

Pelo critério do **custo médio ponderado móvel**, as mercadorias estocadas são sempre valoradas pela média dos custos de aquisição, sendo estes atualizados a cada compra efetuada. Sua denominação advém do fato de toda vez que ocorrer compra por custo unitário diferente dos que constarem do estoque, o custo médio se modificará.

Veja os mesmos sete fatos já apresentados anteriormente, agora devidamente registrados na ficha de controle de estoques pelo critério do custo médio ponderado móvel (veja no quadro da página seguinte):

Observações

- A coluna destinada ao saldo indicará sempre as quantidades em estoque com seus respectivos valores médios, isto é, atualizados sempre em função das últimas compras.
- Para obter o custo médio ponderado móvel das unidades estocadas, após efetuada nova compra com custo unitário diferente do custo unitário do estoque, procede-se da seguinte maneira: somam-se as quantidades que estavam em estoque com as quantidades da nova compra; soma-se o valor total do estoque com o valor total da nova compra; em seguida, divide-se o total obtido pela soma dos valores pelo total obtido pela soma das quantidades, obtendo-se, assim, o novo custo médio ponderado móvel unitário das unidades em estoque. Analise a Ficha que apresentamos na página seguinte e refaça os cálculos.

12.2.5 Custo médio ponderado fixo (média ponderada fixa)

Adotando o critério do **custo médio ponderado fixo**, as mercadorias estocadas são valoradas somente no final do período (normalmente no final do ano) pela média dos custos das mercadorias que estiveram disponíveis para venda durante todo o período. Esse critério consiste, portanto, no custo médio das mercadorias disponíveis para venda, apurado uma só vez e no final do ano.

CRITÉRIO DE CONTROLE: CUSTO MÉDIO PONDERADO MÓVEL

MERCADORIAS: Portas de Mogno Tamanho 2,20 x 0,80 m

Fornecedor: Pereira Ltda.

DATA	HISTÓRICO	ENTRADAS			SAÍDAS			SALDO		
		QUANT.	CUSTO UNIT.	CUSTO TOTAL	QUANT.	CUSTO UNIT.	CUSTO TOTAL	QUANT.	CUSTO UNIT.	CUSTO TOTAL
05/02	NF n. 7.002	100	100	10.000	—	—	—	100	100	10.000
08/02	NF n. 101	—	—	—	20	100	2.000	80	100	8.000
10/02	NF n. 8.592	50	113	5.650	—	—	—	130	105	13.650
19/02	NF n. 9.721	50	159	7.950	—	—	—	180	120	21.600
20/02	NF n. 115	(10)	159	(1.590)	—	—	—	170	117*	20.010
27/02	NF n. 102	—	—	—	140	117	16.500	30	117	3.510
28/02	NF n. 142	—	—	—	(5)	117	(585)	35	117	4.095
	TOTAIS	190		22.010	155		17.915	35	117	4.095

* Suprimimos as casas decimais somente para fins didáticos. É aconselhável adotar o valor mais próximo possível do real, ajustando as diferenças de centavos na saída seguinte, para que o valor unitário do estoque remanescente após essa saída, multiplicado pela quantidade existente, resulte em valor exato.

Enquanto o custo médio ponderado móvel é atualizado durante o exercício, tantas vezes quantas forem as compras efetuadas, o custo médio ponderado fixo é apurado uma só vez, e no final do exercício, após a última compra efetuada. Para obtê-lo, basta dividir o custo total das mercadorias disponíveis para venda pela quantidade total dessas mesmas mercadorias.

O custo total das mercadorias disponíveis para venda é obtido somando-se o custo do estoque inicial com o custo das compras líquidas realizadas no mesmo período. O custo total das compras líquidas compreende o custo total das compras diminuído ou adicionado dos valores dos fatos que alteram o valor das compras, conforme estudamos no Capítulo 11.

O critério do custo médio ponderado fixo apenas pode ser adotado por empresas que usam o sistema de inventário periódico, uma vez que só é possível sua apuração no final do exercício.

O valor obtido pela média ponderada fixa é atribuído a todas as unidades de mercadorias existentes em estoque no último dia do ano, bem como a todas as unidades de mercadorias vendidas durante o ano, independentemente das datas em que ocorreram as respectivas vendas.

Aproveitando os mesmos dados utilizados para ilustrar os critérios anteriores, veja como ficarão os cálculos:

a. **Cálculo do custo médio ponderado fixo**

Custo total das mercadorias disponíveis para venda dividido pelas quantidades totais das mercadorias disponíveis para venda:

Note que no nosso exemplo, não havia estoque inicial. Portanto, o custo total bem como as quantidades de mercadorias disponíveis para a venda correspondem ao total das compras líquidas.

$$\frac{22.010}{190} = 115{,}8421$$

b. **Atribuição do custo ao estoque final**

Unidades de mercadorias existentes em estoque no final do período multiplicadas pelo custo médio ponderado fixo:

$$35 \text{ unidades} \times 115{,}8421 = 4.054{,}47$$

c. **Cálculo do custo das mercadorias vendidas**

Custo total das mercadorias disponíveis para venda diminuído do custo do estoque final.

$$22.010{,}00 - 4.054{,}47 = 17.955{,}53$$

ATIVIDADES TEÓRICAS

1. Responda:

   1.1. Cite quatro critérios que podem ser utilizados para valoração dos estoques.

   1.2. Em que consiste o critério do preço específico?

2. Escolha a alternativa correta nos testes seguintes:

   2.1. O critério de avaliação de estoques que deve sempre ser usado para as mercadorias de fácil identificação física é:

   a) PEPS.
   b) Custo médio ponderado móvel.
   c) Preço específico.
   d) UEPS.

   2.2. Ao atribuir às mercadorias estocadas os custos mais recentes, a empresa estará adotando o critério:

   a) UEPS.
   b) Custo médio ponderado fixo.
   c) PEPS.
   d) Preço específico.

   2.3. Atribuindo às mercadorias em estoque os custos mais antigos, a empresa estará adotando o critério:

   a) PEPS.
   b) UEPS.
   c) Custo médio ponderado móvel.
   d) Média ponderada.

   2.4. Valorar sempre as mercadorias estocadas pela média dos custos de aquisição, atualizando esses custos a cada compra efetuada, significa adotar o critério:

   a) Preço específico.
   b) Custo médio ponderado móvel.
   c) PEPS.
   d) UEPS.

   2.5. Valorar sempre as mercadorias estocadas pela média dos custos de aquisição, calculados somente no final do período, após a última compra efetuada, consiste em adotar o critério:

   a) Custo médio ponderado fixo.
   b) Custo médio ponderado móvel.
   c) PEPS.
   d) UEPS.

ATIVIDADES PRÁTICAS

Prática 1

Considere os seguintes fatos ocorridos em uma empresa comercial, durante o mês de abril:

1. Dia 05, compra, à vista, de 10 martelos marca Orelha, por $ 5 a unidade.
2. Dia 08, compra, à vista, de 10 martelos marca Orelha, por $ 6 a unidade.
3. Dia 20, venda, à vista, de 14 martelos marca Orelha.

Pede-se:

Considerando que não havia estoque inicial, indique o valor do estoque final existente em 30 de abril, considerando o critério:

a) PEPS R: $ 36.
b) UEPS R: $ 30.
c) Custo médio ponderado móvel R: $ 33.
d) Custo médio ponderado fixo R: $ 33.

Prática 2

Fatos ocorridos em uma empresa comercial:

1. Em 01/02, compra de 100 peças de estabilizador de voltagem BR-2, a $ 10 a unidade, conforme NF n. 234, da Casa Rabelo.
2. Em 02/02, compra de 100 peças de estabilizador de voltagem BR-2, a $ 11 a unidade, conforme NF n. 324, da Casa Rabelo.
3. Em 03/02, venda de 50 peças, conforme nossa NF n. 01.
4. Em 04/02, venda de 60 peças, conforme nossa NF n. 02.
5. Em 05/02, compra de 100 peças de estabilizador de voltagem BR-2, por $ 20 a unidade, conforme NF n. 3.244, da Casa Rabelo.
6. Em 10/02, venda de 70 peças, conforme nossa NF n. 03.

Pede-se:

1. Elabore fichas de controle de estoques para os critérios PEPS, UEPS e Custo médio ponderado móvel.
2. Indique o valor do estoque final, considerando o critério:
   a) PEPS: $ ________________.
   b) UEPS: $ ________________.
   c) Custo médio ponderado móvel: $ ________________.

12.3 Inventário de Mercadorias

O **Inventário de Mercadorias** consiste na contagem física das mercadorias existentes em estoque no final do exercício social, para conhecer o valor do estoque final de mercadorias.

Já estudamos que, ao fim de cada exercício social, uma série de procedimentos é realizada nas empresas, visando a apuração do resultado do exercício e a elaboração das demonstrações contábeis. Dentre esses procedimentos, está a apuração do resultado bruto, que nas empresas comerciais corresponde à apuração do Resultado da Conta Mercadorias.

Foi visto também que, para apurar o Resultado da Conta Mercadorias, deve-se ter em mãos alguns dados relacionados com a movimentação da conta Mercadorias, durante o ano, como o valor do estoque inicial, das compras, das vendas e do estoque final. Além disso, dentre esses quatro valores no fim do período, o estoque inicial, as compras e as vendas são extraídos do livro Razão uma vez que as contas que os registram foram movimentadas durante o ano.[1]

Porém, para conhecer o valor do estoque final, é preciso fazer um inventário, ou seja, a contagem física das mercadorias não vendidas e que, por isso mesmo, ficaram estocadas na empresa no último dia do período (ano). O inventário de mercadorias é feito em duas etapas:

1ª) relacionar as quantidades das mercadorias existentes, separando-as de acordo com a marca, a cor, o modelo, a espécie etc.: relativamente simples, uma vez que não exige conhecimentos técnicos;

[1] O livro Razão poderá conter outras Contas relacionadas com a movimentação da conta Mercadorias, como é o caso daquelas que se referem aos fatos que alteram os valores das compras e das vendas, as quais deverão também ser utilizadas para apuração do Resultado da Conta Mercadorias, conforme Seção 11.5.

2ª) atribuir para cada unidade de mercadoria em estoque o valor do seu respectivo custo de aquisição, acrescido das despesas acessórias (fretes e seguros sobre as compras e tributos incidentes sobre as compras).[2]

Nesse momento, pode haver em estoque várias unidades de uma mesma mercadoria adquiridas em datas diferentes, tendo sido pago por elas também preços diferentes. Assim, para lhe atribuir valores, pode-se adotar o custo das compras mais recentes; o custo das compras mais antigas; uma média entre os diferentes custos; o custo especificamente pago em cada unidade etc. Portanto, a empresa pode optar por um dos vários critérios existentes para atribuição de valores aos estoques, conforme a Seção 12.2.

Ao adotar o sistema de inventário permanente para atribuir custos às unidades existentes em estoque, basta consultar as respectivas fichas de controle de estoques de cada mercadoria. Assim, os custos serão atribuídos conforme constarem nessas fichas, seja qual for o critério de avaliação adotado pela empresa (PEPS, média ponderada móvel ou outro). Lembre-se, mais uma vez, de que o critério UEPS não é aceito pelo Fisco.

Quando a empresa adota o sistema de inventário periódico, por não manter fichas de controles de estoques das mercadorias, para atribuir custos às unidades estocadas, pode-se adotar o critério do custo médio ponderado fixo ou o critério PEPS. Se a escolha for pelo critério PEPS, recorre-se às notas fiscais de compra mais recentes. Supondo, por exemplo, que no final de um exercício social, exista em estoque 50 unidades de uma determinada mercadoria e a última nota fiscal de compra, datada de 15 de dezembro, seja de apenas 30 unidades. A essas 30, serão atribuídos os custos da referida NF; para os 20 remanescentes, recorre-se à penúltima NF. Se esta ainda for insuficiente, recorre-se a antepenúltima e assim sucessivamente, até que sejam atribuídos custos a todas as unidades existentes em estoque.

Nota

- No momento da elaboração do Balanço Patrimonial, os estoques deverão ser avaliados pelo custo ou valor realizável líquido, dos dois o menor, conforme disciplinas contidas na NBC TG 16 e no art. 183 da Lei n. 6.404/1976. Não trataremos desse assunto no presente livro tendo em vista seu caráter introdutório.

LEITURA COMPLEMENTAR

Saiba mais sobre a conta Mercadorias

Conforme estudado no Capítulo 11, existem dois métodos e dois sistemas usados para o registro das operações com mercadorias. A conjugação desses métodos e sistemas pode gerar pelo menos três maneiras de registro:

a) conta mista com inventário periódico;
b) conta desdobrada com inventário periódico;
c) conta desdobrada com inventário permanente.

[2] Os tributos incidentes sobre as compras, quando incidirem também por ocasião das vendas dessas mesmas mercadorias, deverão ser excluídos do custo da compra, conforme já comentamos.

O registro bem como a apuração do Resultado da Conta Mercadorias, pelo método da conta desdobrada com inventário periódico, foram vistos no Capítulo 11. Vejamos, agora, as outras duas maneiras.

Pelo método da conta mista (ou conta mista de mercadorias), adota-se uma só conta com dupla função:

- função patrimonial: registra os estoques inicial e final de mercadorias;
- função de resultado: registra as compras, as vendas bem como as devoluções de compras e de vendas.

O título da conta pode ser: Mercadorias; Estoque de Mercadorias; Mercadorias em Estoque ou outro semelhante.

Suponhamos os seguintes fatos ocorridos em uma empresa comercial:

1. Compra de mercadorias, à vista, conforme nota fiscal n. 730, no valor de $ 1.200.
2. Venda de mercadorias, à vista, conforme nossa NF n. 50, no valor de $ 800.

Sabendo-se que o estoque de mercadorias existente no início do período era de $ 500, contabilizar os fatos em partidas de Diário e em Razonetes.

PARTIDAS DE DIÁRIO

1) *Mercadorias*
a Caixa
Conf. NF n. 720.. *1.200*

2) *Caixa*
a Mercadorias
Conf. nossa NF n. 50.. *800*

RAZONETES:

MERCADORIA			
EL	500	2	800
1	1.200		

CAIXA			
2	800	1	1.200

APURAÇÃO DO RESULTADO

Como essa é a maneira mais simples de contabilizar, durante o exercício, as operações com mercadorias, consequentemente, é fácil apurar o resultado bruto. Todas as operações envolvendo mercadorias, ocorridas durante o período, estão concentradas numa só conta, no livro Razão ou no Razonete. Assim, no fim do período, no débito da conta Mercadorias, encontraremos registrados o valor do estoque inicial, as compras e as devoluções de vendas (entradas de mercadorias na empresa). No crédito, estarão registrados os valores correspondentes às vendas e às devoluções de compras (saídas de mercadorias da empresa).

Para apurar o resultado, é preciso inicialmente conhecer o saldo da conta Mercadorias no livro Razão e, em seguida, efetuar o levantamento extracontábil das mercadorias existentes em estoque no último dia do período. Ficaremos, então, diante de dois valores:

- saldo da conta Mercadorias no livro Razão (devedor ou credor);
- valor do estoque final, apurado por meio do inventário.

A partir desses dois valores, deve-se proceder da seguinte maneira:

1º Transfere-se o saldo da conta Mercadorias para a conta Resultado da Conta Mercadorias (RCM).

2º Registra-se o valor do estoque final a débito da conta Mercadorias e a crédito da conta Resultado da Conta Mercadorias (RCM).

3º Apura-se no Razonete o saldo da conta Resultado da Conta Mercadorias (RCM): sendo devedor, será igual a prejuízo sobre vendas; sendo credor, será igual a lucro sobre vendas.

EXEMPLO:

Suponhamos que, em 31/12/X1, a conta Mercadorias tenha apresentado no livro Razão saldo devedor de $ 900. Sabendo-se que o estoque final foi de $ 1.100, apurar o resultado.

SOLUÇÃO:

PARTIDAS DE DIÁRIO

1) *RCM*
a Mercadorias
Transferência do saldo da segunda para a primeira, para apuração do Resultado Bruto *900*

2) *Mercadorias*
a RCM
Registro do Estoque Final, conforme inventário físico realizado *1.100*

RAZONETES:

MERCADORIAS			
Saldo	900	(1)	900
(2)	1.100		

RCM			
(1)	900	(2)	1.100
		Saldo	200

Observações

- A conta Mercadorias, após os dois lançamentos realizados, ficou com saldo devedor de $ 1.100, que corresponde ao valor do estoque final. Essa conta, então, figurará com esse saldo no Balanço Patrimonial.
- A conta Resultado da Conta Mercadorias teve saldo credor de $ 200, cujo saldo corresponde a lucro sobre as vendas.
- Quando o saldo da conta Resultado da Conta Mercadorias (RCM) for devedor, representará prejuízo sobre vendas.
- Conforme vimos, o saldo da conta RCM pode ser transferido para a conta Lucro sobre Vendas ou Prejuízo sobre Vendas, ou permanecer na própria conta, até que seja transferido para a conta Resultado do Exercício, para apuração do resultado líquido.

Conta Desdobrada com Inventário Permanente

Vimos que, pelo método da conta desdobrada, a conta Mercadorias é desdobrada em várias outras, sendo cada uma utilizada para registrar operação própria. Pois bem, adotando-se o método da conta desdobrada com inventário permanente, a conta Mercadorias será desdobrada em Estoque de Mercadorias, Custo das Mercadorias Vendidas, Vendas, Vendas Anuladas, Descontos Incondicionais Concedidos, além das contas destinadas ao registro dos Impostos e das Contribuições incidentes sobre as vendas.

Para que os estoques sejam controlados permanentemente, as compras e os fatos que alteram os valores das compras são contabilizados diretamente a débito e a crédito, respectivamente, da conta Estoque de Mercadorias. Assim, neste método não são usadas as contas: Compras, Compras Anuladas, Fretes e Seguros sobre Compras, Descontos Incondicionais Obtidos e Abatimentos sobre Compras.

Sempre que vendas são efetuadas, deve-se dar baixa nos estoques pelo valor do custo das mercadorias vendidas. Por isso, é necessário conhecer o valor do custo em cada venda efetuada.

Adotando-se o método da conta desdobrada com inventário permanente, a cada compra efetuada, o valor do custo da respectiva compra é adicionado aos estoques e a cada venda de mercadoria efetuada, o valor do custo da respectiva venda é baixado do valor dos estoques, mantendo-o, assim, permanentemente atualizado.

Suponhamos os seguintes fatos ocorridos em uma empresa comercial (os mesmos utilizados na conta mista):

1. Compra de mercadorias, à vista, conforme nota fiscal n.· 730, no valor de $ 1.200.
2. Venda de mercadorias, à vista, conf. nossa NF n: 50, no valor de $ 800 (custo $ 600).

Sabendo-se que o estoque de mercadorias existente no início do período era de $ 500, contabilizar os fatos em partidas de Diário e em Razonetes.

PARTIDAS DE DIÁRIO

1) *Estoque de Mercadorias*
a Caixa
Conf. NF n. 720... *1.200*

2) *Caixa*
a Vendas
Conf. nossa NF n. 50.. *800*

3) *Custo das Mercadorias Vendidas*
a Estoque de Mercadorias
Baixa que se processa nos estoques, tendo em vista venda conf. nossa NF n. 50..................................... *600*

RAZONETES:

ESTOQUE DE MERCADORIAS

Débito		Crédito	
(EL)	500	(3)	600
(1)	1.200		
Soma	1.700		
Saldo	1.100		

VENDAS DE MERCADORIAS

Débito		Crédito	
		(2)	800

CMV			
(3)	600	(b)	54.000

CAIXA			
(1)	800	(2)	1.200

APURAÇÃO DO RESULTADO

Suponhamos que no final do exercício social, foram extraídos do livro Razão as contas e saldos seguintes:

- *Estoque de Mercadorias (saldo devedor)* *1.100*
- *Custo das Mercadorias Vendidas (saldo devedor)* *600*
- *Vendas (saldo credor)* *800*

Lembramos que além dessas contas, poderiam ainda constar: Vendas Anuladas; Descontos Incondicionais Concedidos, Abatimentos sobre Vendas, bem como as contas usadas para o registro dos Impostos e das Contribuições sobre as Vendas.

Para apurar o resultado, como o saldo da conta Estoque de Mercadorias já reflete o valor do estoque final, e como o Custo das Mercadorias Vendidas também já está contabilizado, basta transferir para a conta RCM os saldos das contas: CMV; Vendas; Vendas Anuladas; Descontos Incondicionais Concedidos, Abatimentos sobre Vendas e as representativas dos Impostos e Contribuições sobre Vendas. Em seguida, apura-se o saldo da conta RCM o qual será lucro bruto, se credor, ou prejuízo bruto, se devedor.

VEJA:

PARTIDAS DE DIÁRIO

1) *RCM*
a CMV
Transferência do saldo da segunda para a primeira das contas supra, para apuração do Resultado Bruto *600*

2) *Vendas*
a RCM
Transferência do saldo da primeira para a segunda das contas supra, para apuração do Resultado Bruto *800*

Veja a posição da conta RCM, em seu respectivo Razonete:

Como o saldo da conta RCM é credor, corresponde a lucro bruto. Esse saldo poderá ser transferido para a conta Lucros sobre Vendas ou permanecer na própria conta RCM para ser transferido diretamente para a conta Resultado do Exercício, no momento da apuração do resultado líquido.

RCM			
(1)	600	(2)	8000
		Saldo	200

TESTES DE EXAME DE SUFICIÊNCIA

Contador, ano 2002, prova 1 – Área de Conhecimentos Contábeis

1. Uma empresa comercial mantém controle permanente de estoque e o avalia pelo método do custo médio ponderado. O estoque final de mercadorias em 28 de fevereiro de 2002 era de 200 unidades avaliadas ao custo unitário de $ 10,00. As compras e as vendas dessas mercadorias estão isentas de tributações. Em março de 2002, a empresa realizou os seguintes movimentos de compra e venda de mercadorias:

   02/03/2002 — compra a prazo de 400 unidades pelo valor total de $ 5.200,00.
   03/03/2002 — venda a prazo de 500 unidades pelo valor total de $ 6.000,00.
   04/03/2002 — compra à vista de 400 unidades ao preço unitário de $ 15,00.
   05/03/2002 — venda à vista de 200 unidades ao preço unitário de $ 18,00.

   Com base nas informações, é CORRETO afirmar que:

   a) O Custo Total das Vendas do dia 03 de março foi de $ 5.900,00.
   b) O Lucro Bruto total das operações alcançou a cifra de $ 3.900,00.
   c) O Lucro Bruto alcançado nas vendas do dia 05 de março foi de $ 3,00 por unidade.
   d) O Estoque Final existente após a venda do dia 05 de março é de 300 unidades ao custo médio de $ 14,40.

Contador, ano 2001, prova 1 – Área de Conhecimentos Contábeis

2. Considerando os dados abaixo, na ordem apresentada, apure, respectivamente, o custo das mercadorias vendidas e o valor do estoque, com base no Custo Médio Ponderado, sabendo-se que no decorrer das operações, foram enviadas ao fornecedor, para conserto, 125 unidades:

   - Saldo inicial de 100 unidades a $ 11,00 cada.
   - Aquisição de 300 unidades por $ 3.200,00; 1 frete no valor de $ 300,00.
   - Venda de 200 unidades por $ 5.000,00.
   - Aquisição de 150 unidades por $ 2.075,00.
   - Aquisição de 50 unidades por $ 825,00.
   - Venda de 180 unidades por $ 4.100,00; 1 frete no valor de $ 200,00.

   a) $ 4.340,00 e $ 2.560,00.
   b) $ 4.640,00 e $ 2.860,00.
   c) $ 6.100,00 e $ 2.560,00.
   d) $ 6.400,00 e $ 2.860,00.

TESTE DE CONCURSO

Agente Fiscal de Rendas – AFR – SP – 1977 – Contabilidade Geral

1. Considere que a Cia. Domirace tem os seguintes dados para avaliação do seu estoque:

   - 1/1 Estoque inicial 10 unidades a $ 10 = 100,00
   - 2/1 Compra de 10 unidades a $ 15 = 150,00
   - 3/1 Venda de 5 unidades a $ 20 = 100,00
   - 4/1 Venda de 10 unidades a $ 25 = 250,00
   - 5/1 Compra de 15 unidades a $ 18 = 270,00
   - 6/1 Venda de 5 unidades a $ 22 = 110,00

   Considerando a apuração do Custo das Mercadorias Vendidas pelo método PEPS (Primeiro que Entra, Primeiro que Sai), em um regime permanente, tem-se o valor do estoque final de:

   a) $ 230.
   b) $ 250.
   c) $ 249,37.
   d) $ 270.
   e) $ 290.

13 Depreciação, Amortização e Teste de Recuperabilidade

13.1 Depreciação

Depreciação é a diminuição parcelada de valor que sofrem os Bens de Uso da empresa, em decorrência do desgaste pelo uso, da ação da natureza e da obsolescência.

Contabilmente, depreciar significa considerar como Despesa, ou custo de um período, parte do valor gasto na compra dos Bens de Uso da empresa.

A NBC TG 27 define depreciação como sendo a alocação sistemática do valor depreciável de um ativo ao longo da sua vida útil.

Alocar sistematicamente o valor depreciável de um bem, nada mais é do que "transferir" periodicamente uma parcela do valor gasto na aquisição do bem de uso para o resultado do período. Essa transferência é feita contabilmente.

Valor depreciável do bem é o seu custo de aquisição ou de fabricação, diminuído, quando for o caso, do valor residual, conforme veremos adiante.

Os Bens sujeitos à Depreciação são os corpóreos (tangíveis ou materiais), como, computadores, móveis e utensílios, imóveis (construções), instalações, veículos etc. Esses bens são contabilizados em contas que figuram no Ativo Não Circulante, subgrupo Imobilizado.

Por que depreciar?

Quando a empresa compra bens para uso próprio, ela efetua um gasto.

Esse gasto, considerado investimento, não pode ser contabilizado como Despesa no momento em que a compra foi efetuada, porque os bens não serão consumidos imediatamente, mas, durante vários anos. Assim, durante os anos em que a empresa utiliza os bens, eles se desgastam e perdem o valor. Por esse motivo, durante esses anos, é feita a Depreciação.

Por meio da depreciação, a empresa considera como Despesa o valor gasto na aquisição dos seus Bens de uso.

Para se depreciar o valor gasto na aquisição de um Bem, é preciso atender a algumas exigências técnicas, tendo em vista, principalmente, o tempo de vida útil econômica do Bem.

Os Bens não duram eternamente; eles têm um tempo de vida útil. Quando desgastados pelo uso ou em função da natureza ou mesmo pela obsolescência, deixam de ser convenientes para a empresa.

Portanto, as causas que justificam a Depreciação são:

- **desgaste pelo uso:** você compra um automóvel hoje. Daqui a cinco ou seis anos esse automóvel, sendo usado diariamente, não terá o mesmo desempenho de quando novo.
- **ação da natureza:** o próprio automóvel anteriormente citado, por ficar exposto ao sol, à chuva, sofre essas influências climáticas e se desgasta.
- **obsolescência:** Os bens se tornam obsoletos em decorrência dos novos inventos. Antigamente existiam as calculadoras manuais, grandes, de difícil manejo e transporte. Hoje, com os novos inventos, temos calculadoras muito mais eficientes e em tamanhos incomparavelmente menores.

Além desses motivos, e por tais Bens serem usados pelas empresas em vários Exercícios Sociais, é correto que se incorpore ao custo de cada Exercício uma parcela do valor gasto na aquisição desses Bens ao longo do período estimado de sua vida útil.

Sendo assim, é tecnicamente correto que as empresas procedam, no final de cada Exercício Social, à Depreciação dos Bens materiais constantes do Ativo Imobilizado.

Quais procedimentos devem ser tomados para se contabilizar a Depreciação?

O primeiro passo é estimar o tempo de vida útil para o Bem. Tempo de vida útil de um bem é o período durante o qual seja possível a sua utilização econômica, na produção de seus rendimentos.

Esse tempo, portanto, é determinado em função do prazo em que o bem apresenta capacidade de gerar benefícios (riquezas) para a empresa.

Depois de estabelecer o tempo de vida útil econômica do bem, o próximo passo será escolher o método de depreciação a ser adotado. Existem vários métodos de Depreciação, como método linear ou em linha reta, método da soma dos algarismos dos anos com taxas crescentes ou decrescentes, método das unidades produzidas etc.

O mais usado no Brasil é o método linear ou em linha reta, que consiste em aplicar taxas constantes durante o tempo de vida útil econômica estimado para o Bem. Por exemplo, se o tempo de vida útil de um Bem foi determinado em dez anos, a taxa anual de Depreciação será de 10%.

Os prazos usualmente admitidos, bem como as respectivas taxas de Depreciação dos Bens mais comuns, são:

BENS	VIDA ÚTIL	TAXA
Computadores	5 anos	20% a.a.
Imóveis (exceto terrenos)	25 anos	4% a.a.
Instalações	10 anos	10% a.a.
Móveis e Utensílios	10 anos	10% a.a.
Veículos	5 anos	20% a.a.

Antes do advento da Lei n. 11.638 de 28 de dezembro de 2007, que promoveu importantes alterações na Lei das Sociedades por Ações, era prática comum entre os contadores do Brasil, adotar os tempos de vida útil e as respectivas taxas fixadas pelo Fisco Federal.

Desde 01 de janeiro de 2008, esse procedimento mudou.

Agora, para se proceder a depreciação de um bem, inicialmente, deve-se estimar um tempo de vida útil econômica para o bem, que poderá ser baseado nos critérios anteriores, porém, periodicamente as empresas deverão efetuar análise sobre a recuperação dos valores registrados no Imobilizado, a fim de que sejam revisados e ajustados os critérios utilizados para determinação da vida útil econômica estimada e para cálculo da depreciação (§ 3º do art. 183 da Lei n. 6.404/1976). Veja informações sobre o teste de recuperabilidade na Seção 13.3.

A Depreciação pode ser anual ou mensal.

É anual quando calculada e contabilizada uma única vez ao ano. O valor da quota anual é obtido aplicando-se a taxa normal de Depreciação sobre o valor do Bem.

É mensal quando calculada e contabilizada mensalmente. O valor da quota mensal é obtido dividindo-se o valor da quota anual por 12.

A Depreciação pode ser, ainda, normal ou acelerada, diferenciando-se tão somente em relação à taxa aplicada, que poderá variar conforme o número de turnos de utilização do Bem a ser depreciado (cada turno corresponde a um período de oito horas – o dia tem três turnos de oito horas).

Assim, se o Bem for utilizado durante um único turno, a ele será aplicada a taxa normal; se for utilizado durante dois turnos, será aplicada a taxa multiplicada pelo coeficiente 1,5; e se for utilizado durante três turnos, será aplicada a taxa multiplicada pelo coeficiente 2,0.

Para se conhecer o valor da quota de Depreciação do Bem em cada Exercício, basta aplicar a taxa sobre o valor desse Bem. Veja:

Vamos calcular o valor da quota de Depreciação da conta Móveis e Utensílios em 31 de dezembro de X1, considerando que o saldo da conta nessa data é de $ 80.000 e a taxa anual é de 10%.

Temos:

$$\frac{\text{taxa} \times \text{valor do bem}}{100} = \text{quota de depreciação}$$

Veja os cálculos:

$$\frac{10 \times 80.000}{100} = 8.000$$

A contabilização da quota de Depreciação é feita, no livro Diário, mediante o seguinte lançamento:

Depreciação
a Depreciação Acumulada de Móveis e Utensílios
Quota do período, conf. cálculos.................................. 8.000

Observações

- A conta debitada, Depreciação, corresponde à Despesa do período; portanto, seu saldo será transferido para a conta "Resultado do Exercício", juntamente com os saldos das demais contas de Despesas da empresa, no momento da apuração do Resultado Líquido do Exercício.
- A conta creditada, "Depreciação Acumulada de Móveis e Utensílios", é Patrimonial e representará, sempre, o valor acumulado das depreciações efetuadas durante o tempo de vida útil econômica do Bem.
- No Balanço Patrimonial, a conta "Depreciação Acumulada de Móveis e Utensílios" aparecerá do lado do Ativo como Conta Redutora da conta "Móveis e Utensílios", a qual foi utilizada como base para cálculo da depreciação.

Vamos ver agora um exemplo de aplicação da taxa acelerada. Suponhamos que uma máquina, contabilizada por $ 20.000, seja utilizada pela empresa industrial, durante dois turnos de oito horas.

Sabendo que a taxa normal de Depreciação aplicável ao referido Bem é de 10%, faremos o seguinte:

taxa normal × coeficiente = taxa acelerada

10% × 1,5 = 15%

Logo:

15% de 20.000 = 3.000

O lançamento para a contabilização é semelhante ao já apresentado no exemplo anterior.

Notas

- Um Bem só poderá ser depreciado a partir do mês em que for colocado em uso.
- Quando um Bem for adquirido e colocado em uso durante o ano, sua taxa de Depreciação deverá ser proporcional ao número de meses durante o qual foi utilizado. Neste caso, considera-se como mês integral a fração do mês no qual o Bem foi posto em utilização, mesmo que tenha sido usado por apenas um dia.
- Nos casos em que o tempo de vida útil econômica do bem seja superior ao prazo em que ele será utilizado em uma determinada atividade, sendo posteriormente reaproveitado em outra atividade, deve-se fixar um valor residual para que o bem não seja totalmente depreciado. Exemplo: valor do bem: $ 100; menos valor residual: $ 20; igual valor depreciável (a ser depreciado): $ 80.
- Valor residual de um bem é um valor estimado pela empresa, pelo qual o bem poderá ser vendido após ter sido utilizado por um determinado tempo.
- Quando a Depreciação Acumulada de um Bem que estiver sendo usado pela empresa atingir 100% do seu valor, não haverá mais cálculo nem contabilização de quotas de Depreciação. Nesse caso, o Bem permanece na Contabilidade pelo valor original e no Balanço figurará com esse valor diminuído da conta Depreciação Acumulada que terá idêntico valor, até que seja baixado.
- Quando o Bem depreciado for retirado de uso (baixado), debita-se a conta Depreciação Acumulada e credita-se a conta que representa o respectivo Bem.

Notas

- Os bens do Imobilizado podem ser baixados em decorrência de alienação (venda), desapropriação, perecimento, extinção, desgaste, obsolescência, exaustão, liquidação, ou ainda quando não houver mais expectativa de benefícios econômicos futuros com a sua utilização ou alienação.
- Não são depreciados os Bens cujo tempo de vida útil seja inferior a um ano nem os de pequeno valor. Nesses casos, os valores gastos na aquisição dos respectivos Bens devem ser contabilizados na data das respectivas compras, diretamente em Conta de Despesa, pois o curto tempo de vida útil e o pequeno valor descaracterizam a necessidade de depreciá-los.
- Por razões práticas, em vez de se utilizar contas individuais para registrar a Depreciação de cada Bem, pode-se adotar uma só conta, cuja denominação genérica é "Depreciação Acumulada". Nesse caso, deve-se manter controle extracontábil individualizado da Depreciação acumulada de cada conta.

13.2 Amortização

Amortização é a diminuição do valor dos Bens imateriais classificados no Intangível, em razão do tempo.

A NBC TG 04 define amortização como sendo a alocação sistemática do valor amortizável de ativo intangível ao longo da sua vida útil.

Enquanto a Depreciação é usada para os Bens materiais (tangíveis), a Amortização é usada para os Bens imateriais (intangíveis), como Fundo de Comércio, Direitos Autorais, Marcas, Patentes etc.

Nem todos os bens do Intangível estão sujeitos à amortização. O fator que determina a aplicação ou não da amortização é a vida útil do bem imaterial.

Um ativo intangível com vida útil definida deve ser amortizado, porém, um ativo intangível com vida útil indefinida não deve ser amortizado.

Contudo, é importante esclarecer que esse procedimento não se aplica às empresas de pequeno e médio portes. Para essas empresas, conforme disciplina contida na seção 18.19 da NBC TG 1000 – Contabilidade para Pequenas e Médias Empresas, todos os bens imateriais devem ser considerados com tendo vida útil finita e por esse motivo, todos devem ser amortizados.

Contabilmente, a amortização é um processo semelhante à depreciação, porém aplicado aos bens imateriais.

Enquanto, por meio da depreciação, considera-se como despesa ou custo do período, uma parte do valor gasto na compra dos bens de uso da empresa, por meio da amortização, considera-se como despesa ou custo do período, uma parte do capital aplicado em bens imateriais com vida útil definida, integrantes do Intangível.

Quais procedimentos devem ser tomados para se contabilizar a Amortização?

Em primeiro lugar, será preciso definir se o bem imaterial tem vida útil definida ou indefinida, salvo nas pequenas e médias empresas onde todos os bens serão considerados com vida útil definida.

Se tiver vida útil definida, então o próximo passo será escolher o método de amortização a ser aplicado.

Os bens imateriais com vida útil indefinida, não estão sujeitos à amortização; contudo, a eles deve-se aplicar no final de cada exercício social o teste de recuperabilidade para que o valor contábil seja ou não revisado.

É importante destacar, também, que, segundo estabelece o § 3º do art. 183 da Lei n. 6.404/1976, as empresas deverão efetuar, periodicamente, análise sobre a recuperação também dos bens intangíveis com vida útil definida, para que sejam revisados e ajustados os critérios utilizados para determinação da vida útil econômica estimada e para cálculo da respectiva amortização.

É importante destacar, mais uma vez, que esse procedimento não se aplica às empresas de pequeno e médio portes.

Caso a vida útil do ativo intangível não puder ser estabelecida de forma confiável, a vida útil deve ser determinada com base na melhor estimativa da administração, mas não deve exceder a dez anos. (Item 18.20 da NBC TG 1.000, alterado pela NBC TG 1000 (R1)).

Depois de estabelecer o tempo de vida útil do bem intangível, o próximo passo será escolher o método de amortização a ser adotado.

Vários métodos de amortização podem ser adotados, como linear, soma dos algarismos dos anos com taxas crescentes ou decrescentes, das unidades produzidas etc.

O método de amortização utilizado deve refletir o padrão de consumo pela entidade dos benefícios econômicos futuros. Se não for possível determinar esse padrão com confiabilidade, deve ser utilizado o método linear.

A amortização, também, pode ser anual ou mensal.

É anual quando calculada e contabilizada uma única vez ao ano. O valor da quota anual é obtido aplicando-se a taxa normal de Amortização sobre o valor do Bem.

É mensal quando calculada e contabilizada mensalmente. O valor da quota mensal é obtido dividindo-se o valor da quota anual por 12.

A taxa anual de amortização dependerá do método de amortização aplicado ao bem imaterial com vida útil definida. Quando o método for o de linha reta, a taxa será proporcional ao número de anos de amortização.

Suponhamos que a conta Fundo de Comércio apresente saldo de $ 40.000, o qual deve ser amortizado à taxa de 10% a.a.

Temos:

$$\frac{\text{taxa} \times \text{valor do bem}}{100} = \text{quota de amortização}$$

Veja os cálculos:

$$\frac{10 \times 40.000}{100} = 4.000$$

Neste caso, o valor a ser amortizado é de $ 4.000.

Veja como ficará o registro no livro Diário:

Amortização
a Amortização Acumulada de Fundo de Comércio
Quota do Exercício, conf. cálculos. 4.000

Observações

- A conta debitada, "Amortização", corresponde à Despesa do período. Portanto, seu saldo será transferido para a conta "Resultado do Exercício", juntamente com os saldos das demais contas de Despesas da empresa, no momento da apuração do Resultado Líquido do Exercício.
- A conta creditada, "Amortização Acumulada de Fundo de Comércio", é Patrimonial e representará, sempre, o total acumulado das amortizações. No Balanço Patrimonial, esta conta constará no lado do Ativo como Redutora da conta Fundo de Comércio, a qual foi utilizada como base para o cálculo da respectiva amortização.

Notas

- Pequenas e médias empresas (PMEs), segundo a NBC TG 1000, são empresas que, por não terem seus instrumentos de dívida ou patrimoniais negociados em mercado de ações, não têm obrigação pública de prestação de contas; elaboram demonstrações contábeis somente para fins gerais, tendo como principais usuários externos, os proprietários que não estão envolvidos na administração do negócio, credores existentes e potenciais, e agências de avaliação de crédito.
- A amortização deve ser iniciada a partir do momento em que o ativo estiver disponível para uso, e deve cessar na data em que o ativo é classificado como mantido para venda ou incluído em um grupo de ativos classificado como mantido para venda, de acordo com a NBC TG 31, ou, ainda, na data em que ele é baixado, o que ocorrer primeiro.
- Os bens imateriais com vida útil definida devem ser totalmente amortizados. Contudo, a NBC TG 04 prevê casos excepcionais em que se deve considerar um valor residual para esses bens.
- Valor amortizável é o custo de um ativo ou outro valor que substitua o custo, menos o seu valor residual, quando houver.
- No Exercício em que o valor da conta "Amortização Acumulada" de um Bem imaterial atingir 100% do valor da conta que o registra, as duas contas deverão ser baixadas, debitando-se a conta "Amortização Acumulada" e creditando-se a conta que registrava o referido Bem.
- Por razões práticas, em vez de se utilizar contas individuais para registrar a Amortização de cada Bem, pode-se adotar uma só conta, cuja denominação genérica é "Amortização Acumulada". Neste caso, deve-se manter controle extracontábil individualizado da Amortização Acumulada de cada conta.
- Para fins de cálculo das quotas mensais de amortização, considera-se sempre o mês integral, ainda que o início ou término do período de amortização ocorram durante o mês.
- Quando os critérios de depreciação ou amortização adotados pela empresa resultarem em quotas de depreciação ou amortização maiores que as permitidas pelo fisco, a empresa deverá oferecer a diferença para tributação, mediante ajustes dos seus resultados no Livro Eletrônico de Escrituração e Apuração do Imposto sobre a Renda e da Contribuição Social sobre o Lucro Líquido da Pessoa Jurídica Tributada pelo Lucro Real (E-LALUR).

13.3 Teste de recuperabilidade

Teste de recuperabilidade consiste no confronto entre o valor contábil de um ativo com seu valor recuperável.

Valor contábil é o montante pelo qual o ativo está reconhecido no balanço depois da dedução de toda respectiva depreciação, amortização ou exaustão acumulada e ajuste para perdas.

Valor recuperável de um ativo é o maior montante entre o seu valor justo líquido de despesa de venda e o seu valor em uso.

Valor justo líquido de despesa de venda é o montante a ser obtido pela venda de um ativo em transações em bases comutativas, entre partes conhecedoras e interessadas, menos as despesas estimadas de venda.

Segundo a NBC TG 01, a entidade somente deve manter em seu ativo contas representativas de bens e direitos registradas por valores que não excedam seus valores de recuperação.

Um ativo está registrado contabilmente por valor que excede seu valor de recuperação, se o seu valor contábil exceder o montante a ser recuperado pelo uso ou pela venda do ativo.

Se, por ventura, um elemento do ativo estiver registrado por valor superior ao valor recuperável, esse ativo está sujeito ao reconhecimento de perdas. Nesse caso, a entidade deve reconhecer um ajuste para perdas por desvalorização. Por outro lado, se, por ventura, um elemento do ativo estiver registrado por valor inferior ao valor recuperável, nenhuma providência deverá ser tomada pela entidade.

Contabilmente, o ajuste em decorrência da perda por desvalorização, é feito mediante débito em conta representativa de despesa e crédito em conta redutora do Ativo, que evidencie a respectiva perda.

Notas

- A entidade deve avaliar ao fim de cada período, se há alguma indicação de que um ativo possa ter sofrido desvalorização. Se houver alguma indicação, a entidade deve estimar o valor recuperável do ativo e reconhecer essa desvalorização no respectivo exercício. Além disso, será necessário rever e ajustar o tempo de vida útil remanescente, o método de depreciação, amortização e exaustão ou o valor residual, se houver.

- Exaustão é um processo semelhante a depreciação, porém, aplicado aos bens materiais representativos de recursos naturais como minas, florestas etc.

Exemplo prático

Considere as seguintes informações:

Saldos em 31/12/X2

Veículos.. *80.000*

(–) Depreciação Acumulada.. *(32.000)*

- A conta Veículos refere-se a um único automóvel de uso.
- A vida útil do veículo foi estimada em 5 anos e a taxa de depreciação em 20% a.a.
- O Veículo já tinha sido depreciado por dois anos de uso, ou seja, 20% em 31/12/X1 e 20% nesta data de 31/12/X2.
- Nesta data, ou seja, em 31/12/X2, a empresa aplicou o teste de recuperabilidade, utilizando as normas contidas na NBC TG 01 e constatou que o valor justo de recuperação do veículo, correspondia a $ 30.000, ou seja, $ 18.000 menos que seu valor contábil que nesta data era $ 48.000 (80.00-32.000).

Diante das informações acima, para atender às disciplinas contidas na NBC TG 01, a empresa deverá reconhecer neste final de exercício de X2, a perda de R$ 18.000.

Veja como a perda será reconhecida contabilmente:

Despesas com Perdas Estimadas
a Perdas por Redução ao Valor Recuperável de Veículos
Pelo reconhecimento da perda,
conforme procedimentos exigidos pela
NBC TG 01 etc. *18.000*

Observações

- A conta "Despesas com Perdas Estimadas", representa Despesa do período.
- A conta Perdas por Redução ao Valor Recuperável de Veículos, figurará no Balanço como conta redutora da conta Veículos.

Veja como as contas envolvidas figurarão no Balanço de 31/12/X2:

ATIVO IMOBILIZADO

Veículos	*80.000*
(–) Depreciação Acumulada	*(32.000)*
(–) Perdas por Redução ao Val. Recup. de Veículos	*(18.000)*
Saldo	*30.000*

Diante disso, ainda em 31/12/X2, conforme disciplina contida na NBC TG 01, a empresa deverá rever o tempo de vida útil e o método de depreciação.

Considerando que a desvalorização decorreu de perda na capacidade produtiva do bem, o tempo de vida útil remanescente que era de 3 anos, agora foi novamente reestimado em 2 anos.

Assim, a depreciação dos dois próximos exercícios será de 50% a.a., do saldo remanescente de $ 30.000.

Suponhamos, agora que em 31/12/X3, após ter sido computada a depreciação do referido ano no valor de $ 15.000, no Balanço conste:

ATIVO IMOBILIZADO

Veículos	*80.000*
(Depreciação Acumulada	*(47.000)*
(–) Perdas por Redução ao Val. Recup. de Veículos	*(18.000)*
Saldo	*15.000*

Novamente (agora em 31/12/X3), a empresa submete o bem ao teste de recuperabilidade e constata que, em decorrência de uma valorização espetacular ocorrida no mercado, o veículo alcance nesta data um valor justo de recuperação para venda no mercado, igual a $ 60.000.

A valorização decorreu da troca gratuita de peças realizada pela indústria montadora do veículo, tendo em vista falhas no processo de fabricação que foram constatadas somente no final de X3. Veja os procedimentos.

Como o valor contábil do bem corresponde a $ 15.000 e o seu valor justo de recuperação é igual a $ 60.000, ele está valorizado em $ 45.000, acima do seu valor contábil.

Nesse caso, o procedimento será fazer a reversão da perda anteriormente estimada, como segue:

Perdas por Redução ao Valor Recuperável de Veículos
a Receitas com Perdas Recuperadas
Pela reversão que se processa,
tendo em vista valorização, conf. laudo etc.......................... 18.000

Observações

- A conta Perdas por Redução ao Valor Recuperável de Veículos, sendo debitada, ficará com saldo igual a zero.
- A conta Receitas com Perdas Recuperadas, integrará as receitas do período e será apresentada na Demonstração do Resultado do Exercício.

ATIVIDADES TEÓRICAS

1. Resolva:

1.1 Coloque A para os Bens sujeitos à Amortização, D para os Bens sujeitos à Depreciação e N para os Bens não sujeitos aos casos em foco:

( ) Móveis e Utensílios. ( ) Fundo de Comércio.
( ) Direitos Autorais. ( ) Caixa.
( ) Veículos. ( ) Imóveis (prédios).

1.2 Associe a coluna 1 à coluna 2, com relação aos Bens e às taxas usuais de Depreciação a que estão sujeitos:

a) Computadores ( ) 4% a.a.
b) Imóveis (construções) ( ) 10% a.a.
c) Móveis e Utensílios ( ) 20% a.a.

2. Escolha a alternativa correta:

Desgaste pelo uso, por ação da natureza e obsolescência são causas da:

a) Amortização.
b) Depreciação.
c) Correção Monetária.
d) N.D.A.

3. Responda:
   a) O que você entende por tempo de vida útil do Bem?
   b) Cite dois métodos utilizados para Depreciação.
   c) Qual a diferença entre a Depreciação normal e a acelerada?
   d) O que você entende por valor residual de um bem?

4. Escolha a alternativa correta

   O teste de recuperabilidade consiste:
   a) No reconhecimento do valor original de um bem.
   b) No confronto entre o valor contábil de um ativo com seu valor recuperável.
   c) No confronto entre o valor contábil de um ativo com seu valor residual.
   d) N.D.A.

5. Coloque V se a afirmativa for verdadeira e F se for falsa:
   ( ) As depreciações só poderão ser feitas por quotas anuais.
   ( ) As depreciações poderão ser feitas por quotas mensais ou anuais.
   ( ) As depreciações não serão feitas por quotas mensais.
   ( ) A NBC TG 04 define amortização, como sendo a alocação sistemática do valor amortizável de ativo intangível ao longo da sua vida útil.

6. Escolha a alternativa correta:

   A contabilização da Depreciação é feita pelo seguinte lançamento:
   a) Depreciação a Móveis e Utensílios.
   b) Depreciação Acumulada a Depreciação.
   c) Depreciação a Depreciação Acumulada.

7. Coloque V se a afirmativa for verdadeira ou F se for falsa:
   ( ) A Conta Depreciação é Conta Patrimonial.
   ( ) A Conta Depreciação Acumulada é Conta de Despesa.
   ( ) A Conta Depreciação será encerrada no final do exercício.
   ( ) A Conta Depreciação Acumulada aparecerá no Balanço Patrimonial no subgrupo Imobilizado do Ativo Não Circulante, com sinal negativo.

8. Escolha a alternativa correta:

   A contabilização da Amortização é feita pelo seguinte lançamento:
   a) Amortização a Depreciação.
   b) Amortização Acumulada a Amortização.
   c) Amortização a Amortização Acumulada.

9. Complete:

   A Conta Amortização é uma Conta de (_______) do período, e a Conta (_______________________) é Conta Patrimonial, que aparecerá no Balanço Patrimonial, com o seu valor subtraído das respectivas Contas que foram usadas como base para seu cálculo.

ATIVIDADES PRÁTICAS

Prática 1 — solucionada

Contas e saldos extraídos do Balancete de Verificação em 31/12/x1:

Veículos.. 60.000

(2) Depreciação Acumulada de Veículos .... (24.000)
Saldo 36.000
Marcas e Patentes 30.000
(2) Amortização Acumulada de Marcas e Patentes .... (24.000)
Saldo 6.000

Calcular e contabilizar:

a) Quota de Depreciação pela taxa de 20% a.a.
b) Quota de Amortização pela taxa de 10% a.a.

SOLUÇÃO:
(Para sua conferência, apenas os lançamentos de Diário.)

Depreciação
a Depreciação Acumulada de Veículos
Quota de Depreciação ref. a este
Exercício, conf. cálculos 12.000

Amortização
a Amortização Acumulada de Marcas e Patentes
Quota de Amortização ref. a este
Exercício, conf. cálculos 3.000

Prática 2

Contas e saldos extraídos do Balancete de Verificação do Razão em 31/12/X4:

Móveis e Utensílios 100.000
(2) Depreciação Acumulada de Móveis e Utensílios .... 40.000)
Saldo 60.000
Fundo de Comércio 80.000
(2) Amortização Acumulada de Fundo de Comércio .... (40.000)

Calcular e contabilizar:

a) Quota de Depreciação pela taxa de 10% a.a.
b) Quota de Amortização pela taxa de 10% a.a.

Prática 3

Contas e saldos extraídos do Balancete de Verificação do Razão em 31/12/x3:

Computadores 6.000
Fundo de Comércio 50.000
(2) Amortização Acumulada de Fundo de Comércio .... (45.000)

Calcular e contabilizar:

a) Quota de Depreciação pela taxa de 20% a.a., sabendo que os computadores foram adquiridos e colocados em uso no dia 01 de junho de X3.

b) Amortizar a conta Fundo de Comércio pela taxa de 10% a.a.

Observe que, com essa quota, a conta Amortização Acumulada irá se igualar ao valor do Bem; portanto, proceder à respectiva baixa.

TESTE DE EXAME DE SUFICIÊNCIA

Contador, ano 2002 – Área de Conhecimentos Contábeis

1. Determinada empresa adquiriu uma máquina em 02 de janeiro de 1998, colocando-a em funcionamento na mesma data.

Sabendo-se que:

- A taxa de depreciação foi de 20% ao ano.
- O valor de aquisição da máquina foi de $ 22.000,00.
- A máquina foi vendida por $ 20.000,00 em 01 de julho de 2001.

Pode-se afirmar que o valor residual da máquina em 31/12/2000 era de:

a) $ 8.800,00.
b) $ 13.200,00.
c) $ 15.400,00.
d) $ 22.000,00.

Observação

Nesse caso, o valor residual corresponde ao saldo ainda não depreciado. Veja que em 31 de dezembro de 2000, a máquina tinha sido depreciada o equivalente a 60% (3 anos).

TESTES DE CONCURSO

Técnico do Tesouro Nacional – TTN-RJ/1992 (Teste adaptado)

1. A depreciação:

a) alcança todos os bens do Ativo Não Circulante;
b) é calculada em função da vida útil dos bens do imobilizado sujeitos a desgaste pelo uso;
c) registra, como despesa do exercício da aquisição, os gastos com inversões do Ativo Não Circulante;
d) representa um fundo criado pela empresa para possibilitar a aquisição de um bem de reposição;
e) visa apropriar, como custo do período, a parcela de desvalorização de bem do Ativo Não Circulante.

Técnico do Tesouro Nacional – TTN-RJ/1992

2. Determinada empresa adquiriu uma máquina em janeiro de X1, colocando-a em funcionamento no mesmo mês. Sabendo-se que:

- a taxa de depreciação adotada foi de 20% a.a.;
- o valor de aquisição da máquina foi $ 220.000;
- a depreciação é contabilizada ao final de cada mês;
- a máquina foi vendida por $ 200.000, em junho de X4;
- não foram considerados os efeitos da correção monetária;

Pode-se afirmar que o valor residual da máquina em 31/12/X3 era de:

a) $ 220.000.

b) $ 134.000.

c) $ 112.000.

d) $ 88.000.

e) $ 80.000.

Nota

- Nesse caso, o valor residual corresponde à diferença entre o valor original da Máquina e o montante já depreciado.

Fiscal de Tributos Estaduais – FTE-MG/1993 (Teste adaptado)

3. A depreciação é um procedimento que afeta:

   a) todo o Ativo Não Circulante;

   b) todo o Ativo Não Circulante Intangível;

   c) todo o Ativo Imobilizado Tangível;

   d) parte do Ativo Imobilizado Tangível;

   e) parte do Ativo Imobilizado Intangível.

14 Regime de Competência

14.1 Introdução

Neste Capítulo, você estudará os principais ajustes que devem ser feitos nas Contas de Resultado no momento da apuração do Resultado do Exercício, em decorrência da aplicação do Regime de Competência.

O **Regime de Competência**, também denominado Regime Contábil de Competência, deve ser adotado por todos os contabilistas não só do Brasil, como do mundo todo, visando à uniformização da apuração do resultado do exercício (período) das empresas privadas.

Esse Regime contábil estabelece que as Receitas e as Despesas devem ser incluídas na apuração do Resultado do período em que ocorrerem, sempre de forma simultânea quando se correlacionarem, independentemente de seu recebimento ou pagamento.

Assim, as Despesas serão consideradas no Exercício (período) a que pertencerem, tenham ou não sido pagas; e as Receitas serão consideradas no Exercício (período) em que forem realizadas, tenham ou não sido recebidas.

Em outras palavras, para o Regime de Competência, o que determina a inclusão da Despesa e da Receita na apuração do Resultado do Exercício (período) é a ocorrência do respectivo Fato gerador.

O fato gerador da Despesa é o acontecimento que dá origem à respectiva Despesa. Em geral, o fato gerador da Despesa é o consumo de bens e a utilização de serviços.

A Despesa cujo fato gerador já tenha ocorrido, é denominada Despesa incorrida (gerada).

O fato gerador da Receita, em geral, é a venda de bens ou a prestação de serviços.

A Receita cujo fato gerador já ocorreu é denominada Receita realizada (gerada).

Então, conforme dissemos, para que o Resultado do Exercício (período) apurado pela empresa esteja de acordo com o que estabelece esse Regime Contábil, é necessário que sejam consideradas na apuração do Resultado, somente as Despesas e as Receitas que foram geradas no respectivo Exercício (período).

Ocorre, no entanto, que durante o Exercício Social, a empresa poderá ter efetuado pagamentos de Despesas incorridas no Exercício anterior; de Despesas incorridas no próprio Exercício ou, ainda, poderão existir Despesas já incorridas e que não foram pagas, como é o caso dos aluguéis e dos salários e encargos de dezembro, que são pagos normalmente em janeiro do Exercício seguinte.

Da mesma forma, a empresa poderá ter recebido Receitas que foram realizadas no Exercício anterior; Receitas que foram realizadas no presente Exercício ou poderá, ainda, haver, no final do Exercício, Receitas cujos Fatos geradores já ocorreram, porém ainda não foram recebidas.

Assim, para que na apuração do Resultado constem apenas as Despesas e as Receitas cujos Fatos geradores ocorreram no período, será preciso proceder ajustes e apropriações em algumas Contas de Resultado.

Dependendo do momento que as empresas decidirem apurar os seus Resultados ou estiverem obrigadas a fazê-lo, elas deverão efetuar tais ajustes e apropriações no final de cada mês, de cada trimestre, de cada semestre ou somente no final do ano.

14.2 Ajustes em Contas de Despesas

14.2.1 Despesas incorridas e não pagas

14.2.1.1 Despesas com aluguéis

Suponhamos que o aluguel do prédio no qual está instalada a empresa, referente ao mês de maio, no valor de $ 5.000, deva ser pago no dia 10 de junho, de acordo com o que estabelece o contrato de locação.

No dia 31 de maio, será feita a apropriação da referida despesa por meio do seguinte lançamento:

Aluguéis Passivos
a Aluguéis a Pagar
Pela apropriação do aluguel deste mês
a ser pago em 10 de junho p.f. 5.000

Por meio desse lançamento, fica apropriada a despesa de aluguel no mês de maio, isto é, dentro do mês de sua competência (ocorrência). Se pretendêssemos apurar o resultado do período correspondente ao mês de maio, essa despesa, tendo sido contabilizada, automaticamente estaria incluída, juntamente com as demais despesas contabilizadas no mês. Como o pagamento somente será efetuado no dia 10 do mês seguinte, foi creditada a conta Aluguéis a Pagar para registrar a referida obrigação.

Veja, agora, como será contabilizado, no dia 10 de junho, o pagamento do aluguel referente ao mês de maio:

Aluguéis a Pagar
a Caixa
Pagamento efetuado ao sr. Fulano
referente ao mês de maio.. 5.000

Observação

■ Nessa data, 10 de junho, por ocasião do pagamento do aluguel referente a maio, não cabe mais débito em conta de despesa, uma vez que a despesa com o aluguel já foi apropriada dentro do mês de sua competência (31 de maio). Nesse momento, basta debitar a conta Aluguéis a Pagar, para extinguir a obrigação que foi registrada em 31 de maio.

ATIVIDADES PRÁTICAS

Prática 1

A empresa Comercial Bem-te-vi Ltda., que apura seus resultados somente no final do ano, não tendo por hábito apropriar as despesas com aluguéis mensalmente, efetuou, no dia 10 de abril, o pagamento do aluguel referente ao mês de março, em dinheiro, no valor de $ 2.000. Contabilizar o fato no dia do pagamento.

Prática 2

A empresa Comercial Teixeira Pombo Ltda., que apura seus resultados mensalmente, paga aluguel mensal no valor de $ 3.000 para a imobiliária Sudeste Ltda., referente ao imóvel onde está instalada. Pede-se:

a) apropriar, no dia 28 de fevereiro, o aluguel que será pago no dia 10 de março;
b) contabilizar, no dia 10 de março, o pagamento do aluguel referente a fevereiro, por meio de cheque de sua emissão, contra o Banco Urupês S/A.

Prática 3

Uma determinada empresa prestadora de serviços, que costuma apurar seus resultados somente no final de cada exercício social, efetuou no dia 10 de junho o pagamento do aluguel do imóvel onde está instalada, referente ao mês de maio, no valor de $ 5.000, em dinheiro.

Pede-se: efetuar a contabilização na data do pagamento.

Prática 4

A distribuidora de automóveis Nação S/A que tem por praxe apurar resultados mensais, efetuou, no dia 5 de setembro, o pagamento do aluguel referente ao mês de agosto, no valor de $ 10.000. O pagamento foi efetuado por meio do cheque n. 20 de sua emissão, contra o Banco Urupês S/A.

Pede-se: apropriar as despesas no dia 31 de agosto e contabilizar o pagamento no dia 5 de setembro.

Prática 5

A Comercial Fauna Brasileira Ltda., que adota o sistema de inventário periódico, não tem por praxe apropriar a despesa de aluguel mensal.

Pede-se:

a) contabilizar, em 31 de dezembro, o aluguel referente ao mês de dezembro, que será pago em 10 de janeiro do exercício seguinte;

b) contabilizar o pagamento em 10 de janeiro, do exercício seguinte, no valor de $ 5.000, por meio do cheque n. 500 de nossa emissão, contra o Banco Urupês S/A.

14.2.1.2 Despesas com salários e encargos

A exemplo do que ocorre com a contabilização dos aluguéis, a empresa pode optar pela apropriação das despesas mensalmente ou somente no final do exercício, conforme a periodicidade da apuração dos seus resultados, seja mensal ou anual.

A contabilização das despesas com salários é feita com base na folha de pagamento. Folha de pagamento é um documento que relaciona os nomes dos empregados da empresa, o valor bruto dos seus salários, as deduções e o valor líquido que cada um tem para receber.

Vamos tomar como exemplo uma empresa que efetue pagamento ao pessoal na base mensal. Nesse caso, os empregados trabalham durante o mês e recebem seus salários somente no mês seguinte. Em geral, no final de cada mês, a empresa elabora a folha de pagamento e efetua os lançamentos de apropriação da referida folha. No mês seguinte é que a empresa efetuará o pagamento aos empregados e procederá aos recolhimentos dos encargos correspondentes.

14.2.1.3 Contabilização da folha de pagamento

Embora a empresa possa optar pela contabilização das despesas com salários no mês de sua ocorrência ou no mês do pagamento, tecnicamente a primeira opção é a mais indicada.

Assim, a contabilização da folha de pagamento deve ser feita em duas etapas:

1. no final do mês, quando é elaborada a folha, são efetuados os lançamentos de apropriação das despesas com salários e dos encargos;
2. no mês seguinte são efetuados os lançamentos da liquidação da folha correspondente ao pagamento do líquido aos empregados e aos recolhimentos dos respectivos encargos como previdência social, FGTS etc.

Veja um modelo de folha de pagamento preenchida:

Natália Moura Ribeiro Nome ou carimbo da Firma Rua 12 de Junho, 32 Endereço	**FOLHA DE PAGAMENTO DE SALÁRIOS** **Período de** 01 **a** 30 **de** abril **de** x1	Folha Nº 04 Secção ____

Nº de Ordem	NOMES	Salários			Total Salário	Deduções				Salário-Família	Líquido a Receber	Assinatura do Empregado
		Dias Horas #	Dias-Horas Extras #			Prev. Social	I. Renda	Vales				
01	Aristides Nogueira	100			3.000	240	200			100	2.660	
02	José dos Santos	100			3.000	140	200			50	2.710	
03	Manoel Rodrigues	60			1.800	144					1.656	
04	Marcela de Oliveira*	50			1.000	80					920	
05	Andréa Sampaio	40			1.200	96					1.104	
					10.000	700	400			150	9.050	
	*Trabalhou 20 dias											

Nota

- Os valores descontados dos salários dos empregados para a Previdência Social variam de acordo com a faixa salarial de cada um, correspondendo atualmente a 8%, 9% ou 11%. A faixa salarial, para efeito de cálculos, bem como os percentuais a serem aplicados, pode ser alterada frequentemente pela legislação previdenciária.

CONTABILIZAÇÃO:

Note que, da folha de pagamento, constam:

a. total bruto dos salários;
b. deduções dos salários brutos (retenções da folha);
c. salário-família;
d. líquido a receber.

No último dia útil do mês de referência, o setor de contabilidade, mediante a folha de pagamento, efetua os seguintes lançamentos:

1. Apropriação do valor bruto da folha:

1) *Salários*
a Salários a Pagar
Pela elaboração da folha de pagamento
referente ao mês de abril do corrente........................ 10.000

Lançamento nos Razonetes:

SALÁRIOS	
(1) 10.000	

SALÁRIOS A PAGAR	
	(1) 10.000

Observações

- Debitamos a conta Salários, pois o valor bruto da folha é considerado despesa do mês em referência. Com esse débito, estamos apropriando a despesa de salário no respectivo mês.
- Creditamos a conta Salários a Pagar para registrar a obrigação que a empresa tem com os empregados (cujo líquido será pago no mês seguinte).

2. Registro das retenções sobre os salários dos empregados:

2) *Salários a Pagar*
a Diversos
Pelas retenções conforme folha:
a Contribuições de Previdência a Recolher
8% retidos dos salários dos empregados,
conforme folha F.. 700
a Imposto de Renda a Recolher
IR retido dos empregados
conforme folha 400 1.100

Veja a posição das contas envolvidas nesse lançamento 2, em seus respectivos Razonetes:

SALÁRIOS A PAGAR	
(2) 1.100	(1) 10.000

CONTR. PREV. RECOLHER	
	(2) 700

IMPOSTO DE RENDA A RECOLHER	
	(2) 400

Observações

- Debitamos a conta Salários a Pagar pelo valor das retenções, pois essa conta registra o valor que a empresa terá a pagar aos empregados. No lançamento 1, essa conta foi creditada pelo bruto da folha, e no lançamento 2 está sendo debitada pelas deduções.
- Creditamos as contas Contribuições de Previdência a Recolher e Imposto de Renda a Recolher, pois elas representam a obrigação que a empresa tem de recolher à Previdência Social e à Receita Federal os valores retidos dos seus empregados.

3. Registro do salário-família:

O **salário-família** é uma ajuda que o governo, por meio da Previdência Social, concede aos trabalhadores de baixa renda que possuem filhos com até 14 anos de idade ou inválidos de qualquer idade.

O valor da quota do salário-família pago por dependente é fixado periodicamente pela previdência social.

Quem paga o salário-família aos empregados é a empresa, a qual terá direito de compensar o respectivo valor quando efetuar o recolhimento dos encargos sobre a folha de pagamento para a Previdência Social. Veja como ficará o lançamento no Diário.

3) *Contribuições de Previdência a Recolher*
a Salários a Pagar
Valor do salário-família conforme folha................ 150

Veja a posição das contas envolvidas nesse lançamento 3, em seus respectivos Razonetes:

CONTR. PREV. RECOLHER

Débito		Crédito	
(3)	150	(2)	700

SALÁRIOS A PAGAR

Débito		Crédito	
(2)	1.100	(1)	10.000
		(3)	150

Observações

- Debitamos a conta Contribuições de Previdência a Recolher pelo valor do salário-família, para baixar o referido valor da obrigação de recolher à Previdência Social, pois, conforme já dissemos, a empresa paga o valor do salário-família aos empregados tendo direito de compensar esse valor por ocasião dos recolhimentos dos encargos sobre a folha de pagamento do respectivo mês para a Previdência Social.
- Creditamos a conta Salários a Pagar para acrescentar, nessa conta, a obrigação de pagar aos empregados o salário-família correspondente.

Além das despesas já registradas, a empresa tem, ainda, os seguintes encargos sobre o valor bruto da folha:

a. Contribuição de Previdência, parte patronal: a parte paga pela empresa corresponde a 26,8% do valor bruto da folha.
b. Fundo de Garantia do Tempo de Serviço (FGTS): corresponde a 8% do valor bruto da folha, o qual será recolhido numa agência bancária, em nome de cada empregado.

Nota

- Os 26,8% sobre o total bruto da folha de pagamento, devidos pela empresa para a Previdência Social, podem variar de acordo com o ramo de atividade da empresa, com o risco que o trabalho possa oferecer aos seus empregados e inclusive poderá ser alterado periodicamente pelo governo. Portanto, na vida real, é conveniente que o contabilista acompanhe a legislação previdenciária, para aplicar os critérios que estiverem em vigor em cada ano.

Veja os cálculos:

a. contribuição de previdência (parte da empresa):

26,8% de 10.000 = 2.680

b. FGTS:

8% de 10.000 = 800

4. Registro da contribuição de previdência (parte da empresa):

4) *Encargos Sociais*
a Contribuição de Previdência a Recolher
26,8% sobre folha, referente à
contribuição patronal 2.680

Veja a posição das contas envolvidas nesse lançamento 4, em seus respectivos Razonetes:

ENCARGOS SOCIAIS			
(4)	2.680		

CONTR. PREV. RECOLHER			
(3)	150	(2)	700
		(4)	2.680

Observações

- Debitamos a conta Encargos Sociais, que é uma conta de despesa, para registrar o valor do encargo. Trata-se de conta de despesa, cujo saldo será transferido para a conta Resultado do Exercício, no momento da apuração do resultado.
- Creditamos a conta Contribuições de Previdência a Recolher (a mesma utilizada no registro das retenções dos empregados e salário-família), pois a empresa tem obrigação de recolher essa importância à Previdência Social.

5. Registro do FGTS:

5) *Encargos Sociais*
a FGTS a Recolher
8% sobre folha do mês 800

Veja a posição das contas envolvidas nesse lançamento 5, em seus respectivos Razonetes:

ENCARGOS SOCIAIS			
(4)	2.680		
(5)	800		

FGTS A RECOLHER			
		(5)	800

Observações

- Debitamos novamente a conta Encargos Sociais, pois o valor a recolher ao FGTS é despesa para a empresa.
- Creditamos a conta FGTS a Recolher para registrar a referida obrigação.

Com esse lançamento 5, encerramos os registros contábeis necessários à apropriação da folha de pagamento dentro do mês de sua competência. Veja, agora, a posição de todas as contas envolvidas, em seus respectivos Razonetes:

SALÁRIOS

	Débito		Crédito
(1)	10.000		

SALÁRIOS A PAGAR

	Débito		Crédito
(2)	1.100	(1)	10.000
		(3)	150
		Soma	10.150
		Saldo	9.050

CONTR. PREV. RECOLHER

	Débito		Crédito
(3)	150	(2)	700
		(4)	2.680
		Soma	3.380
		Saldo	3.230

IMPOSTO DE RENDA A RECOLHER

	Débito		Crédito
		(2)	400

ENCARGOS SOCIAIS

	Débito		Crédito
(4)	2.680		
(1)	10.000		
Soma	3.480		

FGTS A RECOLHER

	Débito		Crédito
		(5)	800

No mês seguinte, serão cumpridas as obrigações referentes a essa folha de pagamento. Note que, nos Razonetes, constam as seguintes contas:

1. Salários: conta de despesa, com débito de $ 10.000, que corresponde ao valor bruto da folha de pagamento;
2. Salários a Pagar: o líquido a ser pago aos empregados, com saldo credor de $ 9.050;
3. Contribuições de Previdência a Recolher: com saldo credor de $ 3.230, que representa o valor a ser recolhido à Previdência Social;
4. Imposto de Renda a Recolher: com saldo credor de $ 400, representando obrigação a recolher referente ao Imposto de Renda retido dos empregados;
5. Encargos Sociais: com saldo devedor de $ 3.480, que representa os encargos com Previdência Social (parte da empresa) e com o FGTS;

6. FGTS a Recolher: com saldo credor de $ 800, representando o valor a ser recolhido em agência bancária, a título de Fundo de Garantia do Tempo de Serviço, em nome dos empregados.

Suponhamos, agora, que, no dia 5 do mês seguinte, a empresa tenha efetuado todos os pagamentos, por meio de cheque de sua emissão, correspondentes às obrigações sobre a folha em questão. Veja como será efetuado o registro no livro Diário:

6) *Diversos*
a Bancos conta Movimento
Pela liquidação da folha de pagamento do mês anterior, como segue:

Salários a Pagar		
Líquido pago aos empregados	*9.050*	
Contribuições de Previdência a Recolher		
Recolhimento conforme guia	*3.230*	
Imposto de Renda a Recolher		
Recolhido conforme guia	*400*	
FGTS a Recolher		
Recolhido conforme guia	*800*	*13.480*

Após o lançamento da liquidação da folha, todas as contas de obrigações tiveram seus saldos zerados, permanecendo com saldo apenas as duas contas que registraram as despesas com a folha: Salários e Encargos Sociais. Os saldos dessas duas contas serão transferidos para a conta Resultado do Exercício, no momento da apuração do resultado líquido do exercício.

Notas

- Mesmo para as empresas que costumam apurar seus resultados somente no final do exercício social, recomenda-se a contabilização das folhas de pagamentos mensais em duas etapas. Conforme explicamos nesta seção, o critério apresentado facilita o controle das despesas e obrigações. Entretanto, não havendo interesse pela apropriação mensal, pelo menos, em 31 de dezembro, o procedimento será obrigatório em relação à folha de pagamento do referido mês, em atendimento ao Regime Contábil de Competência.
- Não havendo apropriação mensal, os gastos com a folha de pagamentos serão lançados a débito de contas de despesas, nos dias dos respectivos pagamentos.

ATIVIDADES PRÁTICAS

Prática 1 — solucionada

Dados extraídos da folha de pagamento referente ao mês de setembro:

Valor bruto da folha	*30.000*
Contribuição de previdência retida dos empregados	*2.400*
Contribuição de previdência (parte patronal)	*8.040*
FGTS	*2.400*

Pede-se:

a) apropriar as despesas no dia 30 de setembro;

b) efetuar a liquidação da folha em 5 de outubro, considerando que os pagamentos foram efetuados em dinheiro.

Solução:

(Para sua conferência, somente lançamentos de Diário, sem histórico.)

a) apropriação da folha em 30 de setembro

1) *Salários*
a Salários a Pagar *30.000*

2) *Salários a Pagar*
a Contribuição de Previdência a Recolher *2.400*

3) *Encargos Sociais*
a Diversos
a Contribuições de Previdência a Recolher *8.040*
a FGTS a Recolher *2.400* *10.440*

b) liquidação da folha, no mês de outubro

4) *Diversos*
a Caixa
Salários a Pagar *27.600*
Contribuições de Previdência a Recolher *10.440*
FGTS a Recolher *2.400* *40.440*

Prática 2

Dados extraídos da folha de pagamento do mês de março:

Valor bruto da folha *5.000*

Contribuição de previdência retida dos empregados (8%)

Contribuição de previdência, parte patronal (26,8%)

FGTS (8%)

Pede-se:

a) apropriar as despesas em 31 de março;

b) contabilizar a liquidação da folha em 5 de abril, considerando que os pagamentos foram efetuados em dinheiro.

Prática 3

Dados extraídos da folha de pagamento do mês de julho:

Valor bruto da folha *100.000*

Contribuição de previdência retida dos empregados (8%)

Imposto de renda retido dos empregados *15.000*

Salário-família a ser pago aos empregados *1.000*

Contribuição de previdência, parte patronal (26,8%)

FGTS (8%)

Pede-se:

a) apropriar as despesas em 31 de julho;

b) contabilizar, em 5 de agosto, somente o pagamento líquido aos empregados, em dinheiro.

14.2.2 Despesas pagas antecipadamente

Trata-se de despesas cujos fatos geradores ainda não ocorreram, porém, já foram pagas.

Enquanto os fatos geradores não ocorrerem, esses gastos representam direitos para a empresa, motivo pelo qual no dia em que forem pagos, o correto será contabilizá-los a débito de contas patrimoniais do Ativo Circulante, que espelhem adequadamente os respectivos direitos.

Veja as mais comuns:

14.2.2.1 Despesas com seguros

As empresas costumam fazer seguro para cobrir eventuais perdas causadas por furtos ou danos em bens, provocados por incêndio, vendaval, colisão etc. Os bens que estão mais sujeitos a riscos são os veículos e os estoques, embora muitas empresas façam seguro também dos móveis e dos utensílios, dos computadores, dos imóveis etc.

Para segurar bens, a empresa solicita a presença de um corretor de seguros em seu estabelecimento, o qual faz a avaliação dos respectivos bens, definindo o valor a ser segurado (a ser coberto contra os riscos).

Consultando tabelas pré-elaboradas e em função do valor a ser segurado, o corretor de seguros encontrará o valor da despesa que a empresa terá de pagar para ter seu patrimônio coberto contra os riscos.

A companhia seguradora denomina **prêmio de seguro** o valor da despesa que a empresa deve pagar.

Os seguros, normalmente, têm validade de um ano, isto é, uma vez assinado o contrato de seguro, o patrimônio segurado ficará coberto contra o risco, durante 365 dias. Quando se tratar de ano bissexto em que o mês de fevereiro esteja incluso no período da cobertura, o patrimônio ficará segurado por 366 dias.

A cobertura passa a vigorar desde zero hora do dia seguinte ao dia em que o contrato for assinado, até a meia-noite do mesmo dia em que o contrato foi assinado, porém do ano seguinte. Exemplo: contrato assinado no dia 22 de setembro de X2, vigorará a partir de zero hora do dia 23 de setembro de X2, até a meia-noite do dia 22 de setembro de X3.

Quando a empresa optar pelo pagamento à vista, o próprio corretor de seguros emitirá um recibo e, posteriormente, a companhia seguradora encaminhará, para a empresa, uma cópia da respectiva apólice.

Suponhamos que no dia 24 de junho de X1, a nossa empresa tenha firmado, com a Companhia Seguradora Nacional, contrato de seguro referente a um automóvel, avaliado em $ 21.000, tendo pago, no ato, por meio do cheque n. 730.001, de sua emissão, contra o Banco Urupês S/A, a importância de $ 1.095 de despesas. O veículo ficará coberto contra o risco, a partir de zero hora do dia 25 de junho de X1, até a meia-noite do dia 24 de junho de X2.

Note que nessa operação estão envolvidos dois acontecimentos:

a. um fato administrativo. O pagamento da despesa antecipada acarretou diminuição do Ativo, pela saída do dinheiro da conta-corrente bancária, e acarretou, ao mesmo tempo, aumento no Ativo, uma vez que sendo a despesa paga antecipadamente e, enquanto o fato gerador da despesa do seguro não ocorrer, o valor da despesa paga representará direito da empresa com a companhia seguradora, a qual se compromete a garantir o seguro do respectivo bem;

b. um ato administrativo. A assinatura do contrato de seguro caracteriza um ato administrativo relevante, o qual deverá ser contabilizado por meio de contas de compensação.

Veja, então, os procedimentos contábeis desse acontecimento, a começar pelo registro do fato administrativo:

Prêmios de Seguro a Vencer
a Bancos conta Movimento
a Banco Urupês S/A
Pagamento efetuado à Companhia Seguradora Nacional por meio do nosso cheque n. 730.001, conforme recibo desta data, referente à apólice de seguro de automóvel, a vigorar pelo período de um ano.. 1.095

Observações

- Foi debitada a conta Prêmios de Seguro a Vencer, que é patrimonial, do subgrupo Despesas do Exercício Seguinte, do Ativo Circulante, para registrar o valor da despesa paga antecipadamente.
- Enquanto não ocorrer o fato gerador da despesa de seguro, o qual se dará com o passar dos dias, o valor da despesa paga antecipadamente representa, para a empresa, um direito com a seguradora, a qual se compromete, no caso de danos, em ressarcir a empresa pelos prejuízos obtidos, até o limite do valor segurado, durante a vigência do referido contrato.
- No final de cada mês ou no final do ano, conforme o caso, a empresa deverá apropriar o valor da despesa incorrida no respectivo período, debitando uma conta de despesa (Prêmios de Seguro) e creditando a conta que registrou a despesa paga antecipadamente (Prêmios de Seguro a Vencer).

Para conhecer o valor da despesa de seguro incorrida no período, mês ou ano, deve-se fazer o seguinte cálculo: divida o valor da despesa do seguro por 365 dias ou por 366, quando se tratar de ano bissexto em que o mês de fevereiro esteja incluído no período de cobertura, para obter o valor diário da despesa de seguro. Em seguida, basta multiplicar o valor diário do seguro pelo número de dias do período (mês ou ano), para conhecer o valor da despesa a ser apropriada naquele período.

As empresas que apuram resultados mensais devem apropriar as despesas com seguros no final de cada mês, enquanto as empresas que apuram resultados anuais devem apropriar as despesas de seguros incorridas no ano, somente no dia 31 de dezembro.

Veja, então, os procedimentos de uma empresa que apura resultados mensais. Utilizaremos o mesmo exemplo anterior:

Cálculo da despesa incorrida em junho de X1

$$\frac{\$\,1.095}{365\text{ dias}} = \$\,3\text{ por dia}$$

Como o período de 25 a 30 de junho contém 6 dias (inclui-se o dia 25 na contagem), faremos:

$$6 \times \$\,3 = \$\,18$$

Contabilização em 30 de junho:

Prêmios de Seguro
a Prêmios de Seguro a Vencer
Apropriação que se processa da despesa incorrida de 25 a 30 do corrente, conforme cálculos 18

Veja a posição das contas envolvidas em seus respectivos Razonetes:

PRÊMIOS DE SEGURO A VENCER

	Débito	Crédito
	1.095	18
Soma	1.077	

PRÊMIOS DE SEGURO

Débito	Crédito
18	

Observações

- A conta Prêmios de Seguro a Vencer, utilizada para registrar o valor da despesa paga antecipadamente, tinha, antes do lançamento da apropriação, um saldo de $ 1.095, e agora, depois do lançamento da apropriação, ficou com saldo de $ 1.077.
- A conta Prêmios de Seguro, que é uma conta de despesa, sendo debitada no lançamento da apropriação, ficou com saldo devedor de $ 18, referente à despesa incorrida no período. O saldo dessa conta será transferido para a conta Resultado do Exercício, juntamente com as demais despesas, por ocasião da apuração do resultado. Esse mesmo procedimento deverá ser feito mensalmente, até chegar ao dia 24 de junho de X2, data em que toda a despesa de seguro referente ao contrato em questão já terá sido incorrida.

Veja, agora, os procedimentos de uma empresa que apura seus resultados somente no final do ano.

Considerando os mesmos dados do exemplo anterior, teremos:

CÁLCULOS:

$$\frac{\$\,1.095}{365\text{ dias}} = \$\,3\text{ por dia}$$

Cálculo do número de dias, de 25 de junho a 31 de dezembro: (junho, 6; julho, 31; agosto, 31; setembro, 30; outubro, 31; novembro, 30, e dezembro, 31) = 190 dias.

$$190\text{ dias} \times \$\,3 = \$\,570$$

Contabilização em 31/12/X1

Prêmios de Seguro
a Prêmios de Seguro a Vencer
Apropriação que se processa da despesa de seguro incorrida no período de 25 de junho a 31 de dezembro do corrente, conforme cálculos *570*

Veja, agora, a contabilização do ato administrativo.

Conforme vimos nos comentários acerca do Plano de Contas no Capítulo 10, as contas de compensação são consideradas extrapatrimoniais, uma vez que não representam bens, direitos, obrigações, Patrimônio Líquido, despesas ou receitas. Destinam-se apenas ao registro dos atos administrativos considerados relevantes, ou seja, aqueles que poderão provocar, futuramente, modificações no patrimônio da empresa.

O funcionamento das contas de compensação, próprias para o registro de operações envolvendo seguros, como é o caso do exemplo em questão, em que nossa empresa firmou contrato com uma companhia seguradora, se dá da seguinte maneira:

a. debita-se a conta de Compensação do Ativo e credita-se sua contrapartida do Passivo, no momento da ocorrência do ato;

b. quando expirar o prazo do contrato, inverte-se o lançamento anterior para dar baixa no sistema de compensação.

A finalidade das contas de compensação é permitir que os contratos, os ônus, os riscos, os valores de terceiros que estiverem em poder da empresa, bem como os valores da empresa que estiverem em poder de terceiros, que possam provocar variações futuras no patrimônio da empresa, fiquem devidamente caracterizados nos registros contábeis.

Veja, finalmente, como contabilizaremos o ato em questão:

Seguros Contratados
a Contratos de Seguros
Contrato de seguro firmado com a Companhia Seguradora Nacional, pelo período de um ano, conforme apólice n. X.......................... *21.000*

Observações

- Esse registro não interfere nos valores patrimoniais, mas indica que a empresa tem em seu patrimônio uma cobertura no valor de $ 21.000 contra eventuais perdas, de acordo com o que estabelece o respectivo contrato.
- As contas de compensação não precisam figurar no Balanço Patrimonial. Basta citar com detalhes os respectivos atos administrativos nas notas explicativas que acompanham as demonstrações contábeis da empresa.

ATIVIDADES PRÁTICAS

Prática 1 — solucionada

No dia 19 de maio, nossa empresa firmou contrato de seguro contra incêndio com a Companhia Sul, tendo pago a importância de $ 1.500 referente ao prêmio, conforme recibo n. 70. O valor segurado foi de $ 150.000, pelo período de um ano.

Pede-se:

a) contabilizar o pagamento da despesa, efetuado em dinheiro;

b) registrar o ato administrativo por meio das contas de compensação.

Solução

(Para sua conferência, apenas lançamentos de Diário.)

a) contabilização do pagamento da despesa:

Prêmios de Seguro a Vencer

a Caixa

Paga à Companhia Sul conforme

recibo n. 70 .... 1.500

b) contabilização do ato:

Seguros Contratados

a Contratos de Seguros

Contrato de seguro firmado com a

Companhia Sul, conforme apólice etc. 150.000

Prática 2

Seguro firmado com a companhia X, em 01/07/X1, contra incêndio, conforme apólice Y. O valor segurado foi de $ 200.000, e a despesa foi paga, em dinheiro, no valor de $ 2.000, conforme recibo n. 1.930.

Pede-se:

a) contabilizar o pagamento da despesa;

b) contabilizar o ato administrativo, por meio das contas de compensação.

Prática 3

Em 18 de setembro de X1, nossa empresa firmou contrato de seguro contra incêndio com a companhia Y, pelo período de um ano, conforme apólice n. 801. O valor segurado foi de $ 500.000, e a despesa importou em $ 3.650, paga em dinheiro, no próprio dia 18 de setembro, conforme recibo n. 240.

Pede-se:

Considerando que a empresa apura seus resultados mensalmente:

a) contabilizar o fato e o ato ocorridos em 18 de setembro;

b) apropriar a despesa incorrida até 30 de setembro de X1.

Prática 4

Seguro contra incêndio firmado com a Companhia Seguradora Nacional, pelo período de um ano, conforme apólice n. 333, a saber:

Valor segurado = $ 900.000.

Valor do prêmio pago por meio do cheque n. 701 de nossa emissão, contra o Banco Urupês S/A = 10.950, conforme recibo n. 333.

A empresa apura seus resultados somente no final do ano.

Pede-se:

a) contabilizar o pagamento da despesa em 20 de abril de X2;
b) contabilizar o ato, em 20 de abril de X2;
c) apropriar a despesa incorrida até 31 de dezembro de X2;
d) apropriar a despesa incorrida referente ao período de 01/01/X3 a 20/04/X3;
e) dar a baixa no sistema de compensação, no dia 20/04/X3, data em que o contrato se encerrou.

14.2.2.2 Despesas com aluguéis

Outro caso de despesa paga antecipadamente pode ocorrer com os aluguéis.

Suponhamos que no dia 20 de dezembro de X1, nossa empresa tenha decidido pagar ao proprietário do imóvel, no qual estamos instalados, a importância de $ 5.000 correspondente ao aluguel do mês de janeiro de X2, cuja despesa deveria ser paga no dia 10 de fevereiro de X2.

Contabilização em 20 de dezembro de X1:

Aluguéis Passivos a Vencer
a Caixa
Pagamento efetuado ao sr. Fulano,
referente ao aluguel de janeiro de X2................................ 5.000

Como o fato gerador do aluguel em questão somente ocorrerá no mês de janeiro de X2, e tendo em vista o Regime de Competência, neste exercício debitamos a conta Aluguéis Passivos a Vencer que é conta patrimonial do subgrupo Despesas do Exercício Seguinte do Ativo Circulante.

No último dia do mês de janeiro de X2, para apropriar a despesa que foi paga antecipadamente neste exercício, faremos o seguinte lançamento de ajuste:

Aluguéis Passivos
a Aluguéis Passivos a vencer
Pela apropriação do aluguel deste
mês pago antecipadamente no exercício
anterior.. 5.000

ATIVIDADES PRÁTICAS

Uma empresa de prestação de serviços que apura seus resultados somente no final de cada ano pagou, no dia 15 de dezembro de X8, em dinheiro, a importância de $ 800 ao sr. Pedro Ribeiro, referente ao aluguel de janeiro de X9.

Pede-se:

a) contabilizar o pagamento no dia 15/12/X8;
b) apropriar a despesa em 31/01/X9.

14.2.2.3 Despesas com materiais de consumo

Para contabilizar os materiais que a empresa adquire para consumo próprio, como ocorre com os de expediente e limpeza, há que se considerar duas situações.

1. Quando a empresa compra em pequenas quantidades para consumo imediato.

Nesse caso, seja qual for o sistema de apuração de resultado adotado pela empresa (mensal ou anual), o valor da compra poderá ser contabilizado a débito de uma conta de despesa.

Exemplo:

Compra, à vista, de 500 folhas de papel tamanho ofício, e 6 canetas esferográficas, conforme nota fiscal n. 741 da Papelaria Aliança, no valor de $ 8.

Contabilização:

Material de Expediente
a Caixa
Nota fiscal n. 741 da Papelaria Aliança 8

Observação

- A conta Material de Expediente que é de despesa operacional, sendo debitada, indica que o referido fato corresponde à despesa do período.

2. Quando a empresa adquire esses materiais em grandes quantidades para consumo futuro.

Nesse caso, como no momento da compra não é caracterizada a despesa, uma vez que não há consumo, o procedimento mais correto do ponto de vista técnico será contabilizar o valor da compra a débito de uma conta de estoque.
Se a empresa adotar o sistema de inventário permanente, toda vez que algum setor da empresa precisar retirar do estoque materiais para consumo, a pessoa responsável deverá emitir um documento que poderá ser uma requisição de material mediante a qual o referido fato deverá ser contabilizado, debitando-se uma conta de despesa e creditando-se a conta do estoque para dar a baixa respectiva. Se, por outro lado, a empresa adotar o sistema de inventário periódico, o registro da despesa poderá ser efetuado somente no final do ano, comparando-se o estoque físico com o estoque contábil. Estoque físico é o que realmente existe, apurado mediante contagem dos objetos estocados, e estoque contábil é aquele registrado pela contabilidade, obtido consultando-se o saldo da respectiva conta, no livro Razão. Veja melhor:

a. empresa que adota o sistema mensal de apuração de resultados

Suponhamos que no dia 01 de julho de X1, a empresa tenha adquirido materiais de expediente no valor de $ 10.000, conforme nota fiscal n. 1.005 da Distribuidora Nova Aliança Ltda.

Contabilização:

Estoque de Material de Expediente
a Caixa
Nota fiscal n. 1.005 da Distribuidora
Nova Aliança Ltda. 10.000

Observação

- A conta Estoque de Material de Expediente, que é do Ativo Circulante, foi debitada porque a compra de materiais de consumo em grande quantidade não caracteriza a despesa, uma vez que no ato da compra não houve consumo.

Suponhamos, agora, que no dia 5 de julho tenha sido retirado do estoque material de expediente no valor de $ 20, conforme requisição n. 1.

Contabilização:

Material de Expediente
a Estoque de Material de Expediente
Requisição n. 1 .... *20*

Observações

- A conta Material de Expediente, que é de despesa operacional, foi debitada porque nesse momento a despesa ficou caracterizada, ou seja, os materiais foram requisitados para consumo. O saldo dessa conta será transferido para a conta Resultado do Exercício, no momento da apuração do resultado do exercício.
- A conta Estoque de Material de Expediente foi creditada para dar baixa de $ 20 nos estoques referentes aos materiais retirados para consumo.

b. empresa que adota o sistema de apuração anual dos resultados

Suponhamos que no dia 10 de agosto de X1, a empresa adquiriu, à vista, materiais de expediente, no valor de $ 30.000, conforme nota fiscal n. 1.001 da Papelaria São Paulo S/A.

Contabilização:

Estoque de Material de Expediente
a Caixa
Nota fiscal n. 1.001 Papelaria
São Paulo S/A *30.000*

Observação

- Como ocorreu compra em grande quantidade, os materiais foram contabilizados a débito da conta Estoque de Material de Expediente que é do Ativo Circulante.

Tendo em vista que essa empresa apura seus resultados costumeiramente no final do ano, sempre que houver requisição de material para utilização, não haverá necessidade de contabilizar a despesa e muito menos de proceder à baixa nos estoques. Nesse caso, a contabilização da despesa será feita uma só vez, no final do ano, por ocasião da apuração do resultado do exercício, comparando-se o estoque físico com o estoque contábil.

Acompanhe:

Vamos supor que no dia 31 de dezembro de X1 tenha sido feita uma contagem física (inventário) dos materiais de expediente, ficando constatado que havia, em estoque, $ 13.000 de materiais ainda não consumidos.

Como o estoque contábil indicava um saldo de $ 30.000 e o estoque físico mediante contagem realizada indicou a existência de $ 13.000, concluímos que a diferença de $ 17.000 corresponde ao consumo do período. O ajuste será feito pelo seguinte lançamento:

Material de Expediente
a Estoque de Material de Expediente
Ajuste que se processa, referente ao
consumo do período.. 17.000

Observações

- A conta Material de Expediente, sendo debitada, indica que, no período, foram consumidos $ 17.000 de material de expediente. O saldo dessa conta será transferido para a conta Resultado do Exercício, no momento da apuração do resultado.
- A conta Estoque de Material de Expediente, sendo creditada por $ 17.000, ficará com saldo de $ 13.000, que corresponde ao valor do estoque físico existente em 31 de dezembro. Essa conta figurará no Balanço Patrimonial, classificada no Ativo Circulante.

Veja a posição das contas envolvidas, após o lançamento de ajuste:

ESTOQUE DE MAT. EXPEDIENTE

	Débito	Crédito
	30.000	17.000
Saldo	13.000	

MATERIAL DE EXPEDIENTE

Débito	Crédito
17.000	

Observe, finalmente, que a conta Estoque de Material de Expediente, após o ajuste, ficou com saldo devedor de $ 13.000, cujo valor corresponde ao estoque final apurado, enquanto a conta Material de Expediente, debitada por $ 17.000 no lançamento de ajuste, representa o consumo do período.

ATIVIDADES PRÁTICAS

Contabilizar, em partidas de Diário, os seguintes eventos:

Prática 1

Compra de materiais de limpeza, para consumo imediato, conforme nota fiscal n. 559, do Supermercado Aliança, no valor de $ 50, cujo pagamento foi efetuado em dinheiro.

Prática 2

Fatos ocorridos na Comercial Oliveira S/A, que adota o sistema de apuração mensal dos resultados:

a) em 10 de junho, comprou materiais de expediente, no valor de $ 10.000, conforme nota fiscal n. 998 de Atacadão dos Materiais S/A, tendo pago em dinheiro;

b) no dia 20 do mesmo mês, foram requisitados, para consumo, materiais no valor de $ 1.000, conforme requisição n. 40.

Pede-se: contabilizar os fatos nas datas respectivas.

14.3 Ajustes em Contas de Receitas

Os ajustes nas contas de receitas também devem ser feitos para registrar tanto as receitas realizadas (geradas) e não recebidas como as recebidas e ainda não realizadas.

14.3.1 Receitas realizadas (ganhas) e não recebidas

Para apropriação das receitas ganhas e ainda não recebidas debita-se uma conta do Ativo que represente o referido direito e credita-se uma conta que represente a receita respectiva.

Exemplo:

Nossa empresa tem um imóvel alugado para o sr. Rafael, o qual, conforme consta do contrato de locação, paga o aluguel do mês sempre no dia 10 do mês seguinte. Assim, o aluguel do mês de dezembro, que é de $ 8.000 e deve ser recebido no dia 10 de janeiro do ano seguinte, será contabilizado no dia 31 de dezembro, por meio do seguinte lançamento:

Aluguéis a Receber
a Aluguéis Ativos
Pela apropriação do aluguel referente ao mês de dezembro, a ser recebido em 10 de janeiro p.f. 8.000

Observações

- A conta Aluguéis a Receber, sendo debitada, indica que a nossa empresa tem direito de receber do seu locatário a importância correspondente ao aluguel de dezembro.
- A conta Aluguéis Ativos, sendo creditada, indica que no mês de dezembro, a nossa empresa ganhou uma receita com aluguel, embora ainda não a tenha recebido. Portanto, creditando a conta Aluguéis Ativos, estamos incluindo o aluguel realizado, no período de sua competência (dezembro).
- As empresas que apuram resultados mensais devem fazer essa apropriação mensalmente, enquanto aquelas que apuram os resultados uma vez por ano poderão fazê-lo somente no final do ano, referente à receita de dezembro.

14.3.2 Receitas recebidas antecipadamente (recebidas e não ganhas)

Nota

- O que determina a realização da receita é a ocorrência do respectivo fato gerador. Assim, enquanto não ocorrer o fato gerador da receita, mesmo que a empresa já tenha recebido do cliente o respectivo valor, essa receita não será considerada realizada ou ganha.

Suponhamos que no dia 20 de dezembro de X1, nossa empresa tenha recebido a importância de $ 4.000, referente ao aluguel do mês de janeiro de X2, cujo vencimento ocorrerá em 10 de fevereiro, também de X2.

Nesse caso, no dia 20 de dezembro de X1, data do recebimento, efetuaremos, no Diário, o seguinte registro:

Caixa
a Aluguéis Ativos a Vencer
Recebido, nesta data, do sr. Fulano,
referente a aluguel de janeiro de X2.................................. 4.000

Observações

- Com o débito efetuado na conta Caixa, o valor recebido fica devidamente registrado.
- Tendo em vista que o valor recebido corresponde a uma receita antecipada, foi creditada a conta Aluguéis Ativos a Vencer, conta essa do grupo Receitas Diferidas do Passivo Não Circulante. Assim, a receita recebida não fará parte do total das receitas do presente exercício.

No dia 31 de janeiro do ano seguinte, quando a referida receita estiver realizada, para integrá-la no resultado do mês, será feita a apropriação pelo seguinte lançamento:

Aluguéis Ativos a Vencer
a Aluguéis Ativos
Pela apropriação da receita do
mês, recebida antecipadamente no
exercício anterior 4.000

ATIVIDADES PRÁTICAS

Prática 1 — solucionada

Contabilizar, em partidas de Diário, os seguintes eventos:

A empresa Comercial Canário, que apura seus resultados mensalmente, aluga parte do seu imóvel, no qual funciona um escritório de contabilidade. O valor do aluguel mensal é de $ 1.200, sendo que o locatário paga sempre no dia 5 do mês subsequente.

Pede-se:

a) em 30 de novembro, apropriar o aluguel referente ao mês;

b) em 5 de dezembro, contabilizar o recebimento do aluguel referente ao mês de novembro.

Solução:

a) apropriação em 30 de novembro

Aluguéis a Receber
a Aluguéis Ativos
Apropriação do aluguel referente a
este mês 1.200

b) registro do recebimento em 05/12

Caixa

a Aluguéis a Receber

Recebido conforme recibo 1.200

Prática 2

Em 31 de março, apropriar o aluguel referente ao mês que será recebido no mês seguinte, no valor de $ 400.

Prática 3

Em 5 de abril, contabilizar o recebimento de $ 400 referente ao aluguel de março, devidamente apropriado no respectivo mês de sua competência.

Prática 4

Em 10 de dezembro de X3, recebemos do sr. Joel, a importância de $ 2.000 referente ao aluguel de janeiro de X4.

Pede-se:

a) contabilizar o recebimento em 10/12/X3;

b) apropriar a receita em 31/01/X4.

Prática 5

A Comercial J. T. Ltda. tem um imóvel alugado para a Comercial Medeiros S/A, a qual paga um aluguel mensal no valor de $ 10.000, sempre no dia 10 do mês seguinte ao da ocorrência do respectivo fato gerador.

Pede-se:

a) contabilizar nos livros da Comercial J. T. Ltda.:

- **a.1** apropriar no dia 31 de agosto o aluguel ganho no referido mês;
- **a.2** contabilizar no dia 10 de setembro o recebimento em dinheiro do valor do respectivo aluguel, apropriado em 31 de agosto, conforme recibo n. 08.

b) contabilizar nos livros da Comercial Medeiros S/A:

- **b.1** apropriar a despesa incorrida no dia 31 de agosto;
- **b.2** contabilizar o pagamento em dinheiro, no dia 10 de setembro, do valor do respectivo aluguel.

Observação

- Com esse lançamento, feito no mês da realização da receita, debitando a conta Aluguéis Ativos a Vencer, estaremos dando baixa na respectiva conta e creditando a conta Aluguéis Ativos, estaremos incluindo a receita no mês da sua competência.

14.4 Regimes Contábeis

14.4.1 Introdução

Vimos que, para conhecer o resultado de um exercício, é preciso confrontar o total das despesas com o total das receitas correspondentes ao respectivo exercício. Também vimos que, em um exercício, podem-se efetuar pagamentos de despesas ocorridas no exercício anterior, ocorridas no próprio exercício, ou que ainda irão ocorrer no exercício seguinte.

E que isso poderá ocorrer com as receitas: em determinado exercício, pode-se receber dinheiro proveniente de receitas ocorridas no exercício anterior, no próprio exercício, ou, ainda, provenientes de receitas que ocorrerão no exercício seguinte.

Assim, no final de um exercício social, no momento da apuração do Resultado do Exercício, dentre as contas existentes no livro Razão, podem constar algumas de despesas e/ou de receitas que não integrarão o respectivo resultado, bem como outras de direitos, representativas de despesas pagas antecipadamente ou de obrigações, representativas de receitas recebidas antecipadamente, que deverão integrar o respectivo resultado.

Pois bem, é o regime contábil a ser adotado pela empresa que definirá que despesas e receitas deverão ser consideradas na apuração do resultado de cada exercício. São dois os regimes contábeis conhecidos que disciplinam a apuração do resultado do exercício: regime de caixa e regime de competência.

14.4.2 Conceitos

Segundo o **regime de caixa**, na apuração do resultado do exercício, devem ser consideradas todas as despesas pagas e todas as receitas recebidas no respectivo exercício, independentemente da data da ocorrência de seus fatos geradores. Em outras palavras, por esse regime, somente entrarão na apuração do resultado as despesas e as receitas que passaram pelo caixa.

Pelo **regime de competência**, serão consideradas, na apuração do resultado do exercício, as despesas incorridas e as receitas realizadas no respectivo exercício, tenham ou não sido pagas ou recebidas.

De acordo com esse regime, não importa se as despesas ou receitas passaram pelo caixa (pagas ou recebidas); o que vale é a data da ocorrência dos respectivos fatos geradores.

14.4.3 Comparação entre regime de caixa e regime de competência

Suponhamos que, no exercício de X2, tenham ocorrido os seguintes eventos na gestão de uma determinada empresa:

1. Pagamentos em dinheiro, de despesas de salários e encargos, no valor de $ 2.000, referentes ao mês de dezembro de X1.
2. Pagamentos efetuados durante o exercício de X2, em cheques, no valor de $ 30.000, referentes a salários e encargos incorridos nos meses de janeiro a novembro de X2.
3. Salários e encargos de dezembro de X2 a serem pagos em janeiro de X3, no valor de $ 5.000.
4. Recebida em janeiro de X2 a importância de $ 500, referente a aluguéis do mês de dezembro de X1.
5. Recebida em dinheiro, durante o exercício de X2, a importância de $ 5.500, referente a aluguéis correspondentes aos meses de janeiro a novembro de X2.

6. Aluguel de dezembro de X2, a ser recebido em janeiro de X3, no valor de $ 500.
7. Recebimento de $ 250, em dinheiro, referente a venda de um bem de uso da empresa, pelo preço de custo.
8. Pagamentos efetuados em dinheiro, durante o exercício de X2, referentes a impostos e contribuições, correspondentes aos meses de janeiro a novembro de X2, no valor de $ 12.000.
9. Impostos e contribuições referentes a dezembro de X2, a serem recolhidos em janeiro de X3, no valor de $ 1.900.
10. Serviços prestados durante o exercício de X2, recebidos à vista, no valor de $ 54.000.
11. Serviços prestados em dezembro de X2, a prazo, para recebimento no exercício de X3, no valor de $ 15.000.
12. Seguro contra incêndio firmado com a Cia. Seguradora Brasil, em 31 de agosto de X2, pelo período de um ano, a vigorar a partir de 01 de setembro. Valor do prêmio pago em 31 de agosto de X2, por meio do cheque n. 200.001 do Banco Urupês: $ 3.650.
13. Compra, à vista, de Móveis e Utensílios no valor de $ 800.

Vamos, agora, apurar o resultado do exercício dessa empresa pelos dois regimes, para comparar e tirar nossas conclusões.

Nota

- Para fins de apuração do resultado do exercício pelos regimes de caixa ou de competência, as receitas recebidas e as despesas pagas por meio dos estabelecimentos bancários – débitos ou créditos na conta Bancos conta Movimento – por meio de cheques, boletos bancários, duplicatas ou outros, devem ser consideradas como entradas ou saídas do caixa.

a. **Regime de caixa**

RESULTADO DO EXERCÍCIO

DESPESAS		RECEITAS	
(1) Salários e Encargos	2.000	(4) Receitas de Aluguéis	500
(2) Salários e Encargos	30.000	(5) Receitas de Aluguéis	5.500
(8) Impostos e Contribuições	12.000	(10) Receitas de Serviços	54.000
(12) Seguros	3.650		
Soma	47.650	Soma	60.000
		Saldo	12.350

Observação

- O fato n. 7, embora represente entrada de dinheiro no caixa, não foi considerado na apuração do resultado, pois não corresponde à receita. O mesmo ocorreu com o fato n. 13, que, embora represente saída de dinheiro do caixa, não foi considerado na apuração do resultado, pois não corresponde a despesa.

b. Regime de competência

RESULTADO DO EXERCÍCIO

DESPESAS		RECEITAS	
(2) Salários e Encargos	30.000	(5) Receitas de Aluguéis	5.500
(3) Salários e Encargos	5.000	(6) Receitas de Aluguéis	500
(8) Impostos e Contribuições	12.000	(10) Receitas de Serviços	54.000
(9) Impostos e Contribuições	1.900	(11) Receitas de Serviços	15.000
(12) Seguros	1.220		
Soma	50.120	Soma	75.000
		Saldo	24.880

Analisando os dois resultados apurados, podemos notar como o regime contábil influencia no resultado do exercício. No exemplo em foco, o resultado apurado pelo regime de competência apresentou lucro maior que o apurado pelo regime de caixa. É evidente que isso não corresponde à regra geral; dependendo das operações, o resultado poderá ser maior ou menor, independentemente do regime utilizado.

No Brasil, as entidades com fins lucrativos devem apurar seus resultados pelo regime de competência, enquanto a adoção do regime de caixa é mais comum nas entidades sem fins lucrativos.

ATIVIDADES TEÓRICAS

1 Escolha a alternativa correta:

1.1 Ao adotar o regime de caixa, a empresa deverá considerar, na apuração do resultado do exercício:

a) todas as despesas incorridas e as receitas realizadas no respectivo período;
b) somente as despesas incorridas e as receitas realizadas no respectivo período;
c) somente as despesas pagas e as receitas realizadas no respectivo período;
d) somente as despesas pagas e as receitas recebidas no respectivo período, independentemente das datas de ocorrência dos respectivos fatos geradores.

1.2 Ao adotar o regime de competência, a empresa deverá considerar, na apuração do resultado do exercício:

a) todas as despesas incorridas e as receitas realizadas (isto é, as que tiveram seus fatos geradores ocorridos no respectivo exercício);
b) somente as despesas pagas e as receitas recebidas no respectivo exercício;
c) todas as despesas pagas e as receitas ainda não realizadas;
d) somente as despesas incorridas e as receitas recebidas.

1.3 As intitulações Despesas Incorridas e Receitas Realizadas representam, respectivamente:

a) despesas e receitas ainda não pagas;
b) receitas e despesas ainda não pagas;
c) despesas pagas antecipadamente e receitas recebidas antecipadamente;
d) despesas e receitas cujos fatos geradores já ocorreram.

1.4 Receitas realizadas em um período é o mesmo que:

a) receitas ganhas ou geradas no respectivo período;

b) receitas recebidas antecipadamente;

c) receitas pagas antecipadamente;

d) receitas recebidas e ainda não ganhas.

1.5 Na escrituração contábil de uma empresa consta a conta Receitas Antecipadas, com saldo de $ 250, correspondente a receitas recebidas antecipadamente no exercício anterior. A regularização dessa receita, no presente exercício, será feita pelo seguinte lançamento:

a) D Caixa C Receitas Antecipadas;

b) D Receitas C Receitas Antecipadas;

c) D Despesas Antecipadas C Receitas Antecipadas;

d) D Receitas Antecipadas C Receitas.

1.6 Na escrita contábil de uma empresa constava, no final do exercício, a conta Prêmios de Seguro a Vencer, com saldo de $ 30, correspondente à despesa do presente exercício, a qual foi paga no exercício anterior. Sua regularização será feita pelo seguinte lançamento:

a) D Despesas de Seguro C Resultado do Exercício;

b) D Prêmios de Seguro C Prêmios de Seguro a Vencer;

c) D Resultado do Exercício C Prêmios de Seguro;

d) D Prêmios de Seguro a Vencer C Resultado do Exercício.

ATIVIDADE PRÁTICA

Eventos ocorridos na empresa de prestação de serviços Disque Reparos, durante o mês de dezembro de X1:

1. Constituição do capital com realização em dinheiro, no dia 5 de dezembro de X1, no valor de $ 10.000.
2. Compra, à vista, conforme nota fiscal n. 10, da Comercial Potenza Ltda., no valor de $ 3.000, referente a ferramentas para utilização na prestação de serviços.
3. Serviços prestados à vista conforme nossas notas fiscais n[s] 1 a 5, no valor de $ 1.200.
4. Prestou serviços ao sr. Frederico Meirelles, conforme nota fiscal n. 6, no valor de $ 1.000. Houve emissão de uma duplicata para vencimento em 30 dias.
5. Pagou em dinheiro a nota fiscal n. 4.231, referente ao consumo de energia elétrica ocorrido no mês, por $ 50.
6. O aluguel do imóvel, no qual a empresa está instalada, no valor de $ 250, referente ao mês de dezembro de X1, será pago no dia 10 de janeiro de X2.
7. Recebeu do sr. Geraldo Fazanaro a importância de $ 400, referente a receitas de serviços, que serão prestados na residência do cliente, no dia 12 de janeiro de X2.

Com base no exemplo de apuração do resultado do exercício apresentado neste item e usando Razonete apenas para a conta Resultado do Exercício, apure o resultado do exercício, primeiro adotando o regime de caixa e, em seguida, adotando o regime de competência.

TESTES DE EXAME DE SUFICIÊNCIA

Contador, ano 2001, prova 2 – Área de Conhecimentos Gerais (Adaptado)

1. Com base nas informações abaixo e no Regime de Competência, a alternativa que demonstra corretamente o valor do Resultado do Exercício é:

Despesas Incorridas e Pagas	$	*45.000,00*
Despesas Não Incorridas e Pagas	$	*150.000,00*
Despesas Incorridas e Não Pagas	$	*30.000,00*
Receitas Recebidas e Não Realizadas	$	*50.000,00*
Receitas Realizadas e Recebidas	$	*75.000,00*
Receitas Realizadas e Não Recebidas	$	*100.000,00*

a) Prejuízo de $ 55.000,00.
b) Nem Lucro nem Prejuízo.
c) Lucro de $ 100.000,00.
d) Lucro de $ 150.000,00.

Contador, ano 2002, prova 2 – Área de Conhecimentos Contábeis

2. Em 29/11/01, uma empresa comercial obteve um empréstimo para capital de giro no valor de $ 20.000,00, com vencimento para liquidação em 28/01/2002, no valor total de $ 23.000,00. Considerando que os juros referem-se ao período de 30/11/2001 a 28/01/2002, o valor dos encargos financeiros a ser apropriado no ano 2002 é de:

a) $ 1.400,00.
b) $ 1.550,00.
c) $ 1.600,00.
d) $ 3.000,00.

TESTES DE CONCURSO

Técnico da Receita Federal – TRF – nov/2000 — Contabilidade Geral (Teste adaptado)

1. Em 31 de dezembro de 1999, o contador da firma ZÊ LTDA. apresenta as seguintes contas e saldos, extraídos do livro Razão:

CONTAS	SALDOS
Caixa	250
Duplicatas a Pagar	650
Reservas de Lucros	130
Aluguéis Passivos	140
Comissões Ativas	30
Receita de Juros	110
Impostos a Recolher	300
Veículos	900
Custo das Vendas	600
Receitas de Vendas	900
Despesas de Juros	130

(Continua)

(Continuação)

Clientes	360
Móveis e Utensílios	540
Capital Social	950
Impostos Federais	200
Salários	450
Fornecedores	880
FGTS a Recolher	200

Conferimos essa listagem e verificamos que o Balancete não está fechado, pois a soma dos saldos devedores não está com valor igual à soma dos saldos credores. Mesmo assim, certificamo-nos de que as contas diferenciais estão todas representadas com saldos corretos na relação acima. Desse modo, podemos afirmar que o Patrimônio Líquido contido na listagem apresentada soma o valor de:

a) $ 800,00.
b) $ 710,00.
c) $ 600,00.
d) $ 910,00.
e) $ 1.080,00.

Técnico da Receita Federal – TRF/1997 – Contabilidade Geral

2. Uma empresa que adota o regime de competência em sua escrituração encerrou o exercício social em 31/12/96. Nos primeiros dias de 97 escriturou os seguintes eventos:

   1. Pagamento de salários dos empregados relativos ao mês de dezembro de 1996.
   2. Recebimento da diferença de imposto recolhido a maior em dezembro de 1996 e já reclamada naquele mês à autoridade competente.
   3. Venda de um bem do Ativo Imobilizado pelo preço de custo.

   A escrituração refere-se, respectivamente, a fatos contábeis:

   a) Permutativo – permutativo – permutativo.
   b) Modificativo diminutivo – modificativo aumentativo – permutativo.
   c) Permutativo – modificativo aumentativo – modificativo diminutivo.
   d) Modificativo diminutivo – misto aumentativo – permutativo.
   e) Misto diminutivo – misto aumentativo – misto diminutivo.

15 Resultado do Exercício

15.1 Introdução

Já vimos que no fim de cada exercício social, o qual normalmente coincide com o final de cada ano, o setor de contabilidade da empresa realiza uma série de procedimentos, visando a apuração do resultado do exercício. Estudamos também que esses procedimentos têm a finalidade de saber se a empresa apresentou lucro ou prejuízo em suas operações no período.

Portanto, para apurar o resultado do exercício, o primeiro procedimento é o levantamento de um Balancete de Verificação, composto por todas as contas utilizadas durante o ano, com seus respectivos saldos extraídos do livro Razão.

De posse do Balancete de Verificação, os procedimentos visando a apuração do resultado do exercício envolvem: levantamentos físicos (inventários de mercadorias, de materiais e de documentos); ajustes nos saldos de contas para regularização, quando o saldo contábil divergir do saldo apurado por meio dos inventários físicos; apuração do resultado bruto (conta Mercadorias); apuração do resultado líquido (cálculos e contabilizações de depreciações, amortizações, Perdas Estimadas em Créditos de Liquidação Duvidosa, além de outros ajustes em contas de despesas e de receitas, em decorrência do Regime de Competência); cálculos e contabilizações das deduções, participações e destinações do resultado do exercício, concluindo com a elaboração das demonstrações contábeis.

Já vimos parte desses procedimentos. Neste capítulo, aprenderemos como apurar o resultado líquido do exercício e o que fazer com ele, ou seja, como calcular e contabilizar as deduções, as participações e as destinações que se devem dar ao resultado apurado.

Com relação às demonstrações contábeis, além do Balanço Patrimonial, visto de forma simplificada no Capítulo 9, estudaremos no capítulo seguinte: a Demonstração do Resultado do Exercício, a Demonstração de Lucros ou Prejuízos Acumulados, a Demonstração das Mutações do Patrimônio Líquido, a Demonstração dos Fluxos de Caixa e a Demonstração do Valor Adicionado.

15.2 Resultado Líquido

15.2.1 Conceito

O resultado líquido em uma empresa comercial corresponde ao resultado bruto (lucro ou prejuízo sobre as vendas de mercadorias), adicionado ou subtraído das despesas e das receitas operacionais, bem como das outras despesas e das outras receitas. Portanto, para apurar o resultado líquido do exercício, basta transferir o saldo da conta que representa o resultado bruto (Lucro ou Prejuízo nas Vendas), todos os saldos das contas de despesas, bem como todos os saldos das contas de receitas para a conta Resultado do Exercício e apurar no Razonete dessa conta o respectivo saldo. Se esse saldo for devedor, será igual a prejuízo líquido e, se credor, será igual a lucro líquido.

Recordando:

Suponhamos, então, que, após terem sido efetuadas a apuração e a contabilização do resultado bruto, bem como os ajustes necessários nas contas de despesas e de receitas, os saldos das contas de resultado de uma empresa comercial, constante do livro Razão, tenham sido os seguintes:

Lucros sobre Vendas	*10.000*
Salários	*2.000*
Encargos Sociais	*1.000*
Fretes e Carretos	*100*
Aluguéis Passivos	*3.000*
Juros Ativos	*2.500*
Depreciação	*200*
Amortização	*50*
Despesas com Perdas Estimadas em Créditos de Liq. Duvidosa	*30*

Para apurar o resultado do exercício, faremos:

Contabilização no Diário:

1) *Resultado do Exercício*
a Diversos
Transferências dos saldos das seguintes contas de despesas para apuração do resultado do exercício:
a Salários
Saldo desta conta *2.000*
a Encargos Sociais
Idem *1.000*
a Fretes e Carretos
Idem *100*

a Aluguéis Passivos		
Idem	*3.000*	
a Depreciação		
Idem	*200*	
a Amortização		
Idem	*50*	
a Despesas com Perdas Estimadas em Créditos de Liq. Duvidosa		
Idem	*30*	*6.380*

2) *Diversos*

a Resultado do Exercício		
Transferências dos saldos das contas de receitas para apuração do resultado do exercício:		
Lucro sobre Vendas		
Saldo desta conta	*10.000*	
Juros Ativos		
Idem	*2.500*	*12.500*

Veja, a seguir, a posição da conta Resultado do Exercício, após os dois lançamentos supra:

RESULTADO DO EXERCÍCIO

Débito		Crédito	
(1)	6.380	(2)	12.500
		Saldo	6.120

Como o saldo é credor de $ 6.120, obviamente obtivemos lucro líquido no respectivo exercício.

15.2.2 Deduções, participações e destinações do Resultado do Exercício

15.2.2.1 Introdução

No Capítulo 9, com o objetivo de evidenciar a repercussão do Lucro Líquido do Exercício no Balanço Patrimonial, orientamos para que ele fosse transferido para uma conta do Patrimônio Líquido, denominada Lucros Acumulados.

Pois bem, ocorre que, antes de transferirmos o saldo da Conta Resultado do Exercício para a Conta Lucros Acumulados, é preciso calcular e contabilizar as Deduções e as Participações do Resultado do Exercício.

Entretanto, antes de estudar as Deduções, é importante que você saiba o que significam Juros sobre o Capital Próprio. Pois, embora esse encargo da empresa não se enquadre entre as Deduções do Resultado, a sua contabilização implica a base de cálculo da Contribuição Social sobre o Lucro Líquido e do Imposto de Renda, também sobre o Lucro Líquido (parte dos Lucros destinadas ao governo); além disso, seu cálculo e contabilização ocorrem nesta fase da Apuração do Resultado.

15.2.2.2 Juros sobre o capital próprio

Correspondem a uma importância que a empresa paga ao seu titular, sócio ou acionista, como remuneração pelos valores por eles investidos na composição do Capital da própria empresa.

Embora não seja obrigatório, grande parte das empresas e, principalmente, das Sociedades Anônimas de Capital aberto tem remunerado seus acionistas pagando-lhes Juros sobre o Capital Próprio.

O cálculo é feito no final do ano ou do trimestre, conforme seja o regime de apuração do Resultado do Exercício da empresa (trimestral ou anual), mediante a aplicação da Taxa de Juros de Longo Prazo (TJLP) sobre o total do Patrimônio Líquido antes de apurado o Resultado do Exercício.

Tratam desse assunto a Lei n. 9.249/1995 (art. 9º), o RIR/1999 (art. 347), a Interpretação Técnica ICPC 08 -R1- (itens 10 e 11) do Comitê de Pronunciamentos Contábeis (CPC), devidamente aprovada pela Comissão de Valores Mobiliários por meio da Deliberação CVM n. 683/2012, além de outros dispositivos da legislação tributária.

Para que o valor dos JCP possa ser subtraído da base de cálculo da Contribuição Social sobre o Lucro Líquido (CSLL) e do Imposto de Renda (IR), é necessário que não ultrapasse o limite fixado pelo Fisco por meio da Lei n. 9.249/1995.

Tendo em vista que sobre os JCP a empresa deve reter e recolher Imposto de Renda pela alíquota de 15%, a sua contabilização é feita mediante débito em conta de Despesa Financeira (pode ser a conta "Juros sobre o Capital Próprio") e crédito nas contas: Juros sobre o Capital Próprio a Pagar e IRR Fonte a Recolher, ambas do Passivo Circulante.

Exemplo prático

Suponhamos que o Patrimônio Líquido da Comercial Urbana Ltda., em 31 de dezembro de X3, antes de sofrer a influência do Resultado do próprio Exercício, esteja assim constituído:

Capital	*50.000*
Reserva Legal	*5.000*
Reservas para Investimentos	*20.000*
Total	*75.000*

Considerando que a Taxa de Juros de Longo Prazo (TJLP) do período seja igual a 10%, veja como serão calculados e contabilizados os JCP:

Cálculo do JCP:
10% de 75.000 = $ 7.500

Cálculo do Imposto de Renda a ser Retido na Fonte:
15% de 7.500 = $ 1.125

CONTABILIZAÇÃO:

Juros sobre o Capital Próprio (Despesa Financeira)
a Diversos
Crédito que se processa aos sócios,
referente ao Exercício de X3,

calculado pela TJLP de 10%, como segue:

a Juros sobre o Capital Próprio a Pagar		
Valor Líquido de Impostos...	*6.375*	
a IRR Fonte a Recolher 15%.	*1.125*	*7500*

Nota

É importante destacar que, no caso de sociedades por ações, a lei faculta a imputação dos JCP ao dividendo obrigatório. Havendo essa opção, as sociedades anônimas devem contabilizar o valor líquido dos JCP como distribuição de lucros, mediante débito na conta Lucros Acumulados e a parcela do Imposto de Renda, como Despesa Financeira.

15.2.2.3 Deduções

As deduções são duas: contribuição social sobre o lucro líquido e imposto de renda sobre o lucro líquido.

Esses dois valores, que serão deduzidos da conta Resultado do Exercício, correspondem a duas obrigações devidas pela empresa ao governo federal, as quais precisam ser calculadas e contabilizadas no momento em que se apura o resultado do exercício.

15.2.2.3.1 Contribuição social sobre o lucro líquido

A contribuição social sobre o lucro destina-se ao financiamento da seguridade social e é calculada sobre o resultado do exercício, ajustado de acordo com o que estabelece a legislação tributária.

Assim, após apurado o resultado do exercício e sendo ele igual a lucro, para se chegar à base de cálculo da contribuição social sobre o lucro, devem-se subtrair desse lucro todas as receitas consideradas na apuração do resultado e que, por força da legislação tributária não devam integrar a base de cálculo da contribuição. Da mesma forma, devem ser adicionadas a esse lucro todas as despesas consideradas na apuração do resultado e que, por força da legislação, devam integrar a base de cálculo da contribuição.

Quando o resultado do exercício corresponder a prejuízo, não será devida essa contribuição, salvo se após efetuadas as adições e exclusões necessárias, o resultado ajustado, de negativo passe para positivo.[1]

Como essa contribuição é paga pela empresa sempre no mês seguinte ao da apuração do resultado, no momento do seu cálculo, será registrada a respectiva obrigação mediante débito na conta Resultado do Exercício e crédito na conta Contribuição Social sobre o Lucro Líquido a Recolher ou CSLL a Recolher. Essa conta de obrigação é classificada no Passivo Circulante do Balanço Patrimonial.

Tanto a alíquota como a base de cálculo dessa contribuição podem ser alteradas frequentemente pelo governo federal. Em razão disso, o contabilista deve manter-se atualizado e consultar a legislação tributária para aplicar os critérios que estiverem em vigor em cada ano.

[1] Tendo em vista o caráter introdutório deste livro, não trataremos aqui dos ajustes mencionados, os quais serão estudados com detalhes na obra *Contabilidade intermediária* — Volume 3 desta coleção.

Exemplo prático

Cálculo:

Aproveitando o resultado apurado no exemplo prático da Seção 15.2.1, no qual foi encontrado um lucro de $ 6.120 e considerando não haver ajustes a serem efetuados nesse resultado, veja como será calculada a CSLL, pela alíquota de 10%:

$$\frac{6.120 \times 10}{100} = 612$$

Contabilização:

3) *Resultado do Exercício*
a CSLL a Recolher
Valor que se provisiona para pagamento da contribuição social sobre o lucro líquido, conforme cálculos 612

Veja a posição das contas envolvidas nos respectivos Razonetes:

RESULTADO DO EXERCÍCIO

Débito		Crédito	
(3)	612	Saldo	6.120
		Saldo	5.508

CSLL A RECOLHER

Débito		Crédito	
		(2)	612

Observações

- A conta Resultado do Exercício, sendo debitada, ficou diminuída do valor da contribuição.
- A conta CSLL a Recolher, que é conta do Passivo Circulante, sendo creditada, indica que a empresa terá de recolher ao governo federal a importância de $ 612 no mês seguinte.

15.2.2.3.2 Imposto de Renda sobre o lucro líquido

Depois que calculamos e contabilizamos a CSLL, o próximo passo será calcular e contabilizar o imposto de renda sobre o lucro líquido, o qual também representa uma obrigação que as empresas têm com o governo federal.

O imposto de renda sobre o lucro líquido tem, como base de cálculo, o lucro real. Segundo o que dispõe a legislação tributária brasileira, **lucro real** é o lucro líquido do exercício ajustado pelas adições, exclusões ou compensações prescritas ou autorizadas pela legislação tributária.

Conforme podemos observar, quando o resultado do exercício apurado pelas empresas corresponder a lucro, para obter a base para o cálculo do imposto de renda, não basta aplicar a alíquota sobre esse lucro, é preciso ajustá-lo de maneira semelhante ao da base de cálculo da contribuição social sobre o lucro.

Entretanto, o resultado do exercício ajustado nos termos da legislação tributária, para fins de cálculo do imposto de renda, denomina-se lucro real e é apurado extracontabilmente em um livro fiscal próprio, denominado Livro Eletrônico de Escrituração e

Apuração do Imposto sobre a Renda e da Contribuição Social sobre o Lucro Líquido da Pessoa Jurídica Tributada pelo Lucro Real (E-LALUR).

Esses ajustes também correspondem a excluir do lucro apurado pela contabilidade da empresa aquelas receitas que foram consideradas na apuração do resultado e que, por força da legislação tributária, não devam integrar o lucro real, bem como adicionar ao lucro as despesas que foram consideradas na apuração do resultado e que, por força da legislação tributária, não sejam dedutíveis no cálculo do imposto de renda.

Algumas despesas e receitas que devem ser incluídas ou excluídas do resultado para cálculo do lucro real são as mesmas que integram os ajustes para cálculo da contribuição social sobre o lucro, porém, nesse caso, os ajustes são mais numerosos, podendo incluir inclusive valores que, em virtude de serem dotados de natureza exclusivamente fiscal, não foram objeto de contabilização, não integrando, portanto, o resultado contábil.

Como essas adições, exclusões e compensações, bem como a alíquota, podem ser modificadas frequentemente pelo governo federal, o contabilista deve manter-se atualizado e consultar a legislação tributária para aplicar os critérios que estiverem em vigor em cada ano.[2]

Como ocorre com a CSLL, sendo o imposto de renda sobre o lucro líquido também pago pela empresa sempre no mês seguinte ao da apuração do resultado, no momento do seu cálculo, ele deve ser contabilizado mediante débito na conta Resultado do Exercício e crédito na conta Imposto de Renda sobre o Lucro Líquido a Recolher.

A conta Imposto de Renda sobre o Lucro Líquido a Recolher será classificada no Passivo Circulante do Balanço Patrimonial.

Veja a posição das contas envolvidas em seus respectivos Razonetes:

RESULTADO DO EXERCÍCIO

Débito		Crédito	
(4)	1.530	Saldo	5.508
		Saldo	3.978

IR SOBRE O LUCRO LÍQUIDO A RECOLHER

Débito		Crédito	
		(4)	1.530

Nota

- Para fins didáticos, as alíquotas para cálculos da Contribuição Social e do Imposto de Renda, apresentadas neste livro, são hipotéticas.

15.2.2.4 Participações

As participações correspondem a parcelas do resultado do exercício destinadas aos proprietários de debêntures, a empregados, a administradores, aos proprietários de partes beneficiárias e a instituições ou fundos de assistência ou previdência de empregados.

Para facilitar o entendimento desse assunto, veremos, inicialmente, alguns conceitos.

Debêntures são títulos de créditos, emitidos por sociedades anônimas, que conferem a seus titulares direitos de créditos com elas, nas condições constantes das escrituras de emissão ou dos certificados. Normalmente rendem juros, correção monetária e participa-

[2] Tendo em vista o caráter introdutório deste livro, também não trataremos desses ajustes os quais serão estudados com detalhes na obra "Contabilidade Intermediária" — Volume 3 desta coleção.

ção nos lucros. São garantidas pelo Ativo da empresa emissora e asseguram preferência no resgate sobre os demais títulos da empresa.

Quando a empresa vende esses títulos, cria para si uma obrigação geralmente a longo prazo, podendo registrar tal obrigação por meio da conta Debêntures a Pagar.

Um dos atrativos das debêntures, além das garantias já apresentadas, é a possibilidade de serem convertidas em ações da própria companhia.

Partes beneficiárias são títulos negociáveis sem valor nominal e estranhos ao capital social, que podem ser criados pelas sociedades anônimas, em qualquer tempo. Esses títulos podem ser negociados pela empresa ou cedidos gratuitamente a empregados, clientes etc. de acordo com a vontade da empresa. O único direito que o detentor desses títulos tem é a participação nos lucros, que não poderá ser superior a um décimo do lucro apurado.

A empresa poderá também distribuir parte do resultado líquido do exercício, como prêmio aos seus empregados e administradores, ou, ainda, a instituições ou fundos de assistência ou de previdência de empregados.

A base de cálculo das participações é o resultado do exercício após o imposto de renda, diminuído dos prejuízos acumulados.

Prejuízos acumulados, nesse caso, são os prejuízos apurados em exercícios anteriores e que estão devidamente contabilizados por meio da conta Prejuízos Acumulados, classificada no grupo do Patrimônio Líquido.

Exemplo prático

Suponhamos que o resultado do exercício após o imposto de renda tenha sido de $ 3.978. Com base nesse resultado, calcule e contabilize as seguintes participações, considerando que não havia prejuízo acumulado no Balanço do exercício anterior: debêntures, 10%; empregados, 10%; administradores, 10%; partes beneficiárias, 10%; e instituições ou fundos de assistência ou de previdência de empregados, 10%.

Cálculos extracontábeis:

Resultado do exercício após após o IR	*3.978*
(–) Prejuízos acumulados (contábil)[3]	*—*
(=) Base de cálculo para debêntures	*3.978*
(–) Participação debêntures (10%)	*397*
(=) Base de cálculo p/participação empregados	*3.581*
(–) Participação empregados (10%)	*358*
(=) Base de cálculo p/participação administradores	*3.223*
(–) Participação administradores (10%)	*322*
(=) Base de cálculo p/partes beneficiárias	*2.901*
(–) Partes beneficiárias (10%)	*290*
(=) Base de cálculo para instituições	*2.611*
(–) Participação para instituições (10%)	*261*
(=) Lucro líquido do exercício	*2.350*

[3] É importante saber que o resultado apurado pela contabilidade denomina-se lucro ou prejuízo contábil. Esse resultado é transferido extra contabilmente para o e-Lalur, em que sofre ajustes (adições, exclusões ou compensações) previstos na legislação tributária, para encontrar a base para o cálculo do Imposto de Renda. Assim, o resultado contábil, após os ajustes no E-LALUR, passa a denominar-se resultado fiscal (lucro ou prejuízo) e, quando for igual a lucro, recebe também pelo Fisco a denominação de lucro real.

Observações

- As taxas das participações podem ser diferentes; entretanto, nenhuma delas poderá ser superior a 10% do resultado do exercício.
- Embora todas as participações correspondam à taxa de 10%, o valor de cada uma delas é diferente, pois a base de cálculo é sempre o resultado remanescente após diminuída a participação anterior, na ordem em que apresentamos.

Contabilização no livro Diário:

5)	*Resultado do Exercício*		
	a Diversos		
	Pelo registro das participações no resultado do exercício, como segue:		
	a Participações de Debêntures a Pagar		
	10% s/o resultado do exercício conforme cálculos..............	*397*	
	a Participações de Empregados a Pagar		
	Idem...	*358*	
	a Participação a Administradores a Pagar		
	Idem	*322*	
	a Participação de Partes Beneficiárias a Pagar		
	Idem...	*290*	
	a Participação a Instituições ou Fundos de Assist. ou Prev. de Empr. a Pagar		
	Idem	*261*	*1.628*

Observações

- A conta Resultado do Exercício, sendo debitada pelos valores das participações, ficou reduzida dos respectivos valores.
- As contas referentes às participações são contas do Passivo Circulante e registram as obrigações correspondentes que a empresa deverá pagar para cada beneficiário.

Veja, agora, a posição da conta Resultado do Exercício, em seu Razonete, após o lançamento (5).

RESULTADO DO EXERCÍCIO			
(5)	1.628	Saldo	3.978
		Saldo	2.350

O saldo da conta Resultado do Exercício, depois de diminuído das participações, denomina-se lucro líquido do exercício.

15.2.2.5 Lucro líquido do exercício

Segundo o art. 191 da Lei n. 6.404/1976, Lucro Líquido do Exercício é o resultado do exercício que remanescer depois de deduzidas as participações.

Pois bem, agora, chegamos no mesmo momento de transferir o saldo da conta Resultado do Exercício para uma conta do Patrimônio Líquido, conforme fizemos no Capítulo 9, lembra-se?

Podemos, então transferir para a conta Lucros Acumulados (quando o saldo for credor) ou para a conta Prejuízos Acumulados (quando o saldo for devedor).

Esse procedimento está correto e você já aprendeu. Contudo, a empresa poderá optar por transferir o saldo da conta Resultado do Exercício, seja devedor ou credor, para a conta "Lucros ou Prejuízos Acumulados" em lugar de transferir para aquelas duas que você já conhece.

A conta "Lucros ou Prejuízos Acumulados", que também é do Patrimônio Líquido, funciona como conta bilateral, isto é, serve para registrar o lucro ou o prejuízo do exercício.

No Elenco de contas apresentado no Capítulo 9, essa conta figura como conta principal (sintética), tendo como subcontas (analíticas) as contas Lucros Acumulados e Prejuízos Acumulados.

Você pode optar em usar a conta sintética, abandonando as analíticas. Nesse caso, quando a conta Lucros ou Prejuízos Acumulados representar prejuízo, no Balanço ela será apresentada com sinal negativo à esquerda e seu valor entre parênteses.

Veja, agora, os procedimentos quando se adota a conta sintética "Lucros ou Prejuízos Acumulados".

a) **Prejuízo**

Se o Resultado do Exercício corresponder a prejuízo (saldo devedor), bastará debitar a conta Lucros ou Prejuízos Acumulados e creditar a conta Resultado do Exercício. Com esse procedimento, a conta Resultado do Exercício ficará com saldo igual a zero e o prejuízo apurado ficará devidamente registrado na conta própria do grupo do Patrimônio Líquido. Essa conta figurará no Balanço com sinal negativo, como conta redutora do grupo do Patrimônio Líquido. É evidente que esse prejuízo poderá ser assumido pelos sócios, compensado com saldo de reservas etc. Entretanto, como regra geral, o prejuízo inicialmente será transferido para a conta citada.

b) **Lucro**

Se o Resultado do Exercício for lucro (saldo credor), bastará debitar a conta Resultado do Exercício e creditar a conta Lucros ou Prejuízos Acumulados.

Com esse procedimento, a conta Resultado do Exercício ficará com saldo igual a zero e o lucro apurado ficará devidamente registrado na conta própria do grupo do Patrimônio Líquido.

Nota

- Com o advento da Lei n. 11.638/07, que promoveu importantes alterações na Lei n. 6.404/76, a partir de 01 de janeiro de 2008, todas as entidades constituídas sob a forma jurídica de sociedade por ações, ficaram obrigadas a dar destinação total ao lucro líquido, apurado no final de cada exercício social. Assim, essas entidades não podem manter nos seus Balanços de final de exercício social a conta sintética Lucros ou Prejuízos Acumulados ou a conta analítica Lucros Acumulados com saldo credor. Contudo, essa obrigatoriedade não alcança as demais entidades constituídas sob qualquer outra forma jurídica, desde que não seja a de sociedade por ações. Essas entidades, podem manter no Patrimônio Líquido de seus Balanços, a conta sintética Lucros ou Prejuízos Acumulados ou a conta analítica Lucros Acumulados com saldo credor para futuras destinações.

Nota

- Você já sabe que o lucro poderá destinar-se a cobrir prejuízos apurados em exercícios anteriores, à aumentar o Capital, à constituição de reservas e à distribuição aos acionistas em forma de dividendos.

Contabilmente, antes de dar ao lucro líquido do exercício a sua destinação, conforme já dissemos, deve-se transferir o saldo credor da conta Resultado do Exercício para a conta Lucros ou Prejuízos Acumulados.

Portanto, a conta Lucros ou Prejuízos Acumulados, tem por finalidade receber a débito o prejuízo ou a crédito o Lucro Líquido apurado no Exercício e dar a ele as devidas destinações. Essa conta servirá também como contrapartida das reversões de reservas de Lucros, bem como dos ajustes de Exercícios anteriores.

Na seção a seguir, estudaremos as destinações que devem ser dadas ao Lucro Líquido do Exercício. Antes, porém, conforme dissemos, vamos transferir o saldo credor da conta Resultado do Exercício para a conta Lucros ou Prejuízos Acumulados, veja:

6) *Resultado do Exercício*
a Lucros ou Prejuízos Acumulados
Transferência que se processa da
1ª para a 2ª das contas supra, referente
ao Lucro Líquido apurado no Exercício.................................. 2.350

15.2.2.6 Destinações

15.2.2.6.1 Reservas

As **reservas** compreendem valores acumulados em Contas integrantes do Patrimônio Líquido. Existem dois tipos de reservas: de lucros e de capital.

15.2.2.6.1.1 Reservas de lucros

Reservas de lucros são aquelas extraídas do lucro líquido apurado pelas empresas e podem ser:

- **Reserva Legal:** segundo o art. 193 da Lei n. 6.404/1976, 5% do lucro líquido do exercício, é aplicado, antes de qualquer outra destinação, na constituição da Reserva Legal, não excedendo 20% do capital social.
- **Reservas Estatutárias:** criadas em virtude de disposições contidas nos estatutos (sociedades por ações), os quais fixam seus limites e suas destinações. Nos demais tipos de sociedades, essas reservas são conhecidas por Reservas Contratuais.
- **Reservas Livres:** criadas livremente pela assembleia geral (sociedades por ações) por proposta dos órgãos da administração com fins específicos, por exemplo, as Reservas para Contingências e as Reservas de Lucros a Realizar.

Veja, agora, como se calcula e contabiliza a Reserva Legal, lembrando que esta Reserva é obrigatória somente para as sociedades por ações.

Suponhamos que o lucro líquido do exercício seja de $ 2.350, calcular e contabilizar a Reserva Legal pela taxa de 5%.

Cálculo:

$$\frac{2.350 \times 5}{100} = 117$$

Contabilização:

7) *Lucros ou Prejuízos Acumulados*
a Reserva Legal
Pela constituição da Reserva Legal na base de 5% s/o lucro líquido, nos termos do art. 193 da Lei n. 6.404/1976. .... *117*

15.2.2.6.1.2 Reservas de capital

Nos termos do art. 182 da Lei n. 6.404/1976, são classificadas como reservas de capital as contas que registrarem:

a. a contribuição do subscritor de ações que ultrapassar o valor nominal e a parte do preço de emissão das ações sem valor nominal que ultrapassar a importância destinada à formação do capital social, inclusive nos casos de conversão em ações de debêntures ou partes beneficiárias;[4]

b. o produto da alienação de partes beneficiárias e bônus de subscrição.

Conforme observamos, as reservas de capital originam-se de ágios (lucros) obtidos nas transações citadas anteriormente, os quais não devem ser considerados como receitas normais da empresa.

Assim, para constituir as reservas de capital, basta debitar a conta Caixa, Bancos conta Movimento ou uma conta representativa de direito e creditar a conta que represente a respectiva reserva como:

Reserva de Alienação de Partes Beneficiárias; Reserva de Ágio na Emissão de Ações etc.

Exemplo:

Suponhamos que uma determinada empresa tenha vendido partes beneficiárias (títulos emitidos sem valor nominal), apurando uma receita de $ 50.000. A contabilização desse evento será:

Caixa
a Reserva de Alienação de Partes Beneficiárias
Reserva que se constitui pelo produto de alienação de Partes Beneficiárias etc. *50.000*

[4] Títulos negociáveis emitidos pelas sociedades por ações, os quais conferem aos seus titulares direito de subscrever ações do capital social da companhia.

Notas

- As reservas de capital não estão sujeitas a reversão, sendo utilizadas para aumento de capital, compensação de prejuízos ou outros fins, conforme dispõe o art. 200 da Lei n. 6.404/1976.
- A característica comum a todas as reservas é servir de reforço para o Capital Social, ainda que elas tenham origens e destinações diversas.

15.2.2.6.2 Dividendos

Dividendos são partes do lucro líquido que a sociedade por ações destina a seus acionistas. Acionistas são todas as pessoas físicas ou jurídicas que adquiriram ações da respectiva sociedade.

Assim, os proprietários das sociedades por ações têm direito de receber parte do lucro líquido, apurado em cada exercício social. O art. 202 da Lei n. 6.404/1976, estabelece que os acionistas tenham direito de receber, como dividendo obrigatório, em cada Exercício, a parcela dos lucros estabelecida nos estatutos,[5] ou, se este for omisso, metade do lucro líquido do exercício diminuído ou acrescido dos seguintes valores:

a. importância destinada à constituição da Reserva Legal;

b. importância destinada à formação da Reserva para contingências e reversão da mesma Reserva formada em Exercícios anteriores.

E como se dá na empresa individual e nos demais tipos de sociedades que não sejam por ações?

Os proprietários ou sócios também têm direito a receber ou a retirar parcela do lucro líquido? É evidente que sim. Tanto o titular de empresa individual quanto os sócios de qualquer tipo de sociedade, também, a exemplo do que ocorre com os acionistas das sociedades por ações, têm direito de receber ou retirar parte do lucro líquido apurado em cada exercício social.

No caso de empresa individual, é o próprio titular quem decide o quanto irá retirar, enquanto nos demais tipos de empresas (sociedades), se não constar dos contratos sociais, os sócios decidirão, em cada exercício, a parcela dos lucros que será destinada a eles.

Nas sociedades por ações, o citado art. 202 da Lei n. 6.404/1976, assegura aos acionistas um valor mínimo com base no lucro apurado.

Entretanto, o percentual, bem como a base sobre a qual os dividendos devem ser calculados, pode variar em cada empresa. Didaticamente, para calcular o valor dos dividendos, deve-se indicar o percentual, bem como a base de cálculo.

Veja, agora, um exemplo de cálculo e contabilização de dividendos.

Considerando que, no exemplo em questão, o lucro líquido foi igual a $ 2.350, e que a parcela destinada à criação da Reserva Legal foi igual a $ 117, e, considerando, ainda, que não foram previstas constituições de outras reservas de lucro, distribuiremos aos acionistas o saldo do lucro líquido deduzido do montante da Reserva Legal. Veja:

---

[5] Estatuto é a certidão de nascimento das sociedades por ações. Nos demais tipos de sociedades, em lugar dos estatutos, os sócios elaboram contratos sociais.

Lucro líquido do exercício *2.350*
(–) Parcela destinada à Reserva Legal .... *(117)*
(=) Dividendos *2.233*

Contabilização em partida de Diário:

8) *Lucros ou Prejuízos Acumulados*
a Dividendos a Pagar
Conf. Cálculos *2.233*

Veja, agora, a posição das contas envolvidas nos dois lançamentos de destinação do Lucro Líquido do Exercício, em seus respectivos Razonetes:

LUCROS OU PREJUÍZOS ACUMULADOS

(7)	117	(6)	2.350
(8)	2.233		
Soma	2.350		

RESERVA LEGAL

(7)	117		

DIVIDENDO A PAGAR

		(8)	2.223

Observações

- A conta Lucros ou Prejuízos Acumulados, tendo sido debitada nos dois lançamentos de destinação do lucro líquido, ficou com saldo igual a zero, encerrando-se.
- A conta Reserva Legal, sendo creditada, figurará no Balanço Patrimonial, no grupo do Patrimônio Líquido. A finalidade dessa reserva é manter a integridade do capital social podendo ser utilizada para aumento do Capital ou para compensação de prejuízos nos exercícios futuros.
- A conta Dividendos a Pagar figurará no Passivo Circulante do Balanço Patrimonial, a qual, sendo creditada, indica que a empresa tem o compromisso de pagar aos acionistas o respectivo valor.

Com a contabilização dos Dividendos, estão encerrados todos os procedimentos necessários à apuração, bem como aos cálculos e a contabilização das Deduções, participações e destinações do resultado do exercício.

Resta, agora, a elaboração das Demonstrações Contábeis, que veremos no próximo capítulo.

Neste momento, no livro Razão, somente as contas patrimoniais permanecem com saldos. Portanto, para facilitar a elaboração do Balanço Patrimonial, pode-se levantar o segundo Balancete de Verificação, o qual conterá apenas as contas patrimoniais.

ATIVIDADES PRÁTICAS

Prática 1

Relação das contas extraídas do livro Razão da empresa comercial J. Ferreira S/A, em 31 de dezembro de X1:

1.	*Caixa*	*2.800*
2.	*Móveis e Utensílios*	*3.000*
3.	*Computadores*	*600*
4.	*Estoque de Mercadorias*	*4.100*
5.	*Duplicatas a Receber*	*900*
6.	*Imóveis*	*5.000*
7.	*Compras de Mercadorias*	*3.600*
8.	*Vendas de Mercadorias*	*7.300*
9.	*Duplicatas a Pagar*	*1.100*
10.	*Aluguéis Ativos*	*900*
11.	*Honorários da Diretoria*	*500*
12.	*Salários*	*1.000*
13.	*Encargos Sociais*	*400*
14.	*Juros Ativos*	*800*
15.	*Impostos e Contribuições sobre Vendas*	*1.980*
16.	*Salários a Pagar*	*100*
17.	*Encargos Sociais a Recolher*	*40*
18.	*Impostos a Recolher*	*140*
19.	*Capital*	*11.000*
20.	*Reservas para Investimentos*	*2.000*
21.	*Depreciação Acumulada de Móveis e Utensílios*	*300*
22.	*Depreciação Acumulada de Imóveis*	*200*
	TOTAL	*47.760*

Roteiro e instruções para apuração do resultado do exercício

1. Razonetes

Transcreva em Razonetes todas as contas constantes da relação supra, com seus respectivos saldos, separando as contas patrimoniais das contas de resultado.

2. Resultado bruto

Apure extracontabilmente e contabilize o resultado bruto do exercício, sabendo que o estoque final de mercadorias, conforme inventário realizado, é de $ 4.500.

3. Ajustes para apuração do resultado líquido

3.1 Deprecie a conta Móveis e Utensílios, pela taxa de 10% a.a.

3.2 Deprecie a conta Computadores, pela taxa de 20% a.a. (foram adquiridos e colocados em uso no dia 25 de setembro do exercício atual).

3.3 Deprecie a conta Imóveis pela taxa de 4% a.a.

3.4 As perdas em créditos de liquidação duvidosa foram estimadas em 4%.

4. Resultado líquido do exercício

Transfira, contabilmente, todos os saldos das contas de despesas e de receitas para a conta Resultado do Exercício, apurando seu respectivo saldo.

Se o saldo da conta Resultado do Exercício for devedor, transfira-o para a conta Lucros ou Prejuízos Acumulados e passe para o item 7.

Sendo o saldo credor, proceda conforme itens a seguir.

5. Deduções do resultado do exercício

   Calcule e contabilize:

   5.1 Contribuição Social, pela taxa de 10%;

   5.2 Imposto de Renda, pela taxa de 15%.

6. Destinações do lucro líquido do exercício

   Calcule e contabilize:

   6.1 5% para reserva legal;

   6.2 10% para reserva para investimentos, com base no lucro líquido diminuído da parcela destinada à reserva legal; e

   6.3 O restante, distribuir aos acionistas.

7. Elabore o segundo Balancete de Verificação

Prática 2

Relação das contas extraídas do livro Razão da empresa comercial Fagundes & Filhos Ltda., em 31 de dezembro de X1:

1.	*Caixa*	*20.000*
2.	*Duplicatas a Receber*	*1.000*
3.	*Estoque de Mercadorias*	*50.000*
4.	*Móveis e Utensílios*	*10.000*
5.	*Depreciação Acumulada*	*4.000*
6.	*Duplicatas a Pagar*	*6.000*
7.	*Capital*	*66.000*
8.	*Compras de Mercadorias*	*100.000*
9.	*Vendas de Mercadorias*	*200.000*
10.	*Aluguéis Passivos*	*25.000*
11.	*Impostos e Taxas*	*60.000*
12.	*Juros Passivos*	*10.000*
	TOTAL	*552.000*

Roteiro e instruções para apuração do resultado do exercício:

1. Razonetes

   Transcreva em Razonetes todas as contas com seus respectivos saldos, separando as contas patrimoniais das contas de resultado.

2. Resultado bruto

   2.1 Calcule, extracontabilmente, o custo das mercadorias vendidas, aplicando a fórmula do CMV, sabendo que o estoque final de mercadorias, conforme inventário realizado, é de $ 40.000.

   2.2 Contabilize o Custo das Mercadorias Vendidas. Apure o saldo dessa conta no respectivo Razonete.

   2.3 Calcule, extracontabilmente, o Resultado da Conta Mercadorias, aplicando a fórmula do RCM.

   2.4 Contabilize o Resultado da Conta Mercadorias. Apure o saldo dessa conta no respectivo Razonete: se credor, transfira-o para a conta Lucro sobre Vendas; se devedor, transfira-o para a conta Prejuízo sobre Vendas.

3. Ajustes para apuração do resultado líquido

   3.1 Deprecie a conta Móveis e Utensílios pela taxa de 10% a.a.

   3.2 As perdas em créditos de liquidação duvidosa foram estimadas em 2% sobre o total das Duplicatas a Receber.

4. Resultado líquido do exercício

   4.1 Transfira, contabilmente, todos os saldos das contas de despesas para a conta Resultado do Exercício.

4.2 Transfira, contabilmente, o saldo da conta de Receita para a conta Resultado do Exercício.

4.3 Apure, no respectivo Razonete, o saldo da conta Resultado do Exercício.

4.4 Deduções do resultado do exercício.

4.4.1 Calcule e contabilize a Contribuição Social, pela taxa de 10%.

4.4.2 Calcule e contabilize o Imposto de Renda, pela taxa de 25%.

5. Destinações do resultado do exercício

5.1 Calcule e contabilize as seguintes destinações:

5.1.1 10% para reservas contratuais.

5.1.2 O lucro que remanescer, distribuir aos acionistas.

6. Elabore o segundo Balancete de Verificação do Razão.

Prática 3

Relação das contas extraídas do livro Razão da empresa Frutal Comércio de Frutas S/A, em 31 de dezembro:

1. *Bancos conta Movimento*	*3.200*
2. *Móveis e Utensílios*	*11.000*
3. *Salários*	*800*
4. *Duplicatas a Receber*	*2.000*
5. *Estoque de Mercadorias*	*5.000*
6. *Duplicatas a Pagar*	*3.000*
7. *Contribuições de Previdência a Recolher*	*40*
8. *Contas a Pagar*	*520*
9. *Compras de Mercadorias*	*6.000*
10. *Vendas de Mercadorias*	*10.000*
11. *Luz e Telefone*	*500*
12. *Juros Ativos*	*1.100*
13. *Aluguéis Ativos*	*600*
14. *Impostos e Contribuições sobre Vendas*	*260*
15. *Contribuições de Previdência*	*300*
16. *Capital*	*13.800*
TOTAL	*58.120*

Roteiro e instruções para apuração do resultado do exercício

1. Razonetes

Transcreva em Razonetes todas as contas com seus respectivos saldos, separando as contas patrimoniais das contas de resultado.

2. Resultado bruto

2.1 Calcule, extracontabilmente, o custo das mercadorias vendidas, aplicando a fórmula do CMV, sabendo que o estoque final de mercadorias, conforme inventário, é de $ 8.000.

2.2 Contabilize o Custo das Mercadorias Vendidas. Apure o saldo dessa conta no respectivo razonete.

2.3 Calcule, extracontabilmente, o Resultado da Conta Mercadorias aplicando a fórmula do RCM.

2.4 Contabilize o Resultado da Conta Mercadorias. Apure o saldo dessa conta no respectivo Razonete: se credor, transfira-o para a conta Lucros sobre Vendas e, se devedor, transfira-o para a conta Prejuízo sobre Vendas.

3. Ajustes para apuração do resultado líquido

3.1 Deprecie a conta Móveis e Utensílios pela taxa de 10% a.a.

Observação: considere que os bens, sujeitos à depreciação, foram adquiridos no exercício anterior e serão depreciados pela primeira vez.

3.2 As perdas em créditos de liquidação duvidosa foram estimadas em 3% sobre o montante das Duplicatas a Receber.

4. Resultado líquido do exercício

4.1 Transfira, contabilmente, todos os saldos das contas de despesas para a conta Resultado do Exercício.

4.2 Transfira, contabilmente, todos os saldos das contas de receitas para a conta Resultado do Exercício.

4.3 Apure, no respectivo Razonete, o saldo da conta Resultado do Exercício. Se o saldo dessa conta for devedor (prejuízo), transfira-o para a conta Prejuízos Acumulados. Se o saldo da conta Resultado do Exercício for credor (lucro), proceda conforme item a seguir.

5. Deduções do resultado do exercício

Calcule e contabilize:

5.1 Contribuição Social, pela taxa de 10%.

5.2 Imposto de Renda, pela taxa de 25%.

6. Destinações do lucro líquido do exercício

Calcule e contabilize:

6.1 Reserva legal, 5%.

6.2 O restante distribuir aos acionistas em forma de dividendos.

7. Levantar o segundo Balancete de Verificação do Razão.

TESTES DE EXAME DE SUFICIÊNCIA

Contador, ano 2001, prova 1 – Área de Conhecimentos Contábeis (Teste adaptado)

Considerando os dados abaixo, responda às questões 1 e 2:

Empresa Pluman 31/12/2000 (em $)

CONTAS	Saldo devedor	Saldo credor
Despesas com Aluguéis	620,00	–
Caixa	1.820,0	–
Capital Social	–	8.500,00
Clientes	7.250,00	–
Custo com Mercadorias Vendidas	4.700,00	–
Custo de Venda de Bens do Ativo Não Circulante	950,00	–
Custos e Despesas de Receitas de Exercícios Futuros	1.250,00	–
Depósitos Bancários à Vista	4.180,00	–
Depreciação Acumulada de Móveis e Utensílios	–	1.220,00
Despesas com Depreciações	610,00	–
Despesas com Salários	2.100,00	–
Despesas com Vendas	670,00	–
Despesas Financeiras	650,00	–
Despesas Gerais	810,00	–
Devolução de Vendas de Mercadorias	450,00	–
Promissórias a Pagar	–	2.620,00

(continua)

(continuação)

Estoque Final de Mercadorias	4.800,00	—
Fornecedores	—	5.850,00
ICMS sobre Vendas de Mercadorias	1.490,00	—
Juros Recebidos	—	780,00
Móveis e Utensílios	3.600,00	—
Receita de Exercícios Futuros	—	2.100,00
Reservas de Lucros	—	620,00
Vendas de Mercadorias	—	12.600,00
Vendas de Bens do Ativo Não Circulante	—	1.600,00
Total	35.950,00	35.950,00

1. Com base no Balancete da Empresa Pluman S.A., indique, respectivamente, os totais do Ativo, do Patrimônio Líquido e do Lucro Líquido do Exercício.

   a) $ 20.430,00, $ 11.050,00, $ 1.930,00.
   b) $ 17.810,00, $ 11.110,00, $ 3.180,00.
   c) $ 19.060,00, $ 11.960,00, $ 2.780,00.
   d) $ 20.430,00, $ 19.060,00, $ 1.930,00.

2. Com base no Balancete da Empresa Pluman S.A., indique, respectivamente, o Lucro Bruto, o Custo de Mercadorias Vendidas e o Resultado Financeiro Líquido.

   a) $ 6.810,00, $ 4.700,00, $ 130,00.
   b) $ 6.810,00, $ 5.950,00, $ 780,00.
   c) $ 5.960,00, $ 4.700,00, $ 130,00.
   d) $ 5.960,00, $ 4.700,00, $ 780,00.

TESTES DE CONCURSO

Técnico da Receita Federal – TRF – nov./2000 – Contabilidade Geral

1. Se determinada empresa decide aumentar o próprio capital com aproveitamento das reservas existentes, terá que contabilizar esse fato administrativo da forma seguinte:

   a) Capital Social
   a Reservas
   b) Reservas
   a Capital Social
   c) Capital a Integralizar
   a Capital Social
   d) Reservas
   a Capital a Integralizar
   e) Capital a Integralizar
   a Reservas

Técnico da Receita Federal – TRF/1997 – Contabilidade Geral

2. A diretoria de uma sociedade anônima resolveu, *ad referendum* da Assembleia Geral, distribuir aos seus acionistas, na forma de dividendos, o lucro auferido no exercício. Essa decisão da diretoria fez aumentar a (o):

   a) Participação dos acionistas no capital da sociedade.
   b) Patrimônio Líquido da companhia.
   c) Passivo Circulante.
   d) Passivo Exigível a Longo Prazo.
   e) Saldo da conta Lucros Acumulados.

16 Demonstrações contábeis

16.1 Introdução

O art. 176 da Lei n. 6.404/1976 estabelece que, ao fim de cada exercício social, a diretoria da empresa deve elaborar, com base na escrituração mercantil, as seguintes demonstrações financeiras:[1]

a. Balanço Patrimonial;
b. Demonstração de Lucros ou Prejuízos Acumulados;
c. Demonstração do Resultado do Exercício;
d. Demonstração dos Fluxos de Caixa; e
e. Demonstração do Valor Adicionado.

Elas devem exprimir com clareza a situação do patrimônio da empresa e as mutações ocorridas no exercício. Em substituição à Demonstração de Lucros ou Prejuízos Acumulados, as empresas podem elaborar a Demonstração das Mutações do Patrimônio Líquido. A Demonstração do Valor Adicionado é obrigatória somente para as sociedades anônimas de capital aberto. Todas as Demonstrações Financeiras elaboradas pela empresa deverão ser transcritas no livro Diário.

As sociedades anônimas de capital aberto (que têm autorização para negociar seus títulos no mercado de capitais) são obrigadas a publicar seus resultados anualmente, nos jornais de maior circulação do país. Assim, as demonstrações de cada exercício devem ser publicadas com a indicação dos valores correspondentes às demonstrações do exercício anterior.

[1] A Lei n. 6.404/1976 denominou as demonstrações contábeis como demonstrações financeiras.

As demonstrações financeiras devem, ainda, ser complementadas por notas explicativas e por outros quadros analíticos ou demonstrações contábeis necessárias ao bom esclarecimento da situação patrimonial e do resultado do exercício.

Nas demonstrações, as contas semelhantes podem ser agrupadas e os pequenos saldos podem ser agregados, desde que sua natureza seja indicada e que não ultrapassem um décimo do valor do respectivo grupo de contas. Contudo, é vedada a utilização de designações genéricas, como diversas contas ou contas-correntes.

16.2 Balanço Patrimonial

O **Balanço Patrimonial** é a demonstração contábil que evidencia, resumidamente, o patrimônio da empresa, quantitativa e qualitativamente. Veja o que estabelece o art. 178 da Lei n. 6.404/1976:

> "Art. 178. No balanço, as contas serão classificadas segundo os elementos do patrimônio que registrem, e agrupadas de modo a facilitar o conhecimento e a análise da situação financeira da companhia.
> § 1º No ativo, as contas serão dispostas em ordem decrescente de grau de liquidez dos elementos nelas registrados, nos seguintes grupos:
> I – ativo circulante; e
> II – ativo não circulante, composto por ativo realizável a longo prazo, investimentos, imobilizado e intangível.
> § 2º No passivo, as contas serão classificadas nos seguintes grupos:
> I – passivo circulante;
> II – passivo não circulante; e
> III – patrimônio líquido, dividido em capital social, reservas de capital, ajustes de avaliação patrimonial, reservas de lucros, ações em tesouraria e prejuízos acumulados.
> § 3º Os saldos devedores e credores que a companhia não tiver direito de compensar serão classificados separadamente."

Veja, a seguir, um modelo de Balanço Patrimonial no qual apresentamos os grupos e os subgrupos em que se dividem o Ativo e o Passivo, bem como as Contas Redutoras mais comuns do Ativo e/ou do Passivo. A relação das demais contas você encontra no Capítulo 10 – Plano de Contas.

COMPANHIA: BALANÇO PATRIMONIAL EXERCÍCIO FINDO EM:		
CONTAS	**Exercício atual $**	**Exercício anterior $**
ATIVO		
ATIVO CIRCULANTE Disponibilidades Caixa e Bancos Aplicações Financeiras de Liquidez Imediata		

(continua)

(continuação)

COMPANHIA: BALANÇO PATRIMONIAL EXERCÍCIO FINDO EM:		
CONTAS	**Exercício atual $**	**Exercício anterior $**
CLIENTES Duplicatas a Receber (–) Perdas Estimadas em Créditos de Liquidação Duvidosa		
OUTROS CRÉDITOS Adiantamentos a Fornecedores		
TRIBUTOS A RECUPERAR Impostos a Recuperar		
INVESTIMENTOS TEMPORÁRIOS A CURTO PRAZO Ações de Outras Empresas		
ESTOQUES Estoque de Mercadorias		
DESPESAS DO EXERCÍCIO SEGUINTE Prêmios de Seguros a Vencer		
TOTAL DO ATIVO CIRCULANTE		
ATIVO NÃO CIRCULANTE		
ATIVO REALIZÁVEL A LONGO PRAZO		
CLIENTES Duplicatas a Receber		
CRÉDITOS COM PESSOAS LIGADAS Empréstimos a Diretores		
TOTAL DO ATIVO REALIZÁVEL A LONGO PRAZO		
INVESTIMENTOS Participações em Outras Empresas Imóveis de Renda		
IMOBILIZADO Computadores e Periféricos (–) Depreciação Acumulada		
INTANGÍVEL Fundo de Comércio (–) Amortização Acumulada de Fundo de Comércio		
TOTAL DO ATIVO NÃO CIRCULANTE		
TOTAL DO ATIVO		
PASSIVO		
PASSIVO CIRCULANTE		
OBRIGAÇÕES A FORNECEDORES Duplicatas a Pagar		

(continua)

(continuação)

COMPANHIA: BALANÇO PATRIMONIAL EXERCÍCIO FINDO EM:		
CONTAS	**Exercício atual $**	**Exercício anterior $**
EMPRÉSTIMOS E FINANCIAMENTOS Bancos conta Empréstimo		
OBRIGAÇÕES TRIBUTÁRIAS Impostos e Taxas a Recolher Imposto de Renda sobre o Lucro Líquido a Recolher		
OBRIGAÇÕES TRABALHISTAS E PREVIDENCIÁRIAS Salários a Pagar Contribuições de Previdência a Recolher		
OUTRAS OBRIGAÇÕES		
ADIANTAMENTOS RECEBIDOS DE CLIENTES		
CONTAS A PAGAR Aluguéis a Pagar		
PARTICIPAÇÕES E DESTINAÇÕES DO LUCRO LÍQUIDO Participações de Empregados a Pagar Dividendos a Pagar		
TOTAL DO PASSIVO CIRCULANTE		
PASSIVO NÃO CIRCULANTE		
PASSIVO EXIGÍVEL A LONGO PRAZO		
OBRIGAÇÕES A FORNECEDORES Duplicatas a Pagar		
OBRIGAÇÕES A PESSOAS LIGADAS Empréstimos a Pagar à Controlada A		
RECEITAS DIFERIDAS Aluguéis Ativos a Vencer (–) Custos/Despesas ou Encargos Vinculados às Receitas		
TOTAL DO PASSIVO NÃO CIRCULANTE		
PATRIMÔNIO LÍQUIDO		
CAPITAL SOCIAL Capital (–) Capital a Realizar		
RESERVAS DE CAPITAL Reserva de Ágio na Emissão de Ações/Quotas		
RESERVAS DE LUCROS Reserva Legal (–) Ações em Tesouraria (+ ou –) Lucros ou Prejuízos Acumulados		
TOTAL DO PATRIMÔNIO LÍQUIDO		
TOTAL DO PASSIVO		

Você pode observar no modelo de Balanço Patrimonial que tanto no Ativo quanto no Passivo, existem contas precedidas de sinal negativo.

(−) São as Contas Redutoras do Ativo e do Passivo.

É importante destacar que a conta Ações em Tesouraria, corresponde a ações representativas do capital da própria sociedade anônima, adquiridas por ela mesma.

Não é permitido que a sociedade anônima adquira ações dela mesma, entretanto há casos especiais em que a própria lei permite essa operação.

Há duas formas de aquisição de suas próprias ações: mediante compra no mercado de capitais ou mediante reembolso a sócios retirantes da sociedade. Nesses casos, as ações permanecem na tesouraria da empresa até que sejam novamente negociadas.

A Lei n. 6.404/1976 estabelece que a conta Ações em Tesouraria será destacada, no Balanço, como dedução da conta do Patrimônio Líquido que registrar a origem dos recursos aplicados na sua aquisição.

Nota

- Cabe ressaltar que existem outras Contas Redutoras do Ativo e do Passivo, as quais não foram apresentadas tendo em vista o caráter introdutório desta obra.

Exemplo prático

Conforme já dissemos, após a apuração e contabilização do resultado do exercício, bem como das deduções, participações e destinações do lucro líquido, todas as contas de resultado foram encerradas no livro Razão (Razonetes), restando abertas e com saldos somente as contas patrimoniais, pois elas representarão a situação patrimonial da empresa por meio do Balanço Patrimonial.

Com base no segundo Balancete de Verificação do Razão da empresa Moura Ribeiro S/A, levantado em 31 de dezembro de X1, elaborar o Balanço Patrimonial:

N.	CONTAS	SALDO	
		DEVEDOR	CREDOR
03	Duplicatas a Receber	400.000	
04	Perdas Estimadas em Crédito de Liquidação Duvidosa		6.000
05	Estoque de Mercadorias	1.663.500	
06	Estoque de Material de Expediente	20.000	
07	Prêmios de Seguro a Vencer	21.500	
08	Móveis e Utensílios	800.000	
09	Depreciação Acumulada		240.000
10	Veículos	960.000	
11	Depreciação Acumulada de Veículos		576.000
12	Fundo de Comércio	144.000	
13	Amortização Acumulada		14.400
14	Duplicatas a Pagar		686.100
15	Impostos e Taxas a Recolher		19.000
16	Contribuição de Previdência a Recolher		8.000
17	FGTS a Recolher		2.400
18	Salários a Pagar		30.000
19	Dividendos a Pagar		268.355
20	CSLL a Recolher		37.663

(continua)

(continuação)

N.	CONTAS	SALDO	
		DEVEDOR	CREDOR
21	Imposto de Renda sobre o Lucro Líquido a Recolher		94.159
22	Capital		2.640.000
23	Reserva Legal		122.923
	Totais	4.745.000	4.745.000

COMPANHIA: MOURA RIBEIRO S/A BALANÇO PATRIMONIAL EXERCÍCIO FINDO EM: 31/12/X1	
ATIVO	
ATIVO CIRCULANTE	
DISPONIBILIDADES	
Caixa	30.000
Bancos conta Movimento	706.000
CLIENTES	
Duplicatas a Receber	400.000
(–) Perdas Estimadas em Crédito de Liquidação Duvidosa	(6.000)
ESTOQUES	
Estoque de Mercadorias	1.663.500
Estoque de Material de Expediente	20.000
DESPESAS DO EXERCÍCIO SEGUINTE	
Prêmios de Seguro a Vencer	21.500
Total do Ativo Circulante	2.835.000
ATIVO NÃO CIRCULANTE	
IMOBILIZADO	
Móveis e Utensílios	800.000
(–) Depreciação Acumulada de Móveis e Utensílios	(240.000)
Veículos	960.000
(–) Depreciação Acumulada de Veículos	(576.000)
INTANGÍVEL	
Fundo de Comércio	144.000
(–) Amortização Acumulada	(14.400)
Total do Ativo Não Circulante	1.073.600
Total Geral do Ativo	3.908.600
PASSIVO	
PASSIVO CIRCULANTE	
Duplicatas a Pagar	686.100
Impostos e Taxas a Recolher	19.000
CSLL a Recolher	37.663
IR sobre o Lucro Líquido a Recolher	94.159
Contribuições de Previdência a Recolher	8.000

(continua)

(continuação)

COMPANHIA: MOURA RIBEIRO S/A BALANÇO PATRIMONIAL EXERCÍCIO FINDO EM: 31/12/X1	
FGTS a Recolher	2.400
Salários a Pagar	30.000
Dividendos a Pagar	268.355
Total do Passivo Circulante	1.145.677
PATRIMÔNIO LÍQUIDO	
Capital	2.640.000
Reserva legal	122.923
Total do Patrimônio Líquido	2.762.923
Total Geral do Passivo	3.908.600

16.3 Demonstração do Resultado do Exercício

A **Demonstração do Resultado do Exercício** evidencia o resultado que a empresa obteve (lucro ou prejuízo), no desenvolvimento de suas atividades durante um determinado período, geralmente igual a um ano. Veja o que estabelece o art. 187 da Lei n. 6.404/1976:

> Art. 187. A demonstração do resultado do exercício discriminará:
>
> I. a receita bruta das vendas e serviços, as deduções das vendas, os abatimentos e os impostos;
> II. a receita líquida das vendas e serviços, o custo das mercadorias e serviços vendidos e o lucro bruto;
> III. as despesas com as vendas, as despesas financeiras, deduzidas das receitas, as despesas gerais e administrativas, e outras despesas operacionais;
> IV. o lucro ou prejuízo operacional, as outras receitas e as outras despesas;
> V. o resultado do exercício antes do Imposto sobre a Renda e a provisão para o imposto;
> VI. as participações de debêntures, empregados, administradores e partes beneficiárias, mesmo na forma de instrumentos financeiros, e de instituições ou fundos de assistência ou previdência de empregados, que não se caracterizem como despesa;
> VII. o lucro ou prejuízo líquido do exercício e o seu montante por ação do capital social.
>
> §1º Na determinação do resultado do exercício serão computados:
>
> **a)** as receitas e os rendimentos ganhos no período, independentemente da sua realização em moeda; e
> **b)** os custos, despesas, encargos e perdas, pagos ou incorridos, correspondentes a essas receitas e rendimentos.
>
> §2º (Revogado). (Redação dada pela Lei n. 11.638, de 2007 e Medida Provisória n.449/2008, convertida na Lei n. 11.941/2009)

Exemplo prático

Com base na relação de contas a seguir, extraída do livro Razão da empresa Moura Ribeiro S/A, em 31/12/X1, algumas já encerradas (contas de resultado) e outras não (contas patrimoniais), elaborar a Demonstração do Resultado do Exercício:

Vendas	*1.929.975*
Impostos e Contribuições sobre Vendas	*496.000*
Custo das Mercadorias Vendidas (CMV)	*336.500*
Fretes e Carretos	*30.000*
Despesas com Créditos de Liquidação Duvidosa	*6.000*
Juros Passivos	*5.000*
Juros Ativos	*45.000*
Aluguéis Passivos	*139.000*
Amortização	*11.000*
Depreciação	*225.250*
Encargos Sociais	*71.000*
Material de Expediente	*25.000*
Prêmios de Seguros	*15.000*
Salários	*200.000*
CSLL a Recolher	*37.663*
IR sobre o Lucro Líquido a Recolher	*94.159*

Número de ações em circulação que compõem o capital social, para cálculo do lucro líquido por ação do capital = 1.650.000 ações.

Notas

- Para obter o valor do lucro ou prejuízo líquido por ação do capital, em geral, basta dividir o lucro ou o prejuízo líquido apurado pelo número de ações em circulação, que compõem o capital da sociedade. É preciso destacar, no entanto, que quando o capital da companhia for composto por ações de espécie e classes variadas e com direitos e vantagens diferenciados, o valor do lucro ou prejuízo líquido por ação deverá ser discriminado de acordo com as classes e espécies existentes. Nesse caso, os critérios utilizados para cálculo deverão ser devidamente informados em notas explicativas (veja o conceito de notas explicativas na Seção 16.8).
- Se a entidade possuir ações em tesouraria, elas deverão ser excluídas do montante das ações para cálculo do lucro ou prejuízo líquido por ação.

Para elaborar a Demonstração do Resultado do Exercício, devem ser reunidas as contas de despesas e de receitas em seus respectivos grupos, conforme consta da própria demonstração. (Até fazer os agrupamentos automaticamente, sugerimos consultar o Plano de Contas constante do Capítulo 10.) Veja, então, como agruparemos as citadas contas para solução desse exemplo prático:

Despesas com Vendas	
Fretes e Carretos	*30.000*
Despesas com Créditos de Liquidação Duvidosa	*6.000*
Total	*36.000*
Despesas Financeiras	
Juros Passivos	*5.000*
Receitas Financeiras	
Juros Ativos	*45.000*

Despesas Gerais e Administrativas

Aluguéis Passivos	*139.000*
Encargos Sociais	*71.000*
Material de Expediente	*25.000*
Prêmios de Seguro	*15.000*
Salários	*200.000*
Depreciação	*225.250*
Amortização	*11.925*
Total	*687.175*

Nota

- Quando não houver nas Atividades Práticas informação que permita saber se as Despesas com Pessoal (Salários, Encargos etc.) se referem às Despesas com Vendas ou Administrativas, didaticamente considere-as Administrativas.

Observações

- No item 6, entre as Despesas Operacionais, incluímos as Receitas Financeiras. Segundo o inciso III do art. 187 da Lei n. 6.404/1976, a Demonstração do Resultado do Exercício discrimina as Despesas Financeiras, deduzidas das Receitas Financeiras. Assim, ao publicar suas demonstrações contábeis, as empresas apresentam na DRE o valor líquido das Despesas Financeiras ou das Receitas Financeiras. Para obter esse valor, extracontabilmente são subtraídas as Despesas Financeiras das Receitas Financeiras ou vice-versa. Quando as Despesas Financeiras forem superiores às Receitas Financeiras, a diferença figura na DRE com o título de Despesas Financeiras Líquidas; quando as Receitas Financeiras forem superiores às Despesas Financeiras, a diferença aparece na DRE como Receitas Financeiras Líquidas. Com finalidade didática, informaremos na DRE tanto o total das Despesas Financeiras quanto o total das Receitas Financeiras, sendo estas indicadas logo em seguida àquelas.
- As Despesas Operacionais, bem como todos os valores considerados negativos ao resultado do exercício, figuram na DRE entre parênteses.

COMPANHIA: MOURA RIBEIRO S/A DEMONSTRAÇÃO DO RESULTADO DO EXERCÍCIO EXERCÍCIO FINDO EM: 31/12/X1	
1. RECEITA OPERACIONAL BRUTA	
Venda de Mercadorias e/ou Prestação de Serviços	1.929.975
2. DEDUÇÕES E ABATIMENTOS	
Abatimentos Concedidos	(–)
Vendas Anuladas	(–)
Descontos Incondicionais Concedidos	(–)
Impostos e Contribuições sobre Vendas	(496.000)
3. RECEITA OPERACIONAL LÍQUIDA (1 2 2)	1.433.975
4. CUSTOS OPERACIONAIS	
CMV e/ou Custo dos Serviços Prestados	(336.500)
5. LUCRO BRUTO (3 2 4)	1.097.475

(continua)

(continuação)

COMPANHIA: MOURA RIBEIRO S/A DEMONSTRAÇÃO DO RESULTADO DO EXERCÍCIO EXERCÍCIO FINDO EM: 31/12/X1	
6. DESPESAS OPERACIONAIS	
Despesas com Vendas	(36.000)
Despesas Financeiras	(5.000)
Receitas Financeiras	45.000
Despesas Gerais e Administrativas	(687.175)
Outras Despesas Operacionais	(–)
7. OUTRAS RECEITAS OPERACIONAIS	
8. LUCRO (PREJUÍZO) OPERACIONAL (5 2 6 1 7)	414.300
9. OUTRAS RECEITAS	
10. OUTRAS DESPESAS	(–)
11. RESULTADO DO EXERCÍCIO ANTES DO IR (8 1 9 2 10)	414.300 12
12 CONTRIBUIÇÃO SOCIAL SOBRE O LUCRO LÍQUIDO	(37.663)
13. IMPOSTO DE RENDA SOBRE O LUCRO LÍQUIDO	(94.159)
14. RESULTADO DO EXERCÍCIO APÓS O IR (11 2 12 2 13)	282.478
15. PARTICIPAÇÕES	
Debêntures	(–)
Empregados	(–)
Administradores	(–)
Partes Beneficiárias	(–)
Instituições ou Fundos de Assistência de Previdência dos Empregados	(–)
16. LUCRO OU PREJUÍZO LÍQUIDO DO EXERCÍCIO (14 2 15)	282.478
17. LUCRO OU PREJUÍZO LÍQUIDO POR AÇÃO DO CAPITAL	0,1711987

Nota

- Uma boa dica para a elaboração da Demonstração do Resultado do Exercício é que as informações nela apresentadas podem ser extraídas dos lançamentos de Diário relativos a contabilização do Resultado Bruto, do Resultado Líquido, das Deduções, Participações e das destinações do Resultado

16.4. Demonstração do Resultado do Período e Demonstração do Resultado Abrangente do Período

16.4.1 Introdução

Estudamos, na Seção 16.3, a estrutura da Demonstração do Resultado do Exercício conforme disciplina contida na Lei n. 6.404/1976. Contudo, é importante destacar que as Normas Internacionais de Contabilidade IFRS apresentam duas estruturas diferentes para a evidenciação do desempenho das entidades: Demonstração do Resultado do Período e Demonstração do Resultado Abrangente do Período.

Na Demonstração do Resultado do Período, as despesas e as receitas são agrupadas de forma diferente da demonstrada na DRE segundo o art. 187 da Lei n. 6.404/1976, porém, o resultado final é o mesmo.

Tendo em vista que o Conselho Federal de Contabilidade, aprovou essas novas estruturas por meio da NBC TG 26, entendemos que o padrão apresentado na Lei n. 6.404/1976, embora em vigor, caia em desuso.

16.4.2 Demonstração do Resultado do Período (DRP)

A Demonstração do Resultado do Período (DRP) é um relatório contábil destinado a evidenciar a composição do resultado formado em um determinado período de operações da empresa.

Essa demonstração, observado o regime de competência, revela a formação do resultado, mediante confronto entre as receitas e os correspondentes custos e despesas.

LEITURA COMPLEMENTAR

É importante consultar o item 82 da NBC TG 26, aprovada pela Resolução CFC n. 1.185/09, para conhecer as informações que devem figurar na DRP.

16.4.2.1 Modelo de DRP

COMPANHIA: DEMONSTRAÇÃO DO RESULTADO DO PERÍODO EXERCÍCIO FINDO EM:		
DESCRIÇÃO	EXERCÍCIO ATUAL	EXERCÍCIO ANTERIOR
1. RECEITA OPERACIONAL LÍQUIDA		
2. (–) CUSTO DAS MERCADORIAS, PROD. OU SERV. VENDIDOS		
3. (=) LUCRO BRUTO		
4. (–) DESPESAS OPERACIONAIS: (–) Despesas com Vendas (–) Despesas Gerais e Administrativas (–) Outras Despesas Operacionais		
5. (+) OUTRAS RECEITAS OPERACIONAIS		
6. (+ ou –) RESULTADO DA EQUIVALÊNCIA PATRIMONIAL		
7. (=) RESULTADO ANTES DAS DESPESAS E RECEITAS FINANCEIRAS		
8. (–) DESPESAS FINANCEIRAS		
9. (+) RECEITAS FINANCEIRAS		

(continua)

(continuação)

COMPANHIA: DEMONSTRAÇÃO DO RESULTADO DO PERÍODO EXERCÍCIO FINDO EM:		
DESCRIÇÃO	EXERCÍCIO ATUAL	EXERCÍCIO ANTERIOR
10. (=) RESULTADO ANTES DOS TRIBUTOS SOBRE O LUCRO		
11. (–) TRIBUTOS SOBRE O LUCRO: (–) Contribuição Social sobre o Lucro Líquido (–) Imposto de Renda sobre o Lucro Líquido		
12. (=) RESULTADO LÍQUIDO DAS OPERAÇÕES CONTINUADAS **13. (+ ou –) RESULTADO LÍQUIDO DAS OPER. DESCONTINUADAS*** **14. (=) RESULTADO LÍQUIDO DO EXERCÍCIO ANTES PARTICIPAÇÕES**		
15. (–) PARTICIPAÇÕES: Debêntures Empregados Administradores Partes Beneficiárias Instituições ou Fundos de Assistência e Previdência dos Empregados		
16. (=) RESULTADO LÍQUIDO DO EXERCÍCIO		
17. RESULTADO LÍQUIDO DO EXERCÍCIO ATRIBUÍVEL AOS: ACIONISTAS NÃO CONTROLADORES ACIONISTAS CONTROLADORES		
18. LUCRO LÍQUIDO ou PREJUÍZO POR AÇÃO DO CAPITAL		

* valor líquido dos seguintes itens:
i) resultado líquido após tributos das operações descontinuadas; e
ii) resultado após os tributos decorrente da mensuração ao valor justo menos despesas de venda ou na baixa dos ativos ou do grupo de ativos à disposição para venda que constituem a unidade operacional descontinuada.

Note que a DRP inicia com a Receita Operacional Líquida. Havendo interesse, a Receita Operacional Bruta, suas deduções e abatimentos poderão ser informados em Notas Explicativas.

A NBC TG 26, em seu item 82 estabelece as informações mínimas que devem figurar na DRP, evidenciando também que devem ser obedecidas as determinações legais. Diante disso, incluímos no final as participações no resultado e na última linha o lucro ou prejuízo por ação do capital, exigências contidas no art. 187 da Lei n. 6.404/1976.

Tendo em vista que as Normas Internacionais de Contabilidade IFRS segregam o resultado em resultado das operações continuadas e resultado das operações descontinuadas, para fins de elaboração da DRP, devemos adicionar as outras despesas e as outras receitas (inciso IV do art. 187 da Lei n. 6.404/1976) entre as Outras Despesas Operacionais e as Outras Receitas Operacionais respectivamente.

Para encontrar o Resultado Líquido do exercício atribuível aos acionistas controladores e não controladores, basta aplicar, ao resultado líquido do exercício, o percentual de participação que cada um desses grupos têm no capital da empresa.

16.4.3 Demonstração do Resultado Abrangente do Período (DRA)

Segundo a NBC TG 26, a Demonstração do Resultado Abrangente é um relatório contábil que evidencia as mutações ocorridas no Patrimônio Líquido durante um período, as quais resultam de transações e outros eventos que não foram derivados de transações com os sócios na sua qualidade de proprietários.

Orientações contidas no Apêndice A da NBC TG 26 revelam que a mutação do Patrimônio Líquido é formada por apenas dois conjuntos de valores: transações de capital com os sócios, na sua qualidade de proprietários (que não integram a DRA) e Resultado Abrangente Total (que integra a DRA).

O resultado abrangente total, por sua vez, é formado por três componentes:

- O Resultado Líquido do Período;
- Os outros resultados abrangentes; e
- O efeito de reclassificações dos outros resultados abrangentes para o resultado do período.

LEITURA COMPLEMENTAR

É importante consultar o item 82A da NBC TG 26, aprovada pela Resolução CFC n. 1.185/09, para conhecer as informações que devem figurar na DRA.

16.4.3.1 Modelo de DRA

COMPANHIA: DEMONSTRAÇÃO DO RESULTADO ABRANGENTE EXERCÍCIO FINDO EM:		
DESCRIÇÃO	EXERCÍCIO ATUAL	EXERCÍCIO ANTERIOR
1. Resultado do Exercício		
2. Outros Resultados Abrangentes:		

(continua)

(continuação)

COMPANHIA: DEMONSTRAÇÃO DO RESULTADO ABRANGENTE EXERCÍCIO FINDO EM:		
DESCRIÇÃO	EXERCÍCIO ATUAL	EXERCÍCIO ANTERIOR
2.1 Variações na reserva de reavaliação (quando permitida legalmente) 2.2 Ganhos e perdas atuariais em planos de pensão com benefício definido reconhecido 2.3 ganhos e perdas derivados de conversão de demonstrações contábeis de operações no exterior 2.4 Ajuste de avaliação patrimonial relativo aos ganhos e perdas na remensuração de ativos financeiros disponíveis para venda 2.5 Ajuste de avaliação patrimonial relativo à efetiva parcela de ganhos ou perdas de instrumentos de *hedge* em *hedge* de fluxo de caixa 2.6 Parcela dos outros resultados abrangentes de empresas investidas reconhecida por meio do método de equivalência patrimonial		
3. Reclassificações dos outros resultados abrangentes para o resultado do exercício		
4. Total do Resultado abrangente do Exercício		
5. Total do resultado abrangente do exercício atribuível aos: Acionistas não controladores Acionistas controladores		

16.5 Demonstração de Lucros ou Prejuízos Acumulados

A Demonstração de Lucros ou Prejuízos Acumulados (DLPA) é um relatório contábil que tem por finalidade evidenciar o saldo inicial da conta Lucros ou Prejuízos Acumulados, os ajustes de Exercícios anteriores, as reversões de reservas, o Lucro Líquido do Exercício e a sua destinação.

Veja o que dispõe o art. 186 da Lei n. 6.404/76:

> Art. 186. A demonstração de lucros ou prejuízos acumulados discriminará:
> I. o saldo do início do período e os ajustes de exercícios anteriores;
> II. as reversões de reservas e o lucro líquido do exercício;
> III. as transferências para reservas, os dividendos, a parcela dos lucros incorporada ao capital e o saldo ao fim do período.
> § 1º Como ajustes de exercícios anteriores serão considerados apenas os decorrentes de efeitos de mudança de critério contábil, ou da retificação de erro imputável a determinado exercício anterior, e que não possam ser atribuídos a fatos subsequentes.
> § 2º A demonstração de lucros ou prejuízos acumulados deverá indicar o montante do dividendo por ação do capital social e poderá ser incluída na demonstração das mutações do patrimônio líquido, se elaborada e publicada pela companhia.

Exemplo prático

Elabore a Demonstração de Lucros ou Prejuízos Acumulados da empresa Moura Ribeiro S/A, cujos dados são os seguintes:

Lucro Líquido do Exercício 282.478
Reserva Legal 14.123
Dividendos 268.355
Dividendos por ação do capital 0.162639393

Notas

- Para conhecer o valor do dividendo por ação, em geral, basta dividir o valor dos respectivos dividendos a serem distribuídos pelo número de ações em circulação que compõem o capital da entidade. No entanto, quando a companhia possuir ações de classes e espécies variadas, cujos dividendos sejam atribuídos a cada classe ou espécie em porcentagens diferentes, o valor do dividendo por ação deve ser discriminado de acordo com as classes e espécies existentes. Nesse caso, os critérios utilizados para cálculo têm de ser devidamente informados em notas explicativas.
- Se a entidade possuir ações em tesouraria, a elas não serão atribuídos dividendos.

Veja como ficará a DLPA:

COMPANHIA: MOURA RIBEIRO S/A DEMONSTRAÇÃO DE LUCROS OU PREJUÍZOS ACUMULADOS EXERCÍCIO FINDO EM: 31/12/X1	
1. Saldo no Início do Período	0
2. Ajustes de Exercícios Anteriores	0
3. Saldo Ajustado	0
4 Lucro ou Prejuízo do Exercício	282.478
5. Reversão de Reservas	0
6. Saldo à Disposição	282.478
7. Destinação do Exercício	
Reserva Legal	(14.123)
Reserva Estatutária	(0)
Reserva para Contingência	(0)
Outras Reservas	(0)
Dividendos Obrigatórios ($ 0,16239393 por ação)	(268.355)
8. Saldo no Fim do Exercício	0

LEITURA COMPLEMENTAR

É importante consultar o item 10 da NBC TG 26, aprovada pela Resolução CFC n. 1.185/09 para conhecer o conjunto completo de demonstrações contábeis que deve ser elaborado por todas as entidades brasileiras.

ATIVIDADES TEÓRICAS

1. Responda:

   1.1 Quais são as demonstrações previstas na Lei n. 6.404/1976?

   1.2 Onde devem ser transcritas as demonstrações financeiras elaboradas pela empresa?

2. Complete:

   2.1 As demonstrações contábeis serão complementadas por ______________.

   2.2 As demonstrações de cada exercício serão ______________ com a indicação dos valores correspondentes das ______________ do exercício ______________.

3. Escolha a alternativa correta:

   3.1 No Balanço Patrimonial da conta Capital Social será(ão) deduzida(s):
   a) as reservas;
   b) a parcela ainda não realizada;
   c) a conta Lucros ou Prejuízos Acumulados;
   d) n.d.a.

   3.2 O lucro líquido por ação do capital é demonstrado:
   a) no Balanço Patrimonial;
   b) na Demonstração do Resultado do Exercício;
   c) na Demonstração de Lucros ou Prejuízos Acumulados;
   d) na Demonstração das Mutações do Patrimônio Líquido.

   3.3 A situação líquida patrimonial da empresa é demonstrada:
   a) no Balanço Patrimonial;
   b) na Demonstração do Resultado do Exercício;
   c) na Demonstração de Lucros ou Prejuízos Acumulados;
   d) na Demonstração das Mutações do Patrimônio Líquido.

   3.4 O lucro líquido do exercício e sua destinação, bem como os dividendos por ação do capital, são demonstrados:
   a) no Balanço Patrimonial;
   b) na Demonstração do Resultado do Exercício;
   c) na Demonstração de Lucros ou Prejuízos Acumulados;
   d) na Demonstração das Mutações do Patrimônio Líquido.

4. Coloque V se a afirmativa for verdadeira e F se for falsa:

   4.1 ( ) Da conta Veículos, no Balanço Patrimonial, serão deduzidas as amortizações.

   4.2 ( ) A conta Móveis e Utensílios, no Balanço Patrimonial, será adicionada às depreciações.

   4.3 ( ) Da conta Móveis e Utensílios, no Balanço Patrimonial, são deduzidas as depreciações.

   4.4 ( ) Do grupo Patrimônio Líquido, serão deduzidos os prejuízos acumulados e as ações em tesouraria.

ATIVIDADES PRÁTICAS

Práticas envolvendo apuração completa do resultado do exercício e elaboração das demonstrações contábeis:

Prática 1 — solucionada

Relação das contas extraídas do livro Razão da empresa comercial Mil Coisas S/A, em 31 de dezembro de X1:

1.	*Bancos conta Movimento*	*17.875*
2.	*Estoque de Mercadorias*	*42.500*
3.	*Duplicatas a Receber*	*100.000*
4.	*Móveis e Utensílios*	*112.000*
5.	*Veículos*	*168.000*
6.	*Custo das Mercadorias Vendidas (CMV)*	*212.500*
7.	*Salários*	*10.000*
8.	*Contribuições de Previdência*	*2.950*
9.	*FGTS*	*800*
10.	*Despesas com Perdas Estimadas em Créditos de Liquidação Duvidosa*	*3.000*
11.	*Depreciação*	*32.000*
12.	*Impostos e Taxas*	*500*
13.	*Publicidade*	*1.000*
14.	*Juros Passivos*	*500*
15.	*Água e Luz*	*700*
16.	*Impostos e Contribuições sobre Vendas*	*61.125*
17.	*Combustíveis*	*600*
18.	*Pró-labore*	*7.000*
19.	*Fornecedores*	*157.750*
20.	*Impostos e Contribuições sobre Vendas a Recolher*	*9.000*
21.	*Contribuições de Previdência a Recolher*	*300*
22.	*Bancos conta Empréstimos*	*50.000*
23.	*Capital Social*	*105.000*
24.	*Reservas para Investimentos*	*16.800*
25.	*Vendas de Mercadorias*	*350.000*
26.	*Perdas Estimadas em Créditos de Liquidação Duvidosa.*	*3.000*
27.	*Juros Ativos*	*36.400*
28.	*Depreciação Acumulada*	*44.800*
	Total	*1.546.100*

Roteiro e instruções para apuração do resultado do exercício:

1. Razonetes

Transcreva, em Razonetes, todas as contas com seus respectivos saldos, separando as contas patrimoniais das contas de resultado.

2. Resultado bruto

Apure extracontabilmente e depois contabilize o resultado bruto do exercício.

3. Resultado líquido do exercício

Apure e contabilize o Resultado Líquido do Exercício. Se o saldo da conta Resultado do Exercício for devedor, transfira-o para a conta Prejuízos Acumulados e apresente essa conta no Balanço Patrimonial, no grupo do Patrimônio Líquido, com o valor entre parênteses. Caso o saldo seja credor, proceda conforme item a seguir.

4. Deduções do resultado do exercício

Calcule e contabilize:

4.1 Contribuição Social pela taxa de 10%. Considerar, como base para o cálculo dessa contribuição, o próprio resultado líquido apurado contabilmente, sem ajuste algum.

4.2 Imposto de Renda pela taxa de 25%. Considerar a mesma base utilizada para o cálculo da Contribuição Social.

5. Destinações do lucro líquido do exercício

Calcule e contabilize:

5.1 Reserva Legal, pela taxa de 5%.

5.2 O saldo do lucro líquido que remanescer após deduzida a parcela da Reserva Legal, será totalmente destinado aos acionistas.

6. Demonstrações contábeis

Elabore:

6.1 Balanço Patrimonial.

6.2 Demonstração do Resultado do Exercício.

6.3 Demonstração de Lucros ou Prejuízos Acumulados.

Solução:

(Para sua conferência, somente lançamentos de Diário e demonstrações.)

Diário

1) *Vendas de Mercadorias*
a RCM
Transferência do saldo da 1ª p/2ª,
p/apuração do resultado bruto 350.000

2) *RCM*
a Diversos
Transferência dos saldos p/apuração do
resultado bruto
a Impostos e Contribuições sobre Vendas
Saldo desta conta 61.125
a CMV
Idem 212.500 273.625

3) *RCM*
a Lucro sobre Vendas
Lucro bruto apurado 76.375

4) *Resultado do Exercício*
a Diversos
Transferência que se processa dos
saldos das seguintes contas, para
apuração do resultado líquido

a Salários
Saldo desta conta *10.000*
a Contribuições de Previdência
Idem *2.950*
a FGTS
Idem *800*
a Despesas com Perdas Estimadas em Créditos Liq. Duv.
Idem *3.000*
a Depreciação
Idem *32.000*
a Impostos e Taxas
Idem *500*
a Publicidade
Idem *1.000*
a Juros Passivos
Idem *500*
a Água e Luz
Idem *700*
a Combustíveis
Idem *600*
a Pró-labore
Idem *7.000* *59.050*

---

5) *Diversos*
a Resultado do Exercício
Transferência dos saldos das contas de receitas p/apuração do resultado líquido
Juros Ativos
Saldo desta conta *36.400*
Lucro sobre Vendas
Idem *76.375* *112.775*

---

6) *Resultado do Exercício*
a Diversos
Deduções a saber
a CSLL a Recolher
10% sobre *53.725* *5.372*
a IR sobre o Lucro Líquido a Recolher
25% sobre 53.725 .... *13.431* *18.803*

---

7) *Resultado do Exercício*
a Lucros Acumulados
Lucro líquido do exercício *34.922*

---

8) *Lucros Acumulados*
a Diversos
Destinação do lucro líquido do exercício:
a Reserva Legal
5% sobre 34.922 .... 1.746
a Dividendos a Pagar
Conf. cálculos 33.176 34.922

BALANÇO PATRIMONIAL COMPLETO	
1. ATIVO	
ATIVO CIRCULANTE	
DISPONIBILIDADES	
Bancos conta Movimento	17.875
CLIENTES	
Duplicatas a Receber	100.000
(–) Perdas Estimadas em Créditos de Liquidação Duvidosa	(3.000)
ESTOQUES	
Estoques de Mercadorias	42.500
Total do Ativo Circulante	157.375
ATIVO NÃO CIRCULANTE	
IMOBILIZADO	
Móveis e Utensílios	112.000
Veículos	168.000
(–) Depreciação Acumulada	(44.800)
Total do Ativo Não Circulante	235.200
Total do Ativo	392.575
2. PASSIVO	
PASSIVO CIRCULANTE	
OBRIGAÇÕES A FORNECEDORES	
Fornecedores	157.750
EMPRÉSTIMOS E FINANCIAMENTOS	
Bancos conta Empréstimo	50.000
OBRIGAÇÕES TRIBUTÁRIAS	
Impostos e Contribuições sobre Vendas a Recolher	9.000
CSLL a Recolher	5.372
IR sobre o Lucro Líquido a Recolher	13.431

(continua)

(continuação)

BALANÇO PATRIMONIAL COMPLETO	
OBRIGAÇÕES TRABALHISTAS	
Contribuição de Previdência a Recolher	300
OUTRAS OBRIGAÇÕES	
Dividendos a Pagar	33.176
Total do Passivo Circulante	269.029
PASSIVO NÃO CIRCULANTE	
PATRIMÔNIO LÍQUIDO	
CAPITAL SOCIAL	
Capital Social	105.000
RESERVAS	
Reserva legal	1.746
Reservas para Investimentos	16.800
Total do Patrimônio Líquido	123.546
TOTAL DO PASSIVO	392.575

Demonstração do Resultado do Exercício:

Para proporcionar a elaboração da Demonstração do Resultado do Exercício, vamos separar as despesas por seus respectivos grupos, conforme constam do Plano de Contas do Capítulo 10, acompanhe:

Despesas com Vendas

Despesas com Perdas Estimadas em Créditos de Liquidação Duvidosa	*3.000*
Publicidade	*1.000*
Soma	*4.000*
Despesas Financeiras	
Juros Passivos	*500*
Receitas Financeiras	
Juros Ativos	*36.400*
Despesas Gerais e Administrativas	
Salário	*10.000*
Contribuições de Previdência	*2.950*
FGTS	*800*
Impostos e Taxas	*500*
Água e Luz	*700*
Combustíveis	*600*
Pró-labore	*7.000*
Depreciação	*32.000*
Soma	*54.550*
Despesas não Financeiras	
Depreciação	*32.000*

DEMONSTRAÇÃO DO RESULTADO DO EXERCÍCIO	
1. RECEITA OPERACIONAL BRUTA	
Venda de Mercadorias e/ou Prestação de Serviços	350.000
2. DEDUÇÕES E ABATIMENTOS	
Abatimentos Concedidos	(–)
Vendas Anuladas	(–)
Descontos Incondicionais Concedidos	(–)
Impostos e Contribuições sobre Vendas	(61.125)
3. RECEITA OPERACIONAL LÍQUIDA (1– 2)	288.875
4. CUSTOS OPERACIONAIS	
CMV e/ou Custo dos Serviços Prestados	(212.500)
5. LUCRO BRUTO (3 – 4)	76.375
6. DESPESAS OPERACIONAIS	
Despesas com Vendas	(4.000)
Despesas Financeiras	(500)
Receitas Financeiras	36.400
Despesas Gerais e Administrativas	(54.550)
Outras Despesas Operacionais	(–)
7. OUTRAS RECEITAS OPERACIONAIS	(–)
8. LUCRO (PREJUÍZO) OPERACIONAL (5 – 6 + 7)	53.725
9. OUTRAS RECEITAS	(–)
10. OUTRAS DESPESAS	(–)
11. RESULTADO DO EXERCÍCIO ANTES DO IR (8 + 9 – 10)	53.725
12. CONTRIBUIÇÃO SOCIAL SOBRE O LUCRO LÍQUIDO	(5.372)
13. IMPOSTO DE RENDA SOBRE O LUCRO LÍQUIDO	(13.431)
14. RESULTADO DO EXERCÍCIO APÓS O IR (11 – 12 – 13)	34.922
15. PARTICIPAÇÕES	
Debêntures	(–)
Empregados	(–)
Administradores	(–)
Partes Beneficiárias	(–)
Instituições ou Fundos Assistência de Previdência dos Empregados.	(–)
16. LUCRO OU PREJUÍZO LÍQUIDO DO EXERCÍCIO (14 – 15)	34.922
17. LUCRO OU PREJUÍZO LÍQUIDO POR AÇÃO DO CAPITAL	

DEMONSTRAÇÃO DE LUCROS OU PREJUÍZOS ACUMULADOS	
1. Saldo no início do período	–
2. Ajustes de exercícios anteriores	–
3. Saldo ajustado	–
4. Lucro ou prejuízo do exercício	34.922
5. Reversão de reservas	–
6. Saldo à disposição	34.922
7. Destinação do exercício	
Reserva Legal	(1.746)
Reserva Estatutária	(–)
Reserva para Contingência	(–)
Outras reservas	(–)
Dividendos Obrigatórios ($_______por ação)	(33.176)
8. Saldo no fim do exercício	–

Prática 2

Relação das contas extraídas do livro Razão da empresa Esportes Mariotto S/A, em 31 de dezembro de X1:

1. Caixa 2.000
2. Bancos Conta Movimento 1.500
3. Aplicações de Liquidez Imediata 7.000
4. Duplicatas a Receber 10.000
5. Perdas Estimadas em Créditos de Liquidação Duvidosa 50
6. Imposto de Renda a Recuperar 300
7. Estoque de Mercadorias 20.350
8. Estoque de Material de Expediente 1.800
9. Propaganda e Publicidade a Vencer 300
10. Participações em Outras Empresas 4.000
11. Móveis e Utensílios 2.480
12. Depreciação Acumulada de Móveis e Utensílios 600
13. Fundo de Comércio 5.000
14. Amortização Acumulada de Fundo de Comércio 2.000
15. Duplicatas a Pagar 8.000
16. Salários a Pagar 2.700
17. Contribuições de Previdência a Recolher 950
18. FGTS a Recolher 210
19. Impostos e Contribuições sobre Vendas a Recolher 260
20. Empréstimos Bancários a Longo Prazo 9.900
21. Juros Ativos a Vencer 309
22. Capital 10.000
23. Reserva Legal 400

24.	*Reservas para Investimentos*	*2.000*
25.	*Compras de Mercadorias*	*50.500*
26.	*Compras Anuladas*	*300*
27.	*Fretes e Seguros sobre Compras*	*5.000*
28.	*Descontos Incondicionais Obtidos*	*200*
29.	*Vendas de Mercadorias*	*101.500*
30.	*Impostos e Contribuições sobre Vendas*	*20.689*
31.	*Descontos Incondicionais Concedidos*	*500*
32.	*Salários*	*7.000*
33.	*Contribuições de Previdência*	*2.000*
34.	*FGTS*	*560*
35.	*Impostos e Taxas*	*400*
36.	*Fretes e Carretos*	*600*
37.	*Honorários da Diretoria*	*2.300*
38.	*Despesas Bancárias*	*200*
39.	*Aluguéis Passivos*	*900*
40.	*Juros Ativos*	*6.000*
	Total	*290.758*

Roteiro e instruções para apuração do resultado do exercício:

1. Razonetes

Transcreva em Razonetes todas as contas com seus respectivos saldos.

Separe as contas patrimoniais das contas de resultado.

2. Resultado operacional bruto

Apure e contabilize o resultado bruto do exercício, sendo que o estoque final de mercadorias é de $ 30.000.

3. Ajustes para apuração do resultado líquido

3.1 Deprecie Móveis e Utensílios à taxa de 10% a.a. (do saldo existente, $ 480 correspondem à compra de bens efetuada em 01de julho do corrente ano, data em que os respectivos bens foram colocados em uso).

3.2 Amortize Fundo de Comércio à taxa de 20% a.a.

3.3 As perdas em créditos de liquidação duvidosa foram estimadas em 6% sobre o saldo de Duplicatas a Receber. Adotar o método da reversão, considerando que há saldo remanescente.

3.4 Sabendo que, dos $ 300 registrados na conta Propaganda e Publicidade a Vencer, $ 100 pertencem a janeiro do exercício seguinte, faça o ajuste.

3.5 Sabendo que o inventário físico de material de expediente apresentou saldo de $ 600, faça o ajuste.

3.6 Sabendo que do saldo de $ 309 existente na conta Juros Ativos a Vencer, $ 150 referem-se a receitas do exercício de X2, faça o ajuste.

4. Resultado líquido do exercício

Transfira os saldos das contas de despesas e de receitas para a conta Resultado do Exercício. Se o saldo dessa conta for devedor, transfira-o para a conta Prejuízos Acumulados; caso seja credor, proceda conforme o item a seguir.

5. Deduções do resultado do exercício
   Calcule e contabilize:
   5.1 Contribuição Social pela taxa de 10%.
   5.2 Imposto de Renda pela taxa de 25%.
   5.3 Transfira o saldo da conta Resultado do Exercício para a conta Lucros Acumulados.
6. Destinações do lucro líquido do exercício
   Calcule e contabilize:
   6.1 5% para Reserva Legal (base = lucro líquido do exercício).
   6.2 10% para Reserva para Investimentos (base = lucro líquido do exercício, diminuído da parcela relativa à Reserva Legal).
   6.3 Destinar para dividendos, o saldo do lucro que remanescer, após deduzidas a Reserva Legal e a Reserva para Investimentos.
7. Demonstrações contábeis
   Elabore as seguintes demonstrações contábeis:
   7.1 Balanço Patrimonial.
   7.2 Demonstração do Resultado do Exercício.
   7.3 Demonstração de Lucros ou Prejuízos Acumulados.

16.6 Demonstração das Mutações do Patrimônio Líquido

A **Demonstração das Mutações do Patrimônio Líquido** mostra as variações ocorridas durante o exercício nos saldos das contas do Patrimônio Líquido, evidenciando os saldos iniciais, os ajustes de exercícios anteriores, os aumentos do capital, as reversões de reservas, o lucro líquido do exercício e sua destinação, além dos saldos finais das respectivas contas que compõem o Patrimônio Líquido da empresa. Essa demonstração está prevista no § 2º do art. 186 da Lei n. 6.404/1976:

> § 2º A demonstração de lucros ou prejuízos acumulados deverá indicar o montante do dividendo por ação do capital social e poderá ser incluída na demonstração das mutações do patrimônio líquido se elaborada e publicada pela companhia.

Como vemos, a Lei das Sociedades por Ações permite que a empresa opte por elaborar a Demonstração das Mutações do Patrimônio Líquido, em substituição à Demonstração de Lucros ou Prejuízos Acumulados. Os dados para elaboração dessa demonstração são extraídos do livro Razão.

Exemplo prático

Vamos elaborar a Demonstração das Mutações do Patrimônio Líquido da empresa Moura Ribeiro S/A, em 31 de dezembro de X9, com base nas seguintes informações:

Saldos das contas do Patrimônio Líquido em 31/12/X8:

Capital Social	*60.000*
Reserva Legal	*5.000*
Reservas para Investimentos	*30.000*

Mutações ocorridas durante o exercício de X9:

Lucro líquido do exercício 100.000
Aumento do capital por novas integralizações 30.000
Aumento do capital com incorporação de parte das reservas para investimentos 20.000
Reserva Legal calculada e contabilizada com base no lucro líquido do exercício 5.000
Dividendos distribuídos.. 40.000

Veja (na página seguinte) como ficará a Demonstração das Mutações do Patrimônio Líquido (DMPL):

16.7 Demonstração dos Fluxos de Caixa

A Demonstração dos Fluxos de Caixa (DFC) é um relatório contábil que tem por fim evidenciar as transações ocorridas em um determinado período e que provocaram modificações no saldo do Caixa da empresa.

Para fins da DFC, os fluxos de Caixa englobam não só o movimento da própria conta Caixa (numerário em espécie em poder da empresa) e da conta Bancos conta Movimento (numerário da empresa depositado em estabelecimento bancário), como também o movimento dos Equivalentes de Caixa.

Equivalentes de Caixa são as aplicações financeiras de alta liquidez, com vencimento em prazo não superior a 90 dias. Portanto, o fluxo de Caixa envolve as contas classificadas no grupo das Disponibilidades do Ativo Circulante do Balanço Patrimonial.

Ao olhar para uma DFC, o usuário deve compreender com facilidade qual foi a origem de todos os recursos financeiros que passaram pelo Caixa da empresa em um determinado período, bem como o destino dos recursos financeiros que ingressaram e não permaneceram para compor o saldo do Caixa no final do mesmo período.

16.7.1 Estrutura da DFC

A Lei n. 6.404/1976, também não fixou um modelo de DFC a ser adotado por todas as empresas. Ela limitou-se a estabelecer no inciso I do art. 188 que a DFC deverá indicar no mínimo as alterações ocorridas, durante o exercício, no saldo de Caixa e Equivalentes de Caixa, segregando-se essas alterações em, no mínimo, três fluxos: das operações, dos financiamentos e dos investimentos.

A DFC, quando elaborada, requer que as aplicações financeiras consideradas pela entidade como Equivalentes de Caixa, sejam relacionadas em Notas Explicativas.

O Conselho Federal de Contabilidade, por meio da NBC TG 03, disciplinou a elaboração da DFC, em consonância com as normas internacionais de contabilidade IFRS.

DEMONSTRAÇÕES DAS MUTAÇÕES DO PATRIMÔNIO LÍQUIDO									
Descrição	CAPITAL			RESERVAS DE			Prejuízos Acumulados	Resultados a Destinar	Total
	Subscrito	A Realizar	Realizado	Capital	Reavaliação	Lucros			
Saldo em 31/12 anterior			60.000			35.000			95.000
Ajustes de exercícios anteriores									
Aumentos de Capital:									
• com Reservas e Lucros			20.000			(20.000)			
• por novas subscrições			30.000						30.000
Reversões de Reservas									
Lucro Líquido do Exercício								100.000	100.000
Destinação do Lucro:									
• transferência para Reservas									
Reserva Legal						5.000		(5.000)	
Reservas Estatuárias									
Outras Reservas									
Dividendos								(95.000)	(95.000)
Saldo em 31/12 atual			110.000			20.000			185.000

16.7.2 Classificação das entradas e saídas de Caixa por atividades

A DFC é uma demonstração muito fácil de ser elaborada e interpretada. Para elaborá-la e interpretá-la adequadamente, você precisa, inicialmente, saber classificar os fatos que provocaram entradas e saídas de dinheiro no caixa, em três grupos de atividades:

a) Atividades Operacionais: compreendem os fatos que ocorrem em função da atividade principal da empresa. Em uma empresa comercial, por exemplo, as entradas de caixa a serem classificadas nesse grupo, derivam do recebimento por vendas de mercadorias à vista, do recebimento de direitos de Clientes por vendas efetuadas a prazo etc.; as saídas de caixa derivam principalmente do pagamento de compras de mercadorias realizadas à vista, do pagamento de obrigações a fornecedores em decorrência de compras efetuadas a prazo, do pagamento das despesas necessárias ao desenvolvimento da empresa como aluguel, energia elétrica, salários, juros etc.

b) Atividades de investimento: compreendem todos os fatos que provocam aumentos ou diminuições no caixa em decorrência de compras ou vendas de bens ou de direitos classificados no Ativo Não Circulante, sendo mais comum no subgrupo do Imobilizado.

c) Atividades de financiamento: compreendem os fatos que envolvem a captação de recursos financeiros derivados dos proprietários e de terceiros bem como o pagamento desses recursos. Nesse caso, as entradas de caixa referem-se a integralização do capital e captação de empréstimos; as saídas de caixa derivam da redução do capital e do pagamento de: empréstimos, dividendos e juros sobre o capital próprio.

É importante destacar, ainda que uma única transação possa incluir fluxos de caixa classificados em mais de uma atividade. Por exemplo, quando o desembolso de caixa para pagamento de empréstimo inclui tanto os juros como o principal, a parte dos juros pode ser classificada como atividade operacional, mas a parte do principal deve ser classificada como atividade de financiamento. (Item 12 da NBC TG 03).

Uma boa dica para saber em que grupo de atividades deve ser classificada uma entrada ou saída de caixa é que: "quando não for possível classificá-la no grupo das atividades de investimento ou de financiamento, deverá, então, ser classificada entre as atividades operacionais".

16.7.3 Métodos de elaboração

Existem dois métodos que podem ser adotados para a estruturação da DFC: Indireto e Direto.

16.7.3.1 Método Indireto

Pelo método indireto, também denominado Método da Reconciliação, os recursos derivados das atividades operacionais são demonstrados a partir do lucro líquido do exercício, ajustado pela adição das despesas e exclusão das receitas consideradas na apuração do resultado e que não afetaram o caixa da empresa, isto é, que não representaram saídas ou entradas de dinheiro, bem como pela exclusão das receitas realizadas no exercício e recebidas no exercício anterior; pela adição das receitas recebidas antecipadamente que não foram consideradas na apuração do resultado e pela inclusão das despesas pagas antecipadamente que representam saída de caixa e não integram o resultado do período.

Exclui-se, também do Resultado, os Resultados obtidos nas transações de bens do Ativo Não Circulante, uma vez que as baixas referentes a esses bens devem ser indicadas pelos valores brutos entre as atividades de investimento.

Veja, a seguir, um modelo de DFC pelo método indireto.

COMPANHIA: DEMONSTRAÇÃO DOS FLUXOS DE CAIXA (Método Indireto) EXERCÍCIO FINDO EM:		
DESCRIÇÃO	EXERCÍCIO atual $	EXERCÍCIO anterior $
1. FLUXOS DE CAIXA DAS ATIVIDADES OPERACIONAIS		
Resultado do exercício do período		
Ajustes para conciliar o resultado às disponibilidades geradas pelas atividades operacionais...		
(+) Depreciação e amortização		
(+/−) Resultado na venda de Ativos Não Circulantes		
(+/−) Equivalência patrimonial		
(+) Recebimento de lucros e dividendos....................................		
Variações nos Ativos e Passivos...		
(Aumento) Redução em contas a receber		
(Aumento) Redução dos estoques		
Aumento (Redução) em Fornecedores		
Aumento (Redução) em Contas a Pagar		
Aumento (Redução) no IR e na CSL.		
(=) Disponibilidades líquidas geradas pelas (aplicadas nas) atividades operacionais..		
2. FLUXOS DE CAIXA DAS ATIVIDADES DE INVESTIMENTO		
(−) Compras de Investimentos..		
(−) Compras do Imobilizado...		
(−) Compras do Intangível		
(+) Recebimentos por vendas de Investimentos		
(+) Recebimentos por vendas do Imobilizado.............................		
(+) Recebimento por vendas do Intangível..................................		

(continua)

(continuação)

COMPANHIA: DEMONSTRAÇÃO DOS FLUXOS DE CAIXA (Método Indireto) EXERCÍCIO FINDO EM:		
DESCRIÇÃO	EXERCÍCIO atual $	EXERCÍCIO anterior $
(+) Recebimento de dividendos .... (=) Disponibilidades líquidas geradas pelas (aplicadas nas) atividades de investimento		
3. FLUXOS DE CAIXA DAS ATIVIDADES DE FINANCIAMENTO		
(+) Integralização de capital		
(+) Empréstimos tomados		
(−) Pagamento de dividendos..		
(−) Pagamento de Empréstimos...		
(=) Disponibilidades líquidas geradas pelas (aplicadas nas) atividades de financiamento		
4. AUMENTO (REDUÇÃO) NAS DISPONIBILIDADES (1+/–2+/–3).....		
5. DISPONIBILIDADES NO INÍCIO DO PERÍODO.............................		
6. DISPONIBILIDADES NO FINAL DO PERÍODO (4+/–5)...................		

16.7.3.2 Método Direto

A DFC pelo método direto é semelhante à DFC pelo método indireto. O que diferencia esses dois métodos é a forma de apresentação das atividades operacionais. No método indireto, os recursos derivados das atividades operacionais são indicados a partir do lucro líquido do exercício, ajustado, conforme já vimos. No método direto, os recursos derivados das operações são indicados a partir dos recebimentos e pagamentos decorrentes das operações normais, efetuados durante o período.

Se optar pelo método direto, a empresa deverá divulgar uma conciliação do resultado do exercício com o valor das disponibilidades líquidas geradas ou utilizadas nas atividades operacionais.

Dado o caráter introdutório da presente obra, deixaremos de apresentar o modelo de DFC pelo método direto.

16.7.4 Exemplo prático

Vamos apresentar, a seguir, oito operações realizadas em uma empresa comercial durante dois períodos e os reflexos dessas operações na DFC.

Veja como é fácil:

Período X1

Fato 1: Em 10 de novembro, Ronaldo constituiu uma empresa para explorar o ramo de comércio de calçados, com capital de $ 30.000 integralizado em dinheiro.

Fato 2: Em 25 de novembro tomou emprestado do banco Urupês S/A, a importância de $ 20.000.

Fato 3: Em 30 de novembro, comprou móveis para uso, no valor de $ 10.000, tendo pago em dinheiro.

Veja como ficará a DFC da empresa de Ronaldo, considerando somente esses três fatos:

DEMONSTRAÇÃO DOS FLUXOS DE CAIXA PERÍODO X1	
1. FLUXOS DE CAIXA DAS ATIVIDADES OPERACIONAIS	
2. FLUXOS DE CAIXA DAS ATIVIDADES DE INVESTIMENTO	
(–) Compras do Imobilizado	(10.000)
(=) Disponibilidades líquidas aplicadas nas atividades de investimento	(10.000)
3. FLUXOS DE CAIXA DAS ATIVIDADES DE FINANCIAMENTO	
(+) Integralização de capital	30.000
(+) Empréstimos tomados..	20.000
(=) Disponibilidades líquidas geradas pelas atividades de financiamento	50.000
4. AUMENTO (REDUÇÃO) NAS DISPONIBILIDADES (2 – 3)	40.000
5. DISPONIBILIDADES NO INÍCIO DO PERÍODO	ZERO
6. DISPONIBILIDADES NO FINAL DO PERÍODO (4 + 5)..	40.000

PERÍODO X2

Fato 4: Em 01 de dezembro, comprou, à vista, um lote de mercadorias no valor de $ 30.000.

Fato 5: Em 10 de dezembro, pagou despesas de aluguel, em dinheiro, no valor de $ 2.000.

Fato 6: Em 12 de dezembro, vendeu todo o lote de mercadorias, à vista, por $ 39.000.

Fato 7: Em 15 de dezembro, pagou uma parcela do financiamento no valor de $ 2.000, com juros de $ 50.

Fato 8: Em 20 de dezembro, vendeu parte dos Móveis e Utensílios por $ 5.000, cujo custo de aquisição foi igual a $ 4.000.

Veja, agora como ficará a DFC da empresa de Ronaldo, no final de X2:

Antes, porém, é preciso elaborar a Demonstração do Resultado do Exercício do período, veja:

DEMONSTRAÇÃO DO RESULTADO DO EXERCÍCIO PERÍODO X2	
Receita Bruta de Vendas de Mercadorias	39.000
(−) Custo das mercadorias vendidas	(30.000)
(=) Lucro Bruto	9.000
(−) Despesas de aluguel	(2.000)
(−) Despesas de Juros	(50)
(=) Lucro Operacional	6.950
(+) Outras receitas	1.000
(=) Resultado antes dos Tributos sobre o Lucro	6.950

Examine a DFC a seguir e você compreenderá os reflexos provocados pelos fatos de X2.

DEMONSTRAÇÃO DOS FLUXOS DE CAIXA PERÍODO X2	
1. FLUXOS DE CAIXA DAS ATIVIDADES OPERACIONAIS	
Resultado do exercício do período	7.950
Ajustes para conciliar o resultado às disponibilidades geradas pelas atividades operacionais	(10.000)
(–) Resultado na venda de Ativos Não Circulantes	(1.000)
(=) Disponibilidades líquidas geradas pelas atividades operacionais	6.950
2. FLUXOS DE CAIXA DAS ATIVIDADES DE INVESTIMENTO	30.000
(–) Recebimentos por vendas do Imobilizado	5.000
(=) Disponibilidades líquidas geradas pelas atividades de investimento	5.000
3. FLUXOS DE CAIXA DAS ATIVIDADES DE FINANCIAMENTO	40.000
(–) Pagamento de Empréstimos	(2.000)
(=) Disponibilidades líquidas aplicadas nas atividades de financiamento	(2.000)
4. AUMENTO NAS DISPONIBILIDADES (1 + 2 – 3)	9.950
5. DISPONIBILIDADES NO INÍCIO DO PERÍODO	40.000
6. DISPONIBILIDADES NO FINAL DO PERÍODO (4 + 5)	49.950

16.8 Demonstração do Valor Adicionado (DVA)

16.8.1 Conceito

A Demonstração do Valor Adicionado (DVA) é um relatório contábil que evidencia o quanto de riqueza uma empresa produziu, isto é, o quanto ela adicionou de valor aos seus fatores de produção, e o quanto e de que forma essa riqueza foi distribuída (entre empregados, governo, acionistas, financiadores de capital) bem como a parcela da riqueza não distribuída.

Desse modo, a DVA tem por fim demonstrar a origem da riqueza gerada pela entidade, e como essa riqueza foi distribuída entre os diversos setores que contribuíram, direta ou indiretamente, para a sua geração.

O valor adicionado que é demonstrado na DVA, corresponde a diferença entre o valor da receita de vendas e os custos dos recursos adquiridos de terceiros.

Para exemplificar, consideremos que uma determinada unidade de mercadoria, adquirida do fornecedor por $ 20, tenha sido vendida pela empresa comercial por $ 30. Nesse caso, o valor adicionado pela empresa comercial corresponde a $ 10 (30 – 20).

Note bem: embora a receita bruta de vendas dessa empresa comercial tenha sido de $ 30, ela agregou à economia do país apenas $ 10, uma vez que os outros $ 20 representam riquezas já geradas por empresas integrantes da cadeia produtiva, porém em outras etapas da produção (agricultura, indústria, comércio atacadista e serviços).

O valor adicionado de $ 10, portanto, corresponde a remuneração dos esforços que a empresa despendeu no desenvolvimento de suas atividades. Entre esses esforços incluem-se os empregados (fonte de mão de obra), os investidores (fonte de capital próprio), os financiadores (fonte de capitais de terceiros) e o governo, que será remunerado por meio dos impostos como contrapartida dos benefícios sociais que oferece a toda sociedade, inclusive às empresas.

Assim, o valor adicionado gerado em cada empresa em um determinado período representa, o quanto essa empresa contribuiu para a formação do Produto Interno Bruto (PIB) do país no referido período.

16.8.2 Riqueza de informações

A DVA é uma demonstração financeira (contábil) com informações de natureza social, diferente, portanto, da natureza das demais demonstrações financeiras (contábeis) exigidas pela Lei das Sociedades por Ações.

Não restam dúvidas de que a DVA representa um grande avanço para a própria ciência contábil, especialmente porque os indicadores e informações de natureza social que ela oferece atingem um universo maior de usuários ao evidenciar a riqueza gerada pela empresa e a forma como essa riqueza foi distribuída entre os empregados (salários e benefícios), acionistas (remuneração do capital investido em forma de juros e dividendos), financiadores (pagamentos de juros e do custo dos insumos adquiridos de fornecedores) e a sociedade (por meio do recolhimento dos tributos ao governo).

Entretanto, precisamos tomar cuidado para evitar supervalorizar esse demonstrativo em detrimento dos demais, que continuam perfeitamente válidos e bastante úteis pelas informações técnicas que oferecem acerca da situação patrimonial, bem como da gestão econômica e financeira do patrimônio empresarial.

Um modo bem simples de aquilatar a riqueza de informações que se pode extrair da DVA consiste em comparar o percentual de cada item que a compõem em relação ao valor adicionado nela explicitado.

Assim, pode-se conhecer o quanto a empresa gerou de riqueza e como essa riqueza foi distribuída em benefício da coletividade, bem como qual foi a parcela de contribuição de cada setor da coletividade na formação dessa mesma riqueza.

16.8.3 Elaboração da DVA

As informações contidas na DVA derivam das contas de resultado e também de algumas contas patrimoniais.

A exemplo do que ocorre com as demais demonstrações financeiras, no momento da elaboração da DVA, todas as contas de resultado já estão devidamente encerradas nos registros contábeis da empresa.

As contas de resultado que serão consultadas para a elaboração da DVA são todas aquelas que representam as despesas, os custos e as receitas, observado o regime de competência.

As contas patrimoniais das quais serão extraídas informações para a elaboração da DVA são aquelas representativas das participações de terceiros (tributos sobre o lucro líquido, debenturistas, empregados, administradores etc.), bem como aquelas representativas da remuneração dos acionistas pelo capital investido (Juros e dividendos).

Portanto, para elaborar a DVA, o contabilista deve coletar dados diretamente do livro Razão. Caso o livro Razão seja processado manualmente ou por meio do computador e não estejam previstas contas sintéticas que agrupem valores conforme deverão figurar na DVA, torna-se imprescindível fazer esses agrupamentos para facilitar a elaboração desse demonstrativo.

Nota

- Uma boa dica para a elaboração da DVA é que as informações nela apresentadas podem ser extraídas dos lançamentos de Diário relativos à contabilização do Resultado Bruto, do Resultado Líquido, das Deduções, Participações e das Destinações do Resultado.

16.8.4 Estrutura da DVA

Também em relação a esse demonstrativo contábil, a lei não oferece detalhes acerca dos itens que o integrarão, deixando a normatização dessa matéria a cargo dos órgãos reguladores.

No entanto, no inciso II do art. 188, a lei apresenta as informações mínimas que devem ser indicadas na DVA, como: o valor da riqueza gerada pela companhia, a sua distribuição entre os elementos que contribuíram para a geração dessa riqueza, tais como empregados, financiadores, acionistas, governo e outros, bem como a parcela da riqueza não distribuída.

16.8.5 Modelo de DVA

Veja o modelo de Demonstração do Valor Adicionado, apropriado para as empresas em geral (comerciais, industriais e prestadoras de serviços), constante da NBC TG 09.

COMPANHIA: DEMONSTRAÇÃO DO VALOR ADICIONADO EXERCÍCIO FINDO EM:		
DESCRIÇÃO	EXERCÍCIO atual $	EXERCÍCIO anterior $
1. RECEITAS (soma dos itens 1.1 a 1.4) 1.1 Vendas de mercadorias, produtos e serviços 1.2 Outras receitas 1.3 Receitas relativas à construção de ativos próprios 1.4 Provisão para créditos de liquidação duvidosa – Reversão/(Constituição)		
2. INSUMOS ADQUIRIDOS DE TERCEIROS (inclui os valores dos impostos – ICMS, IPI, PIS e COFINS)		
2.1 Custos dos produtos, das mercadorias e dos serviços vendidos 2.2 Materiais, energia, serviços de terceiros e outros 2.3 Perda/Recuperação de valores ativos 2.4 Outras (especificar)		
3. VALOR ADICIONADO BRUTO (1 – 2)		
4. DEPRECIAÇÃO, AMORTIZAÇÃO E EXAUSTÃO		
5. VALOR ADICIONADO LÍQUIDO PRODUZIDO PELA ENTIDADE (3 – 4)		
6. VALOR ADICIONADO RECEBIDO EM TRANSFERÊNCIA 6.1 Resultado de equivalência patrimonial 6.2 Receitas financeiras 6.3 Outras		
7. VALOR ADICIONADO TOTAL A DISTRIBUIR (5 + 6)		
8. DISTRIBUIÇÃO DO VALOR ADICIONADO (*) 8.1 Pessoal 8.1.1 Remuneração direta 8.1.2 Benefícios 8.1.3 FGTS 8.2 Impostos, taxas e contribuições 8.2.1 Federais 8.2.2 Estaduais 8.2.3 Municipais 8.3 Remuneração de capitais de terceiros 8.3.1 Juros 8.3.2 Aluguéis 8.3.3 Outras 8.4 Remuneração de capitais próprios 8.4.1 Juros sobre o capital próprio 8.4.2 Dividendos 8.5 Lucros retidos/Prejuízo do exercício 8.6 Participação dos não controladores nos lucros retidos (Só para consolidação)		

(*) O total do item 8 deve ser exatamente igual ao item 7.

16.9 Notas explicativas

As notas explicativas são esclarecimentos que visam a complementar as demonstrações contábeis e informar os critérios utilizados pela empresa, a composição dos saldos de determinadas contas, os métodos de depreciação, os principais critérios de avaliação dos elementos patrimoniais etc. Enfim, elas facilitam a interpretação dos dados contidos nas demonstrações contábeis.

Devem figurar logo em seguida às demonstrações contábeis, quando essas forem publicadas pela empresa.

As notas explicativas representam parte integrante das demonstrações contábeis.

Veja o que dispõem os parágrafos 4º e 5º do art. 176 da Lei n. 6.404/1976:

> "§ 4º As demonstrações serão complementadas por notas explicativas e outros quadros analíticos ou demonstrações contábeis necessários para esclarecimento da situação patrimonial e dos resultados do exercício.
>
> § 5º As notas explicativas devem:
>
> I. apresentar informações sobre a base de preparação das demonstrações financeiras e das práticas contábeis específicas selecionadas e aplicadas para negócios e eventos significativos;
>
> II. divulgar as informações exigidas pelas práticas contábeis adotadas no Brasil que não estejam apresentadas em nenhuma outra parte das demonstrações financeiras;
>
> III. fornecer informações adicionais não indicadas nas próprias demonstrações financeiras e consideradas necessárias para uma apresentação adequada; e
>
> IV. indicar:
>
> a) os principais critérios de avaliação dos elementos patrimoniais, especialmente estoques, dos cálculos de depreciação, amortização e exaustão, de constituição de provisões para encargos ou riscos, e dos ajustes para atender a perdas prováveis na realização de elementos do ativo;
>
> b) os investimentos em outras sociedades, quando relevantes (art. 247, parágrafo único);
>
> c) o aumento de valor de elementos do ativo resultante de novas avaliações (art. 182, § 3º);
>
> d) os ônus reais constituídos sobre elementos do ativo, as garantias prestadas a terceiros e outras responsabilidades eventuais ou contingentes;
>
> e) a taxa de juros, as datas de vencimento e as garantias das obrigações a longo prazo;
>
> f) o número, espécies e classes das ações do capital social;
>
> g) as opções de compra de ações outorgadas e exercidas no exercício;
>
> h) os ajustes de exercícios anteriores (art. 186, § 1º); e
>
> i) os eventos subsequentes à data de encerramento do exercício que tenham, ou possam vir a ter, efeito relevante sobre a situação financeira e os resultados futuros da companhia."

Veja, agora, na íntegra os itens 112 a 116 da NBC TG 26, aprovada pela Resolução CFC n. 1185/2009:

Notas explicativas

Estrutura

112. As notas explicativas devem:

a) apresentar informação acerca da base para a elaboração das demonstrações contábeis e das políticas contábeis específicas utilizadas de acordo com os itens 117 a 124;

b) divulgar a informação requerida pelas normas, interpretações e comunicados técnicos, que não tenha sido apresentada nas demonstrações contábeis; e

c)prover informação adicional que não tenha sido apresentada nas demonstrações contábeis, mas que seja relevante para sua compreensão.

113. As notas explicativas devem ser apresentadas, tanto quanto seja praticável, de forma sistemática. Na determinação de forma sistemática, a entidade deve considerar os efeitos sobre a compreensibilidade e comparabilidade das suas demonstrações contábeis.

Cada item das demonstrações contábeis deve ter referência cruzada com a respectiva informação apresentada nas notas explicativas. (Alterado pela NBC TG 26 (R3))

114. Exemplos de ordenação ou agrupamento sistemático das notas explicativas incluem:

a) dar destaque para as áreas de atividades que a entidade considera mais relevantes para a compreensão do seu desempenho financeiro e da posição financeira, como agrupar informações sobre determinadas atividades operacionais;

b) agrupar informações sobre contas mensuradas de forma semelhante, como os ativos mensurados ao valor justo; ou

c) seguir a ordem das contas das demonstrações do resultado e de outros resultados abrangentes e do balanço patrimonial, tais como:

   i) declaração de conformidade com as normas, interpretações e comunicados (ver item 16);

   ii) políticas contábeis significativas aplicadas (ver item 117);

   iii) informação de suporte de itens apresentados nas demonstrações contábeis pela ordem em que cada demonstração e cada rubrica sejam apresentadas; e

   iv) outras divulgações, incluindo:

      1) passivos contingentes (ver NBC TG 25) e compromissos contratuais não reconhecidos; e

      2) divulgações não financeiras, por exemplo, os objetivos e as políticas de gestão do risco financeiro da entidade (ver NBC TG 40) (Alterado pela NBC TG 26 (R3))

115. (Eliminado pela NBC TG 26 (R3))

116. As notas explicativas que proporcionam informação acerca da base para a elaboração das demonstrações contábeis e as políticas contábeis específicas podem ser apresentadas como seção separada das demonstrações contábeis.

TESTE DE EXAME DE SUFICIÊNCIA

Contador, ano 2001, prova 1 – Área de Conhecimentos Contábeis Avançados

1. O Balanço Patrimonial destina-se a evidenciar:

   a) A situação exclusivamente qualitativa da empresa ao final de cada exercício social.
   b) A situação do lucro ou prejuízo da empresa em 31 de dezembro de cada ano.
   c) O patrimônio e o patrimônio líquido da entidade, quantitativa e qualitativamente, em determinada data.
   d) A situação financeira líquida da entidade, quantitativa e qualitativamente, em determinada data.

Contador, ano 2001, prova 2 – Área de Conhecimentos Contábeis

TESTES DE CONCURSO

Auditor-Fiscal da Previdência Social – AFPS/2002 – Auditoria – Contabilidade Avançada

1. Os Fluxos dos Caixas podem ser elaborados pelos métodos:

   a) descontado e direto;
   b) de geração líquida e descontado;
   c) indireto e descontado;
   d) corrente e de geração líquida;
   e) direto e indireto.

Auditor-Fiscal da Receita Federal – AFRF/2002 – Contabilidade Geral

2. Apresentamos as contas e saldos constantes do Balancete de Verificação da Cia. Cezamo, em 31/12/01:

   Adiantamento de Clientes............ $ 1.600,00
   Adiantamento a Diretores............ $ 1.800,00
   Adiantamento a Fornecedores............ $ 2.000,00
   Aluguéis Ativos a Receber............ $ 1.000,00
   Aluguéis Ativos a Vencer............ $ 1.200,00
   Caixa............ $ 2.200,00
   Capital Social............ $ 12.000,00
   Clientes............ $ 4.600,00
   Depreciação Acumulada............ $ 1.500,00
   Fornecedores............ $ 5.000,00
   Móveis e Utensílios............ $ 10.000,00
   Prejuízos Acumulados............ $ 1.200,00
   Reserva Legal............ $ 1.500,00

   Com as contas listadas, a Cia. Cezamo elaborou o Balanço Patrimonial, cujo grupo Ativo tem o valor de:

   a) $ 18.100,00.
   b) $ 18.500,00.
   c) $ 19.700,00.
   d) $ 20.100,00.
   e) $ 21.700,00.

17 Outros tópicos importantes

17.1 Operações envolvendo bancos

17.1.1 Introdução

Diariamente, as empresas realizam transações com os estabelecimentos bancários, efetuando depósitos e retiradas de dinheiro; aplicações e empréstimos; cobranças e descontos de duplicatas; pagamentos de contas de telefone, energia elétrica, água e esgoto; recolhimentos de impostos, contribuições previdenciárias, FGTS e muitas outras.

Neste tópico, estudaremos as operações envolvendo duplicatas.

17.1.2 Cobrança simples de duplicatas

A **cobrança simples de duplicatas**, uma operação financeira realizada entre a empresa e um estabelecimento bancário, consiste no seguinte: a empresa reúne um grupo de duplicatas de sua emissão e as entrega ao banco, que se incumbe de providenciar a cobrança dos respectivos títulos com os devedores (clientes da empresa). Para realizar esse trabalho, o banco cobra uma comissão da empresa, que varia de acordo com a quantidade e o valor desses títulos, podendo, ainda, ser diferente em cada estabelecimento bancário.

Nessa operação, a empresa transfere ao banco somente a posse das duplicatas, as quais continuam sendo de sua propriedade. A relação detalhada de duplicatas feita pela empresa é também conhecida por borderô, que é anexado aos respectivos títulos quando da remessa ao banco. A operação é composta das seguintes fases:

1ª) Remessa dos títulos ao banco:

  1. Registra-se o Ato Administrativo (remessa dos títulos) por meio de contas de Compensação. Com esse procedimento, fica registrada a responsabilidade do banco em relação às duplicatas encaminhadas para cobrança.

  2. Registra-se o Fato Administrativo (débito em conta-corrente bancária da comissão cobrada pelo banco).

2ª) Comunicação pelo banco de que os títulos foram quitados pelos clientes da empresa:

  3. Baixa-se a responsabilidade do banco, por meio de estorno do lançamento de compensação.

  4. Registra-se a quitação das duplicatas. Como os clientes da empresa quitaram suas duplicatas no estabelecimento bancário, debita-se a conta Bancos conta Movimento e credita-se a conta Duplicatas a Receber ou Clientes.

Exemplo prático

Nossa remessa de duplicatas para cobrança simples no Banco do Brasil S/A, conforme relação, composta de 20 duplicatas. Valor do borderô: $ 50.000. O banco cobrou $ 80, a título de comissões.

Os lançamentos são os seguintes:

Pela remessa dos títulos ao banco:

Registro no Sistema de Compensação

1) *Títulos em Cobrança*
a Endossos para Cobrança
Nossa remessa de duplicatas ao Banco do Brasil S/A, para cobrança simples, conf. borderô.......... 50.000

Pelo registro da Despesa

2) *Despesas Bancárias*
a Bancos conta Movimento
a Banco do Brasil S/A
Sobre desconto de títulos, conf. aviso.......... 80

Quando o banco comunicar que os títulos foram quitados pelos clientes:

Pela baixa da responsabilidade

Registro no Sistema de Compensação

3) *Endossos para Cobrança*
a Títulos em Cobrança
Baixa da responsabilidade, pela liquidação dos títulos, conf. aviso desta data.......... 50.000

Pela quitação das duplicatas:

4) *Bancos conta Movimento*
Banco do Brasil S/A
a Duplicatas a Receber
Pela quitação das duplicatas n/s ___,
conforme aviso bancário, desta data................................. *50.000*

Na data do vencimento dos títulos, alguns clientes podem deixar de efetuar os respectivos pagamentos. Nesse caso, conforme o acordo que houver entre a empresa e o banco, pode ocorrer uma das seguintes situações:

a. o banco devolve todas as duplicatas para a empresa: nesse caso, a empresa dá baixa no Sistema de Compensação e mantém esses títulos em carteira na própria empresa, aguardando o recebimento;
b. a empresa mantém os títulos no banco até uma determinada data, autorizando o banco a cobrar do cliente juros, multas e outros acréscimos pelo atraso. Nesse caso, juros, multas e/ou acréscimos corresponderão a receitas financeiras da empresa.

17.1.3 Desconto de duplicatas

Existem duas modalidades de descontos de duplicatas diferindo em relação a transferência substancial ou não para o banco dos riscos e benefícios da propriedade das duplicatas.

17.1.3.1 Desconto sem transferência substancial dos riscos e benefícios

Esse assunto está disciplinado na letra "b" do item 20 da NBC TG38. Essa modalidade de desconto de Duplicatas consiste na transferência dos instrumentos financeiros (duplicatas) ao banco, mediante endosso ao portador.

A empresa endossante fica responsável, coobrigada pela liquidação dos títulos descontados. Essa responsabilidade só desaparece após o pagamento efetuado pelo devedor do título (cliente da empresa). A operação é semelhante à cobrança simples, no que diz respeito à remessa dos títulos ao banco.

A empresa endossante desconta títulos e recebe do banco o valor nominal (constante dos títulos) diminuído dos juros, comissões, taxas etc., cobradas em função do prazo que falta decorrer para o vencimento dos títulos negociados.

Nesta operação, conforme dissemos, a empresa transfere a posse (encaminhando os títulos ao banco) e a propriedade (por meio de endosso) dos títulos ao banco, contudo, permanece suportando os riscos, caso os devedores deixem de quitar seus compromissos.

Exemplo prático

Suponhamos que uma determinada empresa desconte, no Banco Urupês S/A, dez Duplicatas de sua emissão, conforme relação (borderô), no valor nominal total de $ 1.000.

O banco cobra juros no valor de $ 150, comissões e taxas no valor de $ 30. Neste caso, teremos:

Valor nominal dos títulos	*1.000*
(–) juros	*(150)*
(–) Comissões e taxas	*(30)*
Valor atual dos títulos (líquido a receber)	*820*

CONTABILIZAÇÃO:

1. Pela remessa dos títulos e respectiva operação de desconto:

1) *Diversos*		
a Duplicatas Descontadas		
a Banco Urupês S/A		
Nosso desconto de Duplicatas conf. Borderô desta data, como segue:		
Bancos conta Movimento		
Banco Urupês S/A		
Líquido creditado	*820*	
Juros Passivos a Vencer		
Juros cobrados, proporcionais ao prazo de vencimento dos títulos	*150*	
Despesas Bancárias		
Comissões e taxas	*30*	*1.000*

Observações

- Debitamos a conta Bancos Conta Movimento (Ativo Circulante) por $ 820, para registrar o valor líquido que a empresa recebeu na operação.
- Debitamos a conta Juros Passivos a Vencer (Ativo Circulante Despesas do Exercício Seguinte) por $ 150, referentes ao valor dos juros cobrados antecipadamente.
- Debitamos a conta Despesas Bancárias (Despesas Financeiras) por $ 30, referentes ao valor das comissões e taxas cobradas sobre as Duplicatas Descontadas.
- Caso houvessem outros encargos como impostos, por exemplo, se fossem cobrados proporcionalmente ao prazo do vencimento dos títulos, seriam contabilizados em contas que registrem as despesas antecipadas, caso contrário, em contas de despesas operacionais normais.
- Creditamos a conta Duplicatas Descontadas (Conta de Obrigação que figurará no Balanço Patrimonial, no Passivo Circulante). Essa conta representa a obrigação que a empresa assume, em pagar ao estabelecimento bancário os valores dos títulos, caso os devedores não o façam.

2. Pela quitação das Duplicatas:

Suponhamos, agora, que, na data do vencimento, o banco receba as importâncias correspondentes a todas as Duplicatas e comunique esse fato à empresa por meio de aviso bancário.

Neste caso, faremos os seguintes registros contábeis:

2) *Duplicatas Descontadas*
Banco Urupês S/A
a Duplicatas a Receber
Baixa pela liquidação dos títulos, conf.
aviso bancário, desta data *1.000*

3) *Juros Passivos*
a Juros Passivos a Vencer
Pela apropriação dos juros correspondentes
às duplicatas supra *150*

Observações

- No lançamento 2, baixamos a Obrigação, que estava registrada na conta Duplicatas Descontadas, contra a baixa dos Direitos que estavam registrados na conta Duplicatas a Receber.
- No lançamento 3 apropriamos a Despesa com os juros que, cobrados antecipadamente, tinham sido contabilizados no lançamento 1, na conta Juros Passivos a Vencer.

Se na data do vencimento das Duplicatas algumas delas não forem quitadas, o banco as devolverá para a empresa e cobrará o respectivo valor por meio de débito em conta-corrente bancária. Nesse caso, a empresa não dará baixa da Duplicata, mas contabilizará o débito efetuado pelo banco por meio de débito na conta Duplicatas Descontadas, e crédito na conta Bancos conta Movimento.

Mediante acordo, a empresa também poderá manter as Duplicatas não quitadas em Cobrança Simples, no próprio estabelecimento bancário. Procedendo dessa maneira, após o registro do débito, ela registrará também a responsabilidade do banco em relação às Duplicatas que ficaram para Cobrança Simples, mediante lançamento no Sistema de Compensação, conforme explicado no exemplo de remessa de Títulos para Cobrança Simples.

17.1.3.2 Desconto com transferência substancial dos riscos e benefícios

Esse assunto está disciplinado na letra "a" do item 20 da NBC TG38. Neste caso, a empresa "vende" as duplicatas ao estabelecimento bancário, transferindo a ele, substancialmente todos os riscos e benefícios da propriedade do ativo financeiro.

Não sendo mais os títulos de propriedade da empresa, uma vez que ela já recebeu adiantadamente o valor nominal diminuído dos juros e outras despesas estipuladas pelo banco em comum acordo com ela, no momento da transação a empresa deverá dar baixa no valor nominal das duplicatas, creditando a conta Duplicatas a Receber e, em contrapartida debitando as contas Bancos conta Movimento pelo valor líquido recebido bem como as contas representativas das despesas incorridas.

17.1.4 Empréstimo mediante caução de duplicatas

A **caução de títulos** é outra operação financeira à qual as empresas recorrem para ter numerário disponível para suas atividades (capital de giro): nela, o banco libera um crédito para a empresa e esta lhe entrega, em garantia, duplicatas de sua emissão. O valor liberado pelo banco é sempre menor que o valor das duplicatas caucionadas.

Essa operação consiste em um contrato firmado entre a empresa e o estabelecimento bancário, no qual ficam estabelecidos:

- o valor do numerário a que a empresa terá direito por um determinado período;
- o valor dos títulos que a empresa oferecerá ao banco em cobrança caucionada. Esses títulos, ao mesmo tempo que representam a garantia da dívida assumida, serão o termômetro para a liberação do total do empréstimo;
- o percentual que se poderá sacar, que ficará entre 70% e 80% do total dos títulos caucionados;
- os encargos da empresa em relação ao contrato e aos títulos caucionados.

Exemplo prático

A empresa comercial J. C. Oliveira S/A contrata com o Banco do Brasil S/A a abertura de um crédito, por contrato de caução de duplicatas, pelo prazo de seis meses, no valor de $ 240.000, e compromete-se a manter em cobrança caucionada o valor de $ 300.000 de duplicatas de sua emissão.

O banco cobrou as seguintes despesas:

- taxas sobre o contrato: $ 500;
- comissão sobre as duplicatas: $ 4.000.

Veja, a seguir, os procedimentos contábeis em cada fase da operação.

Contabilização:

Pela remessa de duplicatas para caução:

1) *Duplicatas em Caução Bancária*
a Caução Bancária de duplicatas
Nossa remessa de duplicatas, conf. borderô para caução, com títulos de nossa emissão, conf. contrato firmado, vencível dentro de seis meses, no dia __, com liberação de crédito de $ 240.000........ *300.000*

Pela liberação do crédito em consequência do borderô em caução:

2) *Bancos conta Movimento*
Banco do Brasil S/A
a Bancos conta Caução
a Banco do Brasil S/A
Liberação de crédito pelo contrato de caução de duplicatas, conf. aviso d/data........ *240.000*

Observação

- A conta creditada nesse lançamento (Bancos conta Caução) é do Passivo Circulante, pois representa a obrigação que a empresa assumiu para cobrir o valor do empréstimo, caso as duplicatas caucionadas não sejam quitadas pelos clientes (devedores).

Pelas taxas cobradas pelo banco sobre o contrato:

3) *Despesas bancárias*
a Bancos conta Movimento
a Banco do Brasil S/A
Taxas cobradas sobre o contrato de caução n. 500

Observações

- As despesas cobradas sem vinculação a prazo devem ser contabilizadas diretamente a débito de contas de despesas.
- Lembramos que, para exemplificar, apresentamos apenas duas despesas, embora outras possam ocorrer, como é o caso dos impostos.

Pela comissão cobrada sobre as Duplicatas Caucionadas:

4) *Comissões Passivas*
a Bancos conta Movimento
a Banco do Brasil S/A
Comissão cobrada sobre o borderô de Duplicatas Caucionadas, conf. s/aviso de débito d/data.. 4.000

Baixa pelo recebimento das duplicatas:

Suponhamos que, após o vencimento dos títulos, o banco comunique à empresa que eles foram devidamente quitados pelos devedores. O registro contábil será:

5) *Bancos conta Caução*
Banco do Brasil S/A
a Duplicatas a Receber
Baixa das duplicatas n/s ___, constantes do borderô de ___, tendo em vista quitação conf. aviso d/data.. 300.000

Pela baixa no Sistema de Compensação:

6) *Caução Bancária de Duplicatas*
a Duplicatas em Caução Bancária
Pela baixa das duplicatas constantes do borderô de ___, pela liquidação conforme aviso bancário.. 300.000

Pelo registro dos 20% restantes dos títulos caucionados:

7) *Bancos conta Movimento*
Banco do Brasil S/A
a Bancos conta Caução
a Banco do Brasil S/A
Nosso crédito ref. a 20% dos títulos caucionados, conforme nosso borderô de *60.000*

Observações

- Nesse lançamento, debitamos na conta Bancos conta Movimento o valor correspondente aos 20% das duplicatas caucionadas, que ficaram em garantia do contrato. Veja melhor: pelo lançamento 1, enviamos ao banco $ 300.000 de duplicatas. Porém, no lançamento 2, o banco nos liberou apenas $ 240.000, de acordo com o contrato. Sendo assim, quando os clientes pagarem todos os títulos, passaremos a ter crédito com o banco, pela diferença que, no nosso exemplo, foi igual a $ 60.000.
- Daí a necessidade do lançamento 7.

Nota

- Ocorrendo vencimento do contrato, as duplicatas que estiverem em caução serão baixadas no Sistema de Compensação e transferidas para cobrança simples. Se houver saldo credor na conta Bancos conta Caução, a empresa cobrirá. Conforme dissemos, incluímos nesse exemplo apenas dois tipos de despesas: taxas e comissões. Entretanto, outras despesas poderão ocorrer, como é o caso dos juros e da correção monetária, cobrados de forma pré ou pós-fixada. Esses encargos são normalmente exigidos em função do número de dias de vigência do contrato, caso em que devem ser apropriados, considerando-se sempre o valor cobrado e o número de dias do período em que a despesa estiver sendo apropriada.

ATIVIDADES PRÁTICAS

Prática 1

Contabilize os seguintes fatos:

1. Em 05/07
A empresa Pereira Ltda. enviou ao Banco Urupês S/A, para cobrança simples, um borderô de duplicatas no valor de $ 100.000. O banco cobrou $ 1.000 de comissões.

2. Em 20/07
O banco comunicou, mediante aviso, o recebimento de todas as duplicatas.

Prática 2

Contabilize os seguintes fatos:

1. Em 01/07
A empresa Almir Fonseca Ltda. descontou duplicatas no Banco Urupês S/A no valor de $ 80.000, conforme borderô dessa data. O banco cobrou $ 7.000 de juros e $ 3.000 de comissões e impostos.

2. Em 25/06
O Banco Urupês S/A comunicou, mediante aviso, o recebimento de todas as duplicatas.

Prática 3

1. Em 19/06

   A empresa comercial Real Ltda. contrata com o Banco do Brasil S/A a abertura de um crédito, por contrato de caução de duplicatas, pelo prazo de seis meses, no valor de $ 100.000, e compromete-se a manter em cobrança caucionada o valor de $ 130.000 de duplicatas de sua emissão.

   O banco cobrou, nessa data, as seguintes despesas:

   - taxas sobre o contrato: $ 500;
   - comissão sobre as duplicatas: $1.000.

2. Em 25/07

   Mediante aviso bancário, o banco comunica que nossos clientes efetuaram os pagamentos de todas as duplicatas dadas como garantia, no valor de $ 130.000.

17.2 Vendas de mercadorias recebidas por meio de cartão de crédito

Nesse tipo de operação, são três os envolvidos:

a. empresa vendedora das mercadorias;
b. empresa administradora de cartões de crédito;
c. cliente comum das duas empresas.

A operação desenvolve-se assim:

- A empresa vende mercadorias a um cliente, que utiliza o cartão de crédito como meio de pagamento.
- Nesse caso, a empresa vendedora das mercadorias somente receberá o valor da venda alguns dias depois, diretamente da empresa administradora do cartão de crédito.
- A empresa administradora do cartão de crédito é quem assume o risco da transação, cobrando uma comissão da empresa vendedora a título de corretagem.
- A administradora do cartão de crédito tem um prazo para efetuar o repasse do dinheiro para a empresa vendedora das mercadorias. Esse prazo é que determinará o percentual da taxa da comissão. O repasse do dinheiro se dá, em média, em 20 dias.
- A responsabilidade pelo pagamento da compra passa a ser da administradora do cartão, que, por sua vez, receberá o valor do cliente, na data de vencimento do cartão.

No momento em que realiza a venda, a empresa comercial consulta a administradora do cartão, por meio de equipamento apropriado, e recebe uma autorização para efetivação da operação.

Exemplo:

Em 01/02/X1, a empresa comercial Mil Coisas Ltda. vendeu mercadorias ao seu cliente, sr. José Santana, conforme nota fiscal n. 2.221, no valor de $ 5.000. O cliente efetuou o pagamento por meio do cartão de crédito Credvirtual. A administradora do cartão cobrou de comissão $ 200, equivalente a 4% do valor da venda, tendo fixado a liquidação da autorização de pagamento n. 333 para o dia 19 do mesmo mês.

CONTABILIZAÇÃO:

Em 01/02/X1 (data da venda)

a. Registro da venda

1) *Cartões de Crédito a Receber*
Administradora Virtual S/A
a Vendas de Mercadorias
NF n. 2.221 e autorização de pagamento n. 333... *5.000*

Observações

- A conta debitada, Cartões de Crédito a Receber, é do Ativo Circulante, subgrupo Clientes, e representa o direito que a empresa Mil Coisas Ltda. tem para receber da Administradora Virtual S/A.
- Caso houvesse a incidência de ICMS na operação, o referido imposto seria contabilizado normalmente, conforme estudado no Capítulo 11.

b. Registro da comissão devida à empresa administradora do cartão

2) *Comissões sobre Vendas*
a Cartões de Crédito a Receber
a Administradora Virtual S/A
Valor da comissão devida sobre n/
Venda, conf. NF n. 2.221 e autorização
n. 333 .... *200*

Observações

- A conta debitada Comissões sobre Vendas, do grupo das Despesas com Vendas, representa o encargo da empresa vendedora referente à operação.
- A conta Cartões de Crédito a Receber, sendo creditada, fica reduzida do valor da comissão, cujo saldo representará o valor líquido que a empresa vendedora das mercadorias terá para receber da administradora do cartão.

Em 19/02/X1 (data do recebimento)

3) *Bancos conta Movimento*
Banco Urupês S/A
a Cartões de Crédito a Receber
a Administradora Virtual S/A
N/ recebimento ref. a autorização
n. 333 .... *4.800*

17.3 Vendas de mercadorias mecebidas por meio de cartão de débito

O processo é semelhante à venda recebida por meio de cartão de crédito. Nesse tipo de operação, são quatro os envolvidos:

a. empresa vendedora das mercadorias;

b. empresa administradora de cartões de débito (cheque eletrônico ou outra);

c. estabelecimento bancário no qual o cliente mantém sua conta-corrente;

d. cliente comum da empresa vendedora das mercadorias e do banco.

Nas vendas de mercadorias recebidas por meio de cartões de débitos, a operação ocorre da seguinte maneira:

- O cliente compra a mercadoria e paga com o próprio cartão magnético de sua conta-corrente bancária. Para que o pagamento seja concretizado, o cliente insere o cartão magnético em um equipamento eletrônico apropriado, de propriedade da empresa vendedora das mercadorias.
- No mesmo instante, o dinheiro sai da conta-corrente bancária do cliente, sendo repassado para a conta-corrente da empresa administradora do cartão de débito.
- Poucos dias após a venda, conforme acordo entre a empresa vendedora e a empresa administradora do cartão de débito, o dinheiro é repassado da conta-corrente da administradora do cartão de débito para a conta-corrente da empresa vendedora das mercadorias.

Trata-se de uma operação garantida, pois, não havendo saldo suficiente na conta-corrente do cliente, o pagamento não será efetuado e, consequentemente, a compra não poderá ser realizada. As administradoras de cartões de débito cobram uma comissão das empresas vendedoras das mercadorias.

Nessa modalidade de transação, o cliente da empresa não tem vínculo com a administradora do cartão de débito, e a contabilização da venda na empresa vendedora das mercadorias é semelhante à contabilização das vendas recebidas por meio de cartões de crédito.

Mensagem final

O nosso propósito nesta obra foi simplificar ao máximo, traduzindo para uma linguagem mais acessível, todas as informações que envolvem o mecanismo da Ciência Contábil. Porém, nem sempre isso foi possível, tendo em vista a necessidade de transcrever até mesmo textos de leis.

Sendo assim, ao concluirmos esta primeira etapa dos nossos ensinamentos, julgamos de suma importância que você não se limite ao conteúdo deste livro, pois a sua cultura contábil precisa ser ampliada.

A Contabilidade é dinâmica e acompanha o desenvolvimento tecnológico; é uma ciência presente em todos os setores das atividades humanas, seja pela sua função histórica, registrando a vida das entidades, seja como instrumento de controle, fornecendo informações de ordem econômica e financeira acerca das variações patrimoniais.

Por estar sujeita às mudanças decorrentes de novas leis, regulamentos, normas etc., exige dos contabilistas permanente estudo, pesquisa e atualização.

Eis os principais documentos que você deverá consultar:

- Lei n. 6.404, de 15 de dezembro de 1976 (Lei das Sociedades por Ações);
- Código Civil Brasileiro (Lei n. 10.406, de 10/01/2002 – arts. 966º a 1195º);
- Código Comercial Brasileiro (Lei n. 556, de 25/06/1850);
- Normas Brasileiras de Contabilidade, suas Interpretações e Comunicados Técnicos editados pelo Conselho Federal de Contabilidade;
- Pronunciamentos Técnicos derivados do Comitê de Pronunciamentos Contábeis (CPC);
  - Regulamentos do Imposto sobre a Renda, do ICMS, do IPI e outros.

Enfim, ao lado dos conhecimentos teóricos e práticos, o contabilista precisa estar atento às alterações que frequentemente ocorrem na legislação societária, tributária, trabalhista, previdenciária etc., para exercer com honestidade, perfeição, dedicação e zelo a sua profissão.

Osni Moura Ribeiro

Referências

I – Obras consultadas

EISEN, P. J. *Accounting*. 3. ed. New York: Barron's Business, 1994.

FRANCO, H. *Contabilidade geral*, 18. ed. São Paulo: Atlas, 1973.

GOUVEIA, N. *Contabilidade*. 1. ed. São Paulo: Mcgraw-Hill do Brasil, 1976.

IUDÍCIBUS, S. *Manual de contabilidade societária*. 1. ed. São Paulo: Atlas, 2010.

________. *Contabilidade introdutória*. Equipe de professores da FEA/USP. 9. ed. São Paulo: Atlas, 1998.

JACINTHO, R. *Biblioteca de ciências contábeis em lançamentos programados*. 6. ed. São Paulo: Brasiliense, 1980.

NEPOMUCENO, F. *Novo plano de contas*. São Paulo: IOB/Thomson, 2003.

WALTER, M. A. *Introdução à contabilidade*. 1. ed. São Paulo: Saraiva, 1981.

II – Legislação consultada

BRASIL. Lei n. 6.404, de 15 de dezembro de 1976 (Lei das Sociedades por Ações). *Diário Oficial da República Federativa do Brasil*, Brasília, 15 dez. 1976.

BRASIL. Lei n. 11.638, de 28 de dezembro de 2007 – alterou e revogou dispositivos da Lei n. 6.404/1976 e deu outras providências.

BRASIL. Medida Provisória n. 449, de 3 de dezembro de 2008 – convertida na Lei n. 11.941, de 27 de maio de 2009 –, alterou e revogou dispositivos da Lei n. 6.404/1976 e deu outras providências.

BRASIL. Código Civil Brasileiro. (Lei n. 10.406, de 10/01/2002 – arts. 66 a 1195).

BRASIL. Código Comercial Brasileiro. (Lei n. 556, de 25/06/1850).

III – Outros documentos consultados

- NBC TG ESTRUTURA CONCEITUAL – Estrutura Conceitual para Elaboração e Divulgação de Relatório Contábil-Financeiro, aprovada pela Resolução CFC n. 1.374/2011;
- Normas Brasileiras de Contabilidade do tipo NBC TG ns. 01 a 49 e 1.000, aprovadas pelo Conselho Federal de Contabilidade com fundamento nos Pronunciamentos Técnicos do Comitê de Pronunciamentos Contábeis (CPCs), convergentes com as Normas Internacionais de Contabilidade (IFRS), emitidas pelo International Accounting Standards Board (IASB);
- Demais Normas Brasileiras de Contabilidade, suas Interpretações e Comunicados Técnicos editados pelo Conselho Federal de Contabilidade (CFC);
- Instrução CVM n. 4691/2008 – Dispõe sobre a aplicação da Lei n. 11.638/2007 e promove alterações nas Instruções CVM ns. 247/1996 e 331/2000;
- Regulamentos do ICMS, do IPI e outros;
- Deliberações, Instruções e outros atos normativos expedidos pela Comissão de Valores Mobiliários (CVM); e
- Portarias, Pareceres e outros atos normativos expedidos pela Secretaria da Receita Federal do Brasil, envolvendo tributos federais.